RENÉ GUÉNON

RECUEIL

ROSE-CROSS BOOKS
2013

La tradition arabe ... désigne Alexandre sous le nom d'*El-Iskandar dhûl-qarnein*, c'est-à-dire « aux deux cornes », ce qui est interprété le plus habituellement dans le sens d'une double puissance s'étendant sur l'Orient et sur l'Occident. Sous ce rapport, les deux cornes sont un équivalent des deux têtes de l'aigle héraldique. (René Guénon, *Symboles fondamentaux de la Science sacrée*, Gallimard, 1980, p. 205)

According to an ancient Greek myth, Zeus, in order to establish the center into the world, released two eagles (representing Orient and Occident) from Mount Olympus, which flew in opposite directions and met at Delphi. Zeus marked the location with the *omphalos*. (Mircea A. Tamas, *Free-Masonry : A Traditional Organization*, Rose-Cross Books, 2010, p. 51)

En couverture :
L'*avatâra* de Vishnu, Narasimha, en tant que Ganda Berunda

Sur la première page : l'aigle à deux têtes de l'empire byzantin

RENÉ GUÉNON

RECUEIL

TROISIÈME ÉDITION

Publiée par **Rose-Cross Books**
TORONTO

www.rose-crossbooks.com

Édité par Gauthier Pierozak
Couverture d'Imre Szekely

Catalogage avant publication de Bibliothèque et Archives Canada

Guénon, René
    Recueil / René Guénon ; [textes rassemblés par] Gauthier Pierozak.

Comprend des réf. bibliogr.
ISBN 978-0-9865872-1-4

    1. Tradition. 2. Orient et Occident. 3. Modernité. 4. Spiritualité.
5. Franc-maçonnerie. I. Pierozak, Gauthier, 1971- II. Titre.

B2430.G81 2013   194   C2012-907446-2

AVANT-PROPOS

Le 18 juin 1951, Michel Vâlsan envoya à Vasile Lovinescu la lettre suivante[1], de Paris :

« J'imagine que vous avez déjà appris, par les journaux ou la radio, la nouvelle douloureuse de la mort de René Guénon, survenue dans la nuit du 7 au 8 janvier. J'ai reçu votre lettre le 8 janvier en même temps que la nouvelle de son agonie. Le jour suivant j'apprenais qu'il était décédé. Il souffrait depuis plusieurs mois et avait cessé toutes ses correspondances vers la fin novembre. Il souffrait d'un œdème à une jambe, causé par des rhumatismes. En décembre le danger semblait complètement écarté, mais l'empoisonnement de son sang lui causa un abcès à la gorge et il semble que cela ait accéléré sa fin, si cela n'en fut pas la cause. Il y a eu des moments durant ses derniers mois où, comme je vous le disais, il était clair que je le dérangeais et que je le fatiguais ; sa résistance avait bien diminué. Mais il était lucide jusqu'à ses derniers instants.

« Voici quelques détails bien touchants : durant ses derniers jours, il semble qu'il savait qu'il allait mourir, et dans l'après-midi du 7 janvier il performa un dhikr très intense, soutenu de chaque côté par son épouse et un membre de sa famille. Les femmes étaient fatiguées et s'épuisèrent avant lui. Elles racontent que ce jour là, sa sœur avait l'odeur du parfum de fleurs. Finalement, il leur demanda avec insistance la permission de mourir, ce qui montre bien qu'il pouvait choisir le moment de sa mort. Les femmes le supplièrent de rester en vie plus longtemps. Finalement, il demanda à son épouse : « Ne puis-je mourir maintenant ? J'ai tellement souffert ! » Elle lui répondit en acquiesçant : « Avec la protection de Dieu ! » Il mourut alors presque immédiatement, après qu'il fit une ou deux invocations de plus !

« Quelques détails de plus : son chat, qui semblait en parfait santé, a commencé à gémir et mourut quelques heures plus tard. Le jour de sa mort, René Guénon avait rendu son épouse perplexe en lui disant qu'après son décès elle devait laisser sa chambre inchangée. Personne ne devait toucher ses livres ou ses papiers. Il souligna qu'autrement il ne serait pas capable de la voir, elle et leurs enfants, mais dans cette chambre non perturbée il demeurerait assis à son bureau et il pourrait continuer à les voir, même si eux ne pourraient le voir ! »

Plus d'un demi-siècle a passé depuis la mort de René Guénon — soixante-deux ans pour être plus exact — et il est clair que durant cette période le déclin du monde s'est transformé en une véritable chute, de plus en plus rapide et destructrice, avec un abandon et une précipitation que seule la fin des temps peut expliquer. C'est pourquoi

---

[1] Lettre traduite du roumain par l'éditeur.

les signes des temps semblent nous submerger comme s'il s'agissait d'un déluge de putréfaction.

Nous insistons sur cette période car il est incontestable qu'après 1951 l'affermissement du matérialisme et la descente du cycle ont progressé de façon exponentielle, et nous devons reconnaître que ce « demi-siècle » a été la phase la plus agressive et la plus rapide du cycle sur la voie de sa destruction. La progression du matérialisme a facilité deux tendances : d'une part une réaction apparente qui a permis à la pseudo-spiritualité de se développer et de préparer la transition vers la phase ultime de ce cycle – la dissolution ; d'autre part, le règne de la « virtualité » (la « *e-life* » et le « *e-world* ») qui semble plus « subtile » comparé à la solidification (le « durcissement ») du monde.

Aujourd'hui, le monde n'a jamais été aussi éloigné de l'esprit traditionnel et l'on ne peut s'empêcher de remarquer combien les forces adverses sont devenues agressives, arrogantes et effrontées dans le monde qui nous entoure, et à quel point très peu de gens ont le temps de s'intéresser à l'esprit traditionnel : plus personne ne sait comment penser convenablement. L'œuvre de René Guénon représente un *jalon* indispensable pour ceux qui s'efforcent de changer la mentalité moderne et qui combattent les forces adverses[1].

C'est la raison pour laquelle nous avons exploré la possibilité de réunir dans un nouveau volume posthume les articles et comptes rendus provenant de différentes publications qui n'avaient pas encore été mises à la disposition du grand public. Guénon lui-même encourageait une telle entreprise, comme ses travaux après la guerre l'ont bien montré.

D'autre part il est important de rappeler que, comme l'a affirmé Guénon lui-même plusieurs fois, seule l'œuvre qu'il a signée de son nom de René Guénon importe, et non pas les articles écrits sous d'autres signatures[2], ou ses lettres personnelles, que ce soit ses notes

---

[1] Il est bien connu que, durant ce « demi-siècle », bien des tentatives ont été faites pour étouffer l'impact des écrits de Guénon et pour les dénigrer ; et l'on peut d'ailleurs remarquer de nos jours le peu d'intérêt en général pour ses écrits.

[2] Ces différentes signatures ne sont pas des pseudonymes littéraires mais des *namas* utilisés de façon subtile durant la consolidation de la fonction de Guénon dans ce monde. Voir à ce sujet l'avertissement de la page 295. Cependant l'on doit faire attention, lorsqu'on lit la lettre de Guénon sur les différentes entités en rapport avec ses signatures, car ces entités, même si elles sont différentes suivant leur point de vue, restent toutefois des projections de Guénon, et c'est la raison pour laquelle, après avoir signé *Le Symbolisme de la Croix* avec le nom *Tau Palingénius*, il a pu le publier plus tard en tant que René Guénon.

sur ses activités mondaines ou encore moins sur sa vie de famille. Cependant, comme nous l'avons dit, il y a un besoin certain, de nos jours et plus que jamais, de comprendre l'œuvre de Guénon le plus profondément possible, et l'on aura besoin de toute l'aide disponible pour cela. De ce fait, il arrive que des articles signés d'un nom de plume deviennent utiles pour comprendre certains paragraphes de son œuvre maîtresse, où l'on trouve seulement des allusions à tel ou tel sujet déjà développé dans ces écrits de jeunesse ; Guénon lui-même avait incorporé dans ses travaux, beaucoup plus tard, des articles qu'il avait à l'origine signés sous un autre nom.[1]

Il est probable que les connaisseurs de l'œuvre de René Guénon trouveront ce *Recueil* superflu ; d'autres y trouveront certainement matière à assouvir leur curiosité et leur bibliophilie « guénonienne » ; d'autres encore y trouveront une nouvelle occasion de polémiquer ou de critiquer, que ce soit Guénon lui-même ou la décision de publier ce *Recueil.*

Il est toutefois possible d'affirmer ceci : chaque article écrit par Guénon peut nous apprendre quelque chose, non pas d'un point de vue « quantitatif », mais d'un point de vue « qualitatif », c'est-à-dire qu'ils peuvent éveiller en nous des pensées spéciales, ouvrir des portes jusqu'alors secrètes, et qu'importe si certains articles peuvent paraître redondants, puisque la répétition fait partie de l'apprentissage traditionnel.

*
* *

Comme exemples de ce que nous avons dit plus haut, nous indiquons dans ce qui suit certaines idées que l'on peut trouver dans le présent *Recueil* et qui peuvent inviter le lecteur à la méditation :

– La « civilisation » moderne est le résultat direct de la mentalité des peuples anglo-saxons[2], et par conséquent Guénon dit : « Surtout, nous ne saurions trop mettre en garde contre toutes les contrefaçons anglo-saxonnes, allemandes ou slaves, qui ne

---

[1] L'on se reportera, par exemple, à l'article intitulé *La prière et l'incantation*, publié en 1911 dans *La Gnose*, sous le nom de *Tau Palingénius*, et qui constitue le chapitre XXIV des *Aperçus sur l'initiation*.

[2] Goths, Francs, Saxons, Vandales, Angles, Lombards, Souabes, Bourguignons, etc. D'un autre côté, il y a le peuple slave de l'Europe de l'est comme matière première.

représentent que des idées tout occidentales et modernes, masquées sous des vocables orientaux détournés de leur sens. »[1]

– Dans *Terrains d'entente entre l'Orient et l'Occident*[2] l'auteur insiste sur le syntagme « esprit traditionnel », lequel en lui-même contient la réponse à tous les problèmes modernes. Guénon souligne ainsi que « l'esprit traditionnel, de quelque forme qu'il se revête, est partout et toujours le même au fond ; les formes diverses, qui sont particulièrement adaptées à telles ou telles conditions mentales, à telles ou telles circonstances de temps et de lieu, ne sont que des expressions d'une seule et même Vérité ; mais il faut pouvoir se placer dans l'ordre de l'intellectualité pure pour découvrir cette unité fondamentale sous leur apparente multiplicité. »

– Dans *Les Doctrines Hindoues*[3], il est suggéré que l'on a bien tort d'extrapoler aux doctrines orientales l'obsession moderne des classifications[4] : « Quant à l'ordre dans lequel ces sciences et ces arts sont énumérés, il peut varier aussi suivant le point de vue auquel on les envisage ; dans tous les cas, il est loin d'être arbitraire, mais il ne répond pas à l'idée que les Occidentaux se font d'une classification ; du reste, d'une façon générale, on a le plus grand tort de vouloir interpréter comme des classifications, au sens ordinaire de ce mot, certaines concordances basées sur des considérations analogiques dont on pourrait peut-être, en Europe, trouver quelque équivalent au moyen âge, mais non dans les temps modernes. »[5]

– Il n'est pas difficile de remarquer l'accord parfait[6] entre l'œuvre de René Guénon et celles de Nicolas de Cuse et d'Érigène[7]. Ainsi dans

---

[1] *Orient et Occident*, publié dans la revue *Le Radeau*, janv. 1925 ; repris dans *Vers la Tradition*, n° 120, 2010.

[2] Publié dans la *Revue Hebdomadaire*, janv. 1927.

[3] Publié dans la *Revue Bleue*, mars 1924 ; repris dans *Vers la Tradition*, n° 122, 2011.

[4] L'on pourrait penser que « classification » prenne ici le sens d'« ordre », mais il s'agit en fait d'une chute vers le « chaos ».

[5] Voir aussi *Les dualités cosmiques*, dans le présent *Recueil* : « l'emploi de cette analogie, familier à la pensée ancienne, fournissait le principe de certaines classifications qui ne sont à aucun degré assimilables à celles des modernes, et qu'on ne devrait peut-être même pas appeler proprement des classifications ».

[6] Nous insistons sur le fait qu'il s'agit d'un *accord*.

[7] Par exemple, dans sa *De la division de la Nature, Periphyseon*, Érigène fait allusion aux cinq conditions de l'existence, et parle du Non-Être et de l'Être, de l'intuition intellectuelle, de Dieu « Plus-que-Lieu », « Plus-que-Temps », « Plus-que-Mouvement », « exempt de toute dimension ; il est donc dénué de quantité », du Paradis qui n'est pas un lieu géographique mais un état spirituel, de l'homme en tant que la résultante de ce qui contient tous les êtres, etc., tous les éléments que l'on trouve dans l'œuvre de Guénon.

La constitution de l'être humain et son évolution posthume selon le Védânta, publié dans *La Gnose* en 1911 et signé *Tau Palingénius*, Guénon cite Érigène au sujet de la quadruple « division » de la Nature. Dans le même article, il décrit les hiérarchies des divers centres initiatiques : « On peut envisager trois grades initiatiques, dont chacun pourrait d'ailleurs se subdiviser en une multiplicité indéfinie de stades ou de degrés spéciaux : 1° le *Brahmachârin*, c'est-à-dire l'étudiant qui aspire à l'initiation ou seconde naissance ; 2° le *Dwija* (deux fois né), qui a reçu cette initiation, par laquelle se confère le caractère d'*Ârya* ; 3° le *Yogi*, qui, considéré dans cet état, est, comme nous l'avons dit, *Jîvanmukta* (délivré dans la vie). Le *Yogi* peut, d'ailleurs, accomplir différentes fonctions : le *Pandit* est celui qui enseigne, et alors il a plus particulièrement le caractère de *Guru* (Maître spirituel) par rapport au *Brahmachârin* qui est son *Chéla* (disciple régulier) ; le *Muni* est le Solitaire, non au sens vulgaire et matériel du mot, mais celui qui, concentré en soi-même, réalise dans la plénitude de son être la Solitude Parfaite, qui ne laisse subsister en l'Unité Suprême aucune distinction de l'extérieur et de l'intérieur, ni aucune diversité extra-principielle quelconque : c'est là le dernier des Quatre Bonheurs désignés par la Tradition extrême-orientale » ; Guénon définit aussi la Postérité, « qui consiste dans les prolongements indéfinis de l'individu à travers toutes ses modalités d'existence... Les *Pitris* peuvent être considérés (collectivement) comme exprimant (à un degré quelconque) le Verbe Universel dans le cycle spécial par rapport auquel ils remplissent le rôle formateur, et l'expression de l'Intelligence Cosmique, réfraction du Verbe dans la formulation mentale de leur pensée individualisante (par adaptation aux conditions particulières du cycle considéré), constitue la Loi (*Dharma*) du *Manu* de ce cycle. Si l'on envisage l'Univers dans son ensemble, c'est-à-dire en dehors de toutes les conditions spéciales qui déterminent cette réfraction dans chaque état d'être, c'est le Verbe Éternel Lui-même (*Swayambhu*, « Celui qui subsiste par Soi ») qui est l'Ancien des Jours (*Purâna-Purusha*), le Suprême Générateur et Ordonnateur des Cycles et des Âges ».

— René Guénon cite Rudyard Kipling et *Kim*[1] dans son œuvre, et dans l'article suivant du présent *Recueil*[2], l'on trouve d'autres références à Kipling illustrant l'opinion de Guénon à son sujet.

---

[1] Guénon débute son *avant-propos* dans *Orient et Occident* en citant Kipling.
[2] *Les influences modernistes dans l'Inde*, publié dans *La France Antimaçonnique*, 1913.

- Dans *L'ésotérisme du Graal*[1], Guénon insiste sur le fait que la « légende » du Saint Graal n'est pas un rituel initiatique, soulignant de ce fait que, si c'était le cas, le néophyte n'aurait pas à poser de questions (comme dans le cas de Perceval), mais qu'au contraire, dans le cas d'un rituel initiatique, des questions lui seraient posées.

- L'article suivant, *Y a-t-il encore des possibilités initiatiques dans les formes traditionnelles occidentales ?* rédigé pour la revue roumaine *Memrah* en 1935, contient une observation importante : « Enfin, nous ajouterons que les seules organisations initiatiques qui aient encore une existence certaine en Occident sont, dans leur état actuel, complètement séparées des formes traditionnelles religieuses, ce qui, à vrai dire, est quelque chose d'anormal. »[2]

- *La prière et l'incantation*, publié en 1911 dans *La Gnose* et signé *Tau Palingénius*, peut sembler inutile, puisque René Guénon l'a incorporé, avec quelques modifications, dans ses *Aperçus sur l'initiation*, et il n'y aurait donc pas de raison pour être intéressé par cet article de 1911. Mais ces modifications, qui sont en fait des clarifications, illustrent bien la façon dont Guénon a développé son discours pour s'adapter à la mentalité occidentale, une mentalité qu'il a essayé de changer. Par exemple, en 1911 il écrivait : « On peut donc regarder chaque collectivité comme disposant, en outre des moyens d'action purement matériels au sens ordinaire du mot, d'une force constituée par les apports de tous ses membres passés et présents. » En 1911, Guénon préfère l'emploi du mot « force » sans explications, mais il a essayé plus tard d'éliminer toute confusion en écrivant en 1946 : « On peut donc regarder chaque collectivité comme disposant, en outre des moyens d'action purement matériels au sens ordinaire du mot, c'est-à-dire relevant uniquement de l'ordre corporel, d'une force d'ordre subtil constituée en quelque façon par les apports de tous ses membres passés et présents » ; tout en spécifiant que cette

---

[1] *Les Cahiers du Sud*, n° spécial *Lumière du Graal*, 1951.

[2] Nous avons fait une remarque similaire : le monde moderne avec son point de vue profane représente toujours un grand danger et un obstacle important. Par conséquent, la Maçonnerie doit prendre en compte le domaine exotérique et les maçons doivent participer à des rites exotériques, tout comme les maçons opératifs et les Templiers le faisaient eux-mêmes dans le passé. Les *Old Charges* stipulent clairement qu'un maçon opératif doit aller à l'église et en suivre les rites religieux. De plus, les pèlerinages, qui dans le passé faisaient partie de l'Art Royal, devaient représenter l'un des objectifs de tout maçon. Mais combien de maçons accomplissent aujourd'hui un tel pèlerinage ? Combien de maçons comprennent l'importance fondamentale des « soutiens » spirituels pour le voyage initiatique, entamé lors de l'initiation maçonnique ? (*Oriens*, II, 5-6)

force appartient au domaine subtil, il souligne : « c'est seulement d'une entité psychique qu'il s'agit ». Il renforce toutefois son article de 1911 en introduisant l'effet de l'influence spirituelle : « il y a en outre intervention d'un élément véritablement « non-humain », c'est-à-dire de ce que nous avons appelé proprement une influence spirituelle, mais qui doit d'ailleurs être regardée ici comme « descendant » dans le domaine individuel, et comme y exerçant son action par le moyen de la force collective dans laquelle elle prend son point d'appui », ce qui veut dire que cette « force » pourrait être, dans certains cas « la synthèse de l'influence spirituelle avec cette force collective à laquelle elle s' « incorpore » pour ainsi dire ». L'on doit comprendre que Guénon avait une grande difficulté à transmettre la connaissance traditionnelle en utilisant une langue européenne, et pour cette raison on voit au cours de son œuvre, comme dans ce cas précis, une augmentation de détails.[1]

— En 1935, René Guénon a écrit une lettre à Vasile Lovinescu, du Caire, sur la Prière du Cœur. Nous avons décidé de publier cette lettre parce qu'elle aide à comprendre la voie hésychaste du point de vue initiatique.

— La *préface* initialement rédigée par René Guénon pour *Asia Mystériosa* et qui fut retirée par son auteur, fut une bonne occasion pour les ennemis de Guénon de l'attaquer, et cette histoire est bien connue et a été relatée par Guénon lui-même à plusieurs occasions. Toutefois, cette étude, publiée dans le présent *Recueil* sous le titre *Les Centres initiatiques*, mérite une attention particulière puisque René Guénon y développe ce qu'il y a dit dans *Le Roi du Monde* : « Or il est remarquable que plusieurs auteurs aient affirmé précisément que, peu après la guerre de Trente Ans, les vrais Rose-Croix ont quitté l'Europe pour se retirer en Asie ; et nous rappellerons, à ce propos, que les Adeptes rosicruciens étaient au nombre de douze, comme les membres du cercle le plus intérieur de l'*Agarttha*. » Par exemple, Guénon dit dans son étude : « En effet, il a été dit que les véritables

---

[1] Il y a d'autres exemples de ce type, comme celui concernant la manifestation supra-individuelle. En ce qui concerne le langage, nous devrions ajouter que celui-ci est limité par les conditions d'existence de notre monde, comme le dit Guénon : « ainsi, l'espace et le temps ne sont que des conditions spéciales de notre cycle, et ce n'est que d'une façon toute symbolique qu'on pourra en transporter l'idée en dehors des limites de celui-ci, pour rendre exprimable dans quelque mesure ce qui ne le serait pas autrement, le langage humain étant nécessairement lié aux conditions de l'existence actuelle » (*Les dualités cosmiques*, dans le présent *Recueil*).

Rose-Croix avaient quitté l'Europe au XVIIᵉ siècle, pour se retirer en Asie ; le prêtre saxon Samuel Richter, fondateur de la « Rose-Croix d'Or », sous le nom de Sincerus Renatus, déclare, dans un ouvrage publié en 1714, que les Maîtres de la Rose-Croix sont partis pour l'Inde depuis quelque temps, et qu'il n'en reste plus aucun en Europe ; la même chose avait déjà été annoncée précédemment par Henri Neuhaus, qui ajoutait que ce départ avait eu lieu après la déclaration de la guerre de Trente Ans ; et d'autres auteurs, parmi lesquels Saint-Yves d'Alveydre, indiquent plus ou moins expressément que la signature des traités de Westphalie, qui termina cette guerre en 1648, marque pour l'Occident la rupture complète et définitive des liens traditionnels réguliers qui avaient pu subsister encore jusque là. »[1] Il y a d'autres références qui peuvent intéresser le lecteur qui voudrait en savoir plus sur la « manifestation » des Rose-Croix.

*

* *

Il n'est pas nécessaire de faire une présentation de chacun des articles de Guénon publiés dans ce *Recueil*, et nous tenons seulement à suggérer qu'ils méritent tous considération ; nous conclurons simplement cet *avant-propos* avec quelques exemples de plus :

— *Les dualités cosmiques*, publié dans la *Revue de philosophie* en 1921, est une étude dense et équilibrée, qui mérite une lecture très attentive. En particulier, on pourra noter les clarifications de Guénon sur les manichéens et l'allusion à la doctrine des *avatâras*[2].

---

[1] Sédir, dans son *Histoire et Doctrines des Rose-Croix* (Bibliothèque des Amitiés Spirituelles, 1932), mentionne Henri Neuhaus et Sincerus Renatus (pp. 40, 82) et Gabriel Naudé (pp. 50, 65, 82) ; Gabriel Naudé a publié, en 1623, *Instruction à la France sur la vérité de l'histoire des Frères de la Roze-Croix*, où il a conclu que la déclaration des Rose-Croix contenait une multitude de mensonges (pp. 39, 90) ; Henry Neuhous de Dantzic a aussi publié en 1623 *Advertissement pieux & utile Des Frères de la Rosée-Croix*, mais en dépit du fait que d'après Sédir Neuhaus aurait décrit comment les Rose-Croix se seraient retirés en Inde après la Guerre de Trente Ans, nous n'avons pu trouver cette affirmation dans son œuvre.

[2] Dans son œuvre, Guénon dit du « dualisme » : « qu'on *attribue* au Manichéisme » (*L'Homme et son devenir selon le Védânta*, Éd. Trad., 1991, p. 33 ; *Le Symbolisme de la Croix*, Guy Trédaniel, 1989, p. 47) ; « Il importe d'insister sur ce point car beaucoup, se laissant tromper par les apparences, s'imaginent qu'il y a dans le monde comme deux principes opposés se disputant la suprématie, conception erronée qui est, au fond, la même chose

– La « force » dont fait mention Guénon dans *La prière et l'incantation* est mentionnée de nouveau dans *« Les influences errantes »*, publié en 1931. Il y a quelques particularités qui valent la peine d'être soulignées : « Nous avons fait remarquer que les influences dont il s'agit ici, étant de nature psychique, sont plus subtiles que les forces du monde sensible ou corporel. Il convient donc de ne pas les confondre avec celles-ci, même si certains de leurs effets sont similaires. Cette ressemblance pourrait surtout faire assimiler ces forces à celle de l'électricité ; elle s'explique simplement par l'analogie des lois qui régissent les divers états et les divers mondes » ; « En effet, s'il existe une analogie entre les forces sensibles telles que l'électricité et les forces psychiques ou subtiles, il en existe une également entre ces dernières et des forces spirituelles » ; « il est possible aussi à ces personnages de dissoudre les agglomérations de force subtile, qu'elles aient été formées volontairement par eux ou par d'autres, ou qu'elles se soient constituées spontanément. À cet égard, le pouvoir des pointes métalliques a été connu de tout temps, et il y a là une analogie remarquable avec les phénomènes électriques. Il arrive même que, lorsqu'on frappe avec une pointe le point précis où se trouve ce que l'on pourrait appeler le « nœud » de la condensation, il en jaillit des étincelles ». Guénon a aussi utilisé le terme « énergie » au lieu de « force » : « Cette appellation générale d'« influences errantes » s'applique à toutes les énergies non individualisées, c'est-à-dire toutes celles qui agissent dans le milieu cosmique sans entrer dans la constitution d'un être défini quelconque. Dans certains cas, ces forces sont telles par leur nature même ; dans d'autres cas, elles dérivent d'éléments psychiques désintégrés ».

– La dernière étude sur laquelle nous voulons porter l'attention du lecteur est intitulée *Les néo-spiritualistes*, publiée dans *La Gnose* en 1911 et 1912, et signée *Tau Palingénius*. Nous y trouvons des « notions »

---

que celle qui, en langage théologique, met Satan au même niveau que Dieu, et que, *à tort ou à raison, on attribue* communément aux Manichéens » (*Le Règne de la Quantité et les Signes des Temps*, Gallimard, 1970, p. 357) [les mots en italique sont de nous]. « Nous avons fait allusion précédemment à l'existence de certains « points d'arrêt », dans l'histoire du monde aussi bien que dans la vie des individus : c'est comme si, lorsque l'équilibre est près d'être rompu par la prédominance de l'une des deux tendances adverses, l'intervention d'un principe supérieur venait donner au cours des choses une impulsion en sens inverse, donc en faveur de l'autre tendance. Là réside en grande partie l'explication de la théorie hindoue des *avatâras*, avec sa double interprétation suivant les conceptions shivaïste et vishnuiste ».

auxquelles Guénon a fait allusion dans son œuvre, mais ne pas connaître l'« histoire » de ces « notions » peut rendre parfois difficile la compréhension de ces allusions. Nous rassemblons ici quelques unes de ces idées : « Quant à la « résurrection de la chair », ce n'est, en réalité, qu'une façon fautive de désigner la « résurrection des morts », qui, ésotériquement, peut correspondre à ce que l'être qui réalise en soi l'Homme Universel retrouve, dans sa totalité, les états qui étaient considérés comme passés par rapport à son état actuel, mais qui sont éternellement présents dans la permanente actualité de l'être extra-temporel » ; « Pour eux [les occultistes], en effet, la Terre est le seul monde où il y ait des êtres humains, parce que les conditions de la vie dans les autres planètes ou dans les autres systèmes sont trop différentes de celles de la Terre pour qu'un homme puisse s'y adapter ; il résulte de là que, par « homme », ils entendent exclusivement un individu corporel, doué des cinq sens physiques, des facultés correspondantes (sans oublier le langage parlé… et même écrit), et de tous les organes nécessaires aux diverses fonctions de la vie humaine terrestre. Ils ne conçoivent pas que l'homme existe sous d'autres formes de vie que celle-là[1], ni, à plus forte raison, qu'il puisse exister en mode immatériel, informel, extra-temporel, extra-spatial, et, surtout, en dehors et au-delà de la vie » ; « Comme on le voit, ce raisonnement est fort simple et, parfaitement logique, mais à la condition d'en admettre d'abord le point de départ, à savoir l'impossibilité pour l'être humain d'exister dans des modalités autres que la forme corporelle terrestre, ce qui, nous le répétons n'est en aucune façon conciliable avec les notions même élémentaires de la Métaphysique ».

En août 1934, Guénon écrivait déjà dans une lettre à Vasile Lovinescu : « Toutes sortes de circonstances m'ont empêché jusqu'ici de mettre un nouveau livre en train ; j'espère cependant pouvoir y arriver enfin assez prochainement ; mais je ne suis pas encore entièrement fixé sur ce qu'il sera ; ce ne sont certes pas les sujets à traiter qui manquent… Peut-être sera-ce en quelque sorte une suite à « Orient et Occident » et à la « Crise du Monde moderne » ; j'ai aussi l'intention de réunir, en leur donnant une autre forme, mes articles sur

---

[1] « D'ailleurs, nous pouvons noter en passant que tous les écrivains, astronomes ou autres, qui ont émis des hypothèses sur les habitants des autres planètes, les ont toujours, et peut-être inconsciemment, conçus à l'image, plus ou moins modifiée, des êtres humains terrestres. » [note de Guénon]

l'initiation ; et je pense toujours au travail que j'ai déjà avancé sur les conditions de l'existence corporelle ; mais ce ne sera sans doute pas le premier à paraître. »

C'est dans cet esprit que nous avons décidé de publier ce *Recueil*.

*
* *

En conclusion de cet *Avant-propos*, nous voudrions présenter un texte, intitulé *Ce que nous ne sommes pas*, qui fut publié dans *La Gnose* en 1911 et signé *Tau Palingénius*[1], et qui décrit parfaitement la fonction de René Guénon, ce qui prouve par là que Guénon, même s'il employa différents noms représentant différentes entités, a toujours été un maître de l'esprit traditionnel ; car ce qu'il proclame dans ce texte demeura inchangé jusqu'à sa mort :

« Au début de notre seconde année, il nous paraît nécessaire, pour écarter toute équivoque de l'esprit de nos lecteurs, et pour couper court à l'avance à des insinuations possibles, de dire très nettement, en quelques mots, ce que nous ne sommes pas, ce que nous ne voulons et ne pouvons pas être.

« Tout d'abord, comme nous l'avons déjà déclaré, nous ne nous plaçons jamais sur le terrain de la science analytique et expérimentale, qui ne se propose pour but que l'étude des phénomènes du monde matériel. Nous ne nous plaçons pas davantage sur le terrain de la philosophie occidentale moderne, dont nous nous réservons d'ailleurs de démontrer quelque jour toute l'inanité.

« Ne nous occupant nullement des questions d'ordre moral et social, notre domaine n'a aucun point de contact non plus avec celui des religions exotériques, avec lesquelles, par conséquent, nous ne pouvons nous trouver ni en concurrence ni en opposition.

« D'autre part, nous ne sommes ni des occultistes ni des mystiques, et nous ne voulons avoir de près ni de loin aucun rapport, de quelque nature que se soit, avec les multiples groupements qui procèdent de la mentalité spéciale désignée par l'une ou l'autre de ces deux dénominations. Nous entendons donc rester absolument étrangers au mouvement dit spiritualiste, qui ne peut d'ailleurs actuellement être pris au sérieux par aucun homme raisonnable ; parmi les gens qui suivent ce mouvement ou qui le dirigent, nous ne pouvons que plaindre ceux qui sont de bonne foi, et mépriser les autres.

« Ensuite, un autre point qu'il nous importe tout autant que le précédent de bien établir, c'est que nous ne sommes et ne voulons être des novateurs à aucun titre ni à aucun degré. Nous n'avons rien du caractère des fondateurs de nouvelles religions, car nous pensons qu'il en existe déjà beaucoup trop dans le monde ; fermement et fidèlement attachés à la Tradition orthodoxe, une et immuable comme la Vérité même dont elle est la plus haute expression, nous sommes

---

[1] Janv. 1911. On remarquera le style « négatif », similaire au « neti, neti » hindou ou à la doctrine apophatique de Saint Denis l'Aréopagite.

les adversaires irréductibles de toute hérésie et de tout modernisme, et nous réprouvons hautement les tentatives, quels qu'en soient les auteurs, qui ont pour but de substituer à la pure Doctrine des systèmes quelconques ou des conceptions personnelles. Nous nous réservons le droit de dénoncer au grand jour de tels méfaits intellectuels et spirituels, chaque fois que nous le jugerons utile pour une raison quelconque ; mais nous rappelons de nouveau que nous n'entreprendrons jamais aucune espèce de polémique, car nous détestons profondément la discussion, d'autant plus que nous sommes convaincus de sa parfaite inutilité.

« De ce que nous venons de dire, il résulte que nous ne pouvons pas être des éclectiques ; nous n'admettons que les formes traditionnelles régulières, et, si nous les admettons toutes au même titre, c'est parce qu'elles ne sont en réalité que des vêtements divers d'une seule et même Doctrine.

« Enfin, entièrement désintéressés de toute action extérieure, nous ne songeons point à nous adresser à la masse, ni à nous faire comprendre d'elle. Nous ne nous soucions nullement de l'opinion du vulgaire, nous méprisons toutes les attaques, de quelque côté qu'elles puissent venir, et nous ne reconnaissons à personne le droit de nous juger. Ceci étant déclaré une fois pour toutes, nous poursuivrons notre œuvre sans nous préoccuper des bruits du dehors ; comme le dit un proverbe arabe : 'Les chiens aboient, la caravane passe'. »

Mircea A. Tamas

AVERTISSEMENT DE L'ÉDITEUR

Nous nous sommes efforcés, dans la mesure du possible, de respecter dans son intégralité le texte original des études et comptes rendus de René Guénon. Contrairement à ce qui a eu lieu avec plusieurs recueils posthumes publiés dans le passé, nous n'avons pas modifié ou retiré certains passages dans des soucis de clarté. Ce fut particulièrement le cas pour les études publiées dans *La Gnose* dans lesquelles René Guénon fait référence à des articles d'autres auteurs parus dans des numéros précédents de cette revue, références qui furent retirées dans ces recueils posthumes (les études de la *Gnose* publiées dans *Mélanges* en sont un exemple). Nous avons fait le choix, au contraire, de conserver toutes ces références.

Il y eut toutefois des cas où certains articles furent publiés sur plusieurs mois, comme pour ceux parus dans la revue *La Gnose*, et faisant référence à des parties du même article publiées précédemment. Nous avons réuni ici ces portions d'articles en études complètes, et avons, dans quelques rares cas, retiré les références courtes faites par Guénon aux parties d'article publiées dans des numéros précédents. Ces portions d'articles étant maintenant réunies en études complètes, il ne paraissait plus nécessaire de conserver des références maintenant inutiles.

Il nous est par ailleurs arrivé d'ajouter des précisions, comme par exemple des renvois à des recueils posthumes où certains articles mis en référence par Guénon peuvent être consultés, et celles-ci sont placées entre crochets, pour bien les séparer du texte original.

Enfin, les nombreux articles et comptes rendus présentés ici étant des reliquats de l'œuvre de Guénon non encore publiée dans des recueils posthumes, ils traitent de sujets de toutes sortes. Ils auraient pu être présentés par ordre chronologique de publication, ou encore par noms de plume, pour bien différencier les écrits signés par Guénon des autres noms qu'il utilisa[1], mais cela n'aurait pas éliminé la disparité des sujets abordés. Aussi puisque plusieurs thèmes se dégageaient assez clairement de l'ensemble de ces écrits, nous avons préféré une

---

[1] Au sujet des pseudonymes utilisés par René Guénon, voir p. 295-296 dans ce *Recueil.*

organisation en cinq parties thématiques générales pour faciliter la lecture, et nous avons pris le soin de bien spécifier en note la date de parution, la revue d'origine et la signature utilisée par Guénon lorsque cela s'appliquait.

RECUEIL

PREMIÈRE PARTIE

ORIENT ET OCCIDENT

I

ORIENT ET OCCIDENT[1]

L'Occident donne actuellement des signes manifestes de déséquilibre ; et cela devait arriver fatalement, au terme du développement d'une civilisation purement matérielle, véritable monstruosité dont l'histoire ne nous offre aucun autre exemple. Que certains commencent enfin à s'en apercevoir et à s'en inquiéter, c'est là, peut-être, un indice que le mal n'est pas tout à fait irrémédiable ; mais ce dont il faut bien se persuader, c'est que ce n'est pas en lui-même que l'Occident trouvera jamais les moyens d'y échapper. En effet, un changement radical de toutes les tendances constitutives de l'esprit moderne, une renonciation complète à tous les préjugés qui ont faussé la mentalité

---

[1] Publié dans la revue *Le Radeau*, janv. 1925 ; repris dans *Vers la Tradition*, n° 120, 2010. [*N.d.É.*]

occidentale depuis plusieurs siècles, sont pour cela nécessaires, comme conditions préalables d'une restauration de la véritable intellectualité. Celle-ci, dont les Européens de nos jours sont devenus incapables de comprendre la nature et même de concevoir simplement l'existence, où pourraient-ils la retrouver, sinon dans les civilisations qui la conservent encore, nous voulons dire dans les civilisations orientales ? Et nous ajouterons que, tant qu'on n'en sera pas arrivé là, aucune entente réelle et profonde ne sera possible entre l'Orient et l'Occident.

Que l'on nous comprenne bien : nous ne prétendons pas que l'Occident doive adopter des formes orientales qui ne sont pas faites pour lui ; mais nous disons qu'une élite occidentale, chose aujourd'hui inexistante, devra se constituer et s'assimiler l'esprit de l'Orient, pour pouvoir redonner à l'Occident une civilisation normale, c'est-à-dire reposant sur des principes véritables, sur des bases que l'on puisse appeler traditionnelles dans toute l'acception de ce mot. Il s'agit d'entente, non de fusion ; et l'entente s'établit naturellement et comme nécessairement entre toutes civilisations qui possèdent ce caractère traditionnel, mais entre celles-là seulement. Il ne saurait y avoir d'autre remède au désordre que nous constatons partout autour de nous ; que celui-là déplaise à ceux qui croient encore à la prétendue supériorité de l'Occident moderne, c'est fort possible, mais cela ne peut nous empêcher de voir les choses telles qu'elles sont : ou l'Occident changera dans le sens que nous venons d'indiquer, ou il périra par sa propre faute.

Il ne se passe presque pas de jour où nous n'ayons l'occasion de lire quelque déclamation sur la « défense de l'Occident », que personne ne menace ; quand donc tous ces gens comprendront-ils que l'unique danger réel est celui qui vient des Occidentaux eux-mêmes ? Les Orientaux, pour le moment, ont bien assez à faire de se défendre contre l'oppression européenne ; et il est au moins curieux de voir les agresseurs se poser en victimes.

Mais laissons cela ; nous ne nous adressons pas à ceux que la vanité occidentale aveugle à un tel point, mais seulement à ceux qui sont capables de comprendre qu'une civilisation peut être constituée par autre chose que des inventions mécaniques et des tractations commerciales. Il en est quelques-uns, du reste, qui se tournent instinctivement vers l'Orient, ou vers ce qu'ils croient être l'Orient, pour y chercher ce qu'ils sentent que l'Occident, dans son état actuel, ne peut leur donner ; mais malheureusement, comme ils ignorent tout du véritable Orient, ils risquent fort de faire fausse route et, en dépit de leurs bonnes intentions, d'aggraver encore le mal dont ils souffrent. C'est pourquoi nous tenons à faire entendre cet avertissement : le remède ne peut être trouvé que dans des idées et des doctrines authentiquement orientales, et à la condition que celles-ci n'aient pas été falsifiées et dénaturées par l'incompréhension d'intermédiaires occidentaux. Surtout, nous ne saurions trop mettre en garde contre toutes les contrefaçons anglo-saxonnes, allemandes ou slaves, qui ne représentent que des idées tout occidentales et modernes, masquées sous des vocables orientaux détournés de leur sens. Il est pitoyable de voir tant de gens croire qu'il y a des idées hindoues dans les élucubrations théosophistes, ou prendre les rêveries d'un Keyserling pour une expression de la sagesse orientale ; et il est inexplicable que certains « traditionalistes » ne comprennent pas qu'ils font le jeu de leurs adversaires en prenant au sérieux leurs prétentions les moins justifiées, en même temps qu'ils indisposent contre eux les alliés naturels qu'ils pourraient trouver dans le véritable Orient ; mais ceux-là se résigneront-ils jamais à admettre qu'ils peuvent avoir besoin d'alliés qui ne soient pas des « sujets » !

La grande difficulté, nous le savons bien, c'est d'arriver à connaître ces idées orientales authentiques auxquelles nous faisons allusion et cette difficulté est encore, pour une bonne part, le fait des Occidentaux. Sans doute, les Orientaux ne font point de prosélytisme et répugnent à toute propagande, et cela est tout à leur honneur ; mais ils n'ont jamais refusé d'instruire ceux en qui ils trouvent de suffisantes facultés de compréhension. Malheureusement, ce cas est extrêmement rare ; et d'ailleurs, y a-t-il beaucoup d'Occidentaux qui cherchent réellement à s'instruire au contact de l'Orient et non à faire valoir l'imaginaire supériorité qu'ils s'attribuent ? Quand des Hindous voient un Deussen venir à eux avec la prétention de leur expliquer leurs propres doctrines, et leur exposer comme telles des théories empruntées à Schopenhaueur, que peuvent-ils faire d'autre que de l'écouter, en silence, et d'en rire ensuite ? Aujourd'hui, pourtant, ils font autre chose : ils ont fini par se rendre compte que leur habituelle politesse n'était pas de mise vis-à-vis des Occidentaux ; et on nous a conté récemment la mésaventure arrivée à un orientaliste qui, ayant cru bon de vanter la « critique » européenne devant un auditoire hindou, souleva les plus énergiques protestations.

Quoi qu'il en soit, il n'y a qu'un moyen de parvenir à la connaissance des idées orientales : c'est de s'adresser, avec les dispositions voulues, aux Orientaux eux-mêmes ; mais encore faut-il savoir à qui l'on s'adresse. Qu'on n'aille pas prendre pour des interprètes autorisés de la doctrine quelques étudiants parfaitement ignorants des choses de leur pays, et imbus d'idées occidentales auxquelles, du reste, ils renonceront peut-être un jour, s'ils ont la chance de se retrouver au contact de leur propre race et de sentir son esprit se réveiller en eux. Qu'on n'oublie pas non plus que les Orientaux qui se font connaître en Occident, ceux qui écrivent ou qui parlent le plus volontiers, n'exposent guère en général que des idées occidentales, soit parce qu'ils jugent inutile de dire leur vraie pensée, soit parce qu'ils sont eux-mêmes plus ou moins fortement occidentalisés. Pour notre part, nous regardons tous ces gens comme de simples Occidentaux, et ils n'ont à nos yeux aucune importance, parce qu'ils ne représentent rien du véritable Orient.

Il y a donc lieu de se tenir en garde contre des méprises possibles, mais non de se décourager ; du reste, ce que nous avons trouvé nous-même, pourquoi d'autres ne le trouveraient-ils pas tout aussi bien ? Nous espérons, d'ailleurs, les y aider dans la mesure de nos moyens, en exposant les doctrines orientales telles qu'il nous a été donné de les comprendre, ou du moins certains aspects de ces doctrines, ceux que nous penserons pouvoir rendre accessibles à des esprits occidentaux. Ce que nous avons fait dans les divers ouvrages que nous avons publiés jusqu'ici n'est qu'un travail préliminaire, surtout négatif, et destiné à dissiper les erreurs et les malentendus ; il était indispensable de commencer par là, avant d'en venir à des exposés proprement doctrinaux. Dans tous les cas, nous avons conscience de n'avoir pas écrit un seul mot que n'aurait pu écrire un Oriental de naissance ; nous nous plaçons, en effet, à un point de vue strictement oriental, qui est devenu entièrement le nôtre, et nous tenons à ce qu'on sache bien que nous ne sommes pas allé de l'Occident à l'Orient, mais que, fort heureusement pour nous, nous avons pu étudier les doctrines orientales à une époque où nous ne connaissions à peu près rien de la pensée occidentale. Et ceci nous amène à une dernière remarque : l'obstacle le plus redoutable, pour beaucoup, c'est la philosophie ; nous voulons dire que ceux qui s'efforcent d'envisager ces doctrines à un point de vue philosophique se condamnent par là même à n'y jamais rien comprendre. Il ne s'agit point d'un vain « jeu d'idées », non plus que d'un amusement d'érudits ; il s'agit de choses sérieuses, les plus sérieuses qui soient, et nous souhaitons que l'Occident s'en rende compte avant qu'il ne soit trop tard. Ce que sont ces choses, nous ne pouvons songer à l'indiquer, même sommairement, dans les limites d'un court article ; nous avons seulement voulu en faire pressentir l'importance, et éveiller ainsi chez quelques-uns le désir d'entreprendre une étude dont, en dehors même de toute autre considération, ils ne pourront que retirer d'inappréciables bénéfices intellectuels.

II

TERRAINS D'ENTENTE ENTRE L'ORIENT ET L'OCCIDENT[1]

Il semble que la question des rapports de l'Orient et de l'Occident soit tout particulièrement à l'ordre du jour depuis quelques années, qu'elle se pose d'une façon de plus en plus pressante ; mais il semble aussi que presque tout ce qu'on écrit à ce sujet n'y apporte que bien peu d'éclaircissements. La plupart de ceux qui se hasardent à traiter cette question, en effet, y sont fort peu préparés et ne connaissent tout au plus qu'un des deux termes en présence, car, si l'on doit admettre qu'ils savent ce qu'est l'Occident (encore que certains préjugés les empêchent souvent de s'en rendre exactement compte), on est bien obligé de constater qu'ils ignorent à peu près totalement ce qu'est l'Orient. Beaucoup ne voient celui-ci qu'à travers les images déformées qu'en ont présentées des écrivains occidentaux, orientalistes professionnels ou autres ; ou même ils prennent pour authentiquement orientales des idées qui, bien qu'offertes sous cette étiquette, sont purement occidentales en réalité. Aussi les prétendus adversaires de l'Orient (nous voulons dire ceux qui se croient tels, sans doute de très bonne foi, mais par ignorance de l'Orient) ne combattent-ils guère que des chimères ; et, s'il leur arrive de dénoncer des idées qui présentent un véritable danger, ils seraient probablement bien surpris s'ils savaient qu'ils sont là-dessus en parfait accord avec les vrais représentants de l'esprit oriental, et que ces mêmes idées n'ont jamais pu trouver de crédit qu'en Occident.

Il faudrait d'ailleurs, avant tout, s'entendre sur une délimitation un peu précise des deux ensembles qu'on désigne par les noms d'Orient et d'Occident ; et cela est d'autant plus nécessaire qu'il se produit parfois d'étranges méprises. Ainsi, certains, dans ce qu'ils appellent l'Orient, font entrer la Russie, voire même l'Allemagne, qui est pourtant, qu'on le veuille ou non, un des pays les plus représentatifs de

---

[1] Publié dans la *Revue Hebdomadaire*, janv. 1927. [*N.d.É.*]

l'esprit occidental. Il en est aussi qui parlent couramment du « bolchevisme asiatique », sans s'apercevoir que le bolchevisme est obligé de se déguiser en « anti-colonialisme », si l'on peut dire, pour se présenter aux peuples orientaux, et que, même s'il parvient à pénétrer en Asie dans une certaine mesure, et d'une façon bien superficielle d'ailleurs, il n'y est en tout cas qu'une importation occidentale. À vrai dire, il n'y a pas lieu de s'étonner de tout cela, car ce ne sont là que des exemples de la confusion qui règne actuellement dans tous les domaines, et dont on pourrait dire qu'elle constitue un des caractères dominants de la mentalité de notre époque.

D'autre part, certains vont jusqu'à contester que la division même de l'humanité en Orient et Occident corresponde à une réalité ; et pourtant, tout au moins dans l'état actuel des choses, qui seul nous occupe présentement, cela ne semble pas pouvoir être sérieusement mis en doute. D'abord, qu'il existe une civilisation occidentale, commune à l'Europe et à l'Amérique, c'est là un fait sur lequel tout le monde doit être d'accord, quel que soit d'ailleurs le jugement qu'on portera sur la valeur de cette civilisation. Pour l'Orient, les choses sont moins simples : il est certain qu'il existe, non pas une seule mais plusieurs civilisations orientales ; mais il suffit qu'elles possèdent certains traits communs, et que ces mêmes traits ne se trouvent pas dans la civilisation occidentale, pour que la distinction de l'Orient et de l'Occident soit par là même pleinement justifiée. Qu'il en soit bien ainsi, nous n'hésitons pas à l'affirmer aussi nettement que possible ; mais nous ne pouvons naturellement songer à indiquer ici, même sommairement, toutes les preuves que nous en avons déjà données en divers ouvrages. Nous rappellerons seulement, pour fixer les idées, la division générale que nous avons adoptée pour l'Orient, et qui, bien que peut-être un peu trop simplifiée si l'on voulait entrer dans le détail, est pourtant exacte quand on s'en tient aux grandes lignes : l'Extrême Orient, représenté essentiellement par la civilisation chinoise ; le Moyen Orient, par la civilisation hindoue ; le Proche Orient, par la civilisation musulmane. Il convient d'ajouter que cette dernière, à bien des égards, devrait plutôt être regardée comme intermédiaire entre l'Orient et l'Occident, et que beaucoup de ses caractères la rapprochent même surtout de ce que fut la civilisation occidentale du moyen âge ; mais, si on l'envisage par rapport à l'Occident moderne, on doit reconnaître qu'elle s'y oppose au même titre que les civilisations proprement orientales auxquelles il faut donc l'associer à ce point de vue.

C'est là, précisément, ce sur quoi il est essentiel d'insister : l'opposition de l'Orient et de l'Occident n'a tout son sens que s'il s'agit spécialement de l'Occident moderne, car cette opposition est beaucoup plus celle de deux esprits que celle de deux entités géographiques plus ou moins nettement définies ; et, à certaines époques, au moyen âge notamment, l'esprit occidental ressemblait fort, par ses côtés les plus importants, à ce qu'est encore aujourd'hui l'esprit oriental, bien plus qu'à ce qu'il est devenu lui-même dans les temps modernes. *Il s'est donc produit, au cours des derniers siècles, un changement considérable, qui va même jusqu'à un véritable renversement, dans la direction donnée à l'activité humaine, et c'est dans le monde occidental exclusivement que ce changement a eu lieu* : voilà le fait, quelles qu'en puissent être les causes, que nous n'avons pas à rechercher ici. Par conséquent, lorsque nous disons esprit occidental, en nous référant à ce qui existe présentement, ce qu'il faut entendre par là est proprement l'esprit moderne ; et, comme l'autre esprit ne s'est maintenu qu'en Orient, nous pouvons, toujours par rapport aux conditions actuelles, l'appeler esprit oriental. Ces deux termes, en somme, n'expriment rien d'autre que la constatation d'une situation de fait ; et, s'il apparaît bien clairement que l'un des deux esprits en présence est effectivement occidental, parce que son apparition appartient à l'histoire récente, nous n'entendons rien préjuger quant à la provenance de l'autre, qui fut jadis commun à l'Orient et à l'Occident, et dont l'origine se confond peut-être avec celle de l'humanité elle-même. C'est là, en effet, l'esprit que l'on pourrait qualifier de normal, ne serait-ce que parce qu'il est commun à toutes les civilisations que nous connaissons plus ou moins complètement, sauf une seule, qui est la civilisation occidentale moderne ; l'esprit opposé qui se manifeste dans cette dernière apparaît donc dans l'histoire comme quelque chose d'exceptionnel, pour ne pas dire d'anormal, quoi qu'en puissent penser ceux de nos contemporains qui ne se doutent même pas de l'existence de civilisations autres que la leur, dans le passé et dans le présent, ou qui, du moins, se comportent comme si leur civilisation était seule vraiment digne de ce nom, et comme si tout le reste n'était que quantité négligeable.

Cet exclusivisme étroit, qui constitue un préjugé bien occidental, est assurément un des principaux obstacles qui s'opposent à toute entente avec l'Orient ; comment, en effet, serait-il possible de parler d'entente avec des peuples dont on se refuse obstinément à comprendre l'esprit ? Si les Occidentaux voulaient bien consentir à se rendre compte que ce qu'ils appellent « la civilisation », entendue comme quelque chose d'unique et d'absolu, n'est qu'un mythe, que ce qui existe réellement, ce sont « des civilisations » multiples et diverses, et qui ne sont pas comparables sous tous les rapports, chacune d'elles ayant ses caractères propres et s'étant développée dans un sens qui n'est pas forcément le même pour toutes, un grand pas serait déjà fait. Ce n'est là, d'ailleurs, qu'une condition préliminaire, mais indispensable, de l'entente dont il s'agit ; pour aller plus loin, il faut une compréhension effective des civilisations orientales, et cela suppose une réforme complète de la mentalité moderne, puisque c'est dans celle-ci que réside l'élément d'opposition qui rend une telle compréhension impossible.

Pour nous faire mieux comprendre, nous considérerons plus particulièrement un des principaux aspects de cette opposition qui existe actuellement entre l'Orient et l'Occident ; nous ne prétendons pas, en effet, donner ici un exposé complet de la question envisagée sous toutes ses faces, ce qui nous entraînerait beaucoup trop loin[1]. À un certain point de vue, qui est d'ailleurs un des plus fondamentaux, cette opposition apparaît comme celle de la contemplation et de l'action, ou, pour parler plus exactement, comme portant sur les places respectives qu'il convient d'attribuer à l'un et à l'autre de ces deux termes. Il ne faudrait pas croire, en effet, qu'aucun peuple, ni même peut-être aucun individu, puisse, du moins dans les cas normaux, être exclusivement contemplatif ou exclusivement actif ; mais il y a là deux tendances dont l'une ou l'autre prédomine presque nécessairement, de telle sorte que le développement de l'une paraît s'effectuer au détriment de l'autre, non qu'il y ait entre elles une incompatibilité absolue, mais simplement parce que l'activité humaine ne peut pas s'exercer également et à la fois dans tout les domaines et dans toutes les directions. La question qui importe, du reste, n'est pas celle d'une prédominance de fait, qui est, somme toute, affaire de tempérament ou de race, mais celle de ce qu'on pourrait appeler une prédominance de droit, et les deux choses ne sont liées que jusqu'à un certain point. Sans doute, la reconnaissance de la supériorité de l'une des deux tendances incitera à la développer le plus possible, de préférence à l'autre ; mais il n'en est pas moins vrai que la place que tiendront la contemplation et l'action dans l'ensemble de la vie d'un homme ou

[1] Nous nous permettons de renvoyer les lecteurs que cette question intéresserait spécialement à notre ouvrage intitulé *Orient et Occident*, qui y est consacré tout entier, et aussi à divers chapitres de notre *Introduction générale à l'étude des doctrines hindoues*.

d'un peuple résultera toujours en grande partie de la nature propre de celui-ci, car il faut en cela tenir compte des possibilités particulières de chacun. Il est incontestable que, d'une façon générale, la tendance à l'action prédomine chez les peuples occidentaux ; mais, dans l'antiquité et surtout au moyen âge, cette disposition naturelle ne les empêchait pourtant pas de reconnaître la supériorité de la contemplation, c'est-à-dire de l'intelligence pure ; pourquoi en est-il autrement à l'époque moderne ? Nous ne voulons pas essayer de résoudre ici cette question qui demanderait à être examinée longuement : est-ce parce que les Occidentaux, en développant outre mesure leurs facultés d'action, en sont arrivés à perdre leur intellectualité, qu'ils ont, pour s'en consoler, inventé des théories qui mettent l'action au-dessus de tout et vont même jusqu'à nier qu'il existe quoi que ce soit de valable en dehors d'elle, ou bien est-ce au contraire cette façon de voir qui a prévalu tout d'abord et qui a amené l'atrophie intellectuelle que nous constatons aujourd'hui ? Dans les deux hypothèses, et aussi dans le cas probable où la vérité se trouverait dans une combinaison de l'une et de l'autre, les résultats sont exactement les mêmes, et pour le moment, ce sont ces résultats seuls que nous voulons envisager ; au point où les choses en sont arrivées, il est grand temps de réagir, et c'est ici que l'Orient peut venir au secours de l'Occident, si toutefois celui-ci le veut bien, non pour lui imposer des conceptions qui lui sont étrangères, comme certains semblent le craindre, mais bien pour l'aider à retrouver sa propre tradition dont il a perdu le sens.

Les doctrines orientales sont unanimes à affirmer que la contemplation est supérieure à l'action, comme l'immuable est supérieur au changement, ce qui, d'ailleurs, ne les empêche nullement d'accorder à l'action sa place légitime et de reconnaître toute son importance dans l'ordre des contingences humaines. L'action, n'étant qu'une modification transitoire et momentanée de l'être, ne saurait avoir en elle-même son principe et sa raison suffisante ; si elle ne se rattache à un principe qui est au delà de son domaine contingent, elle n'est qu'une pure illusion ; et ce principe dont elle tire toute la réalité dont elle est susceptible, et son existence et sa possibilité même, ne peut se trouver que dans la contemplation ou, si l'on préfère, dans la connaissance. De même, le changement, dans son acception la plus générale, est inintelligible et contradictoire, c'est-à-dire impossible, sans un principe dont il procède et qui, par là même qu'il est son principe, ne peut lui être soumis, donc est forcément immuable ; et c'est pourquoi, dans l'antiquité occidentale, Aristote avait affirmé la nécessité du « moteur immobile » de toutes choses. Ce rôle de « moteur immobile », la connaissance le joue précisément par rapport à l'action ; il est évident que celle-ci appartient tout entière au monde du changement, du « devenir » ; la connaissance seule permet de sortir de ce monde et des limitations qui lui sont inhérentes, et, lorsqu'elle atteint l'immuable, elle possède elle-même l'immutabilité, car toute connaissance vraie est essentiellement identification avec son objet. C'est là justement ce qu'ignorent les Occidentaux modernes, qui, en fait de connaissance, n'envisagent plus qu'une connaissance rationnelle et discursive, donc indirecte et imparfaite, ce qu'on pourrait appeler une connaissance par reflet, et qui même, de plus en plus, n'apprécient cette connaissance inférieure que dans la mesure où elle peut servir immédiatement à des fins pratiques ; engagés dans l'action au point de nier tout ce qui la dépasse, ils ne s'aperçoivent pas que cette action même dégénère ainsi, par défaut de principe, en une agitation aussi vaine que stérile.

Ici, il nous faut prévoir une objection que certains ne manqueraient pas de nous opposer : si ce qu'on peut appeler l'esprit traditionnel, dont nous venons de définir brièvement la position en ce qui concerne les rapports de la connaissance et de l'action, ne s'exprime pas seulement dans les doctrines orientales, mais aussi dans les anciennes doctrines occidentales, en quoi l'Occident, en admettant qu'il éprouve la nécessité de revenir à cet esprit (et il semble bien que quelques-uns tout au moins l'éprouvent aujourd'hui plus ou moins confusément), aura-t-il besoin pour cela du secours de l'Orient ? Certes, s'il est capable d'y parvenir par ses propres moyens, nous n'y verrions nul inconvénient, bien au contraire ; mais, en dépit des efforts, assurément très louables dans leur intention, que peuvent tenter en ce sens ceux-là précisément qui seraient sans doute prêts à nous faire cette objection, nous ne croyons pas, malheureusement, que la chose soit possible. La raison en est bien simple : c'est que la tradition occidentale, telle qu'elle existait, par exemple au moyen âge, est devenue aussi étrangère aux modernes que peuvent l'être les traditions orientales ; à vrai dire, ce qui en subsiste est pour eux lettre morte ; l'esprit leur échappe, et les essais de reconstitution auxquels ils se livreront risquent fort de ressembler à de simples travaux d'archéologie.

Ce n'est pas une science toute livresque qui peut suffire à redresser la mentalité d'une race et d'une époque ; et, disons-le nettement pour écarter toute équivoque, il faut pour cela autre chose qu'une spéculation philosophique, qui est condamnée, par sa nature même, à demeurer tout extérieure et beaucoup plus verbale que réelle. Pour restaurer la tradition perdue, pour la revivifier véritablement, il faut le contact de l'esprit traditionnel vivant, et ce n'est qu'en Orient que cet esprit est encore vivant ; et, dans bien des cas, le sens des doctrines anciennes qui ne se sont pas transmises régulièrement jusqu'à nous ne peut être retrouvé et compris que par comparaison avec les doctrines similaires qui, ayant encore une existence effective, sont susceptibles d'être connues directement. Il n'en reste pas moins que cela même suppose avant tout une aspiration de l'Occident, ou du moins d'une élite occidentale, vers un retour à l'esprit traditionnel, mais ce ne peut guère être qu'une simple aspiration ; les quelques mouvements de réaction « antimoderne » (d'ailleurs bien incomplète à notre avis) qui se sont produits jusqu'ici ne peuvent que nous confirmer dans cette conviction ; car tout cela, qui est sans doute excellent dans sa partie négative et critique, est pourtant fort éloigné d'une restauration de la véritable intellectualité et ne se développe que dans les limites d'un horizon mental assez restreint. C'est cependant quelque chose, en ce sens que c'est l'indice d'un état d'esprit dont on aurait eu bien de la peine à trouver la moindre trace il y a peu d'années encore ; si tous les Occidentaux ne sont pas unanimes à se déclarer satisfaits du déploiement purement matériel de la civilisation moderne, c'est là un signe que, pour eux, tout espoir de salut n'est pas encore perdu.

Quoi qu'il en soit, si l'on suppose que l'Occident, d'une façon quelconque, revienne à sa tradition, l'entente avec l'Orient sera par là même rendue immédiatement possible, comme elle l'est entre toutes les civilisations qui possèdent des éléments comparables ou équivalents, et entre celles-là seulement, car ce sont ces éléments qui constituent le terrain sur lequel cette entente peut s'opérer valablement ; et l'on voit que, par les considérations qui précèdent, nous ne nous sommes nullement écarté du sujet que nous nous proposions plus spécialement de traiter dans la présente étude. L'esprit traditionnel, de quelque forme qu'il se revête, est partout et toujours le même au fond ; les formes diverses, qui sont particulièrement adaptées à telles ou telles conditions mentales, à telles ou telles circonstances de temps et de lieu, ne sont que des expressions d'une seule et même vérité ; mais il faut pouvoir se placer dans l'ordre de l'intellectualité pure pour découvrir cette unité fondamentale sous leur apparente multiplicité. D'ailleurs, c'est dans cet ordre intellectuel que résident les principes dont tout le reste dépend à titre de conséquences ou d'applications plus ou moins éloignées ; c'est donc sur ces principes qu'il faut s'accorder avant tout, s'il doit s'agir d'une entente vraiment profonde, puisque c'est là tout l'essentiel ; c'est pourquoi, là où les principes font défaut, comme c'est le cas pour la civilisation occidentale moderne, une telle entente ne saurait en aucune façon être envisagée. Il faut encore remarquer que la connaissance des principes, qui est proprement la connaissance métaphysique au vrai sens du mot (mais qui n'a rien de commun avec la pseudo-métaphysique des philosophes modernes), est universelle comme les principes eux-mêmes, donc entièrement dégagée de toutes les contingences individuelles, qui interviennent au contraire nécessairement dès qu'on en vient aux applications ; c'est donc sur les principes que, normalement, l'accord doit se faire le plus facilement, et à la seule condition qu'on les comprenne effectivement, sans qu'il soit besoin d'un effort d'adaptation entre mentalités différentes ; c'est là encore une raison pour que le travail d'entente doive s'accomplir en premier lieu dans le domaine purement intellectuel. Du reste, lorsque ce travail est fait, il n'y a plus en somme qu'à en développer les résultats pour que l'accord dans tous les autres domaines se trouve également réalisé, puisque, comme nous le disions tout à l'heure, c'est là ce dont tout dépend directement ou indirectement ; au contraire, l'accord obtenu dans un domaine particulier, en dehors des principes, sera toujours éminemment instable et précaire, et beaucoup plus semblable à une combinaison diplomatique qu'à une véritable entente. Celle-ci, par conséquent, ne peut s'opérer réellement que par en haut, et non par en bas, et ceci doit s'entendre en un double sens : il faut partir de ce qu'il y a de plus élevé, c'est-à-dire des principes, pour descendre graduel-lement aux divers ordres d'applications, en observant toujours rigoureusement la dépendance hiérarchique qui existe entre eux ; et cette œuvre, par son caractère même, ne peut être que celle d'une élite, en donnant à ce mot son acception la plus vraie et la plus complète : c'est d'une élite intellectuelle que nous voulons parler exclusivement, et, à nos yeux, il ne saurait y en avoir d'autre, toutes les distinctions sociales extérieures étant sans aucune importance au point de vue où nous nous plaçons.

On aura dû comprendre déjà, par ce que nous avons dit jusqu'ici, que la connaissance intellectuelle pure, qui est la véritable connaissance métaphysique, n'a rien de commun avec des conceptions scientifiques ou philosophiques quelconques ; celles-ci relèvent uniquement de l'ordre rationnel, et il s'agit ici de l'intelligence intuitive et supra-rationnelle. *La confusion entre raison et intelligence est une des plus déplorables erreurs de l'esprit moderne*, et il est à remarquer que cette erreur est commise à la fois par les rationalistes et par leurs adversaires ; en réalité, la raison n'est qu'une forme secondaire de l'intelligence, forme spécifiquement humaine, bornée à un domaine essentiellement relatif, et incapable d'atteindre les vérités transcendantes qui constituent la connaissance métaphysique. Même dans son domaine propre, d'ailleurs, la raison a besoin, pour que sa valeur soit garantie, d'être éclairée et guidée par des principes qui lui sont supérieurs, et qui, par conséquent, ne peuvent appartenir qu'à l'ordre de la pure intelligence. C'est en cette dernière que réside exclusivement la connaissance par excellence, la seule qui soit absolument digne de ce nom ; toute autre connaissance, dans la mesure où elle a aussi quelque réalité, n'en est qu'une participation plus ou moins lointaine, un reflet plus ou moins indirect, comme la lumière de la lune n'est qu'un pâle reflet de celle du soleil.

Ceci nous amène à signaler un autre point important : il y a, en ce qui concerne les sciences, deux conceptions radicalement différentes et même incompatibles entre elles, dont l'une, la conception traditionnelle, les rattache toutes aux principes comme autant d'applications particulières, tandis que l'autre, la conception moderne, en prétendant les rendre indépendantes, leur enlève tout intérêt au point de vue de la connaissance et ne peut aboutir qu'à une impasse, puisqu'elle les enferme dans un domaine irrémédiablement borné. Le développement qui s'effectue à l'intérieur de ce domaine n'est d'ailleurs pas un approfondissement comme certains se l'imaginent ; il demeure au contraire tout superficiel, et ne consiste qu'en une dispersion dans une multitude de détails plus ou moins insignifiants, en une analyse aussi stérile que pénible, et qui peut se poursuivre indéfiniment sans qu'on avance d'un seul pas dans la voie de la véritable connaissance. Aussi n'est-ce point pour elle-même, il faut bien le dire, que les Occidentaux cultivent la science ainsi entendue ; ce qu'ils ont surtout en vue, ce n'est point une connaissance, même inférieure ; ce sont des applications pratiques, dans lesquelles ils excellent, nous le reconnaissons très volontiers, mais dont la valeur n'est pas appréciée de la même façon par tous les hommes ; pour se convaincre qu'il est bien ainsi, il n'y a qu'à voir avec quelle facilité la plupart de nos contemporains confondent science et industrie, et combien nombreux sont ceux pour qui l'ingénieur représente le type même du savant. Le développement de l'industrie et du machinisme, c'est là en effet l'unique bénéfice réel de la civilisation moderne, qui s'est efforcée d'orienter tout l'effort humain dans ce sens purement matériel ; ce bénéfice vaut-il tout ce qu'on a sacrifié pour l'obtenir ? Nous ne le pensons pas ; en tout cas, aucun Oriental digne de ce nom ne saurait l'admettre, ni trouver dans ces choses un intérêt suffisant pour être tenté de renoncer à la pure intellectualité, à la spiritualité si l'on préfère, car, au fond, ces deux mots sont pour nous synonymes. Ce n'est pas, sans doute, que les applications pratiques soient illégitimes en elles-mêmes ; mais, quand on y attache trop d'importance, il est fatal que, pour ces contingences, on en arrive à négliger et même à perdre de vue l'essentiel. D'autre part, pour l'Oriental qui possède encore ses sciences traditionnelles, la science moderne, en tant que science, ne peut avoir le moindre attrait ; elle n'est à ses yeux qu'un simple masque de l'ignorance, et, ce qui est le plus grave, d'une ignorance qui n'a pas conscience d'elle-même. Nous ne parlons, bien entendu, que des véritables Orientaux, et non de ceux qui, ayant reçu une éducation occidentale, sont aussi profondément ignorants de leur propre civilisation que les Occidentaux eux-mêmes ; ceux-là sont d'ailleurs fort loin d'avoir l'importance qu'on leur attribue en Europe et en Amérique, parce qu'on n'y connaît guère d'autres Orientaux, et parce qu'ils sont les seuls qui parlent, écrivent et s'agitent ; et les adversaires de l'Orient qui exploitent parfois leurs paroles ou leurs actes ne semblent pas se douter qu'il n'y a là qu'un simple reflet de l'Occident.

Ce n'est donc pas dans la science moderne, ni dans l'industrie qui en est inséparable, que l'Occident pourra jamais trouver un terrain d'entente avec l'Orient ; nous irons même plus loin, et nous dirons que, tout au moins en ce qui concerne l'industrie, ce serait plutôt tout le contraire. La matière, il ne faudrait pas l'oublier, est essentiellement multiplicité et division ; aussi tout ce qui en procède ne peut-il engendrer que des luttes et des conflits de toutes sortes, et c'est ainsi que le domaine économique, notamment, ne saurait être que celui des rivalités d'intérêt, entre les peuples comme entre les individus. Si les Orientaux en arrivent à accepter l'industrie comme une nécessité fâcheuse (car, pour eux, elle ne saurait être rien de plus), ce ne sera jamais, qu'on le sache bien, que comme un moyen de concurrence économique (et ce n'est certes pas eux qui auront cherché la lutte sur ce terrain), comme une arme leur permettant de résister à l'envahissement occidental et de sauvegarder leur propre existence. Il est vraiment singulier que quelques-uns parlent aujourd'hui de « défense de l'Occident », alors que c'est celui-ci qui menace de tout submerger et d'entraîner l'humanité entière dans le tourbillon de son activité désordonnée ; l'Occident a en effet grand besoin d'être défendu, mais uniquement contre lui-même, contre ses propres tendances qui, si elles sont poussées jusqu'au bout, le mèneront inévitablement à la ruine et à la destruction ; c'est donc « réforme de l'Occident » qu'il faudrait dire, et cette réforme doit avoir pour conséquence naturelle un rapprochement avec l'Orient.

Plus on s'enfonce dans la matière, plus les éléments de division et d'opposition s'accentuent et s'amplifient ; inversement, plus on s'élève vers la spiritualité pure, plus on s'approche de l'unité, qui ne peut être pleinement réalisée que par la conscience des principes universels. Mais qu'on prenne bien garde de ne pas se laisser égarer par une fausse spiritualité, par quelque contrefaçon « idéaliste » ou sentimentale ; on ne peut rien fonder sur le sentiment, car rien n'est plus variable et plus inconstant que celui-ci, et les rêveries humanitaires qui sont si fort à la mode ne méritent pas d'être prises au sérieux ; et, disons-le nettement au risque de choquer le « moralisme » contemporain, le sentiment est tout près de la matière. Une autre confusion est encore à éviter : *l'intuition intellectuelle n'a rien de commun avec cette autre intuition dont parlent quelques philosophes actuels* ; celle-ci est de l'ordre sensible, elle est proprement infra-rationnelle, tandis que l'autre, comme nous l'avons déjà dit, est supra-rationnelle ; et, tant que les Occidentaux s'obstineront à méconnaître ou à nier l'intuition intellectuelle, ils ne pourront jamais s'entendre avec les authentiques représentants des civilisations orientales, dans lesquelles tout est comme suspendu à cette intuition, immuable et infaillible en soi, et unique point de départ de tout développement conforme aux normes traditionnelles.

Nous n'avons certes pas eu la prétention de donner dans ces pages une idée suffisante de ce dont il s'agit, et nous ne pouvions songer à répéter tout ce que nous en avons dit ailleurs ; ces choses, nous le savons bien, sont difficiles à comprendre pour ceux qui n'y sont pas habitués, c'est-à-dire pour l'immense majorité de nos contemporains, et il faut y revenir souvent pour arriver à leur en présenter une vue exacte et à dissiper toutes les erreurs d'interprétation qui peuvent se produire à ce sujet. Nous ne le redirons jamais trop : retour à la tradition, avec tout ce que ce terme implique réellement, et restauration de la véritable intellectualité, ce qui est la même chose, là est l'unique possibilité de salut pour l'Occident, et là est aussi, en même temps, le seul terrain sur lequel puisse s'établir une entente effective et profonde entre l'Orient et l'Occident.

III

LES DOCTRINES HINDOUES[1]

Les doctrines orientales en général, et les doctrines hindoues en particulier, sont fort mal connues en Occident ; et cela nous semble tenir surtout à ce que, d'ordinaire, les Occidentaux ne savent pas se mettre dans l'état d'esprit nécessaire pour comprendre des civilisations extrêmement différentes de la leur sous tous les rapports. L'exemple le plus net de cette incompréhension est peut-être celui qui nous est fourni par les travaux des indianistes allemands : ces travaux peuvent être fort estimables tant qu'ils restent sur le terrain de l'érudition pure et simple, mais, dès qu'il s'agit de l'interprétation des idées, pourtant bien autrement importante, on n'y trouve plus rien d'utilisable, car cette interprétation est irrémédiablement faussée par un parti pris d'assimiler les doctrines étudiées aux conceptions des philosophes allemands, et de les faire entrer, bon gré mal gré, dans les cadres auxquels est accoutumée la mentalité européenne. Or, ce dont il faudrait se rendre compte tout d'abord, au contraire, c'est que les modes essentiels de la pensée orientale diffèrent profondément de ceux de la pensée occidentale, et que même des dénominations comme celles de « philosophie » et de « religion », par exemple, ne peuvent s'y appliquer proprement, du moins si l'on tient à leur conserver un sens un peu précis. Nous ne pouvons naturellement songer à développer ces considérations dans les limites d'un court article[2] ; nous voudrions seulement donner, des doctrines hindoues, une vue d'ensemble qui permette de comprendre quelle est leur véritable nature.

Ce qu'il faut savoir en premier lieu, c'est que la civilisation hindoue, comme toutes les civilisations orientales d'ailleurs, est essentiellement

---

[1] Publié dans la *Revue Bleue*, mars 1924 ; repris dans *Vers la Tradition*, n° 122, 2011. [N.d.É.]

[2] Nous l'avons fait, d'ailleurs, dans un livre intitulé *Introduction générale à l'étude des doctrines hindoues*, auquel nous nous permettrons de renvoyer les lecteurs que ces questions intéresseraient plus particulièrement.

traditionnelle ; l'idée de la tradition la domine entièrement dans tous les domaines, et il y a là un contraste presque absolu avec la civilisation occidentale moderne, où cette même idée ne trouve guère d'application que dans le seul domaine religieux. Bien entendu, quand nous parlons de la base traditionnelle d'une civilisation, on doit entendre par là un principe profond, d'ordre intellectuel, sur lequel elle repose ; nous nous refusons absolument à donner ce nom de tradition, comme on le fait trop souvent, à une coutume quelconque, parfois d'origine toute récente, et presque toujours sans grande portée, voire même sans grande signification. Pour un Européen, au moins à notre époque, il est difficile de comprendre tout ce qu'est la tradition pour un Oriental, et quelle formidable puissance y est inhérente : vouloir s'y soustraire, à supposer que la chose fût possible, ce serait se mettre en dehors de la civilisation elle-même, puisque c'est à la tradition que se rattache tout ce qui constitue cette civilisation, du domaine de la spéculation pure à celui des institutions sociales. Et nous signalerons immédiatement, dans l'ordre doctrinal, une remarquable conséquence de ce caractère : c'est que nul ne cherche à innover, à attacher son nom à un système ou à une théorie, ni à se faire gloire d'une originalité de pensée réelle ou supposée, toutes choses qui ne pourraient avoir pour résultat que de lui faire dénier toute autorité. Normalement, il ne peut s'agir que de tirer de la doctrine traditionnelle, par développement et par adaptation, ce qui s'y trouve contenu au moins implicitement dès l'origine ; chercher à s'écarter de cette ligne, c'est se mettre en désaccord avec les principes fondamentaux, donc tomber inévitablement dans l'erreur. Des idées comme celles d'« évolution » et de « progrès », si chères aux Occidentaux modernes, ne sauraient donc trouver ici la moindre place, et l'inquiétude intellectuelle est inconnue aux Orientaux ; quand on est en possession d'une base stable et d'une direction sûre, on n'éprouve nul besoin de changement. D'autre part, au regard de la doctrine traditionnelle, les individualités ne comptent pas ; cela est si vrai que leurs noms sont le plus souvent ignorés, et que ceux qui ont été conservés ont acquis une valeur toute symbolique, en s'attachant à des écoles ou à des branches d'études bien plus qu'aux hommes qui ont dû les porter primitivement, et dont les particularités biographiques sont généralement tombées dans l'oubli le plus complet ; il n'y a donc là rien de ce qui serait propre à satisfaire une certaine vanité « individualiste », qui a probablement agi plus que tout autre cause pour pousser plus d'un philosophe européen à bâtir son système.

Mais qu'on ne s'y trompe pas, et qu'on n'aille pas croire que, dans ces conditions, la pensée doit se trouver à l'étroit : ce qui est empêché, ou tout au moins réduit au strict minimum, ce ne sont en somme que des divagations ou des fantaisies plutôt regrettables ; la tradition permet, à ceux qui la comprennent, des conceptions autrement vastes que les rêves des philosophes qui passent pour les plus hardis, mais aussi autrement solides et valables ; elle ouvre à l'intelligence des possibilités illimitées comme la vérité elle-même. Ce n'est pas en Orient que l'on peut rencontrer des hommes qui proclament qu'il existe de l'« inconnaissable », et qui, parce qu'ils sont affligés de « myopie intellectuelle », prétendent imposer aux autres les limites de leur propre compréhension. Et cela nous amène à préciser la nature de la doctrine traditionnelle, spécialement en ce qui concerne l'Inde : la tradition hindoue est purement métaphysique dans son essence ; nous entendons par là que ce qui la constitue fondamentalement, c'est la connaissance des principes d'ordre universel, connaissance tout intellectuelle, et même la seule qui mérite proprement cette qualification. Ce que nous appelons ici « métaphysique », parce que ce mot, entendu dans son sens étymologique, comme désignant ce qui est « au delà de la nature », est le mieux approprié de ceux que les langues occidentales mettent à notre disposition, c'est tout autre chose que l'assemblage d'hypothèses plus ou moins plausibles, plus ou moins cohérentes, et plus ou moins vaines, auquel les philosophes modernes se plaisent à donner le même nom, et qui n'est pour nous que de la « pseudo-métaphysique ». Nous ne pouvons insister ici autant qu'il le faudrait sur les caractères de la métaphysique vraie ; nous dirons seulement qu'elle implique essentiellement la certitude absolue, parce que son domaine est supérieur à toute contingence, et qu'elle ne participe aucunement de la relativité des sciences particulières, qui sont toutes comprises dans la « physique » au sens très général où l'entendaient les anciens, celui de « connaissance de la nature ». Ces sciences, d'ailleurs, ne sont point négligées dans la doctrine hindoue, mais elles ne peuvent y avoir qu'une importance secondaire et un rang subordonné, puisque c'est à la métaphysique qu'appartiennent les principes dont tout dépend ; elles viennent donc s'y adjoindre comme autant de prolongements, soit pour constituer certaines branches qui, bien qu'accessoires, font partie intégrante de la doctrine elle-même, soit pour donner lieu à des applications diverses, notamment dans l'ordre social. Nous ne dirons rien de ces dernières, mais nous tenons à insister sur ce point, que la hiérarchisation que nous venons d'indiquer ne doit jamais être perdue de vue si l'on veut comprendre quelque chose à la civilisation hindoue, quel que soit l'aspect sous lequel on se proposera de l'étudier plus particulièrement. Ce qu'il faut retenir aussi, c'est que les sciences orientales que l'on peut dire traditionnelles, parce qu'elles sont rattachées directement ou indirectement à des principes d'ordre supérieur, ont par là même un caractère bien différent des sciences occidentales, et cela même lorsque, par leur objet, elles semblent leur correspondre à peu près exactement.

La base essentielle de toute la doctrine hindoue est représentée par l'ensemble d'écrits auquel on donne le nom de *Vêda*, qui signifie d'ailleurs la connaissance traditionnelle par excellence ; c'est là que cette doctrine est contenue tout entière en principe, et la question de l'ordre chronologique dans lequel ses diverses branches ont été développées, outre qu'elle est à peu près insoluble, est loin d'avoir l'importance que lui attribuent les indianistes, précisément parce qu'il n'y a jamais eu là rien de plus ni d'autre qu'une explication dégageant les conséquences, dans tel ou tel ordre, de ce qui avait été posé dès le début. Au fond, dans une doctrine strictement traditionnelle comme celle-là, l'adaptation nécessaire à une époque quelconque ne peut consister que dans un développement adéquat, suivant un esprit rigoureusement déductif et analogique, et sans variation ni déviation d'aucune sorte, des solutions et des éclaircissements qui conviennent plus spécialement à la mentalité de cette époque. S'il en est ainsi, on conçoit aisément que les sciences qui ont un lien avec la tradition ne pourront jamais être regardées comme des « inventions » spontanées d'une individualité quelconque : elles sont, nous le répétons, des adaptations d'une vérité préexistante, et, parmi ces sciences, il en est même qui se rapportent au domaine expérimental et à l'ordre des applications pratiques. C'est ainsi que le mot *upavêda* désigne des connaissances d'ordre inférieur, mais qui dépendent du *Vêda* d'une façon immédiate, qui en sont comme des appendices ; or il y a quatre *upavêdas*, correspondant aux quatre grandes divisions du *Vêda*, et ce sont la médecine (*âyur-vêda*), la science militaire (*dhanur-vêda*), la musique (*gândharva-vêda*), enfin la mécanique et l'architecture (*sthâpatya-vêda*). Il semble que ce soient là, suivant les conceptions occidentales, des arts plutôt que des sciences proprement dites ; mais le principe traditionnel qui leur est donné ici en fait quelque chose d'autre, les intellectualise en quelque sorte. La médecine, par exemple, sans rien perdre de son caractère pratique, est quelque chose de bien plus étendu que ce qu'on est habitué à désigner par ce nom ; outre la pathologie et la thérapeutique, elle comprend bien des considérations que l'on ferait rentrer, en Occident, dans la physiologie ou même dans la psychologie, mais qui sont d'ailleurs traitées d'une façon très différente. Nous devons ajouter qu'il est extrêmement difficile à un Occidental de parvenir à une connaissance suffisante dans ce genre d'études, où sont employés de tout autres moyens d'investigation que ceux auxquels il est accoutumé. Il peut paraître singulier que ce qu'il y a de plus élevé dans une tradition, c'est-à-dire les principes, soit plus facilement saisissable que de simples applications pour des hommes d'une autre race ; mais pourtant c'est ainsi, et il n'y a pas besoin d'y réfléchir bien longtemps pour en trouver la raison : c'est que les principes sont universels et immuables, tandis que les applications, étant d'ordre contingent, sont déterminées dans une certaine mesure par les conditions du milieu.

Nous ne pouvons entreprendre de définir ni même d'énumérer simplement toutes les sciences reconnues et cultivées par les Hindous ; on en rencontre des listes différentes, que l'on peut d'ailleurs concilier en remarquant qu'elles sont seulement plus ou moins complètes, plus ou moins détaillées, qu'elles poussent les distinctions et les divisions plus ou moins loin. Le *Nîtishâstra* (traité de la politique) de Shukrâchârya énumère trente-deux *vidyâs* (sciences) et soixante-quatre *kalâs* (arts), d'importance très inégale, tout en ajoutant que le nombre des *vidyâs* et des *kalâs* est en réalité indéfini, de sorte qu'aucune liste ne pourra jamais être regardée comme absolument et définitivement complète. Quant à l'ordre dans lequel ces sciences et ces arts sont énumérés, il peut varier aussi suivant le point de vue auquel on les envisage ; dans tous les cas, il est loin d'être arbitraire, mais il ne répond pas à l'idée que les Occidentaux se font d'une classification ; du reste, d'une façon générale, on a le plus grand tort de vouloir interpréter comme des classifications, au sens ordinaire de ce mot, certaines concordances basées sur des considérations analogiques dont on pourrait peut-être, en Europe, trouver quelque équivalent au moyen âge, mais non dans les temps modernes.

Parmi les sciences qui ont le caractère le plus strictement traditionnel, nous mentionnerons seulement, à côté des *upavêdas*, ce qu'on appelle les six *vêdângas*, littéralement « membres du *Vêda* » : cette désignation est appliquée à des sciences auxiliaires du *Vêda*, parce qu'on les compare aux membres corporels au moyen desquels un être agit extérieurement. La *shikshâ* est la science de l'articulation correcte et de la prononciation exacte, des lois de l'euphonie et de la valeur symbolique des lettres. Le *chhandas* est la science de la prosodie, impliquant d'ailleurs la connaissance profonde du rythme et de ses rapports cosmiques, connaissance qui est tout à fait étrangère aux Occidentaux. Le *vyâkarana* est la grammaire, qui est ici en relation plus étroite que partout ailleurs avec la signification logique du langage. Le *nirukta* est l'explication des termes importants ou difficiles qui se rencontrent dans les textes vêdiques. Le *jyotisha* est l'astronomie, ou, plus exactement, il est à la fois l'astronomie et l'astrologie, qui ne sont jamais séparées dans l'Inde, pas plus qu'elles ne le furent chez aucun peuple ancien ; il convient d'ajouter que l'astrologie dont il s'agit n'a presque rien de commun avec les spéculations « divinatoires » plus ou moins fantaisistes auxquelles certains de nos contemporains attribuent le même nom. Enfin, le *kalpa* est l'ensemble des prescriptions qui se rapportent à l'accomplissement des rites, et dont la connaissance est indispensable pour que ceux-ci aient leur pleine efficacité. Les traités qui concernent ces différentes sciences font partie de la *smriti*, ensemble très considérable d'écrits traditionnels qui font autorité, mais qui sont regardés comme moins fondamentaux que la *shruti*, c'est-à-dire la collection des textes vêdiques eux-mêmes ; l'autorité de la *smriti* est dérivée de celle de la *shruti* et se fonde sur son parfait accord avec cette dernière.

Nous tenons à noter encore spécialement l'importance que les Hindous accordèrent toujours à l'étude des mathématiques comprenant, sous le nom général de *ganita*, l'arithmétique (*pâtî-ganita* ou *vyakta-ganita*), l'algèbre (*bîja-ganita*) et la géométrie (*rêkhâ-ganita*). Les deux premières surtout de ces trois branches reçurent dans l'Inde, dès les temps anciens, un remarquable développement, dont l'Europe, par l'intermédiaire des Arabes, devait d'ailleurs bénéficier plus tard.

Nous devons maintenant nous arrêter un peu plus longuement sur les six *darshanas*, dans lesquels les orientalistes ont voulu, bien à tort, voir des « systèmes philosophiques ». Le mot *darshana* signifie proprement « vue » ou, si l'on veut, « point de vue » ; ce qui est ainsi désigné, ce sont bien, en effet, des points de vue distincts, qui constituent autant de branches de la doctrine, et qui, dans toute la mesure où ils sont strictement orthodoxes, ne sauraient entrer en conflit ou en concurrence comme le feraient nécessairement des « systèmes » rivaux. Chaque *darshana* a, comme toute autre sorte de connaissance, son domaine propre, et ainsi ces points de vue se complètent et s'unissent dans l'ensemble de la doctrine, dont ils sont, nous y insistons, des éléments essentiels ; cela seul suffirait, à défaut de bien d'autres considérations, à en faire tout autre chose que de la « philosophie » comme l'entendent les Occidentaux, surtout les modernes.

En envisageant les *darshanas* dans l'ordre où on les énumère habituellement, et qui est en quelque sorte un ordre ascendant, nous trouvons d'abord le *Nyâya*, qui est la logique, mais une logique qui, tout en présentant des rapports assez frappants avec celle d'Aristote, en diffère cependant à plus d'un égard. Cette logique comprend dans son point de vue les choses considérées comme « objets de preuve », c'est-à-dire de connaissance raisonnée ou discursive ; nous disons les choses mêmes, et non pas seulement les notions ou les concepts, car, pour les Hindous, une connaissance n'existe qu'autant qu'elle atteint à quelque degré la nature des choses ; et, si nous connaissons un objet par l'intermédiaire de sa notion, c'est que cette notion est elle-même quelque chose de l'objet, qu'elle participe de sa nature en l'exprimant par rapport à nous. On peut donc dire que, chez les Grecs, la distinction entre la chose et sa notion allait déjà trop loin, bien que l'idée d'établir une séparation radicale et même une opposition entre le sujet et l'objet soit toute spéciale à la philosophie moderne, pour laquelle elle est une source de difficultés sans nombre, et d'autant plus inextricables qu'elles sont purement artificielles.

Le *Vaishêshika* est constitué par la connaissance des choses individuelles comme telles, envisagées en mode distinctif, dans leur existence contingente. C'est là, dans l'ensemble des *darshanas*, ce qui se rapproche le plus du point de vue « scientifique » tel que l'entendent les Occidentaux, mais pourtant il en diffère encore notablement, et il est beaucoup plus voisin du point de vue qui constituait, chez les Grecs, la « philosophie physique » ; tout en étant analytique, il ne l'est pas de la même façon que la science moderne, et il n'est pas soumis à l'étroite spécialisation qui pousse cette dernière à se perdre dans le détail indéfini des faits expérimentaux. S'il faut appliquer une désignation occidentale à un point de vue hindou, nous préférons pour le *Vaishêshika* celle de « cosmologie », d'autant plus que la cosmologie du moyen âge européen était aussi une connaissance traditionnelle, se présentant nettement comme une application de la métaphysique aux contingences de l'ordre sensible.

Le *Sânkhya* se rapporte encore au domaine de la nature, mais considéré synthétiquement, à partir des principes qui déterminent sa production et dont elle tire toute sa réalité. Le nom de ce *darshana* désigne proprement une doctrine qui procède par l'énumération régulière des différents degrés de l'être manifesté. Rattachant ainsi la connaissance de la nature à certains principes d'ordre transcendant, ce point de vue est en quelque sorte intermédiaire entre la cosmologie et la métaphysique, mais sans faire disparaître la distinction profonde qui sépare cette dernière, en raison de son caractère « suprarationnel », de tout autre genre de spéculation. D'ailleurs, sans être encore ici sur le terrain de la métaphysique pure, on est déjà bien loin des limitations inhérentes à ce qu'on est convenu d'appeler la pensée philosophique ; par exemple, la distinction de l'esprit et de la matière, autour de laquelle tourne toute la philosophie moderne, n'y apparaît plus que comme un cas très particulier, une simple application spéciale, parmi une indéfinité d'autres analogues, d'une distinction dont la portée est autrement vaste et vraiment universelle. En effet, pour la doctrine hindoue, le monde corporel[1] ne représente qu'un état de l'existence manifestée, et l'existence comporte une multiplicité indéfinie d'états, parmi lesquels celui-là n'occupe aucunement un rang privilégié ; on voit à quoi peut se réduire, dans ces conditions, une conception comme celle du dualisme cartésien.

Le *Yoga*, dont le nom signifie « union », a pour but la réalisation de l'union de l'être humain avec l'Universel ; ceci peut paraître assez énigmatique, et il est difficile de l'expliquer clairement, parce qu'il n'y a rien d'analogue qui soit connu en Occident. Il faut dire que la métaphysique orientale ne se borne pas à des considérations simplement théoriques, mais que la théorie n'y est que la préparation, d'ailleurs indispensable, d'une « réalisation » correspondante, dont la possibilité se base sur l'identité foncière du « connaître » et de l'« être », qui ne sont que les deux aspects inséparables d'une réalité unique ; et ces deux aspects ne peuvent même plus être distingués dans le domaine métaphysique, où tout est « sans dualité », et où ne subsiste pas davantage la distinction du sujet et de l'objet. Aristote aussi avait posé en principe l'identification par la connaissance, en déclarant expressément que « l'âme est tout ce qu'elle connaît » ; mais il ne semble pas que ni lui ni ses continuateurs aient jamais tiré de cette affirmation les conséquences qu'elle comporte ; aussi leur doctrine est-elle métaphysiquement incomplète, la théorie y étant présentée comme se suffisant à elle-même et comme étant sa propre fin. Au contraire, dans la doctrine hindoue, et aussi dans les autres doctrines

---

[1] Nous ne disons pas matériel, parce que la notion de matière, au moins dans le sens que les modernes lui donnent, ne se rencontre pas chez les Hindous.

orientales, la théorie tout entière est ordonnée en vue de la réalisation, comme le moyen en vue de la fin ; et, d'autre part, cette réalisation peut avoir, en outre de la préparation théorique et après elle, d'autres moyens d'un ordre différent, mais qui, quelle que soit leur importance de fait et leur efficacité propre, n'ont jamais qu'un rôle accessoire et non essentiel. C'est précisément la connaissance de ces moyens qui constitue le *Yoga* en tant que *darshana* ; nous disons en tant que *darshana*, parce que le mot *yoga* ne peut être ainsi employé que par une extension de son sens original, qui désigne le but même de la réalisation métaphysique.

La *Mîmânsâ* est l'étude réfléchie du *Vêda*, par laquelle on détermine le sens exact de la *shruti* et on en dégage les conséquences qui y sont impliquées, soit dans l'ordre pratique, soit dans l'ordre purement intellectuel ; c'est donc l'ensemble des deux derniers *darshanas*, qui sont respectivement la *Karma-Mîmânsâ* et la *Brahma-Mîmânsâ*. La première, qui est aussi appelée souvent *Mîmânsâ* sans épithète, établit les preuves et les raisons d'être des prescriptions rituelles et légales ; elle est en rapport direct avec les *vêdângas*, dont il a été question précédemment, et elle traite un grand nombre de questions de jurisprudence, ce dont il n'y a pas lieu de s'étonner, puisque, dans la civilisation hindoue, toute la législation est essentiellement traditionnelle.

Enfin, la *Brahma-Mîmânsâ* est appelée plus ordinairement *Vêdânta*, ce qui signifie « fin du *Vêda* », le mot de « fin » devant être entendu dans son double sens de conclusion et de but ; sa base se trouve dans les textes vêdiques auxquels on donne le nom d'*Upanishads*. Ici, nous sommes dans le domaine de la métaphysique pure ; c'est là le principe dont tout le reste dérive et n'est que la spécification ou l'application ; et, si le *Vêdânta* est compté comme le dernier des *darshanas*, c'est seulement parce qu'il représente l'achèvement de toute connaissance. D'ailleurs, il doit être bien entendu que, si le *Vêdânta* est, dans son essence, la métaphysique totale, les textes qui s'y rapportent donnent seulement les moyens d'« approcher de la connaissance » ; ils ne fournissent qu'un support ou un point de départ pour des conceptions qui, étant illimitées, ne sauraient s'enfermer dans aucune formule, et auxquelles toute expression, verbale ou figurée, est nécessairement inadéquate. Dans tout ce qui a une portée vraiment métaphysique, il faut toujours faire la part de l'inexprimable, donc de l'incommunicable, qui est même ce qui importe le plus ; cela est déjà vrai lorsqu'il s'agit simplement de la compréhension théorique, et l'est encore bien davantage pour cette réalisation métaphysique dont nous avons parlé, qui ne peut être atteinte que par un effort rigoureusement personnel, quelle que puisse être, dans sa préparation, la valeur de l'aide reçue de l'extérieur. L'« union suprême » qui est le but dernier de cette réalisation est encore désignée comme *moksha*, c'est-à-dire la libération des conditions limitatives qui définissent l'existence individuelle ; elle est également identique au *nirvâna*[1], qui n'est nullement une annihilation comme se l'imaginent la plupart des Européens, non plus qu'une absorption entendue dans un sens « panthéiste » qui est absolument étranger aux Hindous, mais qui est au contraire la plénitude de la personnalité transcendante, au delà de tous les états particuliers d'existence qui ont en elle leur principe et leur fin.

Puisque nous venons d'indiquer incidemment quelques-unes des fausses interprétations qui ont cours à ce sujet parmi les orientalistes, nous ajouterons qu'on ne doit point traduire *moksha* par « salut », en prenant ce mot dans son acception religieuse, comme l'ont fait certains auteurs, pas plus qu'on ne doit confondre la réalisation métaphysique avec les « états mystiques » ; malgré certaines analogies possibles, c'est de tout autre chose qu'il s'agit en réalité. Nous signalerons encore, puisque l'occasion s'en présente à nous, que dans un compte rendu, d'ailleurs très consciencieusement fait, de l'ouvrage que nous avons consacré aux doctrines hindoues, nous avons lu avec quelque surprise que « cette réalisation métaphysique n'est que le sommeil quiétiste » ; c'est là une erreur complète, et, cette fois, les deux choses qu'on prétend assimiler ainsi n'ont même pas le moindre rapport entre elles. Il est vraiment étonnant qu'on éprouve un tel besoin de ranger sous certaines étiquettes des choses pour lesquelles elles n'ont point été faites, et qui dépassent immensément les cadres dans lesquels on prétend les enfermer. S'il est trop facile de parler de la métaphysique en donnant à ce mot une signification quelconque, il l'est assurément beaucoup moins, pour la majorité des Occidentaux, de comprendre ce qu'est cette métaphysique vraie qui est l'essence même des doctrines hindoues ; si on savait ce qu'elle est, si même on le soupçonnait seulement, on se garderait bien de chercher dans l'« histoire de la philosophie » des similitudes qui ne peuvent s'y trouver, et surtout on s'abstiendrait de vouloir, comme cela est arrivé à quelques

---

[1] Ce terme n'est pas spécialement bouddhique comme certains le croient ; et nous devons dire à ce propos que, si nous ne parlons pas ici du Bouddhisme, c'est qu'il n'est pas « hindou », n'ayant jamais été dans l'Inde, où il a d'ailleurs cessé d'exister depuis longtemps, qu'une doctrine hétérodoxe, un schisme par rapport à la tradition régulière qui seule peut être dite proprement « hindoue ».

contradicteurs que nous avons rencontrés, porter un jugement sur une doctrine dont on ignore à peu près tout. Nous ne faisons d'ailleurs cette observation que pour sauvegarder les droits de la vérité, et parce que nous croyons devoir avertir ceux qui peuvent avoir eu connaissance de certaines déformations qu'on a, de très bonne foi sans doute, fait subir à notre pensée, ou plutôt, à travers nous, à la pensée hindoue dont nous nous sommes fait l'interprète.

Quoi qu'il en soit, et bien que nous ayons dû nous en tenir ici à des indications très sommaires, nous pensons que cet exposé pourra aider à comprendre le véritable esprit de l'Inde et faire entrevoir l'intérêt qui s'attache à l'étude de ses doctrines, à la condition que cette étude soit entreprise comme elle doit l'être, c'est-à-dire d'une façon vraiment directe, en s'efforçant de s'assimiler les idées et les manières de penser, et non en s'en tenant à des méthodes d'érudition extérieure et superficielle.

IV

LA CONSTITUTION DE L'ETRE HUMAIN ET SON EVOLUTION POSTHUME SELON LE VEDANTA[1]

On a souvent exposé, sur la constitution de l'être humain individuel, diverses conceptions plus ou moins fantaisistes, et en grande partie dénuées de tout fondement sérieux. Pour réduire toutes ces théories à leur juste valeur, nous avons pensé qu'il serait bon de résumer, d'une façon aussi complète que possible, ce qui est enseigné sur cette question par la doctrine brâhmanique, et plus particulièrement par le *Védânta*, qui en est la forme la plus orthodoxe[2], tout en faisant quelquefois appel aussi aux données fournies par d'autres doctrines hindoues, lorsque celles-ci ne présentent avec la première aucune contradiction[3].

Avant tout, il importe de poser en principe que le Soi (*âtman*), qui est l'être lui-même dans son essence, n'est jamais individualisé, mais développe seulement ses possibilités virtuelles, par le passage de la puissance à l'acte, dans toutes les modalités qui constituent les divers états manifestés de l'être[4]. Il est le principe par lequel ces états existent,

---

[1] Publié dans *La Gnose*, de sept. à déc. 1911, signé *Tau Palingénius*. [*N.d.É.*]

[2] Voir *Le Démiurge*, in *La Gnose*, 1re année, n° 3, p. 47. [Cette étude fut reprise dans *Mélanges.*]

[3] À ce propos, nous ne pouvons mieux faire que de citer ce passage du *Kapila-Bhâshya* de Vijnâna-Bhikshu : « Dans la doctrine de Kanâda et dans le *Sânkhya*, la partie qui est contraire au *Véda* doit être rejetée par ceux qui adhèrent strictement à la doctrine orthodoxe ; dans la doctrine de Jaimini et celle de Vyâsa (les deux *Mîmânsâs*), il n'est rien qui ne s'accorde avec les Écritures. » – La première *Mîmânsâ* (*Pûrva-Mîmânsâ*), appelée aussi *Karma-Mîmânsâ* ou *Mîmânsâ* pratique, a pour but de déterminer le sens des Écritures, surtout en ce qui a rapport aux prescriptions rituéliques. La seconde *Mîmânsâ* (*Uttara-Mîmânsâ*) peut être regardée comme la *Mîmânsâ* théorique, et est encore appelée *Brahma-Mîmânsâ*, comme concernant la Connaissance Divine (*Brahma-Vidyâ*) ; elle constitue à proprement parler le *Védânta*, c'est-à-dire la fin ou le complément du *Véda*, et est basée sur l'enseignement ésotérique contenu principalement dans les *Upanishads*.

[4] Voir nos études précédentes, et en particulier *Le Symbolisme de la Croix*, 2e année, nos 2 à 6 [repris dans ce *Recueil*].

ainsi que les états non-manifestés, mais lui-même n'est que par soi, n'ayant aucun principe qui soit extérieur à soi-même, car il est une détermination immédiate de l'Esprit Universel (*Âtmâ*)[1] qui pénètre toutes choses, demeurant toujours « le même » à travers la multiplicité indéfinie des degrés de l'Existence. Le Soi est identique en réalité à cet Esprit Universel, dont il n'est point distinct, si ce n'est lorsqu'on l'envisage particulièrement par rapport à un certain état individuel de l'être, tel que l'état humain actuel, et seulement en tant qu'on le considère sous ce point de vue spécialisé et restreint[2].

L'Esprit Universel étant identifié à *Brahma* Lui-même (en vertu de l'Identité Suprême), il est dit que c'est *Brahma* qui réside dans le centre vital de l'être humain ; ce centre vital est considéré comme correspondant analogiquement au plus petit ventricule du cœur, mais ne doit pas être confondu avec le cœur de l'organisme physique, car il est le centre, non pas seulement de l'individualité corporelle, mais de l'individualité intégrale, dont la modalité corporelle ne constitue qu'une portion[3]. « Dans ce séjour de *Brahma* (*Brahma-pura*) est un petit lotus, une demeure dans laquelle est une petite cavité (*dahara*) occupée par l'Éther (*Âkâsha*) ; on doit rechercher Ce que c'est qui est dans ce lieu, et on Le connaîtra. »[4] Ce n'est pas seulement l'âme vivante (*jîvâtmâ*), c'est-à-dire la manifestation particulière du Soi dans l'individu actuel (considérée séparément de son principe, qui est ce Soi), qui réside au centre de cette individualité ; c'est, comme nous venons de le dire, l'Esprit Universel (*Âtmâ*), qui est *Brahma* Lui-même, le Suprême Ordonnateur, et qui, ainsi considéré dans l'homme, est appelé *Purusha*, parce qu'il repose ou habite dans l'individualité (intégrale ou étendue, et non pas seulement corporelle ou restreinte) comme dans une ville (*puri-shaya*). Dans ce séjour (le centre vital), « le soleil ne brille point, ni la lune, ni les étoiles[5] ; bien moins encore ce feu visible (l'élément igné

---

[1] Cette détermination est exprimée par la désinence du mot *âtman*, qui est aussi employé comme pronom personnel (soi-même).

[2] Sur cette question de la distinction individuelle et de son degré de réalité, voir *Le Démiurge*, in *La Gnose*, 1re année, nos 1 à 4 [repris dans *Mélanges*].

[3] Sur le cœur considéré comme le centre de la vie, non seulement par rapport à la circulation du sang, mais aussi, analogiquement, par rapport à l'intelligence universelle, voir *L'Universalité en l'Islam*, in *La Gnose*, 2e année, n° 4, p. 125 [pour toutes les références similaires, voir *La Gnose*, Édition intégrale 1909-1912, Éditions de L'Homme Libre, 2009].

[4] *Chhandogya Upanishad*.

[5] Cf. la description de la Jérusalem Céleste dans l'Apocalypse.

sensible). Tout brille après son rayonnement[1] (en réfléchissant sa clarté) ; c'est par sa clarté que ce tout (l'individualité intégrale) est illuminé. Ce *Purusha* est d'une luminosité (spirituelle) claire comme une flamme sans fumée ; il est le maître du passé et du futur (étant omniprésent) ; il est aujourd'hui et il sera demain (et dans tous les cycles d'existence) tel qu'il est (de toute éternité). »[2]

Purusha (qui est aussi appelé *Pumas*) est le principe essentiel (actif), dont l'union avec *Prakriti* ou la substance élémentaire indifférenciée (passive) produit le développement intégral de l'état d'être individuel humain ; ceci par rapport à chaque individu, et de même pour tous les autres états formels. Pour l'ensemble du domaine individuel actuel (comprenant tous les êtres qui s'y développent), *Purusha* est assimilé à *Prajâpati*[3], et le couple *Purusha-Prakriti* est la manifestation (dans ce domaine) de l'Homme Universel ; il en est d'ailleurs de même dans chacun des autres domaines de l'existence formelle[4].

Prakriti est le premier des vingt-cinq principes énumérés dans le *Sânkhya* de Kapila, tandis que *Purusha* en est le dernier ; mais nous avons exposé la nature de *Purusha* avant de parler de *Prakriti*, parce qu'il est inadmissible que le principe plastique ou substantiel (au sens strictement étymologique de ce dernier mot)[5] soit cause par lui-même

---

[1] C'est-à-dire le rayonnement de *Purusha*.

[2] « Il est maintenant tel qu'Il était (de toute éternité), tous les jours en l'état de Créateur Sublime » : voir *L'Identité Suprême dans l'Ésotérisme musulman*, in *La Gnose*, 2ᵉ année, n° 7, p. 200.

[3] Sur *Prajâpati* et sa manifestation comme *Manu* dans chaque cycle, voir *L'Archéomètre*, in *La Gnose*, 1ʳᵉ année, n° 9, p. 181, note 1.

[4] *Mûla-Prâkriti*, la Nature primordiale (appelée en arabe *El-Fitrah*), racine de toutes les manifestations formelles, est identifiée avec *Mâyâ* selon les *Purânas* ; elle est « indistinctible », n'étant point composée de parties, pouvant seulement être induite par ses effets, et, suivant Kapila, productive sans être production. « La Nature, racine de tout, n'est pas production. Sept principes, le grand (*Mahat*) et les autres (*ahankâra* et les cinq *tanmâtras*) sont en même temps productions et productifs. Seize sont productions (improductives). *Purusha* n'est ni production ni productif. » (*Sankhya-Kârikâ*) – Cf. Scot. Érigène, *de Divisione Naturæ* : « La division de la Nature me paraît devoir être établie selon quatre différentes espèces, dont la première est ce qui crée et n'est pas créé ; la seconde, ce qui est créé et qui crée lui-même ; la troisième, ce qui est créé et ne crée pas ; et la quatrième enfin, ce qui n'est pas créé et ne crée pas non plus. » (Lib. I). « Mais la première espèce et la quatrième (respectivement analogues de *Prakriti* et de *Purusha*) se confondent dans la Nature Divine, car celle-ci peut être dite créatrice et incréée, puisqu'elle est en soi, mais également ni créatrice ni créée, puisqu'elle est infinie, et il n'y a non plus aucune possibilité qu'elle ne soit pas en soi et par soi. » (Lib. 3).

[5] Ce sens n'est pas celui dans lequel Spinoza a employé le terme « Substance », car il entend par là l'Être Universel lui-même, « qui subsiste en soi et par soi ».

et en dehors de l'action du principe essentiel, qui est désigné comme *Purusha*[1].

Celui-ci, considéré comme identique au Soi (*âtman*), « est (pour ainsi dire) une portion du Suprême Ordonnateur (bien que Celui-ci n'ait pas de parties à proprement parler, étant, dans Son essence, invisible et sans dualité), comme une étincelle l'est du feu (dont la nature est tout entière en chaque étincelle) ». Il demeure inaffecté par les modifications individuelles (telles que le plaisir ou la douleur), qui proviennent toutes du principe plastique (*Prakriti* ou *Pradhâna*, la substance primordiale contenant en puissance d'être toutes les possibilités formelles). « Ainsi la lumière solaire ou lunaire paraît être ce qui lui donne naissance, mais pourtant elle en est distincte (et de même les modifications ou les qualités manifestées sont distinctes de leur principe). Comme l'image du soleil réfléchie dans l'eau tremble ou vacille, en suivant les ondulations de l'étang, sans cependant affecter les autres images réfléchies dans la même eau, ni l'orbe solaire lui-même, ainsi les modifications d'un individu n'affectent pas un autre individu, ni le Suprême Ordonnateur Lui-même. »[2] C'est l'âme individuelle vivante (*jîvâtmâ*) qui est ici comparée à l'image du soleil dans l'eau, comme étant la réflexion (dans le domaine individuel et par rapport à chaque individu) de la Lumière de l'Esprit Universel (*Âtmâ*, auquel est identifié *Purusha*) ; l'eau (qui réfléchit la lumière solaire) est le symbole du principe plastique (*Prakriti*)[3].

Nous devons maintenant passer à l'énumération des degrés successifs de la manifestation individuelle d'*âtman*, dont le premier est l'intellect supérieur (*Buddhi*), qui est aussi appelé *Mahat* ou le grand principe[4], et qui n'est encore individualisé qu'en mode principiel (non effectivement), ce qui revient à dire qu'il est le principe immédiat de l'individualité. Si l'on regarde le Soi comme le Soleil spirituel qui brille au centre de l'être total, *Buddhi* sera le rayon directement émané de ce Soleil et illuminant dans son intégralité l'état d'être que nous envisageons, tout en le reliant aux autres états et au centre lui-même[5].

---

[1] Cette opinion, que l'on pourrait déduire d'une conception erronée de la doctrine *Sânkhya*, serait d'ailleurs contraire à l'enseignement des *Vêdas*.

[2] *Brahma-Sûtras*, 2e Lecture, 3e chapitre.

[3] Il en est de même dans toutes les traditions ; il est facile de s'en rendre compte, en ce qui concerne la tradition hébraïque, en se reportant au début du premier chapitre de la Genèse (voir aussi *L'Archéomètre*).

[4] C'est le second principe de Kapila.

[5] On doit considérer le centre de chaque état d'être comme identifié potentiellement avec le centre de l'être total (voir *Le Symbolisme de la Croix*, in *La Gnose*, 2e année, n° 2, p.

Ce principe est d'ailleurs regardé comme ternaire, et il est alors identifié à la *Trimurti* : « *Mahat* devient distinctement connu comme trois Dieux, par l'influence des trois qualités (*gunâni*, essences constitutives et primordiales des êtres), *sattwa*, *rajas* et *tamas*[1], étant « une personnalité en trois Dieux ». Dans l'Universel, il est la Divinité ; mais, envisagé distributivement (sous l'aspect de la distinction), il appartient aux êtres individuels (auxquels il communique la possibilité de participation aux attributs divins). »[2]

Cet intellect (*Buddhi*), passant de l'état de puissance universelle à l'état individualisé (en se manifestant, mais sans cesser d'être tel qu'il était), produit la conscience individuelle (*ahankâra*), qui donne naissance au sentiment du moi. Cette conscience[3] a pour fonction propre de prescrire la conviction individuelle (*abhimâna*), c'est-à-dire la notion que « je suis » concerné par les objets de la perception (externes) et de la méditation (internes) ; elle procède immédiatement du principe intellectuel, et elle produit tous les autres principes de l'homme individuel, dont nous allons avoir à nous occuper maintenant.

Ces principes comprennent onze facultés, dont dix sont externes : cinq de sensation et cinq d'action ; la onzième, qui participe des unes et des autres, est le sens interne ou la faculté mentale (*manas*), lequel est uni directement à la conscience individuelle. Ces facultés procèdent toutes des cinq essences élémentaires (*tanmâtras*)[4], qui sont aussi les principes des cinq éléments corporels[5].

57, et n° 3, p. 99 [ainsi que dans ce *Recueil*, p. 201 et p. 210]) ; c'est en ce sens que l'on peut dire, comme nous l'avons fait tout d'abord, que *Purusha* réside au centre de l'individualité.

[1] Nous reviendrons ailleurs sur la définition de ces trois qualités, qui, ici, nous conduirait trop loin du sujet que nous nous sommes proposé de traiter.

[2] *Matsya Purâna.*

[3] C'est le troisième principe de Kapila.

[4] *Tanmâtra* signifie littéralement une « assignation » (*mâtra*, mesure, détermination, caractère) délimitant un certain domaine (*tan*, racine exprimant l'idée d'extension) dans l'Existence universelle ; nous aurons d'ailleurs l'occasion de revenir plus longuement sur ce point dans une prochaine étude.

[5] Après les trois premiers principes, Kapila énumère successivement les cinq *tanmâtras*, les onze facultés, les cinq éléments corporels, et enfin *Purusha* ou *Pumas*, ce qui fait en tout vingt-cinq principes.

Quant à leur développement, nous n'avons qu'à reproduire ce qui est enseigné sur cette question par les *Brahma-Sûtras*[1] : « L'intellect, le sens interne, ainsi que les facultés de sensation et d'action, sont développés (dans la manifestation) et résorbés (dans le non-manifesté) dans un ordre de succession (logique) semblable, qui est toujours celui des éléments principiels (*tanmâtras*) dont ils procèdent (à l'exception de l'intellect, qui est développé avant tout autre principe individuel). Quant à *Purusha* (*âtman*), son émanation n'est pas une naissance, ni une production originale ; on ne peut lui assigner aucune limitation (par quelque condition particulière d'existence), car, étant identifié avec le Suprême *Brahma*, il participe de Son essence infinie (impliquant la possession des attributs divins en tant que cette participation est effective). Il est actif, mais potentiellement (non-agissant), car l'activité ne lui est pas essentielle, mais éventuelle et contingente (relative seulement à ses divers états d'être). Comme le charpentier, ayant ses outils à la main, ses lignes et ses supports, et les mettant de côté, jouit de la tranquillité et du repos, de même l'esprit, dans son union avec ses instruments (par lesquels ses facultés potentielles sont développées en acte dans chacun de ses états de manifestation), est actif, et, en les quittant, il jouit du repos et de la tranquillité. »[2]

« Les diverses facultés de sensation et d'action (désignées par le terme *prâna* dans une acception secondaire) sont au nombre de onze : cinq de sensation, cinq d'action, et le sens interne (*manas*). Là où un nombre plus grand (treize) est spécifié, le terme est employé dans son sens le plus compréhensif, en distinguant (dans le *manas*) l'intellect, la conscience individuelle et le « sensorium ». Là où un nombre moindre est mentionné, il est employé dans une acception plus restreinte : ainsi, il est parlé de sept organes sensitifs, relativement aux deux yeux, aux deux oreilles, aux deux narines et à la bouche ou à la langue (de sorte que, dans ce cas, il s'agit seulement des sept ouvertures ou orifices de la tête). Les onze facultés ci-dessus mentionnées (bien que désignées dans leur ensemble par le terme *prâna*) ne sont pas (comme les cinq *vâyus*[3]) de simples modifications de l'acte vital principal (la respiration,

---

[1] Les *Brahma-Sûtras* (ou *Shârîraka-Mîmânsâ*), attribués à Vyâsa, sont une collection d'aphorismes dans lesquels sont formulés les enseignements fondamentaux du *Védânta* ; leur auteur est appelé Bâdarâyana et Dwaipâyana.

[2] *Brahma-Sûtras*, 2e Lecture, 3e chapitre.

[3] Nous expliquerons un peu plus loin ce que sont ces cinq *vâyus*.

avec l'assimilation qui en résulte), mais des principes distincts (au point de vue spécial de l'individualité corporelle). »[1]

Le terme *prâna* signifie proprement « souffle vital » ; mais, dans certains textes védiques, ce qui est ainsi désigné est (au sens universel) identifié en principe avec *Brahma* Lui-même, comme lorsqu'il est dit que, dans le sommeil profond, toutes les facultés sont résorbées en lui, car, « pendant qu'un homme dort sans rêver, son esprit est avec *Brahma* »[2].

Quant aux organes de ces facultés, les cinq instruments de sensation sont : les oreilles (ouïe), la peau (toucher), les yeux (vue), la langue (goût), et le nez (odorat), étant ainsi énumérés dans l'ordre de développement des sens, qui est celui des éléments correspondants[3]. Les cinq instruments d'action sont : les organes d'excrétion, les organes générateurs, les mains, les pieds, et enfin la voix ou l'organe de la parole, qui est énuméré le dixième. Le *manas* doit être regardé comme le onzième, comprenant par sa propre nature la double propriété (comme servant à la fois à la sensation et à l'action), et, par suite, participant aux propriétés des uns et des autres[4].

D'après le *Sânkhya*, ces facultés (avec les organes correspondants) sont (en distinguant trois principes dans le *manas*) les treize instruments de la Connaissance : trois internes et dix externes, comparés à trois sentinelles et à dix portes. Un sens corporel perçoit, et un organe d'action exécute ; entre les deux, le sens interne (*manas*) examine ; la conscience (*ahankâra*) fait l'application individuelle, et l'intellect (*Buddhi*) transpose dans l'Universel les données des facultés précédentes.

D'autre part, selon le *Védânta*, *Purusha* ou *âtman*, se manifestant dans la forme vivante (de l'individu) comme *jîvâtmâ*, est regardé comme se recouvrant d'une série d'enveloppes successives, bien qu'on ne puisse pas dire qu'il y soit contenu en réalité, puisqu'il n'est susceptible d'aucune limitation. La première enveloppe (*vijnâna-maya*) est la Lumière directement réfléchie de la Connaissance (*Jnâna*, la particule *vi* marquant une distinction) ; elle est composée des cinq essences principielles élémentaires (*tanmâtras*), et consiste dans la jonction de

---

[1] *Brahma-Sûtras*, 2e Lecture, 4e chapitre.

[2] Voir plus loin les explications concernant cet état du « sommeil profond », sur lequel, du reste, nous avons déjà dit quelques mots en une autre occasion (*Le Démiurge*, in *La Gnose*, 1re année, n° 3, p. 48 [repris dans *Mélanges*]).

[3] Nous exposerons cette correspondance lorsque nous traiterons des conditions de l'existence corporelle.

[4] Cf. *Lois de Manu*, 2e Lecture, slokas 89 à 92.

l'intellectuel supérieur (*Buddhi*) aux facultés potentielles de perception dont le développement constituera les cinq sens dans l'individualité corporelle ; ce n'est encore que la forme principielle (*kârana-sharîra*), ce par quoi la forme sera manifestée. La seconde enveloppe (*mano-maya*), dans laquelle le sens interne (*manas*) est joint avec la précédente, implique la conscience mentale, individualisation (en mode réfléchi) de l'intellect supérieur. La troisième enveloppe (*prâna-maya*) comprend les facultés qui procèdent du souffle vital (*prâna*), c'est-à-dire les cinq *vâyus* (modalités de *prâna*), ainsi que les facultés d'action et de sensation (ces dernières existant déjà en puissance dans la première enveloppe, alors que, par contre, il ne pouvait être question d'action d'aucune sorte). L'ensemble de ces trois enveloppes (*koshas*) constitue la forme subtile (*sûkshma-sharîra* ou *linga-sharîra*), par opposition à la forme grossière ou corporelle (*sthûla-sharîra*).

Les cinq fonctions ou actions vitales sont nommées *vâyus*, bien qu'elles ne soient pas à proprement parler l'air ou le vent[1], mais, comme nous venons de le dire, des modalités du souffle vital (*prâna*), considéré principalement dans ses rapports avec la respiration. Ce sont : 1° la respiration, considérée comme ascendante à son début, et attirant les éléments non encore individualisés de l'ambiance cosmique, pour les faire participer à la conscience individuelle, par assimilation ; 2° l'inspiration, considérée ensuite comme descendante, et par laquelle ces éléments pénètrent dans l'individualité ; 3° une phase intermédiaire entre les deux précédentes, consistant, d'une part, dans l'ensemble des actions et réactions réciproques qui se produisent au contact entre l'individu et les éléments ambiants, et, d'autre part, dans les divers mouvements vitaux qui en résultent, et dont la correspondance dans l'organisme corporel est la circulation sanguine ; 4° l'expiration, qui projette le souffle, en le transformant, au-delà des limites de l'individualité restreinte, dans le domaine des possibilités de l'individualité étendue ; 5° la digestion, ou l'assimilation substantielle intime, par laquelle les éléments absorbés deviennent partie intégrante de l'individualité. On voit que tout ceci ne doit pas être compris seulement des fonctions physiologiques analogiquement correspondantes, mais bien de l'assimilation vitale dans son sens le plus étendu.

---

[1] C'est là, en effet, le sens propre du mot *vâyu*, qui désigne habituellement l'élément air, ainsi que nous le verrons ailleurs.

La forme corporelle (*sthûla-sharîra*) est la dernière enveloppe (*kosha*) ; c'est l'enveloppe alimentaire (*anna-maya*), composée des cinq éléments physiques ou corporels. Elle s'assimile les éléments combinés reçus dans la nourriture (*anna*)[1], sécrétant les parties les plus fines (qui demeurent dans la circulation organique) et rejetant les plus grossières (à l'exception de celles qui sont déposées dans les os) : les substances terreuses deviennent la chair ; les substances aqueuses, le sang ; et les substances ignées, la graisse, la moelle et le système nerveux (matière phosphorée).

Tout être organisé, résidant dans une telle forme corporelle, possède (à un degré plus ou moins complet de développement) les onze facultés dont nous avons parlé précédemment, et, ainsi que nous l'avons vu également, ces facultés sont manifestées dans le corps par le moyen de onze organes correspondants (*avyaya*, désignation qui s'applique d'ailleurs dans l'état subtil aussi bien que dans l'état grossier). On distingue, selon Shankarâchârya, trois classes d'êtres organisés, suivant leur mode de reproduction : 1° les vivipares (*jîvaja*), comme l'homme et les mammifères ; 2° les ovipares, (*andaja*), comme les oiseaux et les insectes ; 3° les germinipares (*udbhijja*), qui comprennent les animaux inférieurs et les végétaux, les premiers, mobiles, naissant principalement dans l'eau, tandis que les seconds, qui sont fixés, naissent habituellement de la terre ; cependant, d'après divers passages du *Véda*, la nourriture (*anna*), c'est-à-dire le végétal, procède aussi de l'eau, car la pluie fertilise la terre.

Ici, il faut insister quelque peu sur un point essentiel : tous les principes dont nous avons parlé, qui sont décrits comme distincts, et qui le sont en effet au point de vue individuel, ne sont cependant en réalité qu'autant de modalités (manifestées) de l'Esprit Universel (*Âtmâ*). C'est pourquoi on doit les considérer, dans l'Universel, comme étant *Brahma* Lui-même, qui est sans dualité[2], et hors duquel il n'est rien, ni manifesté ni non-manifesté[3]. « Aucune distinction n'invalide l'unité et l'identité de *Brahma* comme cause et effet ; la mer est la même que ses eaux et n'en est pas différente, bien que les vagues, l'écume, les jaillissements, les gouttes et autres modifications (accidentelles) que

---

[1] Le mot *anna*, nourriture ou aliment, dérive de la racine verbale *ad*, manger (latin *edere*).

[2] « Allah – qu'Il soit exalté – est exempt de tout semblable ainsi que de tout rival, contraste ou opposant. » (*L'Identité Suprême dans l'Ésotérisme musulman*, in *La Gnose*, 2e année, n° 7, p. 201.)

[3] La parfaite concordance à cet égard, des doctrines islamite (ésotérique) et védântine, est trop évidente pour qu'il soit nécessaire d'y insister davantage.

subissent ces eaux, diffèrent l'une de l'autre (lorsqu'on les considère en particulier). Un effet n'est pas autre (en essence) que sa cause ; *Brahma* est unique et sans second ; Soi-même, Il n'est pas séparé de Ses modifications (formelles et informelles) ; Il est *Âtmâ*, et *Âtmâ* est Lui. La même terre offre des diamants, des rocs de cristal, de l'orpiment rouge, etc. ; le même sol produit une diversité de plantes ; la même nourriture est convertie en excroissances variées, telles que les cheveux, les ongles, etc. Comme le lait se change en caillé et l'eau en glace (sans changer de nature), ainsi *Brahma* Se modifie diversement (dans la manifestation universelle), sans l'aide d'instruments ou de moyens extérieurs de quelque espèce que ce soit (et sans que Son unité et Son identité en soient affectées)[1]. Ainsi l'araignée forme sa toile de sa propre substance, les êtres subtils prennent des formes diverses, et le lotus croît de marais en marais sans organes de locomotion. Que *Brahma* soit indivisible et sans parties (comme Il l'est), n'est pas une objection (à cette conception de la multiplicité universelle dans Son unité) ; ce n'est pas Sa totalité qui est modifiée dans les apparences du Monde (ni quelqu'une de Ses parties, puisqu'Il n'en a point, mais Lui-même envisagé sous l'aspect spécial de la différenciation). Divers changements (de conditions et de modes d'existence) sont offerts à la même âme (individuelle) rêvant (et percevant les objets internes, qui sont ceux du domaine de la manifestation subtile)[2] ; diverses formes illusoires (correspondant à différentes modalités formelles, autres que la modalité corporelle) sont revêtues par le même être subtil[3]. *Brahma* est tout-puissant (puisqu'Il contient tout en puissance)[4], propre à tout acte (quoique non-agissant), sans organe ou instrument d'action ; tout attribut d'une cause première existe (en principe) en *Brahma*, qui (en Soi-même) est (cependant) dénué de toute qualité (distincte). »[5] « Ce qui fut, ce qui est et ce qui sera, tout est véritablement *Aumkâra* (l'Univers identifié à *Brahma*) ; et toute autre chose, qui n'est pas soumise au triple temps (c'est-à-dire à la condition temporelle envisagée sous ses trois modalités de passé, de présent et de futur), est

---

[1] L'unité, considérée en tant qu'elle contient tous les aspects de la Divinité, « est de l'Absolu la surface réverbérante à innombrables facettes qui magnifie toute créature qui s'y mire directement » (voir *Pages dédiées au Soleil*, in *La Gnose*, 2e année, n° 2, p. 61).

[2] Voir plus loin l'explication concernant l'état de rêve.

[3] *Mâyâvi-rûpa*, forme illusoire, considérée comme purement accidentelle et n'appartenant pas en propre à l'être qui s'en revêt ; celui-ci doit donc être regardé comme non-affecté par cette modification apparente.

[4] C'est là, en effet, la véritable signification de la toute-puissance divine.

[5] *Brahma-Sûtras*, 2e Lecture, 1er chapitre.

aussi véritablement *Aumkâra*. Assurément cet *Âtmâ* est *Brahma*, et cet *Âtmâ* a quatre conditions (*pâdas*)[1] ; en vérité, tout ceci est *Brahma*. »[2]

« Tout ceci » doit s'entendre, comme le montre la suite du texte que nous venons de citer, des différents états de l'être individuel envisagé dans son intégralité, aussi bien que des états non individuels de l'être total. Nous allons avoir à considérer ces divers états de l'individu dans la suite de notre étude ; mais, auparavant, nous devons encore envisager la formation de l'individualité humaine à un point de vue un peu différent de celui que nous avons exposé jusqu'ici.

En effet, certaines écoles hétérodoxes, et notamment les Bouddhistes, ont envisagé la question de la constitution de l'être humain au point de vue exclusif de l'individu, point de vue dont l'imperfection résulte immédiatement de sa relativité ; mais, afin d'en montrer pleinement l'insuffisance conformément à la doctrine védântine, il nous faut d'abord exposer aussi brièvement que possible la conception bouddhiste, et plus particulièrement celle des écoles *Sautrântika*[3] et *Vaibhâshika*[4]. Celles-ci distinguent avant tout les objets externes (*bâhya*) et internes (*abhyantara*) : les premiers sont les éléments (*bhûta*) et ce qui en procède (*bhautika*), à savoir les organes et les qualités sensibles ; les seconds sont la pensée (*chitta*) et tout ce qui en procède (*chaittika*). Les Bouddhistes n'admettent que quatre éléments, ne reconnaissant pas l'Éther (*Âkâsha*) comme un cinquième élément, ni même comme une substance quelconque[5], et ils prétendent que les éléments sont constitués par l'agrégation d'atomes matériels (*anu*) ; nous ferons voir ailleurs l'impossibilité d'admettre ces opinions. D'autre part, selon eux, l'âme individuelle vivante (*jîvâtmâ*) n'est rien qui soit distinct de la pensée consciente (*chitta*), et il n'existe aucune chose (caractérisée par des attributions positives) qui soit irréductible aux catégories énoncées ci-dessus.

Les corps, qui sont les objets des sens, sont composés des éléments ; ils ne sont considérés comme existant en tant qu'objets

---

[1] Ceci pourra être mieux compris par la suite de notre exposé.

[2] *Mândukya Upanishad*, shrutis 1 et 2.

[3] *Sautrântika*, école qui base principalement son enseignement sur les *Sûtras* attribués à Shakya-Muni.

[4] Les *Vaibhâshikas* se distinguent notamment des *Sautrântikas* en ce qu'ils admettent la perception directe des objets extérieurs.

[5] Selon les Bouddhistes, l'Éther (*Âkâsha*) serait non-substantiel, comme appartenant à la catégorie informelle (*nirûpa*), qui ne peut être caractérisée que par des attributions négatives ; c'est là le fondement de la théorie du vide universel (*sarva-shûnya*), sur laquelle nous aurons l'occasion de revenir.

déterminés qu'autant qu'ils sont perçus par la pensée[1]. Celle-ci, qui réside dans la forme corporelle de l'individu, perçoit les objets externes et conçoit les objets internes, et, simultanément, elle subsiste comme « elle-même » : c'est en cela, mais en cela seulement, qu'elle est « soi-même » (âtman), ce qui, comme on le voit dès le premier abord, diffère essentiellement de la conception orthodoxe du Soi.

En ce qui concerne les objets internes, les Bouddhistes établissent cinq branches ou divisions (skandhas) : 1° la division des formes (rûpa-skandha), qui comprend les organes des sens et leurs objets, considérés uniquement dans leurs rapports avec la conscience individuelle, c'est-à-dire dans leurs qualités perceptibles, abstraction faite de ce qu'ils sont en eux-mêmes ; ces qualités elles-mêmes sont externes en tant qu'elles procèdent des éléments, mais elles sont regardées comme internes en tant qu'elles sont objets de connaissance ; 2° la division de la connaissance distincte (vijnâna-skandha), identifiée à la pensée (chitta) conçue comme conscience individuelle, et, par suite, à « soi-même » (âtman) dans le sens restreint que nous avons indiqué, tandis que les quatre autres divisions comprennent tout ce qui procède de cette même pensée (chaittika) et est regardé, pour cette raison, comme « appartenant à soi-même » (âdhyâtmika) ; cette dernière désignation, prise dans son sens le plus large, renferme l'ensemble des cinq skandhas ; 3° la division des impressions conscientes (védanâ-skandha), comprenant le plaisir et la douleur, ou leur absence, et les autres sentiments analogues qui sont produits par la perception ou la conception d'un objet quelconque, soit externe, soit interne ; 4° la division des jugements (sanjnâ-skandha) désignant la connaissance qui naît des noms ou mots, ainsi que des symboles ou signes idéographiques ; 5° la division des actions (sanskâra-skandha), qui renferme les passions, c'est-à-dire les modifications (par réaction) dont la cause est dans l'activité individuelle.

Quant à la réunion de ces cinq branches (skandhas), qui concourent à la formation de l'individualité, les Bouddhistes attribuent comme point de départ à l'existence individuelle l'ignorance (avidyâ), qui fait supposer permanent ce qui n'est que transitoire. De là vient l'activité

---

[1] C'est pourquoi les Bouddhistes ont reçu l'épithète de Sarva-vainâshikas, « soutenant la dissolubilité de toutes choses », tandis que les disciples de Kanâda, qui prétendent que l'identité cesse pour un être avec chacune de ses modifications, tout en admettant qu'il existe certaines catégories immuables, sont appelés Arddha-vainâshikas, « soutenant une demi-dissolubilité », c'est-à-dire une dissolubilité partielle seulement, au lieu de la dissolubilité totale (au point de vue de la substance) qu'enseignent les Bouddhistes.

réfléchie ou la passion (*sanskâra*), qui comprend le désir (*kâma*), l'illusion (*mâyâ*) et tout ce qui en résulte, et qui, dans l'être embryonnaire, encore en puissance d'être, fait naître la connaissance distinctive (*vijnâna*), d'abord pure possibilité, mais dont le développement produit la conscience du moi (*ahankâra*). C'est celle-ci qui, s'unissant aux éléments (corporels et autres) fournis par les parents, donne à l'être individuel en voie de constitution son nom (*nâma*) et sa forme (*rûpa*), c'est-à-dire l'essence et la substance de son individualité. De là résultent six facultés, qui consistent dans la conscience de la connaissance distinctive principielle, des quatre éléments dans leurs rapports avec l'individualité, et enfin du nom et de la forme, c'est-à-dire de l'individualité elle-même ; à ces six facultés correspondent, dans le corps, six organes qui en sont les sièges respectifs (*shad-âyatana*). L'opération de ces facultés a pour résultat l'expérience (*sparsha*), par laquelle se produit l'impression consciente (*védanâ*) ; celle-ci engendre la soif (*trishnâ*), c'est-à-dire l'aspiration de l'individu à rechercher les impressions agréables et à éviter les impressions désagréables, et c'est cette aspiration qui provoque l'effort (*upadâna*), élément initial de toute l'activité individuelle. C'est là le point de départ de l'existence actuelle (*bhâva*) de l'être, considérée comme commençant à la naissance (*jâtî*) de l'individu, laquelle consiste proprement dans l'agrégation des cinq branches (*skandhas*), et impliquant l'état particulier de l'individu, la condition spéciale qui lui est propre, qui le fait être ce qu'il est, en le distinguant des autres individus, dont chacun possède également sa propre condition spéciale[1]. Les cinq branches comprennent toutes les modalités de l'individu, envisagé dans son extension intégrale ; lorsqu'elles sont arrivées à leur complet développement, leur maturité amène la vieillesse (*jarâ*), qui se termine par leur séparation ; celle-ci est la mort (*marana*), c'est-à-dire la dissolution de l'individualité, à la suite de laquelle l'être passe dans un autre état, pour parcourir, sous des conditions différentes, un autre cycle d'existence.

Selon le *Védânta*, l'agrégat individuel, tel qu'il est défini d'après la conception que nous venons d'exposer, ne peut exister de cette façon, c'est-à-dire en tant qu'il est rapporté à deux sources, l'une externe et l'autre interne, supposées essentiellement différentes, car ceci revient à

---

[1] La définition exacte et complète du teme *jâtî* a été donnée dans *L'Archéomètre* (in *La Gnose*, 2ᵉ année, n° 1, pp. 11 et 12) ; la condition spéciale de chaque être dans son état actuel détermine sa nature individuelle, identifiée à la caste (*varna*) par la doctrine brâhmanique orthodoxe.

admettre une dualité fondamentale dans les choses. D'autre part, l'existence même de cet agrégat dépend entièrement des modifications contingentes de l'individu, car il ne peut consister en rien d'autre que l'enchaînement même de ces modifications, à moins que l'on n'admette un être permanent dont cet agrégat lui-même ne constitue qu'un état contingent et accidentel, ce qui est contraire à la théorie bouddhiste suivant laquelle le Soi (*âtman*) n'aurait aucune existence réelle et propre indépendamment de cet agrégat et de sa subsistance. En outre, les modifications de l'individu étant regardées comme momentanées, il ne peut pas y avoir, dans leur succession, la relation de cause à effet, car l'une a cessé d'être avant que l'existence de l'autre ait commencé[1] ; si elles ne sont pas conçues comme simultanées (coexistant en principe) aussi bien que comme successives (se produisant les unes les autres en vertu de l'enchaînement purement logique des causes et des effets), elles ne sont qu'une « non-entité » (qui ne peut être cause de rien)[2], car ce qui est ne peut pas ne pas être (sous quelque condition que ce soit). « L'entité ne peut pas être un effet de la non-entité : si l'une pouvait procéder de l'autre (par la relation de cause à effet), alors un effet pourrait être produit pour un être étranger (à tout rapport avec cet effet) sans aucune action (causale) de sa part ; ainsi, un laboureur pourrait récolter du blé sans ensemencer ; un potier aurait un vase sans mouler de l'argile ; un tisserand aurait une étoffe sans en ourdir la trame ; aucun être n'appliquerait son activité à l'obtention de la Béatitude Suprême et de l'Éternelle Délivrance. »[3]

Ceci étant établi, nous pouvons aborder maintenant l'étude des différentes conditions de l'être individuel, résidant dans la forme vivante, laquelle, comme nous l'avons expliqué précédemment, comprend, d'une part, la forme subtile (*sûkshma-sharîra* ou *linga-sharîra*), et, de l'autre, la forme grossière ou corporelle (*sthûla-sharîra*). On distingue en général trois de ces états ou conditions : l'état de veille,

---

[1] Ceci doit être rapproché des arguments (dont nous reparlerons) de certains philosophes grecs contre la possibilité du mouvement, possibilité qui est en effet incompatible avec la théorie de l'« écoulement de toutes choses » (πάντα ῥέει) ou de la « dissolubilité totale » des Bouddhistes, tant que celle-ci n'est pas conciliée avec la « stabilité de toutes choses » (πάντα μένει) dans la « permanente actualité » de l'Univers, qui ne permet d'admettre cet écoulement qu'à titre de point de vue spécial, et seulement en ce qui concerne les relativités appartenant au domaine de la manifestation formelle ; c'est alors le « courant des formes » de la Tradition extrême-orientale.

[2] « *Ex nihilo nihil* » : voir *Le Démiurge*, in *La Gnose*, 1re année, n° 1, p. 8 [repris dans *Mélanges*].

[3] Commentaire de Shankarâchârya sur les *Brahma-Sûtras*.

celui de rêve, et le sommeil profond, auxquels on peut en ajouter un quatrième, celui de la mort, et un cinquième, l'évanouissement extatique, intermédiaire (*sandhya*)[1] entre le sommeil profond et la mort, comme le rêve l'est entre la veille et le sommeil profond ; mais ces deux derniers états ne sont pas essentiellement distincts de celui du sommeil profond, état extra-individuel en réalité, et où l'être rentre également dans la non-manifestation, « l'âme vivante (*jîvâtmâ*) se retirant au sein de l'Esprit Universel (*Âtmâ*) par la voie qui conduit au centre même de l'être, là où est le séjour de *Brahma* »[2].

Pour la description détaillée de ces états, nous n'avons qu'à nous reporter à la suite du texte du *Mândukya Upanishad*, dont nous avons déjà cité le commencement, et dans lequel ces états sont envisagés comme autant de conditions (*pâdas*) de l'Esprit Universel (*Âtmâ*)[3]. « La première condition est *Vaishwânara*, dont le siège[4] est dans l'état de veille (*jâgarita-sthâna*), qui a la connaissance des objets externes (sensibles), qui a sept membres et dix-neuf bouches, et dont le domaine est le monde de la manifestation grossière. »[5] *Vaishwânara* est l'Homme Universel[6], mais envisagé plus particulièrement dans le développement complet de ses états de manifestation, et sous l'aspect spécial de ce développement ; ici, l'extension de ce terme semble même être restreinte à l'un de ces états, celui de la manifestation corporelle qui constitue le monde physique ; mais cet état particulier peut être pris pour symbole de tout l'ensemble de la manifestation universelle, dont il est un élément, et c'est en ce sens qu'il peut être décrit comme le corps de l'Homme Universel, conçu par analogie avec

---

[1] Ce mot *sandhya* (dérivé de *sandhi*, point de contact ou d'union entre deux choses) désigne aussi le crépuscule, considéré de même comme intermédiaire entre le jour et la nuit.

[2] *Brahma-Sûtras*, 3e Lecture, 2e chapitre.

[3] Le premier shruti de cet *Upanishad* commence ainsi : « *Aum*, cette syllabe est tout ce qui est ; son explication suit » ; le monosyllabe sacré *Aum* est considéré ici comme le symbole idéographique d'*Âtmâ*, et, de même que cette syllabe a quatre éléments (*mâtras*), dont le quatrième, qui est le monosyllabe lui-même considéré synthétiquement sous son aspect principiel, est « non-exprimé » par un caractère, *Âtmâ* a quatre conditions (*pâdas*) dont la quatrième n'est aucune condition spéciale, mais *Âtmâ* envisagé en Soi-même, indépendamment de toute condition, et qui, comme tel, n'est susceptible d'aucune représentation.

[4] Il est évident que cette expression et celles qui lui sont analogues (séjour, résidence, etc.), doivent toujours être entendues, non pas d'un lieu, mais d'une modalité d'existence.

[5] *Mândukya Upanishad*, shruti 3.

[6] C'est d'ailleurs la signification étymologique de ce nom, qui a quelquefois une autre acception un peu différente, comme nous le verrons plus loin.

celui de l'homme individuel[1]. C'est ainsi qu'il faut entendre les sept membres dont il a été question, et qui sont les sept parties de ce corps : 1° l'ensemble des sphères lumineuses supérieures (c'est-à-dire des états supérieurs de l'être) est comparé à la partie de la tête qui contient le cerveau ; 2° le Soleil et la Lune (ou plutôt les principes représentés par ces deux astres) sont les deux yeux ; 3° le principe igné est la bouche ; 4° les directions de l'espace sont les oreilles[2] ; 5° l'atmosphère (c'est-à-dire le milieu cosmique dont procède le souffle vital) correspond aux poumons ; 6° la région intermédiaire (*Antarîksha*[3]) qui s'étend entre la Terre et les sphères lumineuses ou les Cieux (*Swarga*) (considérée comme le milieu où s'élaborent les formes, encore en pure puissance d'être) correspond à l'estomac ; 7° enfin, la Terre (c'est-à-dire, au sens symbolique, l'aboutissement en acte de toute la manifestation physique) correspond aux pieds[4] ; et les relations de ces membres entre eux et leurs fonctions dans l'ensemble sont analogues (mais non identiques, bien entendu) à celles des parties correspondantes de l'organisme humain. Dans cette condition, *Vaishwânara* prend conscience du monde de la manifestation sensible (*Virâta*), et cela par dix-neuf organes, désignés comme autant de bouches, parce qu'ils sont les entrées de la Connaissance pour tout ce qui se rapporte à ce domaine particulier ; ces dix-neuf organes (en impliquant dans ce terme les facultés correspondantes) sont : les cinq organes de sensation, les cinq organes d'action, les cinq souffles vitaux (*vâyus*), le mental ou le sens interne (*manas*), l'intellect (*Buddhi*), la pensée (*chitta*), conçue comme la faculté qui donne une forme aux idées et qui les associe entre elles, et enfin la conscience individuelle (*ahankâra*) ; chaque organe et chaque faculté de tout être individuel appartenant au domaine considéré procèdent respectivement de l'organe et de la faculté qui leur correspondent en *Vaishwânara*, organe et faculté dont ils sont un des éléments. L'état de veille, dans lequel s'exerce l'activité de ces organes et de ces facultés, est considéré comme la première des conditions d'*Âtmâ*, bien que la modalité grossière ou corporelle à laquelle il correspond constitue le dernier degré dans l'ordre de

---

[1] C'est l'analogie du Macrocosme (*Adhidêvaka*) et du Microcosme (*Adhyâtmika*). – Voir *Commentaires sur le Tableau Naturel de L.-Cl. de Saint-Martin*, in *La Gnose*, 2ᵉ année, n° 8, p. 227.

[2] Nous aurons l'occasion de revenir sur ce point dans une autre étude.

[3] Sur la signification de ce mot, qui, dans une acception plus étendue, comprend aussi l'atmosphère (considérée alors comme milieu de propagation de la lumière), voir *L'Archéomètre*, in *La Gnose*, 2ᵉ année, n° 7, p. 192, note 6.

[4] Les pieds sont pris ici comme l'emblème de toute la partie inférieure du corps.

développement du manifesté, marquant le terme de ce développement (ceci, bien entendu, par rapport au monde physique seulement) ; la raison en est que c'est dans cette modalité qu'est la base et le point de départ de l'évolution individuelle[1], de sorte que, si l'on se place, comme nous le faisons actuellement, au point de vue de cette évolution, cet état de veille doit être regardé comme précédant les états de rêve et de sommeil profond.

« La seconde condition est *Taijasa* (le Lumineux)[2], dont le siège est dans l'état de rêve (*swapna-sthâna*), qui a la connaissance des objets internes (idéaux), qui a sept membres et dix-neuf bouches, et dont le domaine est le monde de la manifestation subtile. »[3] Dans cet état, les facultés externes se résorbent dans le sens interne (*manas*), qui est leur source, leur support et leur fin, et qui réside dans les artères lumineuses[4] de la forme subtile, où il est répandu d'une façon indivisée, à la manière d'une chaleur diffuse[5].

Dans l'état de rêve, l'âme vivante individuelle (*jîvâtmâ*) crée, par l'effet de son seul désir (*kâma*), un monde qui procède tout entier d'elle-même, et dont les objets consistent exclusivement dans des conceptions mentales, c'est-à-dire dans des combinaisons d'idées revêtues de formes subtiles (dépendant de la forme subtile de l'individu lui-même, dont ces objets idéaux ne sont en somme qu'autant de modifications accidentelles). Ce monde idéal (identifié à *Hiranyagarbha* dans l'Universel[6]) est conçu par des facultés qui correspondent analogiquement à celles par lesquelles est perçu le monde sensible (ou, si l'on veut, qui sont les mêmes facultés que celles-ci en principe, mais considérées dans un autre état de développement) ; c'est pourquoi *Âtmâ*, dans cet état, a le même nombre de membres et de bouches (ou instruments de connaissance)

---

[1] Cette évolution pourrait aussi être regardée comme une involution si l'on se plaçait au point de vue de la manifestation, puisqu'elle va du manifesté au non-manifesté ; nous reviendrons sur ce point dans la suite.

[2] Ce nom dérive de *téjas*, désignation de l'élément igné. – La forme subtile elle-même (*linga-sharîra*), dans laquelle réside *Taijasa*, est assimilée aussi à un véhicule igné, bien que devant être distinguée du feu matériel qui est perçu par les sens de la forme grossière (*sthûla-sharîra*) ; sur ce point, cf. l'« assomption » d'Élie dans la Bible hébraïque.

[3] *Mândukya Upanishad*, shruti 4.

[4] Il s'agit évidemment ici de la Lumière intelligible, ou plus exactement de sa réflexion dans la manifestation extra-sensible (idéale).

[5] Sur ce que sont ces artères de la forme subtile, ainsi que sur le processus des divers degrés de résorption des facultés individuelles, nous donnerons d'autres développements dans la suite de la présente étude.

[6] Voir *L'Archéomètre*, in *La Gnose*, 1re année, n° 9, p. 187, note 3.

que dans l'état de veille, et il est d'ailleurs inutile d'en répéter l'énumération, car les définitions que nous en avons données précédemment peuvent s'appliquer également, par transposition, aux deux domaines de la manifestation grossière ou sensible et de la manifestation subtile ou idéale.

« Quand le dormeur n'éprouve aucun désir et n'est conscient d'aucun rêve, son état est celui du sommeil profond (*sushupta-sthâna*) ; celui-ci (c'est-à-dire *Âtmâ* lui-même dans cette condition) qui dans cet état est devenu un (sans aucune différenciation), qui s'est identifié soi-même avec un ensemble synthétique (unique) de Connaissance (intégrale) (*Prajnâna-ghana*), qui est rempli de Béatitude, jouissant véritablement de la Béatitude (*Ânanda*), et dont la bouche (l'instrument de connaissance) est la Conscience totale (*Chit*) elle-même (sans aucun intermédiaire ni particularisation), est appelé *Prâjna* (Celui qui connaît en dehors et au-delà de toute condition spéciale) : ceci est la troisième condition. »[1] Cet état d'indifférenciation, dans lequel toute la connaissance (y compris celle des autres états) est centralisée synthétiquement dans l'unité de l'être, est l'état non-manifesté (*avyakta*), principe et cause de toute la manifestation, dont les objets (tant externes qu'internes) ne sont point détruits, mais subsistent en mode principiel, le Soi (*âtman*) demeurant conscient par lui-même de sa propre existence dans l'« éternel présent ». Ici, le terme *Chit* doit être entendu, non pas, comme l'a été plus haut son dérivé *chitta*, au sens restreint de la pensée formelle[2], mais au sens universel, comme la Conscience totale du Soi envisagée dans son rapport avec son unique objet (*Ânanda* ou la Béatitude), lequel est identique au sujet lui-même (*Sat* ou l'Être dans son essence) et n'en est point réellement distinct : ces trois (*Sat*, *Chit* et *Ânanda*) ne sont qu'un seul et même être, et cet « un » est *Âtmâ*, l'Esprit Universel, considéré en dehors et au-delà de toutes les conditions particulières d'existence qui déterminent chacune de ses diverses modalités de manifestation[3]. « *Prâjna* est le Seigneur (*Îshwara*) de tout (*sarvva*, mot qui implique ici, dans son extension

---

[1] *Mândukya Upanishad*, shruti 5.

[2] Le sens restrictif est marqué par un suffixe dans le dérivé.

[3] Dans cet état, la Lumière intelligible est perçue directement, et non plus par réflexion à travers le mental (*manas*) ; le ternaire que nous venons de considérer est identique à celui que l'on distingue dans l'intellect (*Buddhi*), qui, en dehors du point de vue spécial des états manifestés, n'est point différent d'*Âtmâ*, mais est celui-ci considéré en tant qu'il se connaît soi-même, connaissance dans laquelle réside proprement la Béatitude (*Ânanda*).
– Ce ternaire doit encore être rapproché de celui qui est constitué par le Nombre, le Nombrant et le Nombré, et dont il est question au début du *Sépher Ietsirah*.

universelle, l'ensemble de tous les états d'être compris synthétiquement) ; Il est omniscient (car tout Lui est présent dans la Connaissance
intégrale, et Il connaît directement tous les effets dans la cause
principielle, laquelle n'est point distincte de Lui) ; Il est l'ordonnateur
interne (qui, résidant au centre même de l'être, régit et contrôle toutes
les facultés correspondant à ses divers états, tout en demeurant Lui-
même non-agissant dans la plénitude de Son activité potentielle) ; Il est
la source (cause première ou principe) de tout (ce qui existe en quelque
modalité que ce soit) ; Il est l'origine (par Son expansion) et la fin (par
Son repliement en Soi-même) de l'universalité des êtres (étant Soi-
même l'Être Universel). »[1]

« Les Sages pensent que le Quatrième (*Chaturtha* ou *Turîya*), qui
n'est connaissant ni des objets internes ni des objets externes (d'une
façon distincte et analytique), ni de l'ensemble des uns et des autres
(envisagé synthétiquement), et qui n'est pas (même) un ensemble
synthétique de Connaissance (intégrale), n'est ni connaissant ni non-
connaissant, est non-perceptible (par quelque faculté que ce soit,
sensible ou intellectuelle), non-agissant (dans Son immuable Identité),
incompréhensible (puisqu'Il comprend tout), indéfinissable (puisqu'Il
est sans aucune limite), impensable (ne pouvant être revêtu d'aucune
forme), indescriptible (ne pouvant être qualifié par aucune attribution
particulière), l'unique essence de l'Être (Universel, présent dans tous les
états), sans aucune trace des conditions spéciales de quelque modalité
d'existence que ce soit (manifestée ou non-manifestée), plénitude de la
Paix et de la Béatitude, sans dualité (*Shântam Shivam Adwaitam*) : ceci est
Âtmâ (Lui même, en dehors et indépendamment de toute condition),
(ainsi) Il doit être connu. »[2] En Soi-même, *Âtmâ* n'est donc ni
manifesté ni non-manifesté, mais Il est à la fois le principe du
manifesté et du non-manifesté : « Lui (le Suprême *Brahma*, auquel
Âtmâ non-conditionné est identique), l'œil ne Le pénètre point, ni la
parole, ni la pensée (ou le sens interne, *manas*)[3] ; nous ne Le
reconnaissons point (comme compréhensible), et c'est pourquoi nous
ne savons comment enseigner Sa nature (par une description
quelconque). Il est supérieur à ce qui est connu (distinctement, ou à
l'Univers manifesté), et Il est même au-delà de ce qui n'est pas connu
(distinctement, ou de l'Univers non-manifesté) ; tel est l'enseignement

---

[1] *Mândukya Upanishad*, shruti 6.
[2] *Mândukya Upanishad*, shruti 7.
[3] Cf. cette parole du Qorân : « Les regards ne peuvent L'atteindre » (voir *L'Identité
Suprême dans l'Ésotérisme musulman*, in *La Gnose*, 2ᵉ année, n° 8, p. 222).

que nous avons reçu des Sages d'autrefois. On doit considérer que Ce qui n'est point manifesté par la parole (ni par aucune autre faculté), mais par quoi la parole est manifestée (ainsi que toutes les autres facultés), est *Brahma* (dans Son Infinité), et non ce qui est envisagé (dans ses rapports avec la Divinité et sa participation à Ses attributs) comme « ceci » (un être individuel quelconque) ou « cela » (l'Être Universel lui-même, indépendamment de toute individualisation). »[1]

Shankarâchârya ajoute à ce dernier passage le commentaire suivant : « Un disciple qui a suivi attentivement l'exposition de la nature de *Brahma* doit penser qu'il connaît parfaitement *Brahma* ; mais, malgré les raisons apparentes qu'il peut avoir de penser ainsi, ce n'en est pas moins une opinion erronée. En effet, la signification bien établie de tous les écrits sur le *Védânta* est que le Soi (*âtman*) de tout être qui possède la Connaissance est identique à *Brahma*. Or, de toute chose qui est susceptible de devenir un objet de connaissance, une connaissance complète et définie est possible ; mais il n'en est pas ainsi de Ce qui ne peut devenir un tel objet. Ceci est *Brahma*, car Il est le Connaisseur (total), et le Connaisseur peut connaître d'autres choses (les renfermant toutes dans Son infinie compréhension), mais non Se faire Lui-même l'objet de Sa Connaissance (car, dans Son Identité sans identification, on ne peut pas même faire, comme dans la condition de *Prâjna*, la distinction principielle d'un sujet et d'un objet qui sont cependant « le même », et Il ne peut pas cesser d'être Soi-même, « tout-connaissant », pour devenir « tout-connu », qui serait un autre Soi-même), de la même façon que le feu peut brûler d'autres choses, mais non lui-même (sa nature étant indivisible, de même que *Brahma* est sans dualité). »[2] C'est pourquoi il est dit dans la suite du texte : « Si tu penses que tu connais bien (*Brahma*), ce que tu connais de Sa nature est en réalité peu de chose ; pour cette raison, *Brahma* doit encore être plus attentivement considéré par toi. (La réponse est celle-ci :) Je ne pense pas que je Le connais ; par ceci je veux dire que je ne Le connais pas bien (comme je connaîtrais un objet susceptible d'être défini) ; et cependant je Le connais (suivant l'enseignement que j'ai reçu concernant Sa nature). Quiconque parmi nous comprend ces paroles (dans leur véritable signification) : « Je ne Le connais pas, et cependant je Le connais), celui-là Le connaît en vérité. Par celui qui pense que

---

[1] *Kéna Upanishad*, 1re section.
[2] Cf. *L'Identité Suprême dans l'Ésotérisme musulman*, in *La Gnose*, 2e année, n° 8, p. 222 : « Il comprend Sa propre existence sans (toutefois) que cette compréhension existe d'une façon quelconque. »

Brahma est non-compris (par une faculté quelconque), *Brahma* est compris (car, par la Connaissance de *Brahma*, celui-là est devenu identique à *Brahma* Lui-même) ; mais celui qui pense que *Brahma* est compris (par quelque faculté sensible ou intellectuelle) ne Le connaît point. *Brahma* (en Soi-même, dans Son incommunicable Essence) est inconnu à ceux qui Le connaissent (à la façon d'un objet quelconque de connaissance, que ce soit un être particulier ou l'Être Universel), et Il est connu à ceux qui ne Le connaissent pas (comme « ceci » ou « cela »). »[1]

Après cette digression, nécessaire pour que notre étude soit complète, nous devons aborder une question dont nous n'avons encore rien dit, mais dont la solution résulte presque immédiatement des considérations précédentes : cette question est celle de l'évolution posthume de l'être humain. Il faut remarquer, avant tout, que le mot « évolution » ne doit pas être pris ici dans le sens d'un développement individuel, puisqu'il s'agit, au contraire, d'une résorption de l'individualité dans l'état non-manifesté. Ce serait donc plutôt une « involution » au point de vue spécial de l'individu ; mais, pour l'être réel, c'est bien une « évolution », au sens de passage à un état supérieur, quoique, en ce qui concerne cet être envisagé dans sa totalité, il ne puisse évidemment être question ni d'évolution ni d'involution, puisque son identité n'est jamais altérée par les modifications particulières et contingentes, qui affectent seulement tel ou tel de ses états de manifestation.

L'exposé qui va suivre n'est pas une traduction littérale des *Brahma-Sûtras*[2] ; il en est à la fois un résumé et un commentaire, car, sans commentaire, le résumé demeurerait à peu près incompréhensible, ainsi qu'il arrive le plus souvent lorsqu'il s'agit de l'interprétation des textes orientaux[3].

« La parole d'un homme mourant, suivie du reste des dix facultés extérieures (manifestées par le moyen des organes corporels, mais non confondues avec ces organes eux-mêmes), est absorbée dans le sens interne (*manas*), car l'activité des organes extérieurs cesse avant celle de

---

[1] *Kéna Upanishad*, 2e section.

[2] *Brahma-Sûtras*, 4e Lecture, 2e chapitre. – Le 1er chapitre de cette Lecture est consacré à l'exposition des fruits de la Connaissance Divine.

[3] Voir *L'Identité Suprême dans l'Ésotérisme musulman*, in *La Gnose*, 2e année, n° 7, p. 201, note 2. – Colebrooke a donné ce résumé dans ses *Essais sur la Philosophie des Hindous*, traduits en français par G. Pauthier (IVe Essai) ; mais ceux de nos lecteurs qui s'y reporteront pourront constater combien son interprétation est défectueuse au point de vue métaphysique.

ce sens intérieur[1]. Celui-ci, de la même manière, se retire dans le souffle vital (*prâna*), accompagné pareillement de toutes les fonctions vitales (les cinq *vâyus*), car elles sont les compagnes inséparables de la vie ; et la même retraite du sens intérieur se remarque aussi dans le sommeil profond et dans l'évanouissement extatique (avec cessation complète de toute manifestation extérieure de la conscience)[2]. Le souffle vital, accompagné semblablement de toutes les autres fonctions, est retiré dans l'âme vivante (*jîvâtmâ*, manifestation du Soi, *âtman*, au centre de l'individualité humaine actuelle, ainsi que nous l'avons expliqué[3]), qui gouverne les facultés individuelles, comme les serviteurs d'un roi s'assemblent autour de lui lorsqu'il est sur le point d'entreprendre un voyage, car toutes les fonctions vitales se rassemblent autour de l'âme vivante (et sont réabsorbées en elle, de qui elles procèdent toutes) au dernier moment, lorsqu'elle va se retirer hors de sa forme corporelle[4]. L'âme vivante, ainsi accompagnée de toutes ses facultés, se retire dans une essence individuelle lumineuse, composée des cinq essences élémentaires idéales (*tanmâtras*), dans un état subtil[5]. Le souffle vital est par conséquent dit se retirer dans la Lumière, n'entendant pas par là le principe igné d'une manière exclusive (mais une réflexion individualisée de la Lumière intelligible), ni une transition immédiate, car un voyageur est allé d'une cité dans une autre, quoiqu'il soit passé par une ou plusieurs villes intermédiaires.

« Cette retraite ou cet abandon de la forme corporelle est commun au peuple ignorant et vulgaire comme au Sage contemplatif, jusqu'à ce que l'un et l'autre procèdent plus loin dans leurs voies respectives ; et l'immortalité (mais non l'Éternité, qui n'est impliquée que par l'Union immédiate avec le Suprême *Brahma*) est le fruit de la simple méditation, alors que les entraves individuelles (*pâsha*) ne peuvent être complètement écartées.

---

[1] *Chhândogya Upanishad.*

[2] Cette cessation n'implique cependant pas toujours la suspension totale de la sensibilité corporelle, sorte de conscience organique, quoique la conscience individuelle proprement dite n'ait alors aucune part dans les manifestations de celle-ci, avec laquelle elle ne communique plus ; c'est ce que montrent en particulier certains faits bien connus des chirurgiens.

[3] Voir *La Gnose*, 2ᵉ année, n° 9, p. 238.

[4] *Brihad-Aranyaka Upanishad.*

[5] Il s'agit ici de la forme subtile (*linga-sharîra*), regardée comme lumineuse et assimilée à un véhicule igné, ainsi que nous l'avons fait remarquer à propos de *Taijasa*, la seconde condition d'*Âtmâ* (*La Gnose*, 2ᵉ année, n° 10, p. 265, note 2).

« Tant qu'il est dans cette condition (encore individuelle), l'esprit (c'est-à-dire le Soi, *âtman*) de celui qui a pratiqué la méditation reste uni à la forme subtile (*linga-sharîra*, que l'on peut aussi envisager comme le prototype formel de l'individu), dans laquelle il est associé avec les facultés vitales (potentielles), et il peut demeurer ainsi jusqu'à la dissolution extérieure (*pralaya*, rentrée dans l'état indifférencié) des mondes manifestés (du cycle actuel), à laquelle il est plongé (avec l'ensemble des êtres de ces mondes) dans le sein de la Suprême Divinité. Cette forme subtile est (par rapport à la forme corporelle ou grossière, *sthûla-sharîra*) imperceptible aux sens quant à ses dimensions (ou à ses conditions spéciales d'existence) aussi bien que quant à sa consistance (ou à sa substance propre), et, par conséquent, elle n'affecte pas la perception corporelle de ceux qui sont présents lorsqu'elle se sépare du corps ; elle n'est pas non plus atteinte par la combustion ou d'autres traitements que le corps subit après la mort (laquelle est le résultat de cette séparation). Elle est sensible seulement par sa chaleur animatrice (sa qualité propre en tant qu'elle est assimilée au principe igné)[1] aussi longtemps qu'elle habite avec la forme grossière (ou corporelle), qui devient froide (inerte en tant qu'ensemble organique) dans la mort, lorsqu'elle l'a abandonnée, et qui était échauffée (vivifiée) par elle tandis qu'elle y faisait son séjour[2].

« Mais celui qui a obtenu la vraie Connaissance de *Brahma* ne passe pas par tous les mêmes degrés de retraite (de l'état de manifestation grossière à celui de manifestation subtile, puis à l'état non-manifesté), mais procède directement (dans ce dernier état) à l'Union (déjà réalisée au moins virtuellement dans la vie) avec l'Être Suprême[3] auquel il est identifié, comme un fleuve, à son embouchure, se confond (par pénétration intime) avec les flots de la mer. Ses facultés vitales et les éléments dont était constitué son corps (tous considérés en principe et dans leur essence idéale), les seize parties composantes de la forme humaine, passent complètement à l'état de non-manifestation : le nom (*nâma*) et la forme (*rûpa*)[4] cessent également, et, sans les parties ou membres qui composaient sa forme terrestre (à l'état manifesté), il est

---

[1] Cette chaleur animatrice, représentée comme un feu interne, est quelquefois identifiée à *Vaishwânara*, considéré comme le Régent du Feu (voir plus loin).

[2] *Kathavallî Upanishad.*

[3] Il s'agit ici du *Jîvanmukta*, c'est-à-dire de celui qui a obtenu la Délivrance (*Moksha*) dans la vie actuelle ; nous y reviendrons un peu plus loin.

[4] L'essence et la substance de la manifestation individuelle (voir précédemment, *La Gnose*, 2ᵉ année, n° 10, p. 261).

affranchi des conditions de l'existence individuelle. »[1] Plusieurs commentateurs des *Brahma-Sûtras*, pour marquer le caractère de cette transformation (au sens étymologique de passage hors de la forme), la comparent à la disparition de l'eau dont on a arrosé une pierre brûlante : cette eau est transformée au contact de la pierre, mais sans qu'on puisse dire qu'elle a été absorbée par elle (puisqu'elle s'est évaporée dans l'atmosphère, où elle demeure dans un état imperceptible à la vue)[2].

« L'âme vivante (*jîvâtmâ*), ainsi que les facultés vitales résorbées en elle (passées à l'état potentiel), s'étant retirée dans son propre séjour (le centre de l'individualité, désigné symboliquement comme le cœur, et où elle réside en tant que, dans son essence et indépendamment de ses conditions de manifestation, elle est identique à *Purusha*)[3], le sommet (la portion la plus sublimée) de cet organe subtil étincelle[4] et illumine le passage par lequel l'âme doit partir : la couronne de la tête, si l'individu est un Sage, et une autre région de l'organisme, s'il est un ignorant. Cent et une artères (également subtiles, et non les artères corporelles de la circulation sanguine) sortent du centre vital (comme les rais d'une roue sortent de son moyeu), et l'une de ces artères (subtiles) passe par la couronne de la tête (considérée comme correspondant aux états supérieurs de l'être) ; elle est nommée *sushumna*. Par ce passage, en vertu de la Connaissance acquise et de la conscience de la Voie méditée, l'âme du Sage, régénérée par les Eaux Vives (seconde naissance) et douée de la Grâce spirituelle (*Prasâda*) de *Brahmâ*[5], qui réside dans ce centre vital (par rapport à l'individu humain qui réalise l'Union et obtient par là la Délivrance), cette âme s'échappe et rencontre un rayon solaire (c'est-à-dire, symboliquement, ce que nous avons appelé ailleurs le « Rayon Céleste », émanation du Soleil spirituel, qui est *Brahma* Lui-même, envisagé dans l'Universel)[6] ; c'est par cette route qu'elle se dirige, soit la nuit ou le jour, l'hiver ou l'été[7]. Le contact

---

[1] *Kanva, Mâdhyandina, Prashna Upanishads.*

[2] Commentaires de Ranganâtha sur les *Brahma-Sûtras.*

[3] Ce centre vital a été décrit au début de la présente étude.

[4] Il est évident que ce mot doit être entendu symboliquement, puisqu'il ne s'agit point ici du feu sensible, mais bien d'une modification de la Lumière intelligible.

[5] Voir *L'Archéomètre*, in *La Gnose*, 1re année, n° 11, p. 248, note 2 ; 2e année, n° 1, p. 12, note 1, et n° 7, p. 190.

[6] Sur le « Rayon Céleste », identique à *Buddhi* ou *Mahat*, voir *Le Symbolisme de la Croix*, in *La Gnose*, 2e année, n° 5, pp. 148 et suivantes [ainsi que dans ce *Recueil*, pp. 218 et suivantes].

[7] *Brihad-Aranyaka, Chhândogya Upanishads.*

d'un rayon du Soleil (spirituel) avec l'artère (subtile) *sushumna* est constant, aussi longtemps que le corps subsiste : les rayons de la Lumière (intelligible), émanés de ce Soleil, parviennent à cette artère, et, réciproquement (en mode réfléchi), s'étendent de l'artère au Soleil. La préférence de l'été, dont on cite en exemple le cas de Bhishma, qui attendit le retour de cette heureuse saison pour mourir, ne concerne pas le Sage qui, dans la contemplation de *Brahma*, a pratiqué l'incantation (*mantra*) comme étant prescrite par les *Védâs*, et qui a, par conséquent, acquis la perfection de la Connaissance Divine ; mais elle concerne ceux qui ont suivi les observances enseignées par le *Sânkhya* ou le *Yoga-Shâstra*, d'après lequel le temps du jour et celui de la saison de l'année ne sont pas indifférents, mais ont (pour la libération de l'être sortant de l'état individuel terrestre) une action effective en tant qu'éléments (symboliques) du rite[1]. »

La suite du voyage divin (*déva-yâna*) de l'esprit délivré, depuis la terminaison de l'artère coronale (*sushuma*), communiquant avec un rayon du Soleil spirituel, jusqu'à sa destination finale, s'effectue en suivant la Voie qui est marquée par le trajet de ce rayon parcouru en sens inverse (suivant sa direction réfléchie) jusqu'à sa source, qui est cette destination même[2]. Ce voyage, qui est décrit symboliquement en divers passages du *Véda*[3], se rapporte à l'identification du centre de l'individualité, où toutes les facultés ont été précédemment résorbées à l'état potentiel dans l'âme vivante (*jîvâtmâ*), laquelle n'est plus distinguée du Soi (*âtmâ*), avec le centre même de l'être total, résidence de l'Universel *Brahma*. Suivant le symbolisme védique, l'esprit, ayant quitté la Terre (*Prithvî*, c'est-à-dire ici le monde corporel), est d'abord conduit au Royaume du Feu (*Téjas*), dont le Régent est *Vaishwânara*, dans une signification spéciale de ce nom, puis aux divers domaines des régents ou distributeurs du jour, des demi-lunaisons, des six mois de l'été, et de l'année, tout ceci devant s'entendre de la correspondance de ces divisions du temps transposées dans l'Universel[4]. De là, il passe au Royaume de l'Air (*Vâyu*), dont le Régent le dirige du côté de la Sphère

---

[1] Voir *La Prière et l'Incantation*, in *La Gnose*, 2ᵉ année, n° 1 [ainsi que dans ce *Recueil*].

[2] On ne doit pas oublier qu'il s'agit toujours du « Rayon Céleste » ; sur ce point, voir *Le Symbolisme de la Croix*, in *La Gnose*, 2ᵉ année, n° 4, p. 120 [ainsi que dans ce *Recueil*, p. 218].

[3] *Chhândogya, Kaushîtakî, Brihad-Aranyaka Upanishads*.

[4] Il pourrait être intéressant d'établir la concordance de cette description symbolique de l'évolution posthume de l'être humain, selon le *Védânta*, avec celle qui est contenue dans *Pistis-Sophia* ; nous laisserons à d'autres, plus spécialisés que nous-même dans l'étude particulière du Gnosticisme, le soin de faire cette comparaison.

du Soleil (*Sûrya*)[1], depuis les limites de son domaine, par un passage comparé au moyeu de la roue d'un chariot ; il passe ensuite dans la Sphère de la Lune (*Chandra*[2]), d'où il monte à la région de l'éclair, au-dessus de laquelle est le Royaume de l'Eau (*Apâ*), dont le Régent est *Varuna*[3] (comme, analogiquement, la foudre éclate au-dessous des nuages de pluie). Enfin, le reste du voyage s'effectue par la région lumineuse intermédiaire (*Antarîksha*)[4], qui est le Royaume d'*Indra*, jusqu'au Centre spirituel universel, où réside *Prajâpati*, qui est *Brahma* Lui-même, l'Être Suprême et Universel[5].

C'est bien, en effet, de l'Être Universel qu'il s'agit ici, et non de sa détermination comme *Brahmâ*, lequel est considéré comme « effet de la Volonté Créatrice (en puissance) de *Brahma* » (*Kârya-Brahma*)[6], et est identique à *Hiranyagarbha*, principe de la manifestation subtile ; mais ce n'est pas seulement de l'Être Universel, c'est de *Brahma* Lui-même dans Sa totale Infinité, comprenant à la fois l'Être (ou les possibilités de manifestation) et le Non-Être (ou les possibilités de non-manifestation), et principe de l'un et de l'autre, suivant l'enseignement qui a été rapporté plus haut[7] ; c'est en ce sens que Son séjour est même

---

[1] Il est bien entendu que, lorsqu'il est question des Sphères du Soleil et de la Lune, il ne s'agit jamais du soleil et de la lune en tant qu'astres matériels, mais bien des principes qu'ils représentent, car les divers Mondes, qui sont décrits symboliquement comme autant de régions, ne sont en réalité que des états différents de l'être.

[2] Sur la Sphère de la Lune, considérée comme le Monde de la Formation, voir *Le Démiurge*, in *La Gnose*, 1re année, n° 3, p. 47 [étude reprise dans *Mélanges*].

[3] Il s'agit ici des Eaux supérieures ou célestes (l'ensemble des possibilités informelles, par opposition aux Eaux inférieures, qui représentent l'ensemble des possibilités formelles) : voir *Le Symbolisme de la Croix*, in *La Gnose*, 2e année, n° 5, p. 149, note 1 [ainsi que dans ce *Recueil*, p. 219, note 1]. — Le nom de *Varuna* est identique au grec Οὐρανός (voir traduction des *Philosophumena*, p. 28, note 5).

[4] Se reporter à la description des sept membres de *Vaishwânara* (in *La Gnose*, 2e année, n° 10, p. 264).

[5] *Brahma-Sûtras*, 4e Lecture, 3e chapitre. — Il existe quelques variations dans l'ordre d'énumération des stations intermédiaires ; mais nous ne pouvons, sans allonger cette étude outre mesure, nous étendre ici sur l'explication détaillée de tout ce symbolisme, qui est, d'ailleurs, assez clair par lui-même, et dont l'interprétation est rendue facile par toutes les considérations que nous avons exposées.

[6] *Kârya*, effet ; dérivé de *kri*, faire, et du suffixe *ya*, marquant une obligation future : « ce qui doit être fait » ; ce terme implique donc une idée de « devenir ».

[7] Voir *La Gnose*, 2e année, n° 10, pp. 267 et 269. — Voir aussi *L'Identité Suprême dans l'Ésotérisme musulman*, in *La Gnose*, 2e année, n° 8, p. 221 : « Cette immense pensée (de l'Identité Suprême) ne peut convenir qu'à celui dont l'âme est plus vaste que les deux mondes (manifesté et non-manifesté). Quant à celui dont l'âme n'est qu'aussi vaste que les deux mondes, elle ne lui convient pas. Car, en vérité, cette pensée est plus grande que

« au-delà du Soleil spirituel », comme il est au-delà de toutes les sphères des états particuliers d'existence, individuels ou extra-individuels.

Telle est donc la finalité de l'esprit délivré, affranchi des conditions de l'existence individuelle, ainsi que de toutes autres conditions particulières et limitatives, regardées comme autant de liens (*pâsha*)[1]. Lorsque l'homme est ainsi délivré, le Soi (*âtman*) est, suivant Audulomi, une conscience omniprésente, par laquelle se manifestent les attributs divins, en tant qu'elle-même participe de l'Essence Suprême, ainsi que l'enseigne aussi Jaimini. Quant à ceux dont la contemplation n'a été que partielle, quoique active, ou a été purement passive (mystique), ils jouissent de certains états spirituels, mais sans pouvoir arriver dès lors à l'Union Parfaite (*Yoga*)[2].

La Délivrance (*Moksha*), avec les facultés et les pouvoirs qu'elle implique « par surcroît », peut être obtenue par le *Yogi* (ou plutôt par celui qui devient tel par cette obtention) au moyen des observances indiquées dans le *Sânkhya*, ou le *Yoga-Shâstra* de Patanjali ; mais elle n'est effective qu'autant qu'elle implique (essentiellement) la parfaite Connaissance de *Brahma* et, conséquemment, la réalisation de l'Identité Suprême avec Sa Divinité. « L'esprit (*âtman*) de celui qui est arrivé à la perfection de la Divine Connaissance (*Brahma-Vidyâ*), et qui a, par conséquent, obtenu la Délivrance finale (*Moksha*), monte, en quittant sa forme corporelle (et sans passer par des états intermédiaires), à la Suprême Lumière (spirituelle) qui est *Brahma*, et s'identifie avec Lui, d'une manière conforme et indivisée, comme l'eau pure, absorbée dans le lac limpide, devient en tout conforme à lui. »[3]

La Délivrance, dans le cas dont nous avons parlé précédemment, est proprement la libération hors de la forme (*vidéha-mukti*), obtenue à la mort, et qui est distinguée de la libération obtenue par le *Yogi* dès la vie actuelle (*jîvan-mukti*). « Maître de plusieurs états par le simple effet de sa volonté, le *Yogi* n'en occupe qu'un seul, laissant les autres vides du souffle animateur (*prâna*) ; il peut animer plus d'une forme, de la

---

le monde sensible (ou manifesté) et le monde hypersensible (ou non-manifesté), tous les deux pris ensemble. »

[1] De là vient le mot *pashu*, qui, étymologiquement, signifie un être vivant quelconque, mais qui est pris le plus souvent dans une acception spéciale, pour désigner une victime animale du sacrifice (*yâga* ou *médha*), laquelle est d'ailleurs « délivrée » par le sacrifice même.

[2] Pour la distinction des différents degrés auxquels il est fait allusion ici, voir *La Prière et l'Incantation*, in *La Gnose*, 2e année, n° 1, pp. 26 à 28 [ainsi que dans ce *Recueil*, pp. 106 à 108].

[3] *Brahma-Sûtras*, 4e Lecture, 4e chapitre.

même manière qu'une seule lampe peut alimenter plus d'une mèche. »[1] Mais ce serait une erreur de croire que la libération hors de la forme (*vidéha-mukti*) soit plus complète que la libération dans la vie (*jîvan-mukti*), puisque le *Yogi* a véritablement réalisé la Transformation (c'est-à-dire le passage au-delà de la forme) en soi-même, sinon extérieurement ; peu lui importe alors que l'apparence formelle subsiste, puisque, pour lui, elle ne peut exister autrement qu'en mode illusoire, son être étant désormais « non-affecté » par les contingences[2].

Il n'y a aucun degré spirituel humain qui soit supérieur à celui du *Yogi* (le Pneumatique, qui est parvenu à l'Union Parfaite) ; dans les hiérarchies des divers centres initiatiques, les grades supérieurs sont purement administratifs, et ne comportent aucune initiation particulière. On peut envisager trois grades initiatiques, dont chacun pourrait d'ailleurs se subdiviser en une multiplicité indéfinie de stades ou de degrés spéciaux[3] : 1° le *Brahmachârin*, c'est-à-dire l'étudiant qui aspire à l'initiation ou seconde naissance ; 2° le *Dwija* (deux fois né), qui a reçu cette initiation, par laquelle se confère le caractère d'*Ârya* (qualificatif réservé aux hommes des trois premières castes[4]) ; cependant, en fait, l'état de *Brahmachârin* se poursuit le plus souvent pendant un certain nombre d'années après l'initiation, qui, dans ce cas, n'est pas pleinement effective tout d'abord (bien que le rite possède pourtant en lui-même une efficacité ou une « influence spirituelle »), mais doit plutôt être regardée comme n'étant, dans une certaine mesure, que le symbole de la seconde naissance, un peu de la même façon, mais cependant avec quelque chose de plus, que les trois grades de la Maçonnerie symbolisent ceux de l'initiation véritable ; 3° le *Yogi*, qui, considéré dans cet état, est, comme nous l'avons dit, *Jîvanmukta* (délivré dans la vie). Le *Yogi* peut, d'ailleurs, accomplir différentes fonctions : le *Pandit* est celui qui enseigne, et alors il a plus particulièrement le caractère de *Guru* (Maître spirituel) par rapport au *Brahmachârin* qui est son *Chéla* (disciple régulier) ; le *Muni* est le Solitaire,

---

[1] Commentaire de Bhavadêva-Mishra sur les *Brahma-Sûtras*.

[2] Sur l'état du *Yogi*, voir les citations du *Traité de la Connaissance de l'Esprit* (*Âtmâ-Bodha*) de Shankarâchârya, dans notre étude sur *Le Démiurge* (in *La Gnose*, 1ʳᵉ année, nᵒˢ 3 et 4 [étude reprise dans *Mélanges*]).

[3] Cf. *La Gnose et la Franc-Maçonnerie*, in *La Gnose*, 1ʳᵉ année, nᵒ 5, et *Les Hauts Grades Maçonniques*, in *La Gnose*, 1ʳᵉ année, nᵒ 7.

[4] Sur la signification du mot *Ârya*, voir *L'Archéomètre*, in *La Gnose*, 2ᵉ année, nᵒ 1, p. 10.

non au sens vulgaire et matériel du mot[1], mais celui qui, concentré en soi-même, réalise dans la plénitude de son être la Solitude Parfaite, qui ne laisse subsister en l'Unité Suprême aucune distinction de l'extérieur et de l'intérieur, ni aucune diversité extra-principielle quelconque : c'est là le dernier des Quatre Bonheurs désignés par la Tradition extrême-orientale.

De ces Quatre Bonheurs, les deux premiers sont la Longévité, qui, en réalité, n'est pas autre chose que l'immortalité (individuelle), et la Postérité, qui consiste dans les prolongements indéfinis de l'individu à travers toutes ses modalités d'existence[2]. Ces deux Bonheurs ne concernent donc que l'individualité étendue, tandis que les deux suivants se rapportent aux états supérieurs et extra-individuels de l'être, et, par conséquent, constituent les attributs propres du *Yogi*, correspondant respectivement à ses deux fonctions de *Pandit* et de *Muni* : ce sont le Grand Savoir, c'est-à-dire l'intégralité de la Connaissance Divine, et la Solitude Parfaite, dont nous venons de parler. Ces Quatre Bonheurs obtiennent leur plénitude dans le Cinquième, qui les contient tous en principe et les unit synthétiquement dans leur essence unique et indivisible ; ce Cinquième Bonheur n'est point nommé, ne pouvant être l'objet d'aucune connaissance distinctive, mais il est facile de comprendre que ce dont il s'agit ici n'est autre que l'Identité Suprême, obtenue dans et par la réalisation complète et totale de l'Homme Universel.

---

[1] C'est ce qu'a fait croire à tort l'identité de racine de ce mot avec le grec μόνος, seul, d'où dérive le mot « moine » ; mais celui-ci a pris une signification toute différente, qui n'aurait aucune raison d'être en Orient, pour tous ceux qui suivent la Tradition régulière.

[2] Sur la Postérité, entendue au sens spirituel, voir l'analogie du gland et du chêne (*Les Néo-Spiritualistes*, in *La Gnose*, 2ᵉ année, n° 11, p. 197 [ainsi que dans ce *Recueil*, p. 318]. – À la note de cette même p. 197, nous ajouterons ceci, pour préciser la notion de la génération de chaque cycle par celui qui, logiquement, lui est immédiatement antécédent : les *Pitris* peuvent être considérés (collectivement) comme exprimant (à un degré quelconque) le Verbe Universel dans le cycle spécial par rapport auquel ils remplissent le rôle formateur, et l'expression de l'Intelligence Cosmique, réfraction du Verbe dans la formulation mentale de leur pensée individualisante (par adaptation aux conditions particulières du cycle considéré), constitue la Loi (*Dharma*) du *Manu* de ce cycle (voir *L'Archéomètre*, in *La Gnose*, 1ʳᵉ année, n° 9, p. 181, notes 1 et 2). Si l'on envisage l'Univers dans son ensemble, c'est-à-dire en dehors de toutes les conditions spéciales qui déterminent cette réfraction dans chaque état d'être, c'est le Verbe Éternel Lui-même (*Swayambhu*, « Celui qui subsiste par Soi ») qui est l'Ancien des Jours (*Purâna-Purusha*), le Suprême Générateur et Ordonnateur des Cycles et des Âges.

LES INFLUENCES MODERNISTES DANS L'INDE[1]

Le Brahma-Samâj

On a signalé la présence, au récent *Congrès du Progrès Religieux* de Paris, de M. Rabindra Nâth Tagore, de Calcutta. Certains admirateurs de ce grand poète moderne du Bengale peuvent, avec quelque apparence de raison, s'étonner de le voir figurer ainsi parmi tant de représentants avérés de toutes les nuances du protestantisme plus ou moins libéral, et non seulement anglais, mais aussi et surtout allemand, ce qui ne vaut pas mieux[2]. D'ordinaire, en effet, ces tendances s'harmonisent fort peu avec le caractère oriental en général et hindou en particulier ; mais on ne se souvient peut-être pas assez que M. Rabindra Nâth Tagore, dont la bonne foi n'est d'ailleurs pas en question ici, est un des fils de Dêvendra Nâth Tagore, et le petit-fils de Dwârka Nâth Tagore, l'un des successeurs du fameux Râm Mohun Roy à la tête du *Brahma-Samâj*. Nous allons voir ce qu'est, ou plutôt ce que fut cette association, qui compta parmi ses protecteurs feu le F∴ Mahârâja de Cooch-Behar, *Past Senior Grand Warden* de la Grande Loge d'Angleterre, et membre de la *Société Théosophique*.

Pour éviter tout reproche de partialité à l'égard du *Brahma-Samâj* et de l'esprit qui animait ses fondateurs et ses propagateurs, nous citerons, en soulignant certains passages, ce qu'écrivait, il y a quelques années, M. L. de Milloué, conservateur du Musée Guimet[3]. Cet auteur n'est assurément pas suspect : il est nettement favorable aux essais

---

[1] Publié dans la *France Antimaçonnique*, les 31 juil. et 11 déc. 1913, non signé ; repris dans *Études Traditionnelles*, oct. à déc. 1952. [*N.d.É.*]

[2] On a peut-être oublié de noter, comme un des symptômes de cette influence germanique ou tout au moins germanisante, la convocation à ce Congrès de M. Édouard Schuré, représentant du groupe Steiner en France, à l'exclusion des Théosophistes fidèles à la direction *anglaise* de la S∴ Annie Besant.

[3] Dans un ouvrage sur *Le Brâhmanisme*, édité en 1905.

d'implantation dans l'Inde de l'influence européenne d'inspiration protestante. Ajoutons que ses conceptions théologiques et métaphysiques ne s'étendent guère au delà de celles de son coreligionnaire M. Salomon Reinach et des autres *illustrations* de cette prétendue « science des religions », science toute moderne... et moderniste, du pasteur Réville et de l'ex-abbé Loisy aux FF∴ Goblet d'Alviella[1], Jeanvrot dit Malvert[2], et autres.

Voici donc ce que dit M. de Milloué[3] sur l'origine du *Brahma-Samâj* (ou, en bengali, *Bramo-Somaj*) :

« C'est à notre époque qu'il appartenait de s'élever plus haut (?) et d'étendre les réformes, jusque-là purement d'ordre religieux et philosophique, à la condition morale, intellectuelle et physique de la population[4]. Il est certain que le contact des Européens, l'expérience de leurs institutions, l'infiltration, si superficielle qu'elle ait pu être[5], de leurs idées dans les hautes classes en rapports fréquents[6] avec eux, l'ambition de s'élever à leur niveau[7], surtout la fondation d'écoles, de collèges et d'universités où de jeunes Hindous reçurent l'instruction de maîtres européens[8], ont été pour beaucoup dans l'extension de *ce*

---

[1] Le F∴ Goblet d'Alviella, Souverain Grand Commandeur du Suprême Conseil de Belgique, était aussi présent au *Congrès du Progrès Religieux*. D'après le compte rendu que donne la *Revue Internationale des Sociétés Secrètes* (n° du 20 août 1913, p. 2822), il « conclut à l'impossibilité d'une religion universelle », tout en « croyant qu'on pourrait arriver à une entente et que le *devoir envers l'humanité* en serait la base ».

[2] C'est sous ce pseudonyme de Malvert que le défunt F∴ Jeanvrot, qui fut membre du Conseil de l'Ordre du Grand-Orient de France, publia un ouvrage de vulgarisation intitulé *Science et Religion*.

[3] PP. 227-234 de l'ouvrage cité.

[4] Les *réformes* dont il s'agit ne sont peut-être pas aussi bienfaisantes que voudraient le faire croire, dans l'Inde comme en France, les défenseurs de l'*instruction*... protestante et obligatoire. Nous ferons d'ailleurs remarquer que les Bouddhistes avaient tenté depuis longtemps, à leurs risques et périls, certaines *réformes* d'ordre social, allant même, en rejetant la distinction des castes établies par la *Loi de Manou*, jusqu'à la négation de toute hiérarchie régulière. – Signalons, à ce propos, un exemple de l'ignorance des Théosophistes en tout ce qui concerne l'Inde : dans un article intitulé *Kshattriya*, publié par *Le Théosophe* (n° du 16 août 1913), un certain M. Léon Moreau affirme que les « castes ont été instituées par le Seigneur Bouddha » !

[5] Notons cet aveu en passant.

[6] Mais pas toujours agréables, tant s'en faut !

[7] Plus d'un Hindou ne pense-t-il pas que ce serait plutôt « s'abaisser » ?

[8] Tel le *Central Hindu College* de Bénarès, fondé par la S∴ Annie Besant, et qui eut pour *Principal*, jusqu'à ces derniers temps, le F∴ George Arundale.

mouvement de réforme, que le gouvernement de l'Inde[1] a du reste encouragé de tout son pouvoir.

« L'honneur (?) du premier pas dans cette voie revient à l'illustre Râm Mohun Roy[2] (1774-1833). Né à Râdhânagar, dans le district de Murshidâbâd, d'une grande famille de Brâhmanes, il fut élevé dans le *Vishnouïsme* orthodoxe le plus fervent[3], ce qui ne l'empêcha pas de se révolter, dès son jeune âge, contre les superstitions et les pratiques cultuelles de ses coreligionnaires. À seize ans, il publiait un opuscule contre l'idolâtrie qui souleva un grand scandale parmi ses proches et l'obligea à quitter pour un temps la maison paternelle, temps d'exil qu'il mit à profit pour aller étudier la littérature persane et arabe à Pâtna, le Brâhmanisme savant à Bénarès, et le Bouddhisme au Thibet. On dit même qu'il apprit le grec, le latin et l'hébreu afin de pouvoir lire tous les livres sacrés des autres religions dans leur langue originale[4].

« La mort de son père, survenue en 1803, l'affranchit des ménagements qu'il avait dû garder jusqu'alors, et il devint de plus en plus hardi dans ses controverses, *tout en évitant soigneusement toute démarche susceptible de lui faire perdre sa caste, ce qui non seulement l'eût privé de la grande fortune qui devait être l'une de ses armes les plus puissantes, mais encore lui eût enlevé toute considération et autorité auprès de ses compatriotes*[5]. Il eut cependant le courage[6]

---

[1] Il s'agit, bien entendu, du gouvernement *britannique*.

[2] En sanscrit *Râma Mahâ Râja*, « le grand roi Râma ».

[3] Il est à remarquer que c'est parmi les *Vishnouïstes* que les Anglais trouvent le plus souvent, pour les besoins de leur domination, certaines complicités parfois inconscientes. Avant de prêter son appui à des mouvements tels que celui dont nous parlons et d'autres que nous avons déjà désignés, le Mahârâja de Cooch-Behar, quoique bien jeune encore à cette époque, aurait dû réfléchir à la signification éminemment *shivaïste* du *sabre* et du *brin d'herbe* qui figurent dans les armoiries de sa famille et sur l'étendard de ses États.

[4] Peut-être même était-il arrivé à connaître mieux ces *autres religions* que la sienne propre, et nous croyons sans peine ses admirateurs lorsqu'ils nous disent qu'« il avait bien compris l'Occident » ; mais que vaut au juste cet éloge pour un Oriental ?

[5] Admirons au moins l'habileté toute diplomatique de cette conduite ; il n'est pas surprenant qu'elle ait attiré l'attention de l'empereur de Delhi, qui jugea par la suite Râm Mohun Roy parfaitement apte à défendre ses droits devant le Parlement britannique, sans suspecter qu'un tel ambassadeur, tout en ménageant *avant tout* les susceptibilités orientales, pouvait fort bien servir *surtout* les intérêts occidentaux.

[6] Un autre mot, un peu plus… discret, n'eût-il pas été mieux approprié, si l'on considère que Râm Mohun Roy tenait à sa *grande fortune* comme à l'*une de ses armes les plus puissantes* ? Ce n'est pas nous qui l'avons fait dire à M. de Milloué, pour qui la politique est peut-être, comme pour certaines autres *autorités scientifiques* (?) que nous pourrions nommer, moins

d'accepter des fonctions du gouvernement[1], et remplit pendant plusieurs années la charge de Dêvân ou conseiller des juges et des collecteurs d'impôts des trois districts de Rangpour, Bhâgalpour et Râmgard, fonction dans laquelle il sut rendre de signalés services à son pays[2]. À ce moment, il fit paraître un nouveau livre sur *L'Idolâtrie de toutes les religions*[3].

« Pénétré du désir de *ramener ses coreligionnaires à la doctrine pure des Védas*[4], il avait fondé à Calcutta, en 1816, l'*Atmîya-Sabhâ* ou « *Société Spirituelle* »[5], pour la *discussion des questions de philosophie et de religion*[6]. *L'admission d'Européens à ces réunions*, et la publication, en 1820, de son livre des « *Préceptes de Jésus* », firent *accuser Râm Mohun Roy de s'être converti au Christianisme*, accusation toute gratuite, car il resta toujours foncièrement Hindou[7] et n'eut d'autre objectif qu'une *tentative de réconciliation entre les religions*[8].

« *Les relations amicales* qu'il avait liées, en 1828, avec le *missionnaire anglican W. Adam, lui suggérèrent l'idée d'organiser, sur le plan des services protestants*[9], *des assemblées hebdomadaires consacrées à la lecture de textes védiques, accompagnée de sermons et de chants d'hymnes*[10], et auxquelles les femmes étaient admises ; ce qui l'amena, en 1830, à fonder sous le nom de *Brahma-Sabhâ* ou *Brahmîya-Samâj* la première *Église hindoue réformée*[11], dans un édifice construit et entretenu à ses frais, « *où Hindous, Chrétiens*

---

obscure que la théogonie et la cosmogonie…, ou même qu'un simple texte écrit en turc ancien.

[1] Duquel ? celui de Delhi ou celui de Londres ?

[2] S'agit-il de sa *patrie*, ou de l'*Empire* dont il était le *sujet*, ou tout au moins le *protégé* ?

[3] Les Protestants ne traitent-ils pas aussi les Catholiques d'*idolâtres* ?

[4] Comme le Protestantisme prétend « ramener le Christianisme à la doctrine pure de la Bible et de l'Évangile ».

[5] À cette occasion, il adressa un appel « *à tous les croyants du seul vrai Dieu* ».

[6] Il admettait donc le principe protestant du *libre examen*, oubliant qu'il est, en Orient comme en Occident, des questions qui s'*étudient*, mais ne se *discutent* pas.

[7] Jusqu'à quel point ? ne faudrait-il pas plutôt admettre que, dans sa personnalité subtile et complexe, le Chrétien (protestant) et l'Hindou formaient deux parts assez distinctes, mais dont l'une ne pouvait guère se développer qu'au détriment de l'autre ?

[8] Exactement comme les promoteurs du *Parlement des Religions* de Chicago et des *Congrès du Progrès Religieux*.

[9] Voilà l'*inspiration* du mouvement assez clairement définie.

[10] Comme la « lecture de textes bibliques » à laquelle sont pareillement consacrés, en général, les *services protestants* dont il vient d'être question.

[11] Ici, le parallélisme *voulu* avec l'*Église chrétienne réformée* prend vraiment un caractère un peu forcé, car l'*Hindouïsme orthodoxe*, qu'il soit d'ailleurs *vishnouïste* ou *shivaïste*, ne constitua jamais une *Église*, au sens où ce mot est toujours pris en Occident.

et Musulmans pussent venir prier ensemble »[1]. C'est sur ces entrefaites que l'empereur de Delhi lui conféra le titre de *Râja* ou prince[2], et l'envoya comme ambassadeur en Angleterre pour défendre ses droits devant le Parlement[3], voyage au cours duquel Râm Mohun Roy mourut à Bristol, en 1833[4].

« Mais son œuvre ne périt pas avec lui. Après avoir végété quelque temps sous les deux successeurs de Râm Mohun Roy, Dwârka Nâth Tagore et Râmachandra Vidyâbâgish, le *Brahma-Samâj* prit un nouvel essor après la fusion avec lui de la *Tattwa-Bodhini-Sabhâ* ou « *Société pour l'Enseignement de la Vérité* »[5], que Dêvendra Nâth Tagore, fils du précédent, avait fondée avec quelques jeunes Hindous. Il prit alors le nom d'*Adhi-Brahma-Samâj*[6], et enfin, en 1844, celui de *Brahma-Samâj de Calcutta*, pour le distinguer de quelques autres *Brahma-Samâjs* institués dans d'autres localités. Le programme de cette religion peut se résumer en « *adoration d'un Dieu unique par un culte d'amour et de bonnes œuvres* »[7]. Elle

---

[1] Pourquoi pas aussi les Parsis et les Juifs ? – Mais les Hindous, pour leur part, ne tardèrent pas à se rendre compte qu'un *sermon* sur une *morale* plus ou moins *évangélique*, mais surtout et toujours *puritaine*, ne pouvait, même assaisonné d'une *lecture védique*, constituer pour eux qu'un aliment intellectuel de la plus déplorable médiocrité.

[2] Ce titre eut certes été plus convenable pour un *Kshatriya* de valeur que pour un *Brâhmane* comme Râm Mohun Roy, qui tenait pourtant d'autre part, sinon précisément à sa caste, du moins aux avantages fort appréciables qu'elle pouvait lui procurer. Cette faiblesse bien humaine se rencontre d'ailleurs souvent, même en Europe, chez ceux qui réclament avec le plus d'insistance l'abolition de tous les *privilèges* dont la raison d'être plus ou moins profonde échappe à leur entendement ; on pourrait sans peine en trouver des exemples parmi les plus fameux *politiciens* de tous les temps et de tous les pays, même lorsqu'ils se sont dissimulés sous un masque *pseudo-religieux* ou *pseudo-scientifique*.

[3] Cela donnait en même temps à Râm Mohun Roy une *occasion* de se rendre dans ce pays, comme il le désirait, sans se compromettre aux yeux de ses compatriotes, puisqu'il ne franchissait ainsi la mer que sur l'ordre du Souverain *reconnu* (l'*Empereur des Indes*, au moins nominalement), protecteur et interprète de *Dharma* (la Loi).

[4] Comme on l'a vu ailleurs, le F∴ Mahârâja de Cooch-Behar mourut, lui aussi, en Angleterre, lorsqu'il y vint pour assister au Couronnement de Georges V. On dirait vraiment qu'il y a une sorte de puissance maléfique inhérente à l'accomplissement de certains actes de *loyalisme* envers l'*Empire* qui a son centre à Londres, et « sur lequel le soleil toujours luit », et envers son *Gracieux* Souverain, celui que les vrais Hindous appellent avec mépris le *Mléchha-Râja*, le « roi barbare ».

[5] *Tattwa* est proprement la Vérité envisagée sous le point de vue de l'« Essence » (*Tat*), tandis que *Satya* est la même Vérité envisagée sous le point de vue de l'« Existence » (*Sat*).

[6] *Adhi* signifie *Suprême*.

[7] Ce programme ne comprend donc rien de plus que les deux formes *préparatoires* de *Yoga* qui sont désignées par les noms de *Bhakti-Yoga* et *Karma-Yoga* ; peu d'Hindous

progressa si rapidement qu'en 1847, elle comptait *777 Églises*[1] dans les différentes parties de l'Inde. Cependant, des divergences de vues s'étant produites entre les membres de cette *Église*[2], Dêvendra Nâth Tagore s'en sépara, en 1850[3], et se mit à la tête d'une nouvelle communauté qui se dénomma *Brahma-Dharma* ou « *Religion de Brahma* »[4]. Elle proclamait que son but était, non de détruire, mais de purifier l'ancienne religion et les mœurs, de corriger les vices et les abus de la société, tout en tenant compte du caractère et du tempérament du peuple[5].

« Sur ces entrefaites, le *Brahma-Samâj* reçut une impulsion nouvelle par l'accession dans ses rangs d'un jeune homme enthousiaste et plein d'idées généreuses, Kehab Chander Sen (1838-1884), qui, pendant quelques années, joua un si grand rôle dans la société indienne par l'énergie et le dévouement avec lesquels il poursuivi les deux réformes dont il s'était fait le champion : l'interdiction des mariages d'enfants et le droit pour les veuves de se remarier[6]. Toutefois, son caractère entier

---

sauraient s'en contenter, et il aurait fallu y joindre du moins une partie *intellectuelle* (*Jnâna-Yoga*), également *préparatoire* au *Râja-Yoga*.

[1] Il eut été plus intéressant d'être renseigné sur le nombre des *fidèles* que sur celui des *Églises*.

[2] Il faut dire aussi que, dès cette époque, les *Piétistes* (ce nom, qu'on donna aux Hindous *protestantisés* et à leurs *inspirateurs* européens, avait été attribué autrefois, en Allemagne surtout, à un mouvement protestant auquel se rattacha, entre autres, le trop célèbre philosophe Emmanuel Kant), les *Piétistes*, disons-nous, étaient à peu près aussi mal vus dans l'Inde que le sont aujourd'hui les *Théosophistes* ; et ce n'est pas peu dire, car l'impopularité d'Annie Besant égale presque celle dont le F∴ Rudyard Kipling jouit dans Lahore, sa ville natale, impopularité telle que le « grand homme » *anglo-indien* a jugé prudent de se réfugier en *Belaït*…, pardon, en Angleterre, sous la protection directe de S. M. l'*Empereur et Roi* et de sa police métropolitaine. Du reste, M. Rabindra Nâth Tagore doit moins que personne ignorer cette histoire *véridique* de l'auteur de *Kim*, bien connue dans les milieux littéraires hindous où lui-même occupe une place des plus distinguées, avec une réputation incomparablement plus *honorable* que celle du F∴ Rudyard Kipling.

[3] Il s'aperçut sans doute alors des tendances qui faisaient agir les *Piétistes*, et il se refusa à être *consciemment* leur auxiliaire, ce qui est tout à son honneur.

[4] Plus exactement « *Loi de Brahma* ».

[5] Pour être tout à fait juste envers Dêvendra Nâth Tagore, il convient d'ajouter ici que, par la suite, il devint un véritable *Sannyâsî*, et passa douze années dans une retraite de l'Himâlaya ; verrons-nous quelque jour son fils suivre cet exemple ? N'en désespérons pas, après avoir vu (ceci n'est pas pour établir une comparaison) le Swâmî Vivêkânanda lui-même, le disciple infidèle de l'illustre Râmâkrishna, dont nous aurons l'occasion de reparler, finir malgré tout sa vie en véritable Hindou.

[6] Ceux qui, dans l'Inde, réclament ces réformes et d'autres semblables, en attendant peut-être d'obtenir, par l'action de la *Co-Masonry* (*Maçonnerie Mixte*), l'introduction du divorce et du suffrage des femmes, ne peuvent certainement pas se ranger parmi ceux

et autoritaire à outrance lui créa bientôt de telles difficultés avec les autres chefs de la communauté qu'il s'en sépara en 1866, pour fonder une nouvelle *Église* dite de la « *Nouvelle Dispensation* »[1]. L'histoire de cette *Église* tient tout entière dans celle de Chander Sen lui-même ; elle ne prospéra guère et ne survécut qu'avec peine à la mort de son fondateur, qui, de son vivant, s'était aliéné les amitiés les plus fidèles par son autoritarisme, *ses tendances vers le Christianisme protestant*, et par la contradiction où il se mit avec ses propres doctrines en mariant sa fille, âgée seulement de quatorze ans, au Mahârâja de Cooch-Behar, qui n'avait lui-même que seize ans[2].

« Actuellement, le mouvement de *réforme* provoqué par le *Brahma-Samâj* est toujours *fortement entraîné vers le Christianisme*[3], et *ouvertement encouragé par le gouvernement et les sociétés de missions anglo-indiennes* ».

Par cet exemple, nous voyons clairement, une fois de plus, comment l'infiltration protestante agit partout, sous des formes multiples et parfois difficiles à saisir ; mais l'Inde est certainement, en raison de la mentalité et des conditions d'existence mêmes de son peuple, un des terrains les moins favorables à cette action. C'est pourquoi les récents procès de Madras ne nous ont aucunement surpris ; il y avait bien à redouter la partialité possible du juge *anglais* en faveur de la T∴ Ill∴ S∴ Annie Besant et du Rév. C. W. Leadbeater, mais il n'en est pas moins certain que l'affaire « Alcyone » devait nécessairement tourner à leur confusion[4].

---

qui, quoique *réformistes* dans une certaine mesure, veulent, comme Dêvendra Nâth Tagore, « tenir compte du caractère et du tempérament du peuple ».

[1] On voit à quel point ce mouvement était, comme le Protestantisme dont il suivait l'esprit, sujet à toutes les dissensions qui sont une conséquence fatale de l'admission du *libre examen*.

[2] Lui aussi se résignait donc, le cas échéant, à adopter l'attitude *politique* qui consiste à sacrifier ses principes à certains avantages sociaux. Toutefois, il est permis de sourire en voyant assimiler à des *enfants* dans l'Inde, des jeunes gens de seize et quatorze ans. – Comme le Mahârâja de Cooch-Behar était âgé de 49 ans lorsqu'il mourut à Bexhill-on-Sea, en 1911, ceci nous reporte à 1878.

[3] Sous-entendu *protestant*. – On sait, d'ailleurs, combien les Protestants de toute espèce aiment à se dire *Chrétiens* sans épithète, pour pouvoir plus aisément s'insinuer dans tous les milieux.

[4] Dès le commencement de 1912, le docteur M. C. Nanjunda Rao, professeur à l'École de Médecine de Madras, écrivait ceci dans l'*Arya-Bala-Samâj Magazine* de Mysore : « Les agissements actuels des *Théosophistes* constituent une sévère condamnation des *méthodes* adoptées pour glorifier ce jeune Krishnamurti (Alcyone) comme un second Christ qui vient sauver l'humanité affligée ». – L'*Arya-Bala-Samâj* (*Société de la Force Aryenne*) ne doit par être confondue avec l'*Arya-Samâj* (*Société Aryenne*) dont nous parlons plus loin, non plus qu'avec l'*Arya-Bala-Bodhini* (*Éducation de la Force Aryenne*). Cette dernière organisation

Une autre conclusion à tirer de ce qu'on vient de lire, c'est que certaines personnalités, si remarquables qu'elles puissent être à divers égards, n'ont pourtant aucun titre à être qualifiées de « chefs des religions orientales »[1], ou même désignées comme leurs représentants *autorisés*, et que leur participation à un Congrès quelconque, n'engageant qu'elles-mêmes, n'a en somme qu'une importance fort relative[2].

---

ne fut qu'une des nombreuse créations de la *Société Théosophique* (voir *Le Lotus Bleu*, n° du 27 avril 1895, pp. 95-96). C'était une « Association de jeunes gens hindous », un peu trop analogue, par certains côtés, aux *Y.M.C.A.* (*Young Men Christian Associations*, « Associations chrétiennes de jeunes gens ») que les Protestants établissent en tous pays, et où tous sont admis sans distinction confessionnelle, ce qui fournit naturellement, aux promoteurs plus ou moins avoués de l'institution, d'excellentes occasions de se livrer à la propagande *évangélique* et *biblique*.

[1] *Revue Internationale des Sociétés Secrètes*, n° du 20 août 1913, p. 2807, note 1. – D'autre part, il ne faut pas confondre les religions orientales *authentiques* avec certaines pseudo-religions affectant un caractère *orientaliste*, telles que le *Bouddhisme éclectique* de M. Léon de Rosny, président de l'*Alliance Scientifique Universelle*, ou que le *Bouddhisme Ésotérique* (?) des fondateurs de la *Société Théosophique*. Il est assez curieux de noter que c'est toujours du Bouddhisme que se recommandent de préférence les *orientalistes*, tant *officiels* qu'*officieux*, sans doute parce que cette doctrine, qu'ils prennent, d'ailleurs sans la connaître parfaitement, pour l'expression la plus haute de l'esprit oriental, n'en est en réalité qu'une *déviation*, déjà semblable en cela, malgré la différence des temps et des lieux, à ce que devait être, bien des siècles plus tard, dans le monde catholique de l'Occident, la *religion réformée*.

[2] Rappelons qu'au *Parlement des Religions*, tenu à Chicago en 1893, et prototype de tous les autres Congrès du même genre, on vit figurer le Mongol *hindouïsé* (?) Gyanendra Nâth Chakravarti, fondateur du *Yoga-Samâj* d'Allahâbâd, et l'un des « instructeur » de la S∴. Annie Besant (voir *La France Anti-maçonnique*, 25ᵉ année, n° 44, p. 481) ; le Swâmî Vivêkânanda, qui dénatura le *Védânta* pour l'*américaniser*, mais que les *Théosophistes* considéraient comme « un de leurs Frères de la race aînée », et « un prince parmi les hommes » (*Le Lotus Bleu*, n° du 27 janvier 1895, pp. 540-541) ; enfin l'*Angarika* H. Dharmapâla, « missionnaire laïque », du *Mahâ-Bodhi-Samâj* (*Société de la Grande Sagesse*) de Colombo (Ceylan), présidé par le *Grand-Prêtre de l'Église Bouddhique du Sud* (?), H. Sumangala, « sous les auspices de S. S. Lozang Thub Dan Gya-Tcho, *Grand Lama du Tibet* » (?), mais aussi, plus directement, du colonel Olcott, le rédacteur du *Catéchisme Bouddhique*, qui se vanta d'avoir opéré la réconciliation des Bouddhistes du Sud avec ceux du Nord (*Le Lotus Bleu*, n° du 27 septembre 1894, pp. 347-350). – Au *Congrès du Progrès Religieux* de Paris assistait également un Bouddhiste, M. D. B. Jayatilaka, que les comptes rendus qualifient simplement de « professeur » ; est-ce un « nouveau missionnaire laïque » de semblable provenance ?

L'Arya-Samâj

En 1870[1], le Swâmî Dayânanda Saraswatî fonda, sous le nom d'*Arya-Samâj* ou « *Société Aryenne* », « une société religieuse ayant pour but de *ramener la religion et le culte à la simplicité védique primitive* »[2].

L'auteur que nous avons déjà cité, M. de Milloué, dit à ce sujet[3] :

« L'*Arya-Samâj* n'admet l'existence et l'adoration que d'*un seul Dieu unique* (*sic*) ; c'est une sorte de *Brâhmanisme philosophique* basé sur les quatre *Védas*, à l'exclusion des *Brâhmanas* et des *Pourânas*[4]. Il a inscrit dans son programme l'interdiction des mariages d'enfants, l'amélioration de la condition des femmes et l'instruction du peuple[5] ; œuvre à laquelle Dayânanda Saraswatî a consacré par testament sa fortune entière[6] ».

M. Lalchand Gupta, dans un récent article sur cette société, publié par l'*Indian Review*, parle en ces termes du *Swâmî Dayânanda Saraswatî* :

« En instituant l'*Arya Samâj*, Swâmi Dayânanda ne voulait pas seulement éveiller l'Inde de son long sommeil, mais aussi conduire l'humanité vers le bien commun et la vie constituée. Les dons merveilleux et les *sympathies cosmopolites* du Swâmî sont bien connus. Ses critiques eux-mêmes admiraient sa force de caractère. Il était un « *patriote du monde* », et il ne se laissa jamais enfermer dans les limites artificielles d'un étroit nationalisme. Cependant, il était aussi un vrai nationaliste, car il se plaisait toujours à conseiller aux Hindous de se développer selon leur propre ligne d'évolution. Il préférait la culture indigène à l'imitation d'un idéal étranger ; mais, en même temps, il ne s'opposait jamais aux *relations avec les étrangers*. Il considérait volontiers *l'humanité comme une seule famille*, dont tout homme est un membre. C'est lui qui, le premier, affirma que *l'Inde peut donner le Spiritualisme à l'Occident*, et que toute autre foi répandue dans le monde doit son origine au

---

[1] C'est-à-dire, cinq ans seulement avant la création de la *Société Théosophique* aux États-Unis et l'introduction du nouveau *Sat Bhai* en Angleterre.

[2] Toujours comme les protestants prétendent les ramener « à la simplicité évangélique primitive ».

[3] *Le Brâhmanisme*, p. 233.

[4] Ceci suffit à caractériser la tendance *moderniste* de ce nouveau mouvement.

[5] Ce sont toujours à peu près les mêmes revendications que formulent tous ces *réformateurs* ; et, raisonnablement, cela ne permet guère de présenter, comme le fait M. de Milloué, l'*Arya-Samâj* comme né de « la réaction contre les *tendances chrétiennes* (lire protestantes) de Chander Sen et de plusieurs des *Brahma-Samâjs* indépendants ».

[6] Cette fortune servit, entre autres choses, à l'institution du *Dayânanda Anglo-Vedic College* de Lahore.

Véda éternel. Pour des causes diverses, le *théisme* a eu son déclin dans le monde civilisé, et la mission de Swâmî Dayânanda était de *faire des théistes de sceptiques, ou même de matérialistes.* Son extérieur était charmant et en même temps indiquait la force de volonté. Il était, peut-être, un de ces hommes qui sont généralement mal compris par le peuple. Sur ce point, je pourrais dire que le pays n'était pas suffisamment avancé pour s'assimiler, ou même pour suivre ses enseignements. Ce n'est pas chose facile que de bien comprendre un prophète, car il est quelquefois en avance d'un siècle au moins sur le peuple. Les motifs de Swâmî Dayânanda n'ont pas reçu leur juste interprétation parce qu'ils étaient, et sont encore, trop bons pour être admis par la masse faible et ignorante. Mais je suis sûr que, si ses ouvrages étaient traduits en anglais, il serait sans doute bien compris de l'élite du monde occidental cultivé[1]. Parce que Swâmî Dayânanda était un véritable ami des hommes, il ne souffrait jamais que personne s'écartât du sentier de la vertu. Il ne connaissait pas de compromis entre la vérité et l'erreur. Pour lui, la vérité était la seule voie digne d'être suivie, et, par suite, il eut à se mesurer avec d'innombrables difficultés dans son œuvre de relèvement. Littéralement, *il fut le Luther de l'Inde.* L'œuvre entreprise par lui fut poursuivie avec ardeur par l'*Arya Samâj* pendant un certain temps ; mais, depuis plus de dix ans, il y a eu un trop grand étalage d'esprit de parti chez les chefs de l'organisation intitulée *Guru-Kula* (*Confrérie des Instructeurs*) et dans les sections du *Collège de l'Arya Samâj* établies dans cette partie du pays (c'est-à-dire dans le Sud, l'*Indian Review* étant éditée à Madras)… Ce que Swâmî Dayânanda combattait le plus énergiquement, c'est l'esclavage intellectuel et spirituel dans lequel les masses sont tenues par les classes privilégiées ; mais les chefs du mouvement semblent propager le mal une fois de plus sous prétexte de contrôle ! ».

Nous reproduirons cet extrait à titre de document, et surtout pour les traits caractéristiques qu'on peut y relever et que nous avons soulignés ; mais, bien entendu, nous faisons toutes réserves, *même et surtout au point de vue hindou,* sur les éloges décernés au Swâmî Dayânanda Saraswatî, *le Luther de l'Inde,* et à son *Arya Samâj,* dont les relations avec les fondateurs de la *Société Théosophique* sont plus que suspectes. Les « compromis entre la vérité et l'erreur », lorsqu'ils favorisent certains intérêts et certaines combinaisons plus ou moins… diplomatiques, n'auraient-ils donc pas été si étrangers que nous

---

[1] Cela est à rapprocher de ce que nous avons dit plus haut de Râm Mohun Roy.

l'affirme M. Lalchand Gupta, à celui que le Colonel Olcott appelait
« un des plus nobles Frères vivants » ?

Les Sept Frères (Sat Bhai)

Cette Société fut introduite en Angleterre, vers 1875, par des officiers
de l'armée des Indes. Elle emploie une série de titres, de mots de passe
et de devises symboliques empruntées à la tradition et à la langue
hindoues.

Le Secrétaire actuel pour Londres est le F∴ A. Cadbury Jones, 8,
Golden Square. (*Revue Internationale des Sociétés Secrètes*, n° du 15
novembre 1912, p. 1108.)

On trouve de curieux renseignements sur ce sujet dans le roman du
F∴ Rudyard Kipling intitulé *Kim*, qu'on peut regarder, pour une
bonne partie, comme l'autobiographie de l'auteur dans la première
partie de sa vie. Ce livre est fort intéressant à lire à ce point de vue,
surtout quand on connaît quelque peu les événements auxquels il fait
allusion.

Suivant ce que nous y voyons (p. 245 de la traduction française,
édition du *Mercure de France*, 1907), l'ancienne société nommée *Sat Bhai*,
et dont les membres s'appellent aussi *Fils du Charme*, est « hindi et
tantric ». « On suppose dans le public que c'est une société éteinte,
mais j'ai établi par des notes qu'elle est encore existante », dit Babu
Hurree, qui ajoute aussitôt : « Vous comprenez que c'est tout de mon
invention ». Ce qu'on comprend fort bien, en effet, c'est que, si même
il existe encore des membres authentiques de l'ancienne société, ils ne
peuvent avoir aucun rapport avec celle qui fut soi-disant reconstituée
par des Anglais et des gens que nous qualifierons seulement
d'« anglophiles », pour éviter de leur appliquer une épithète plus dure,
et dont les pareils se trouvent aussi dans les rangs de la *Société
Théosophique*. Nous signalons seulement, bien entendu, une certaine
similitude entre les éléments dont se composent ces deux
organisations, sans prétendre pour cela les rattacher l'une à l'autre par

une filiation plus ou moins indirecte ; et pourtant, à l'examen de
certains détails, en étudiant de plus près certains procédés et certaines
manières d'agir qui se retrouvent toujours les mêmes, on serait presque
tenté de croire à une origine commune.

Nous avons vu que c'est vers 1875, qui est également, on s'en
souvient, la date de la fondation de la *Société Théosophique*, que le
nouveau *Sat Bhai* fut introduit en Angleterre par des officiers de
l'armée des Indes, parmi lesquels on devait vraisemblablement
compter quelques-uns de ces « colonels sans régiment » (p. 158) qui
rendent au gouvernement britannique des services si importants et si
variés dans des emplois tels que ceux de chefs des services d'inspection
ethnologique, topographique, etc., et aussi dans la Maçonnerie
d'importation européenne (p. 152), où ils se rencontrent avec des
FF∴ Hindous tels que LL. AA. les Mahârâjas de Kapurthala et de
Cooch-Behar[1], et que le F∴ Durga Charan Banerjee, chef de la police
indigène, qui fut, en 1910, Député Grand-Maître de la Grande Loge
de District du Bengale.

Remarquons à ce propos que J. C. Chatterjee, l'écrivain
théosophiste bien connu[2], a été nommé récemment chef du service
archéologique du Kashmir ; peut-être a-t-il, comme Babu Hurree, la
louable ambition de devenir *F. R. S.* (pp. 232-233). N'oublions pas
non plus que nous avons vu, à la tête de la *Société Théosophique*, un
« colonel » quelque peu dans le genre de ceux dont nous venons de
parler. Il est vrai que celui-là était américain ; mais H.-P. Blavatsky
n'était-elle pas devenue, elle aussi, « citoyenne américaine »… après
avoir été « garibaldien » ? et pourtant, si le gouvernement anglais a fait,

---

[1] Le Mahârâja de Cooch-Behar, mort en octobre 1911 en Angleterre, où il était venu
pour les fêtes du Couronnement, était, depuis 1887, *Past Senior Grand Warden* ou Premier
Grand Surveillant Honoraire de la Grande Loge Unie d'Angleterre ; il avait été aussi
Député Grand-Maître de la Grande Loge de District du Bengale (*The Freemason*, 21
octobre 1911). En 1870, il avait fondé dans ses États une branche du *Brahma-Somaj*,
organisation dont nous parlons ci-dessus (*ibid.*, 24 juin 1911). Il était aussi *membre de la
Société Théosophique*, dont il organisa également une branche dans sa capitale, le 6 août
1890, avec l'autorisation du Colonel Olcott (*Le Lotus Bleu*, décembre 1890) ; en 1893, il
fut élu président de la branche de Darjeeling (*ibid.*, mars 1893). – Son successeur, le
Mahârâja actuel, est le F∴ Râj Râjendra Narâyan, qui fut investi des fonctions de Grand
Porte-Étendard de l'Ordre du *Secret Monitor*, au Grand Festival qui eut lieu à Londres le
23 mai 1911 (*The Freemason*, 20 mai et 3 juin 1911).

[2] Il est l'auteur de *Philosophie Ésotérique de l'Inde* et de *Vision des Sages de l'Inde* ; il vient de
publier un nouvel ouvrage, *The Hindu Realism* (*Le Théosophe*, 1er août 1913). – Tous ces
écrits, malgré leurs titres et leurs prétentions, sont plus souvent inspirés de la philosophie
évolutionniste (et très *exotérique*) d'Herbert Spencer que de l'antique doctrine orientale.

comme l'affirment des gens bien informés, les frais de ses voyages au Thibet ou dans l'Himâlaya, son origine russe et la rivalité de l'Angleterre et de la Russie (voir pp. 317 et suivantes) précisément dans ces régions donnent à penser que ces déplacements n'avaient pas pour but exclusif d'aller à la recherche des inaccessibles *Mahâtmâs*. En supposant même que ceux-ci eussent existé réellement, ils risquaient fort de n'avoir à jouer, en bien des circonstances, qu'un rôle à peu près analogue à celui du vieux Lama rouge dont Kim fut le *chéla*.

Nous avons de bonnes raisons de croire que, maintenant comme alors, « le Grand Jeu jamais ne s'arrête d'un bout à l'autre de l'Inde » (p. 234), particulièrement entre Adyar et Bénarès, et que, dans cette dernière cité, il ne se joue pas seulement autour du temple jaïn des *Tirthankers*. Quoi qu'il en soit, signalons encore le singulier procédé d'éducation, ou d'initiation si l'on veut, qui consiste à essayer de « faire voir des choses » (pp. 204-207 et 230) ; on sait combien Mme Blavatsky a usé de cette méthode à l'égard de ses disciples, sans doute pour voir, elle aussi, « s'il y avait des pailles dans les joyaux » ; et, certes, elle a dû en trouver abondamment, à en juger par les récits que nous pouvons lire dans les ouvrages de Sinnett, *Le Monde Occulte* et *Le Bouddhisme Ésotérique*. Il serait curieux de savoir si M. Leadbeater a tenté les mêmes expériences sur son pupille *Alcyone* ; s'il l'a fait, n'aurait-il pas réussi, pas plus que le « médecin des perles » avec Kim ? on pourrait le supposer, d'après les hautes destinées qui sont prédites au jeune initié,... à moins que l'on n'entende lui faire jouer qu'un simple rôle de parade, ce qui, après tout, est bien possible aussi.

Dans bien des sociétés plus ou moins ésotériques, il y a, en effet, initiés et initiés ; il en serait ainsi notamment dans le *Sat Bhai* rénové, à en croire le F∴ Rudyard Kipling, qui en donne les signes de reconnaissance et les mots de passe (en les transformant sans doute), avec les différences secrètes permettant de distinguer les membres des deux catégories (pp. 244-246). Il y a même une remarquable analogie entre la turquoise des *Fils du Charme* et le fameux anneau des 33es ∴ ; et, assurément, tout cela peut paraître digne de quelque réflexion.

VI

L'ESOTERISME DU GRAAL[1]

Quand nous parlons de l'ésotérisme du Graal, nous n'entendons pas seulement par là que, comme tout symbole véritablement traditionnel, il présente un côté ésotérique, c'est-à-dire qu'à son sens extérieur et généralement connu se superpose un autre sens d'un ordre plus profond, qui n'est accessible qu'à ceux qui sont parvenus à un certain degré de compréhension. En réalité, le symbole du Graal, avec tout ce qui s'y rapporte, est de ceux dont la nature même est essentiellement ésotérique et initiatique ; c'est là ce qui explique bien des particularités qui autrement apparaîtraient comme des énigmes insolubles, et la diffusion extérieure qu'a eue la légende du Graal, à une certaine époque et dans certaines circonstances, ne saurait rien changer à ce caractère. Ceci demande quelques explications ; mais, tout d'abord, nous devons faire remarquer que cette diffusion se situe tout entière dans une période très brève, qui ne dépasse sans doute guère un demi-siècle ; il semble donc qu'il se soit agi là d'une manifestation soudaine de quelque chose que nous ne chercherons pas à définir d'une façon précise, et qui serait ensuite rentré non moins subitement dans l'ombre ; quelles qu'aient pu en être les raisons, il y a là un problème historique dont nous nous étonnons qu'on paraisse n'avoir jamais songé à l'examiner avec l'attention qu'il mériterait.

Les conditions dans lesquelles cette manifestation s'est produite appellent quelques observations importantes ; en effet, les romans du Graal semblent, à première vue, contenir des éléments assez mêlés, et certains, sans aller pourtant jusqu'à nier l'existence d'une signification d'ordre spirituel, ont cru pouvoir parler à cet égard d'« inventions de poètes ». À vrai dire, ces inventions, quand elles se rencontrent dans des choses de cet ordre, loin de porter sur l'essentiel, ne font que le dissimuler, volontairement ou non, sous les apparences trompeuses d'une « fiction » quelconque ; et parfois elles ne le dissimulent même que trop bien, car, lorsqu'elles se font trop envahissantes, il finit par

---

[1] *Les Cahiers du Sud*, numéro spécial *Lumière du Graal*, 1951. [N.d.É.]

devenir presque impossible de découvrir le sens profond et originel. Ce danger est surtout à craindre lorsque le poète lui-même n'a pas conscience de la valeur réelle des symboles, car il est évident que ce cas peut se présenter ; l'apologue de « l'âne portant des reliques » s'applique ici comme en bien d'autres choses ; et le poète, alors, pourra transmettre à son insu des données initiatiques dont la véritable nature lui échappe. La question se pose ici tout particulièrement : les auteurs des romans du Graal furent-ils dans ce cas, ou, au contraire, furent-ils conscients, à un degré ou à un autre, du sens profond de ce qu'ils exprimaient ? Il n'est certes pas facile d'y répondre avec certitude, car les apparences peuvent faire illusion : en présence d'un mélange d'éléments insignifiants ou incohérents, on est tenté de penser que l'auteur ne savait pas de quoi il parlait ; pourtant, il n'en est pas forcément ainsi, car il est arrivé souvent que les obscurités et même les contradictions soient parfaitement voulues, et que les détails inutiles aient expressément pour but d'égarer l'attention des profanes, de la même façon qu'un symbole peut être dissimulé intentionnellement dans un motif d'ornementation plus ou moins compliqué ; au moyen âge surtout, les exemples de ce genre abondent, ne serait-ce que chez Dante et les « Fidèles d'Amour ». Le fait que le sens supérieur transparaît moins chez Chrétien de Troyes, par exemple, que chez Robert de Boron ne prouve donc pas nécessairement que le premier en ait été moins conscient que le second ; encore moins faudrait-il en conclure que ce sens soit absent de ses écrits, ce qui serait une erreur comparable à celle qui consiste à attribuer aux anciens alchimistes des préoccupations d'ordre uniquement matériel, pour la seule raison qu'ils n'ont pas jugé à propos d'écrire en toutes lettres que leur science était en réalité de nature spirituelle. Au surplus, la question de l'« initiation » des auteurs des romans a peut-être moins d'importance qu'on pourrait le croire au premier abord, puisque, de toute façon, elle ne change rien aux apparences sous lesquelles le sujet est présenté ; dès lors qu'il s'agit d'une « extériorisation » de données ésotériques, mais qui d'ailleurs ne saurait aucunement être une « vulgarisation », il est facile de comprendre qu'il doive en être ainsi. Nous irons plus loin : un profane peut même fort bien, pour une telle « extériorisation », avoir servi de porte-parole à une organisation initiatique, qui l'aura choisi à cet effet simplement pour ses qualités de poète ou d'écrivain, ou pour toute autre raison contingente. Dante écrivait en parfaite connaissance de cause ; Chrétien de Troyes, Robert de Boron même et bien d'autres furent probablement beaucoup moins conscients de ce qu'ils exprimaient et peut-être même certains d'entre eux ne le furent-ils pas du tout ; mais peu importe au fond, car, s'il y avait derrière eux une organisation initiatique, quelle qu'elle fût d'ailleurs, le danger d'une déformation due à leur incompréhension se trouvait par là même écarté, cette organisation pouvant les guider constamment sans même qu'ils s'en doutent, soit par certains de ses membres leur fournissant les éléments à mettre en œuvre, soit par des suggestions ou des influences d'un autre genre, plus subtiles et moins « tangibles », mais non moins réelles pour cela ni moins efficaces.

Ce n'est d'ailleurs là encore qu'un aspect de la question : du fait que la légende du Graal se présente sous une forme proprement chrétienne, et que cependant il s'y trouve des éléments d'une autre provenance et dont l'origine est manifestement antérieure au Christianisme, on a quelquefois voulu considérer ces éléments, comme « accidentels » en quelque sorte, comme étant venus s'ajouter à la légende « du dehors » et n'ayant qu'un caractère simplement « folklorique ». À cet égard, nous devons dire que la conception même du « folklore », telle qu'on l'entend le plus habituellement à notre époque, repose sur une idée radicalement fausse, l'idée qu'il y a des « créations populaires », produits spontanés de la masse du peuple ; il est évident que cette conception est étroitement liée à certains préjugés modernes, et nous ne reviendrons pas ici sur tout ce que nous en avons dit en d'autres occasions. En réalité, lorsqu'il s'agit, comme c'est presque toujours le cas, d'éléments traditionnels au vrai sens de ce mot, si déformés, amoindris ou fragmentaires qu'ils puissent être parfois, et de choses ayant une valeur symbolique réelle, bien que souvent déguisée sous une apparence plus ou moins « magique » ou « féerique », tout cela, bien loin d'être d'origine populaire, n'est même pas en définitive d'origine humaine, puisque la tradition se définit précisément, dans son essence même, par son caractère supra-humain. Ce qui peut être populaire, c'est uniquement le fait de la « survivance », quand ces éléments appartiennent à des formes traditionnelles disparues ; et, à cet égard, le terme de « folklore » prend un sens assez proche de celui de « paganisme », en ne tenant compte que de l'étymologie de ce dernier, et avec l'intention polémique et injurieuse en moins. Le peuple conserve ainsi, sans les comprendre, les débris de traditions anciennes, remontant même parfois à un passé si lointain qu'il serait impossible de le déterminer exactement, et qu'on se contente de rapporter, pour cette raison, au domaine obscur de la « préhistoire » ; il remplit en cela la fonction d'une sorte de mémoire collective plus ou moins « subconsciente », dont le contenu est manifestement venu d'ailleurs. Ce qui peut sembler le plus étonnant, c'est que, lorsqu'on va au fond des choses, on constate que ce qui est ainsi conservé contient surtout, sous une forme plus ou moins voilée, une somme considérable de données d'ordre proprement ésotérique, c'est-à-dire précisément ce qu'il y a de moins populaire par nature. Il n'y a à ce fait qu'une explication plausible : lorsqu'une forme traditionnelle est sur le point de s'éteindre, ses derniers représentants peuvent fort bien confier volontairement, à cette mémoire collective dont nous venons de parler, ce qui autrement se perdrait sans retour ; c'est, en somme, le seul moyen de sauver ce qui peut l'être dans une certaine mesure ; et, en même temps, l'incompréhension naturelle de la masse est une suffisante garantie que ce qui possédait un caractère ésotérique n'en sera pas dépouillé pour cela, mais demeurera seulement, comme une sorte de témoignage du passé, pour ceux qui, en d'autres temps, seront capables de le comprendre.

Cela dit, nous ne voyons pas pourquoi on attribuerait indistinctement au « folklore », sans plus ample examen, tous les éléments « préchrétiens », et plus particulièrement celtiques, qui se rencontrent dans la légende du Graal, car la distinction qu'il convient de faire à cet égard est celle des formes traditionnelles disparues et de celles qui sont actuellement vivantes, et, par conséquent, la question qui devrait se poser est celle de savoir si la tradition celtique avait réellement cessé de vivre lorsque se constitua la légende dont il s'agit. Cela est au moins contestable : d'une part, cette tradition peut s'être maintenue plus longtemps qu'on ne le croit d'ordinaire, avec une organisation plus ou moins cachée, et, d'autre part, cette légende elle-même, dans ses éléments essentiels, peut être beaucoup plus anciennes que ne le pensent les « critiques », non pas qu'il y ait eu forcément des textes aujourd'hui perdus, mais bien plutôt par une transmission orale qui peut avoir duré plusieurs siècles, ce qui est loin d'être un fait exceptionnel. Nous voyons là, pour notre part, la marque d'une « jonction » entre deux formes traditionnelles, l'une ancienne et l'autre nouvelle alors, la tradition celtique et la tradition chrétienne, jonction par laquelle ce qui devait être conservé de la première fut en quelque sorte incorporé à la seconde, en se modifiant sans doute jusqu'à un certain point, par adaptation et assimilation, mais non point en se transposant sur un autre plan comme le voudraient certains, car il y a des équivalences entre toutes les traditions régulières ; il y a donc là bien autre chose qu'une simple question de « sources », au sens où l'entendent les érudits. Il serait peut-être difficile de préciser exactement le lieu et la date où cette jonction s'est opérée, mais cela n'a qu'un intérêt secondaire et presque uniquement historique ; il est d'ailleurs facile de concevoir que ces choses sont de celles qui ne laissent pas de traces dans des « documents » écrits. Le point important pour nous, et qui ne nous paraît aucunement douteux, c'est que les origines de la légende du Graal doivent être rapportées à la transmission de certains éléments traditionnels, d'ordre plus proprement initiatique, du Druidisme au Christianisme ; cette transmission ayant été opérée régulièrement, et quelles qu'en aient été d'ailleurs les modalités, ces éléments firent dès lors partie intégrante de l'ésotérisme chrétien. L'existence de celui-ci au moyen âge est absolument certaine ; les preuves de tout genre en abondent pour qui sait les voir, et les dénégations dues à l'incompréhension moderne, qu'elles proviennent de partisans ou d'adversaires du Christianisme, ne prouvent rien contre ce fait. Il faut d'ailleurs bien remarquer que nous disons « ésotérisme chrétien », et non pas « Christianisme ésotérique » ; il ne s'agit point, en effet, d'une forme spéciale de Christianisme, il s'agit du côté « intérieur » de la tradition chrétienne, et il est facile de comprendre qu'il y a là plus qu'une simple nuance. En outre, lorsqu'il y a lieu de distinguer ainsi dans une forme traditionnelle deux faces, l'une exotérique et l'autre ésotérique, il doit être bien entendu qu'elles ne se rapportent pas au même domaine, si bien qu'il ne peut y avoir entre elles de conflit ou d'opposition d'aucune sorte ; en particulier, lorsque l'exotérisme revêt le caractère spécifiquement religieux, comme c'est ici le cas, l'ésotérisme correspondant, tout en y prenant nécessairement sa base et son support, n'a en lui-même rien à voir avec le domaine religieux et se situe dans un ordre totalement différent. Il résulte immédiatement de là que cet ésotérisme ne peut en aucun cas être représenté par des « Églises » ou des « sectes » quelconques, qui, par définition même, sont toujours religieuses, donc exotériques ; il est vrai que certaines « sectes » ont pu naître d'une confusion entre les deux domaines, et d'une « extériorisation » erronée de données ésotériques mal comprises et mal appliquées ; mais les organisations initiatiques véritables, se maintenant strictement sur leur terrain propre, demeurent forcément étrangères à de telles déviations, et leur « régularité » même les oblige à ne reconnaître que ce qui présente un caractère d'orthodoxie rigoureuse, fût-ce dans l'ordre exotérique. On est donc assuré par là que ceux qui veulent rapporter à des « sectes » ce qui concerne l'ésotérisme ou l'initiation font fausse route et ne peuvent que s'égarer ; point n'est besoin d'examiner les choses de plus près pour écarter toute hypothèse de ce genre ; et, si l'on trouve dans quelques « sectes » des éléments qui paraissent être de nature ésotérique, il faut en conclure, non point qu'ils ont là leur origine, mais, tout au contraire, qu'ils y ont été détournés de leur véritable signification.

Dès lors qu'il en est ainsi, certaines difficultés apparentes auxquelles nous faisions allusion au début se trouvent aussitôt résolues, ou, pour mieux dire, on s'aperçoit qu'elles sont inexistantes : il n'y a point lieu, par exemple, de se demander quelle peut être la situation, par rapport à l'orthodoxie chrétienne entendue au sens ordinaire, d'une ligne de transmission en dehors de la « succession apostolique », comme celle dont il est question dans certaines versions de la légende du Graal ; s'il s'agit là d'une hiérarchie initiatique, la hiérarchie religieuse ou ecclésiastique ne saurait en aucune façon être affectée par son existence, qui ne la concerne pas, et que d'ailleurs elle n'a point à connaître « officiellement », si l'on peut dire, puisqu'elle-même n'a de compétence et n'exerce de juridiction légitime que dans le domaine exotérique. De même, lorsqu'il est question d'une formule secrète en relation avec certains rites, il y a une singulière naïveté à se demander si la perte ou l'omission de cette formule ne risque pas d'empêcher que la célébration de la messe puisse être regardée comme valable ; la messe, telle qu'elle est, est un rite religieux, et il s'agit là d'un rite initiatique, ce qu'indique suffisamment ce caractère secret ; chacun vaut dans son ordre, et, même si l'un et l'autre ont en commun un caractère « eucharistique », comme il en est aussi pour la cène rosicrucienne, cela ne change rien à cette distinction essentielle, pas plus que le fait qu'un même symbole peut être interprété à la fois aux deux points de vue exotérique et ésotérique n'empêche ceux-ci d'être profondément distincts et de se rapporter, comme nous l'avons déjà dit, à des domaines entièrement différents ; quelles que puissent être parfois les ressemblances extérieures, qui s'expliquent d'ailleurs par certaines correspondances réelles, la portée et le but des rites initiatiques sont tout autres que ceux des rites religieux.

Maintenant, que les écrits concernant la légende du Graal soient émanés, directement ou indirectement, d'une organisation initiatique, cela ne veut point dire qu'ils constituent un rituel d'initiation, comme quelques-uns l'ont supposé assez bizarrement ; et il est curieux de noter qu'on n'a jamais émis une semblable hypothèse, à notre connaissance du moins, pour des œuvres qui pourtant décrivent beaucoup plus manifestement un processus initiatique, comme *la Divine Comédie* ou *le Roman de la Rose* ; il est bien évident que tous les écrits qui présentent un caractère ésotérique ne sont pas pour cela des rituels. Dans le cas présent, cette supposition se heurte à un certain nombre d'invraisemblances : tel est, notamment, le fait que le prétendu récipiendaire aurait une question à poser, au lieu d'avoir au contraire à répondre aux questions de l'initiateur, ainsi qu'il en est généralement ; les divergences qui existent entre les différentes versions sont également incompatibles avec le caractère d'un rituel, qui a nécessairement une forme fixe et bien définie ; mais nous croyons peu utile d'insister davantage sur ce point. D'un autre côté, quand nous parlons d'organisations initiatiques, il doit être bien entendu qu'il ne faut aucunement, suivant une erreur très répandue et que nous avons eu souvent à relever, se les représenter comme étant plus ou moins ce qu'on appelle aujourd'hui des « sociétés », avec tout l'appareil de formalités extérieures que ce mot implique ; si quelques-unes d'entre elles, en Occident, en sont arrivées à prendre une telle forme, ce n'est là que l'effet d'une sorte de dégénérescence toute moderne. Là où nos contemporains ne trouvent rien qui ressemble à une « société », ils semblent trop souvent ne pas voir d'autre possibilité que celle d'une chose vague et indéterminée, n'ayant qu'une existence simplement « idéale », c'est-à-dire, en somme pour qui ne se paie pas de mots, purement imaginaire ; mais les réalités initiatiques n'ont rien de commun avec ces conceptions nébuleuses, et elles sont au contraire quelque chose de très « positif ». Ce qu'il importe de savoir avant tout, c'est qu'aucune initiation ne peut exister en dehors de toute organisation et de toute transmission régulière ; et précisément, si l'on veut savoir où se trouve véritablement ce qu'on a appelé parfois le « secret du Graal », il faut se reporter à la constitution des centres spirituels d'où émane toute initiation, car, sous le couvert des récits légendaires, c'est essentiellement de cela qu'il s'agit en réalité.

Nous avons exposé dans notre étude sur *le Roi du Monde* les considérations se rapportant à ce sujet, et nous ne pouvons guère faire ici plus que de les résumer ; mais il nous faut tout au moins indiquer ce qu'est le symbolisme du Graal en lui-même, en laissant de côté les détails secondaires de la légende, si significatifs qu'ils puissent être cependant. À cet égard, nous devons dire tout d'abord que, bien que nous n'ayons parlé jusqu'ici que de la tradition celtique et de la tradition chrétienne, parce que ce sont celles qui nous concernent directement quand il s'agit du Graal, le symbole de la coupe ou du vase est en réalité de ceux qui, sous une forme ou sous une autre, se retrouvent dans toutes les traditions, et dont on peut dire qu'ils appartiennent véritablement au symbolisme universel. Il nous faut aussi préciser que, quoi que puissent en penser ceux qui s'en tiennent à un point de vue tout extérieur et exclusivement historique, cette communauté de symboles, entre les formes traditionnelles les plus diverses et les plus éloignées les unes des autres dans l'espace et le temps, n'est nullement due à des « emprunts » qui, dans bien des cas, seraient tout à fait impossibles ; la vérité est que ces symboles sont universels parce qu'ils appartiennent avant tout à la tradition primordiale dont toutes ces formes diverses sont dérivées directement ou indirectement. Les assimilations que certains « historiens des religions » ont envisagées au sujet du « vase sacré » sont donc tout à fait justifiées en elles-mêmes ; mais ce qui est à rejeter, ce sont, d'une part, leurs explications de la « migration des symboles » qui prétendent ne faire appel qu'à de simples contingences historiques, et aussi, d'autre part, les interprétations « naturalistes » qui ne sont dues qu'à l'incompréhension moderne du symbolisme et qui ne sauraient être valables pour aucune tradition sans exception. Il est particulièrement important ici d'appeler l'attention sur ce dernier point, parce que certains, acceptant sans discussion une telle interprétation pour le « vase d'abondance » des traditions antiques, celtique et autres, ont cru qu'il n'y avait là aucun rapport réel avec la signification « eucharistique » de la coupe dans le Christianisme, de sorte que le rapprochement établi entre l'un et l'autre dans la légende du Graal ne serait qu'un de ces éléments soi-disant « folkloriques » qu'ils considèrent comme surajoutés et dont ils méconnaissent entièrement le caractère et la portée ; au contraire, pour qui comprend bien le symbolisme, non seulement il n'y a là aucune différence radicale, mais même on peut dire que c'est exactement la même chose au fond. Dans tous les cas, ce dont il s'agit est toujours le récipient contenant la nourriture ou le breuvage d'immortalité, avec toutes les significations qui y sont impliquées, y compris celle qui l'assimile à la connaissance traditionnelle elle-même, en tant que celle-ci est le « pain descendu du Ciel », conformément à l'affirmation évangélique suivant laquelle « l'homme ne vit pas seulement de pain (terrestre), mais de toute parole qui sort de la bouche de Dieu », c'est-à-dire, d'une façon générale, qui émane d'une origine supra-humaine, et qui, de quelque forme extérieure qu'elle se revête, est toujours en définitive une expression ou une manifestation du Verbe divin. C'est d'ailleurs pourquoi le Graal n'est pas seulement une coupe, mais apparaît aussi quelquefois comme un livre, qui est proprement le « Livre de Vie », ou le prototype céleste de toutes les Écritures sacrées ; les deux aspects peuvent même se trouver réunis, car, dans certaines versions, le livre est remplacé par une inscription tracée sur la coupe par un ange ou par le Christ lui-même. Nous rappellerons aussi à ce propos le *lapsit exillis* de Wolfram d'Eschenbach, la pierre tombée du Ciel et sur laquelle apparaissaient en certaines circonstances des inscriptions d'origine pareillement « non humaine » ; mais nous ne pouvons insister outre mesure sur ces aspects moins généralement connus que celui où le Graal est représenté sous la forme d'une coupe. Nous ferons seulement remarquer, pour montrer que, malgré les apparences, ces différents aspects ne sont point contradictoires entre eux, que même lorsqu'il est une coupe, le Graal est aussi en même temps une pierre, et même une pierre tombée du Ciel, puisque, suivant la légende, il aurait été taillé par les anges dans une émeraude tombée du front de Lucifer lors de sa chute. Cette origine est particulièrement remarquable, car cette émeraude frontale s'identifie avec le « troisième œil » de la tradition hindoue, qui représente le « sens de l'éternité », ce qui nous ramène du reste à l'idée de la nourriture d'immortalité, car il est évident que l'immortalité véritable est essentiellement liée à la possession de ce « sens de l'éternité » ; et, comme celui-ci est donné par la connaissance effective de la vérité traditionnelle, on voit que tout ceci est parfaitement cohérent en réalité.

Il est dit aussi que le Graal fut confié à Adam dans le Paradis terrestre, mais que, lors de sa chute, Adam le perdit à son tour, car il ne put l'emporter avec lui lorsqu'il fut chassé de l'Éden ; avec la signification que nous venons d'indiquer, cela se comprend immédiatement. En effet, l'homme, écarté de son centre originel, se trouvait dès lors enfermé dans la sphère temporelle ; il ne pouvait plus, par conséquent, rejoindre le point unique d'où toutes choses sont contemplées sous l'aspect de l'éternité. En d'autres termes, cette possession du « sens de l'éternité » dont nous venons de parler appartient proprement à ce que toutes les traditions nomment l'« état primordial », dont la restauration constitue le premier stade de la véritable initiation, étant la condition préalable de la conquête effective des états supra-humains, car la communication avec ceux-ci n'est possible qu'à partir du point central de l'état humain ; et il est bien entendu que ce que représente le Paradis terrestre n'est pas autre chose que le « Centre du Monde ». Ainsi, le Graal correspond en même temps à deux choses, une doctrine traditionnelle et un état spirituel, qui sont étroitement solidaires l'une de l'autre : celui qui possède intégralement la tradition primordiale, et qui est parvenu au degré de connaissance effective qu'implique essentiellement cette possession, est en effet, par là-même, réintégré dans la plénitude de l'« état primordial », ce qui revient à dire qu'il est désormais rétabli dans le « Centre du Monde ».

La coupe est d'ailleurs par elle-même un des symboles dont la signification est essentiellement « centrale », de même que la lance, qui accompagne le Graal et qui en est en quelque sorte complémentaire, est une des figurations traditionnelles de l'« Axe du Monde », qui, passant par le point central de chaque état, relie entre eux tous les états de l'être. Cette signification de la coupe résulte immédiatement de son assimilation symbolique avec le cœur ; il n'est pas sans intérêt de noter, à cet égard, que, dans les anciens hiéroglyphes égyptiens, le cœur lui-même était représenté par un vase ; d'autre part, le cœur et la coupe ont l'un et l'autre pour schéma géométrique le triangle dont la pointe est dirigée vers le bas, tel qu'il se rencontre notamment dans certains *yantras* de l'Inde. Pour ce qui est plus particulièrement du Graal, sous la forme spécifiquement chrétienne de la légende, sa connexion avec le cœur du Christ, dont il contient le sang, est trop évidente pour qu'il soit nécessaire d'y insister davantage. Dans toutes les traditions, « Cœur du Monde » et « Centre du Monde » sont des expressions équivalentes ; il n'y a d'ailleurs là rien de contradictoire avec ce que nous avons dit plus haut au sujet du « troisième œil », car, en tant que le cœur est considéré comme le centre de l'être, c'est aussi en lui que réside réellement le « sens de l'éternité » ; mais nous ne pouvons naturellement songer à nous étendre ici sur la concordance de ces divers symboles, ni sur leur rapport avec certaines « localisations » correspondant à différents degrés ou états spirituels de l'être humain.

Il nous reste encore à parler quelque peu de la « queste du Graal », qui se rattache, elle aussi, à un symbolisme très général, car, dans presque toutes les traditions, il est fait allusion à quelque chose qui, à partir d'une certaine époque, aurait été perdu ou tout au moins caché, et que l'initiation doit faire retrouver ; ce « quelque chose » peut être représenté de façons très différentes suivant les cas, mais le sens en est toujours le même au fond. Lorsqu'il est dit que Seth obtint de rentrer dans le Paradis terrestre et put ainsi recouvrer le précieux vase, puis que d'autres le possédèrent après lui, on doit comprendre qu'il s'agit de l'établissement d'un centre spirituel destiné à remplacer le Paradis perdu, et qui était comme une image de celui-ci ; et alors cette possession du Graal représente la conservation intégrale de la tradition primordiale dans un tel centre spirituel. La perte du Graal, ou de quelqu'un de ses équivalents symboliques, c'est en somme la perte de la tradition avec tout ce que celle-ci comporte ; à vrai dire, d'ailleurs, cette tradition est plutôt cachée que perdue, ou du moins elle ne peut jamais être perdue que pour certains centres secondaires, lorsque ceux-ci cessent d'être en relation directe avec le centre suprême. Quant à ce dernier, il garde toujours intact le dépôt de la tradition, et il n'est pas affecté par les changements qui surviennent dans le monde extérieur au cours du développement du cycle historique ; mais, de même que le Paradis terrestre est devenu inaccessible, le centre suprême, qui en somme en est l'équivalent, peut, au cours d'une certaine période, n'être pas manifesté extérieurement, et alors on peut dire que la tradition est perdue pour l'ensemble de l'humanité, car elle n'est conservée que dans certains centres rigoureusement fermés, et la masse des hommes, bien qu'en recevant encore certains reflets par l'intermédiaire des formes traditionnelles particulières qui en sont dérivées, n'y participe plus d'une façon consciente et effective, contrairement à ce qui avait lieu dans l'état originel. La perte de la tradition peut, soit être entendue dans ce sens général, soit être rapportée à l'obscuration du centre spirituel secondaire qui régissait plus ou moins invisiblement les destinées de tel peuple particulier ou de telle civilisation déterminée ; il faut donc, chaque fois qu'on rencontre un symbolisme qui s'y rapporte, examiner s'il doit être interprété dans l'un ou l'autre de ces deux sens. D'ailleurs, il faut remarquer que la constitution même des centres secondaires, correspondant aux formes traditionnelles particulières quelles qu'elles soient, marque déjà un premier degré d'obscuration vis-à-vis de la tradition primordiale, puisque le centre suprême, dès lors, n'est plus en contact direct avec l'extérieur, et que le lien n'est maintenu qu'à travers les centres secondaires qui restent seuls connus ; c'est pourquoi il est souvent question de certaines choses « substituées », qui peuvent être des paroles ou des objets symboliques. D'autre part, si un centre secondaire vient à disparaître, on peut dire qu'il est en quelque sorte résorbé dans le centre suprême, dont il n'était qu'une émanation ; ici comme dans le cas de l'obscuration générale qui se produit conformément aux lois cycliques, il y a du reste des degrés à observer : il peut se faire qu'un tel centre deviendra seulement plus caché et plus fermé, et ce fait peut être représenté par le même symbolisme que sa disparition complète, tout éloignement de l'extérieur étant en même temps, et dans une mesure équivalente, un retour vers le Principe. Nous voulons ici faire allusion plus particulièrement au symbolisme de la disparition finale du Graal : que celui-ci ait été enlevé au Ciel, suivant certaines versions, ou qu'il ait été transporté dans le « Royaume du Prêtre Jean », suivant certaines autres, cela signifie exactement la même chose, bien que les « critiques » qui voient partout des contradictions ne puissent assurément guère s'en douter. Il s'agit toujours là de ce même retrait de l'extérieur vers l'intérieur, en raison de l'état du monde à une certaine époque, ou, pour parler plus exactement, de cette portion du monde qui est en rapport avec la forme traditionnelle considérée ; ce retrait ne s'applique d'ailleurs ici qu'au côté ésotérique de la tradition, le côté exotérique étant, dans un cas comme celui du Christianisme, demeuré sans aucun changement apparent ; mais c'est précisément par le côté ésotérique que sont établis et maintenus les liens effectifs avec le centre suprême, par là même que ces liens impliquent nécessairement la conscience de l'unité essentielle de toutes les traditions, ce qui ne saurait être du ressort de l'exotérisme, dont l'horizon est toujours limité exclusivement à une forme particulière. Qu'un certain rapport avec le centre suprême subsiste cependant, mais en quelque sorte invisiblement et inconsciemment, tant que la forme traditionnelle considérée demeure vivante, cela doit être forcément malgré tout ; s'il en était autrement, en effet, cela reviendrait à dire que l'« esprit » s'en est entièrement retiré et qu'il ne reste véritablement plus qu'un corps mort. Il est dit que le Graal ne fut plus vu comme auparavant, mais il n'est pas dit que personne ne le vit plus ; certes, en principe tout au moins, il est toujours présent pour ceux qui sont « qualifiés » ; mais, en fait, ceux-là sont devenus toujours de plus en plus rares, au point de ne plus constituer qu'une infime exception ; et, depuis le temps où l'on dit que les véritables Rose-Croix se retirèrent en Asie, c'est-à-dire sans doute aussi, symboliquement, au « Royaume du Prêtre Jean », quelles possibilités de parvenir à l'initiation effective peuvent-ils encore trouver ouvertes devant eux dans le monde occidental ?

VII

Y A-T-IL ENCORE DES POSSIBILITES INITIATIQUES DANS LES FORMES TRADITIONNELLES OCCIDENTALES ?[1]

On peut dire que chaque forme traditionnelle particulière est une adaptation de la Tradition primordiale, dont toutes sont dérivées plus ou moins directement, à certaines circonstances spéciales de temps et de lieu ; aussi ce qui change de l'une à l'autre n'est-il point l'essence même de la doctrine, qui est au-delà de ces contingences, mais seulement les aspects extérieurs dont elle se revêt et à travers lesquels elle s'exprime. Il résulte de là, d'une part, que toutes ces formes sont nécessairement équivalentes en principe, et, d'autre part, qu'il y a généralement avantage, pour les êtres humains, à se rattacher, autant que possible, à celle qui est propre au milieu dans lequel ils vivent, puisque c'est celle-là qui doit normalement convenir le mieux à leur nature individuelle. C'est là ce que faisait remarquer à juste raison notre collaborateur J.-H. Probst-Biraben à la fin de son article sur le *Dhikr*[2] ; mais l'application qu'il tirait de ces vérités incontestables nous paraît demander quelques précisions supplémentaires, afin d'éviter toute confusion entre différents domaines qui, tout en relevant également de l'ordre traditionnel, n'en sont pas moins profondément distincts[3].

Il est facile de comprendre qu'il s'agit ici de la distinction fondamentale, sur laquelle nous avons déjà bien souvent insisté

---

[1] Rédigé pour la revue roumaine *Memrah* en 1935, cet article n'y fut jamais publié du fait de la cessation de la revue après deux numéros. Il fut repris dans les *Études Traditionnelles*, janv.-fév. 1973. [*N.d.É.*]

[2] *Memrah*, n° 2-5 de janv.-avril 1935. [*N.d.É.*]

[3] Prost-Biraben avait écrit (traduit du roumain par M. Vâlsan) : « J'ai connu aussi bien des Chrétiens que des Juifs d'origine, passés par conviction à l'Islam, vivant une vie strictement traditionnelle, et pratiquant – avec des résultats – la discipline des ordres musulmans. Ce sont des exceptions, préparées presque toujours par un puissant atavisme oriental. En général cependant il est plus recommandable de diriger les Juifs vers les *Hassidim* ou les *Qabbalistes*, les Catholiques vers les exercices de *St-Ignace de Loyola*, et les Orthodoxes de l'Orient vers les méthodes *athonites* ». [*N.d.É.*]

ailleurs, entre les deux domaines que l'on peut, si l'on veut, désigner respectivement comme « exotérique » et « ésotérique », en donnant à ces termes leur acception la plus large. Nous pouvons aussi identifier l'un au domaine religieux et l'autre au domaine initiatique ; pour le second, cette assimilation est rigoureusement exacte dans tous les cas ; et, quant au premier, s'il ne prend l'aspect proprement religieux que dans certaines formes traditionnelles, celles-ci sont les seules dont nous ayons à nous occuper présentement, de sorte que cette restriction ne saurait présenter aucun inconvénient pour ce que nous nous proposons.

Cela dit, voici la question qu'il y a lieu d'envisager : lorsqu'une forme traditionnelle est complète, sous le double rapport exotérique et ésotérique, il est évidemment possible à tous d'y adhérer pareillement, soit qu'ils entendent se limiter au seul point de vue religieux, soit qu'ils veuillent suivre en outre la voie initiatique, puisque les deux domaines leur seront ainsi ouverts l'un et l'autre. Il doit d'ailleurs être bien entendu que, en pareil cas, l'ordre initiatique prend toujours son appui et son support dans l'ordre religieux, auquel il se superpose sans s'y opposer en aucune façon ; et, par conséquent, il n'est jamais possible de laisser de côté les règles relevant de l'ordre religieux, et plus spécialement en ce qui concerne les rites, car ce sont ceux-ci qui ont la plus grande importance à ce point de vue, et qui peuvent établir effectivement le lien entre les deux ordres. Donc, quand il en est ainsi, il n'y a aucune difficulté à ce que chacun suive la tradition qui est celle de son milieu ; il n'y a de réserve à faire que pour les exceptions, toujours possibles, auxquelles faisait allusion notre collaborateur, c'est-à-dire pour le cas d'un être qui se trouve accidentellement dans un milieu auquel il est véritablement étranger par sa nature, et qui, par suite, pourra trouver ailleurs une forme mieux adaptée à celle-ci. Nous ajouterons que de telles exceptions doivent, à une époque comme la nôtre, où la confusion est extrême en toutes choses, se rencontrer plus fréquemment qu'à d'autres époques où les conditions sont plus normales ; mais nous n'en dirons rien de plus, puisque ce cas, en somme, peut toujours être résolu par un retour de l'être à son milieu réel, c'est-à-dire à celui auquel répondent en fait ses affinités naturelles.

Maintenant, si nous revenons au cas habituel, une difficulté se présente lorsqu'on a affaire, dans un milieu donné, à une forme traditionnelle où il n'existe plus effectivement que le seul aspect religieux. Il va de soi qu'il s'agit là d'une sorte de dégénérescence partielle, car cette forme a dû, aussi bien que les autres, être complète à son origine ; mais, par suite de circonstances qu'il n'importe pas ici de préciser, il est arrivé que, à partir d'un certain moment, sa partie initiatique a disparu, et parfois même à tel point qu'il n'en reste plus aucun souvenir conscient chez ses adhérents, en dépit des traces qu'on peut en retrouver dans les écrits ou les monuments anciens. On se trouve alors, pour ce qui est du point de vue initiatique, dans un cas exactement semblable à celui d'une tradition éteinte : même en supposant qu'on puisse arriver à une reconstitution complète, celle-ci n'aurait qu'un intérêt en quelque sorte « archéologique », puisque la transmission régulière ferait toujours défaut, et que cette transmission est, comme nous l'avons exposé en d'autres occasions, la condition absolument indispensable de toute initiation. Naturellement, ceux qui bornent leurs vues au domaine religieux, et qui seront toujours les plus nombreux, n'ont aucunement à se préoccuper de cette difficulté, qui n'existe pas pour eux ; mais ceux qui se proposent un but d'ordre initiatique ne sauraient, à cet égard, attendre aucun résultat de leur rattachement à la forme traditionnelle en question.

La question ainsi posée est malheureusement bien loin de n'avoir qu'un intérêt purement théorique, car, en fait, il y a lieu de l'envisager précisément en ce qui concerne les formes traditionnelles qui existent dans le monde occidental : dans l'état présent des choses, s'y trouve-t-il encore des organisations assurant une transmission initiatique, ou, au contraire, tout n'y est-il pas irrémédiablement limité au seul domaine religieux ? Disons tout d'abord qu'il faudrait bien se garder de se laisser illusionner par la présence de choses telles que le « mysticisme », à propos duquel se produisent trop souvent, et actuellement plus que jamais, les plus étranges confusions. Nous ne pouvons songer à répéter ici tout ce que nous avons eu déjà l'occasion de dire ailleurs à ce sujet ; nous rappellerons seulement que le mysticisme n'a absolument rien d'initiatique, qu'il appartient tout entier à l'ordre religieux, dont il ne dépasse en aucune façon les limitations spéciales, et que même beaucoup de ses caractères sont exactement opposés à ceux de l'initiation. L'erreur serait plus excusable, du moins chez ceux qui n'ont pas une notion nette de la distinction des deux domaines, s'ils considéraient, dans la religion, ce qui présente un caractère non point mystique, mais « ascétique », parce que, là du moins, il y a une méthode de réalisation active comme dans l'initiation, tandis que le mysticisme implique toujours la passivité et, par suite, l'absence de méthode, aussi bien d'ailleurs que d'une transmission quelconque. On pourrait même parler à la fois d'une « ascèse » religieuse et d'une

« ascèse » initiatique, si ce rapprochement ne devait suggérer rien de plus que cette idée d'une méthode qui constitue en effet une similitude réelle ; mais, bien entendu, l'intention et le but ne sont nullement les mêmes dans les deux cas.

Si maintenant nous posons la question d'une façon précise pour les formes traditionnelles de l'Occident, nous serons amené à envisager les cas que mentionnait notre collaborateur dans les dernières lignes de son article, c'est-à-dire celui du Judaïsme et celui du Christianisme ; mais c'est ici que nous serons obligé de formuler quelques réserves au sujet du résultat qu'on peut obtenir de certaines pratiques. Pour le Judaïsme, les choses, en tout cas, se présentent plus simplement que pour le Christianisme : il possède en effet une doctrine ésotérique et initiatique, qui est la Qabbale, et celle-ci se transmet toujours de façon régulière, quoique sans doute plus rarement et plus difficilement qu'autrefois, ce qui, d'ailleurs, ne représente certes pas un fait unique en ce genre, et ce qui se justifie assez par les caractères particuliers de notre époque. Seulement, pour ce qui est du « Hassidisme », s'il semble bien que des influences qabbalistiques se soient exercées réellement à ses origines, il n'en est pas moins vrai qu'il ne constitue proprement qu'un groupement religieux, et même à tendances mystiques ; c'est du reste probablement le seul exemple de mysticisme qu'on puisse trouver dans le Judaïsme ; et, à part cette exception, le mysticisme est surtout quelque chose de spécifiquement chrétien.

Quant au Christianisme, un ésotérisme comme celui qui existait très certainement au moyen âge, avec les organisations nécessaires à sa transmission, y est-il encore vivant de nos jours ? Pour l'Église orthodoxe, nous ne pouvons nous prononcer d'une façon certaine, faute d'avoir des indications suffisamment nettes, et nous serions même heureux si cette question pouvait provoquer quelques éclaircissements à cet égard ; mais, même s'il y subsiste réellement une initiation quelconque, ce ne peut être en tout cas qu'à l'intérieur des monastères exclusivement, de sorte que, en dehors de ceux-ci, il n'y a aucune possibilité d'y accéder. D'autre part, pour le Catholicisme, tout semble indiquer qu'il ne s'y trouve plus rien de cet ordre ; et d'ailleurs, puisque ses représentants les plus autorisés le nient expressément, nous devons les en croire, tout au moins tant que nous n'avons pas de preuves du contraire ; il est inutile de parler du Protestantisme, puisqu'il n'est qu'une déviation produite par l'esprit antitraditionnel des temps modernes, ce qui exclut qu'il ait jamais pu renfermer le moindre ésotérisme et servir de base à quelque initiation que ce soit.

Quoi qu'il en soit, même en réservant la possibilité de la survivance de quelque organisation initiatique très cachée, ce que nous pouvons dire en toute certitude, c'est que les pratiques religieuses du Christianisme, pas plus que celles d'autre formes traditionnelles d'ailleurs, ne peuvent être substituées à des pratiques initiatiques et produire des effets du même ordre que celles-ci, puisque ce n'est pas là ce à quoi elles sont destinées. Cela est strictement vrai même lorsqu'il y a, entre les unes et les autres, quelque similitude extérieure : ainsi, le rosaire chrétien rappelle manifestement le *wird* des *turuq* islamiques, et il se peut même qu'il y ait là quelque parenté historique ; mais, en fait, il n'est utilisé que pour des fins uniquement religieuses, et il serait vain d'en attendre un bénéfice d'un autre ordre, puisqu'aucune influence spirituelle agissant dans le domaine initiatique n'y est attachée, contrairement à ce qui a lieu pour le *wird*. Quant aux « exercices spirituels » de saint Ignace de Loyola, nous devons avouer que nous avons été quelque peu étonné de les voir cités à ce propos : ils constituent bien une « ascèse » au sens que nous indiquions plus haut, mais leur caractère exclusivement religieux est tout à fait évident ; de plus, nous devons ajouter que leur pratique est loin d'être sans danger, car nous avons connu plusieurs cas de déséquilibre mental provoqué par elle ; et nous pensons que ce danger doit toujours exister quand ils sont ainsi pratiqués en dehors de l'organisation religieuse pour laquelle ils ont été formulés et dont ils constituent en somme la méthode spéciale ; on ne peut donc que les déconseiller formellement à quiconque n'est pas rattaché à cette organisation.

Nous devons encore insister spécialement sur ceci, que les pratiques initiatiques elles-mêmes, pour avoir une efficacité, présupposent nécessairement le rattachement à une organisation du même ordre ; on pourra répéter indéfiniment des formules telles que celles du *dhikr* ou du *wird*, ou les *mantras* de la tradition hindoue, sans en obtenir le moindre résultat, tant qu'on ne les aura pas reçues par une transmission régulière, parce qu'elles ne sont alors « vivifiées » par aucune influence spirituelle. Dès lors, la question de savoir quelles formules il convient de choisir n'a jamais à se poser d'une façon indépendante, car ce n'est pas là quelque chose qui relève de la fantaisie individuelle ; cette question est subordonnée à celle de l'adhésion effective à une organisation initiatique, adhésion à la suite de laquelle il n'y a naturellement plus qu'à suivre les méthodes qui sont celles de cette organisation, à quelque forme traditionnelle que celle-ci appartienne.

Enfin, nous ajouterons que les seules organisations initiatiques qui aient encore une existence certaine en Occident sont, dans leur état actuel, complètement séparées des formes traditionnelles religieuses, ce qui, à vrai dire, est quelque chose d'anormal ; et, en outre, elles sont tellement amoindries, sinon même déviées, qu'on ne peut guère, dans la plupart des cas, en espérer plus qu'une initiation virtuelle. Les Occidentaux doivent cependant forcément prendre leur parti de ces imperfections, ou bien s'adresser à d'autres formes traditionnelles qui ont l'inconvénient de n'être pas faites pour eux ; mais il resterait à savoir si ceux qui ont la volonté bien arrêtée de se décider pour cette dernière solution ne prouvent pas par là même qu'ils sont du nombre de ces exceptions dont nous avons parlé.

VIII

LA PRIERE ET L'INCANTATION[1]

Dans une précédente étude[2], nous avons dit que les religions ne sont que des déviations de la Religion primordiale, des déformations de la Doctrine traditionnelle, et que, par le mélange à celle-ci de considérations d'ordre moral et social, elles ont établi une déplorable confusion entre le domaine métaphysique et le domaine sentimental, et finalement donné à celui-ci la prépondérance, tout en conservant des prétentions doctrinales que rien ne justifie plus. Comme le sentiment est chose essentiellement relative et individuelle[3], il en résulte que les religions sont des particularisations de la Doctrine, par rapport à laquelle elles constituent des hérésies à divers degrés, puisqu'elles s'écartent toutes plus ou moins de l'Universalisme (on pourrait dire du Catholicisme, si ce mot avait conservé son sens étymologique, au lieu de prendre, lui aussi, la signification spéciale qu'on lui connaît).

Nous disons des hérésies à divers degrés, car on peut être hérétique de bien des façons et pour des raisons multiples ; mais, toujours, les opinions hétérodoxes procèdent d'une tendance de plus en plus accentuée au particularisme, à l'individualisme[4], substituant la diversité des croyances illusoires à l'unité de la certitude fondée sur la Connaissance métaphysique, seule admise par l'orthodoxie. Pour cette dernière, l'infaillibilité n'appartient qu'à la seule Doctrine, universelle et impersonnelle, qui ne s'incarne jamais dans un homme, et n'est représentée que par de purs symboles ; elle ne peut à aucun titre être

---

[1] *La Gnose*, janv. 1911, signé *Tau Palingénius*. Un article au titre identique mais avec un contenu différent fut publié dans *Études Traditionnelles*, nᵒ de janv. 1936, puis repris dans *Aperçus sur l'Initiation*, ch. XXIV. [*N.d.É.*]

[2] *La Religion et les religions*, in *La Gnose*, 1ʳᵉ année, n° 10 [ainsi que dans ce *Recueil*].

[3] Voir *L'erreur métaphysique des religions à forme sentimentale*, par Matgioi, in *La Gnose*, 1ʳᵉ année, n° 9.

[4] Il est bien entendu qu'il ne s'agit ici de l'individualisme qu'au point de vue doctrinal, et nullement au point de vue social ; les deux domaines doivent, comme toujours, rester profondément séparés.

attribuée à des individus, et les hommes n'y participent qu'en tant qu'ils parlent au nom de la Doctrine ; mais les religions, méconnaissant celle-ci, ont prétendu revêtir une individualité du caractère infaillible, puis, après avoir confondu l'Autorité spirituelle avec le Pouvoir matériel, elles ont été jusqu'à accorder la première à tous les hommes indistinctement et au même degré[1]. En même temps, les Livres sacrés ont été traduits dans les langues vulgaires, et ces traductions, devenant d'autant plus fausses qu'elles s'éloignent davantage du texte primitif, aboutissent, par l'anthropomorphisme (conception tout individualiste), au matérialisme et à la négation de l'ésotérisme, c'est-à-dire de la vraie Religion.

Mais le caractère le plus important peut-être, celui que l'on découvre à l'origine et au fond de toutes les religions, c'est le sentimentalisme, dont l'exagération constitue ce qu'on appelle habituellement le mysticisme ; c'est pourquoi on ne saurait trop protester contre cette tendance, aussi dangereuse, quoique d'une autre façon, que la mentalité des critiques et des exégètes modernes (laquelle résulte de la défiguration profane des Écritures traditionnelles, dont on n'a plus laissé subsister que la lettre matérielle et grossière). C'est le sentimentalisme que nous trouvons, en particulier, joint d'ailleurs à l'anthropomorphisme dont il ne se sépare guère, comme point de départ de la prière telle qu'elle est comprise dans les religions exotériques : sans doute, il est tout naturel que les hommes cherchent à obtenir, s'il est possible, certaines faveurs individuelles, tant matérielles que morales ; mais ce qui l'est beaucoup moins, c'est que, au lieu de s'adresser pour cela à des institutions sociales, ils aillent demander ces faveurs à des entités extra-terrestres.

Ceci nécessite quelques explications, et nous devons surtout, sur ce point, établir une distinction très nette entre la prière et ce que nous appellerons l'incantation, employant ce terme à défaut d'un autre plus précis, et nous réservant de le définir exactement plus loin. Nous devons exposer d'abord de quelle façon il nous est possible de comprendre la prière, et dans quelles conditions elle peut être admise par l'orthodoxie.

---

[1] Ainsi, l'anarchie, alors même qu'elle se présente comme une réaction contre l'absolutisme, n'est pourtant, au point de vue intellectuel, qu'un produit des mêmes erreurs poussées jusqu'à leurs conséquences extrêmes ; on pourrait en dire autant du matérialisme envisagé par rapport au mysticisme, auquel il prétend s'opposer, tandis qu'en réalité il n'en est souvent qu'une simple transposition.

Considérons une collectivité quelconque, soit religieuse, soit simplement sociale : chaque membre de cette collectivité lui est lié dans une certaine mesure, déterminée par l'étendue de la sphère d'action de la collectivité, et, dans cette même mesure, il doit logiquement participer en retour à certains avantages, entièrement matériels dans quelques cas (tels que celui des nations actuelles, et des associations basées sur la solidarité pure et simple), mais qui peuvent aussi, dans d'autres cas, se rapporter à des modalités non matérielles de l'individu (consolations ou autres faveurs d'ordre sentimental, et même quelquefois d'un ordre plus élevé, comme nous le verrons par la suite), ou, tout en étant matériels, s'obtenir par des moyens en apparence immatériels (l'obtention d'une guérison par la prière est un exemple de ce dernier cas). Nous parlons des modalités de l'individu seulement, car ces avantages ne peuvent jamais dépasser le domaine individuel, le seul qu'atteignent les collectivités, quel que soit leur caractère, qui ne se consacrent pas exclusivement à l'enseignement de la Doctrine pure, et qui se préoccupent des contingences et des applications spéciales présentant un intérêt pratique à un point de vue quelconque.

On peut donc regarder chaque collectivité comme disposant, en outre des moyens d'action purement matériels au sens ordinaire du mot, d'une force constituée par les apports de tous ses membres passés et présents, et qui, par conséquent, est d'autant plus considérable que la collectivité est plus ancienne et se compose d'un plus grand nombre de membres. Chacun de ceux-ci pourra, lorsqu'il en aura besoin, utiliser à son profit une partie de cette force, et il lui suffira pour cela de mettre son individualité en harmonie avec l'ensemble de la collectivité dont il fait partie, résultat qu'il obtiendra en observant les rites, c'est-à-dire les règles établies par celle-ci et appropriées aux diverses circonstances qui peuvent se présenter. Donc, si l'individu formule alors une demande, il l'adressera à l'esprit de la collectivité, qu'on peut appeler, si l'on veut, son dieu ou son entité suprême, mais à la condition de ne pas regarder ces mots comme désignant un être qui existerait indépendamment et en dehors de la collectivité elle-même.

Parfois, la force dont nous venons de parler peut se concentrer en un lieu et sur un symbole déterminés, et y produire des manifestations sensibles, comme celles que rapporte la Bible hébraïque au sujet du Temple de Jérusalem et de l'Arche d'Alliance, qui jouèrent ce rôle pour le peuple d'Israël. C'est aussi cette force qui, à des époques plus récentes, et de nos jours encore, est la cause des prétendus miracles des religions, car ce sont là des faits qu'il est ridicule de chercher à nier contre toute évidence, comme beaucoup le font, alors qu'il est facile de les expliquer d'une façon toute naturelle, par l'action de cette force collective[1]. Ajoutons que l'on peut créer des circonstances particulièrement favorables à cette action, que provoqueront, pour ainsi dire à leur gré, ceux qui sont les dispensateurs de cette force, s'ils en connaissent les lois et s'ils savent la manier, de la même façon que le physicien ou le chimiste manient d'autres forces, en se conformant aux lois respectives de chacune d'elles. Il importe de remarquer qu'il ne s'agit ici que de phénomènes purement physiques, perceptibles par un ou plusieurs des cinq sens ordinaires ; de tels phénomènes sont d'ailleurs les seuls qui puissent être constatés par la masse du peuple ou des croyants, dont la compréhension ne s'étend pas au-delà des limites de l'individualité corporelle.

Les avantages obtenus par la prière et la pratique des rites d'une collectivité sociale ou religieuse (rites n'ayant aucun caractère initiatique) sont essentiellement relatifs, mais ne sont nullement négligeables pour l'individu ; celui-ci aurait donc tort de s'en priver volontairement, s'il appartient à quelque groupement capable de les lui procurer. Ainsi, il n'est nullement blâmable, même pour celui qui est autre chose qu'un simple croyant, de se conformer, dans un but intéressé (puisque individuel), et en dehors de toute considération doctrinale, aux prescriptions d'une religion quelconque, pourvu qu'il ne leur attribue que leur juste importance. Dans ces conditions, la prière, adressée à l'entité collective, est parfaitement licite, même au regard de la plus rigoureuse orthodoxie ; mais elle ne l'est plus lorsque, comme c'est le cas le plus fréquent, celui qui prie croit s'adresser à un être extérieur et possédant une existence indépendante, car la prière devient alors un acte de superstition.

*

* *

Les indications qui précèdent feront mieux comprendre ce que nous dirons maintenant au sujet de l'incantation ; mais, tout d'abord, nous devons faire remarquer que ce que nous appelons ainsi n'a rien de commun avec les pratiques magiques auxquelles on donne parfois le

---

[1] Il est bien entendu que les faits dits miraculeux ne peuvent en aucune façon être contraires aux lois naturelles ; la définition ordinaire du miracle, impliquant cette contradiction, est une absurdité.

même nom, car ce qui constitue en réalité un acte magique, c'est, dans les conditions que nous avons dites, la prière ou l'accomplissement d'autres rites équivalents. L'incantation dont nous parlons, au contraire, n'est point une demande, et ne suppose l'existence d'aucune chose extérieure, parce que l'extériorité ne peut se comprendre que par rapport à l'individu ; elle est une aspiration de l'être vers l'Universel, dans le but d'obtenir ce que nous pourrions appeler, dans un langage quelque peu théologique, une grâce spirituelle, c'est-à-dire une illumination intérieure, qui sera plus ou moins complète suivant les cas. Si nous employons ce terme d'incantation, c'est parce qu'il est celui qui traduit le moins improprement l'idée exprimée par le mot sanscrit *mantra*, qui n'a pas d'équivalent exact dans les langues occidentales. Par contre, il n'y a en sanscrit, non plus que dans la plupart des autres langues orientales, aucun mot répondant à l'idée de prière, et cela est facile à comprendre, puisque, là où les religions n'existent pas, l'obtention des avantages individuels, même à l'aide de certains rites appropriés, ne relève que des institutions sociales.

L'incantation, que nous avons définie comme tout intérieure en principe, peut cependant, dans un grand nombre de cas, être exprimée extérieurement par des paroles ou des gestes, constituant certains rites initiatiques, et que l'on doit considérer comme déterminant des vibrations qui ont une répercussion à travers un domaine plus ou moins étendu dans la série indéfinie des états de l'être. Le résultat obtenu peut, comme nous l'avons déjà dit, être plus ou moins complet ; mais le but final à atteindre est la réalisation en soi de l'Homme Universel, par la communion parfaite de la totalité des états de l'être, harmoniquement et conformément hiérarchisés, en épanouissement intégral dans les deux sens de l'ampleur et de l'exaltation[1].

Ceci nous amène à établir une autre distinction, en considérant les divers degrés auxquels on peut parvenir suivant l'étendue du résultat

---

[1] Cette phrase contient l'expression de la signification ésotérique du signe de la croix, symbole de ce double épanouissement de l'être, horizontalement, dans l'ampleur ou l'extension de l'individualité intégrale (développement indéfini d'une possibilité particulière, qui n'est pas limitée à la partie corporelle de l'individualité), et verticalement, dans la hiérarchie indéfinie des états multiples (correspondant à l'indéfinité des possibilités particulières comprises dans l'Homme Universel). – Ceci montre en même temps comment doit être comprise dans son principe la Communion, qui est un rite éminemment initiatique, et dont la figuration symbolique elle-même n'a pu perdre ce caractère que par suite d'une regrettable confusion qu'ont commise les religions exotériques, et qui constitue à proprement parler une profanation.

obtenu en tendant vers ce but, et que l'on pourrait considérer en quelque sorte comme autant de degrés initiatiques. Et tout d'abord, au bas et en dehors de cette hiérarchie, il faut mettre la foule des profanes, c'est-à-dire de tous ceux qui, comme les simples croyants des religions, ne peuvent obtenir de résultats que par rapport à leur individualité corporelle, et dans ces limites de cette portion d'individualité, puisque leur conscience ne va ni plus loin ni plus haut que le domaine renfermé dans des limites restreintes. Pourtant, parmi les croyants, il en est, en petit nombre d'ailleurs, qui acquièrent quelque chose de plus (et c'est là le cas de quelques mystiques, que l'on pourrait considérer comme plus intellectuels que les autres) : sans sortir de leur individualité corporelle, ils perçoivent indirectement certaines réalités d'ordre supérieur, non pas telles qu'elles sont en elles-mêmes, mais traduites symboliquement et sous forme sensible. Ce sont encore là des phénomènes (c'est-à-dire des apparences, relatives et illusoires en tant que formelles), mais des phénomènes hyperphysiques, qui ne sont pas constatables pour tous, et qui entraînent parfois chez ceux qui les perçoivent quelques certitudes, toujours incomplètes, mais pourtant supérieures à la croyance pure et simple à laquelle elles se substituent. Ce résultat, que l'on peut appeler une initiation symbolique au sens propre du terme (pour la distinguer de l'initiation réelle et effective dont nous allons parler), s'obtient passivement, c'est-à-dire sans intervention de la volonté, et par les moyens ordinaires qu'indiquent les religions, en particulier par la prière et l'accomplissement des œuvres prescrites[1].

À un degré plus élevé se placent ceux qui, ayant étendu leur conscience jusqu'aux limites extrêmes de l'individualité intégrale, arrivent à percevoir directement les états supérieurs de leur être, mais sans y participer effectivement ; c'est là une initiation réelle, mais encore toute théorique, puisqu'elle n'aboutit pas à la possession de ces états supérieurs. Elle produit des certitudes plus complètes et plus développées que la précédente, car elle n'appartient plus au domaine phénoménique ; mais, ici encore, ces certitudes ne sont reçues qu'au

---

[1] En sanscrit, on donne le nom de *Bhakti-Yoga* à une forme inférieure et incomplète de *Yoga*, qui se réalise, soit par les œuvres (*karma*), soit par tout autre moyen d'acquérir des mérites, c'est-à-dire de réaliser un développement individuel. Bien que ne pouvant dépasser le domaine de l'individualité, cette réalisation est quelque chose de plus que celle dont nous venons de parler, car elle s'étend à l'individualité intégrale, et non plus seulement à l'individualité corporelle ; mais elle ne peut jamais être équivalente à la communion totale dans l'Universel, qui est la *Râdja-Yoga*.

gré des circonstances, et non par un effet de la volonté consciente de celui qui les acquiert. Celui-ci peut donc être comparé à un homme qui ne connaît la lumière que par les rayons qui parviennent jusqu'à lui (dans le cas précédent, il ne la connaissait que par des reflets, ou des ombres projetées dans le champ de sa conscience individuelle restreinte, comme les prisonniers de la caverne symbolique de Platon), tandis que, pour connaître parfaitement la lumière dans sa « réalité intime », il faut remonter jusqu'à sa source, et s'identifier avec cette source même.

Ce dernier cas est celui qui correspond à la plénitude de l'initiation réelle et effective, c'est-à-dire à la prise de possession consciente et volontaire de la totalité des états de l'être, selon les deux sens que nous avons indiqués. C'est là le résultat complet et final de l'incantation, bien différent, comme l'on voit, de tous ceux que les mystiques peuvent atteindre par la prière, car il n'est pas autre chose que la compréhension et la certitude parfaites, impliquant la connaissance métaphysique intégrale. Le *Yogi* véritable est celui qui est parvenu à ce degré suprême, et qui a ainsi réalisé dans son être la totale possibilité de l'Homme Universel.

IX

LA « PRIERE DU CŒUR »[1]

Cher Monsieur,

Je viens de recevoir votre lettre du 20 septembre, et je vous remercie des précisions que vous me donnez. Je comprends d'ailleurs très bien que, dans un si court séjour, il ne vous était pas possible de tout voir et de vous rendre compte exactement de tout. Quoi qu'il en soit, s'il y a là un véritable groupe initiatique, il doit être très restreint, et il semble que le fait d'entrer dans un monastère ne donne que bien peu de chances d'y avoir jamais accès, surtout si le nombre de ses membres est rigoureusement déterminé... D'autre part, l'état d'esprit des moines en général, avec cette importance attribuée aux phénomènes, ne semble pas constituer un milieu très favorable ; cela peut certainement justifier des précautions telles que la recommandation de l'humilité ; mais il est tout de même étonnant qu'on ne réagisse pas autrement contre cette mentalité, en faisant comprendre que les phénomènes n'ont aucune valeur en eux-mêmes, et en coupant court à toutes les assertions du genre de celles que vous citez à ce propos, car c'est là, si l'on peut dire, une simple question d'éducation. Bien entendu, on pourrait répondre que cela même sert à dissimuler autre chose ; mais, s'il en était ainsi, cela confirmerait encore que les moines ordinaires sont considérés comme destinés à demeurer toujours des profanes, incapables de dépasser ce niveau inférieur où les résultats obtenus sont uniquement d'ordre psychique ; et il est bien évident que ce n'est pas là ce qui peut vous intéresser...

Quant à la «prière du cœur», sa double utilisation n'est certainement pas non plus une chose impossible ; les remarques que vous me signalez paraissent confirmer son caractère original de mantra ; toute la question serait de savoir si certains, si peu nombreux qu'ils soient, l'utilisent encore consciemment à ce titre. Il y a d'autres exemples de pratiques dont l'origine est incontestablement initiatique,

---

[1] Lettre à Vasile Lovinescu, Le Caire, 29 septembre 1935.

mais qui sont maintenant tombées entièrement dans le domaine religieux et exotérique ; le cas du chapelet ou du rosaire en est un des plus nets.

À ce propos, il est admissible que, dans le Christianisme, certaines formules en grec aient eu la valeur de véritable mantras ; en latin, je ne le pense pas, car le latin n'a jamais eu aucun des caractères d'une langue sacrée ; pour le grec, par contre, le fait même que les lettres ont des valeurs numériques, comme en hébreu et en arabe, pourrait être l'indication de quelque chose en ce sens. Mais ce qui est tout à fait singulier, c'est que, en somme, les Livres sacrés du Christianisme n'existent pas dans leur langue originelle ; il y a là quelque chose qui paraît anormal et qui ne se rencontre dans aucune autre forme traditionnelle, et cela est certainement un obstacle à l'emploi de certaines méthodes initiatiques…

Pour en revenir à la « prière du cœur », je vois que le rôle du Maître est tout de même plus important qu'il ne m'avait semblé d'après votre précédente lettre ; cela laisse en tout cas ouverte la possibilité d'une véritable transmission spirituelle. D'autre part, le point concernant la purification par les éléments, que vous me rappelez, me paraît en effet réellement important, car je ne vois pas du tout en quoi une telle chose pourrait intervenir à un point de vue mystique ou plus généralement religieux ; cela est encore certainement initiatique à son origine, et il est seulement à craindre que ce ne soit demeuré qu'à l'état de vestige incompris… J'en dirais autant du passage de « L'Invisible Guerre » que vous citez : tout cela peut se comprendre en un sens purement intellectuel et spirituel, mais aussi s'appliquer dans un domaine inférieur à celui-là ; c'est exactement comme pour la compréhension du symbolisme iconographique.

Sur ce dernier sujet, j'ai repensé encore, depuis que je vous ai écrit, à une chose assez curieuse : il y a une figuration symbolique de la Trinité qui est en usage dans l'initiation compagnonnique, et que vous trouverez reproduite dans le n° spécial du « Voile d'Isis » consacré au Compagnonnage ; or j'ai vu autrefois une icône exactement semblable (sauf que les inscriptions y étaient naturellement en grec) qu'on m'a dit provenir du Mont Athos, et on m'a assuré que les moines s'en servaient spécialement comme d'un support de méditation ; avez-vous vu quelque chose de ce genre ?

Tout cela étant dit, ma conclusion précédente n'est pas changée : c'est qu'en somme il convient d'attendre que les choses se précisent par les circonstances même, à moins que d'ici là quelque autre solution préférable ne se présente à vous. Il semble qu'une initiation basée sur les formes chrétiennes, même aux époques où elle existait très certainement, ait toujours été quelque chose de beaucoup plus dissimulé et plus difficile à atteindre que les initiations orientales ; et tout ce qu'on peut connaître en fait d'ésotérisme occidental est toujours singulièrement obscur, sans doute parce que le milieu était tel que les plus grandes précautions s'imposaient...

Je ne pense pas qu'on puisse trouver dans le Christianisme l'idée de manifestations avatâriques mineures ; certains ont peut-être voulu attribuer un caractère de ce genre à St François d'Assise, mais ils sont sortis de l'orthodoxie. Je ne parle pas des différentes formes du Gnosticisme, où cela se trouverait peut-être (pour Simon le Mage, Dosithée, etc.) ; ce qu'on en sait est tellement incomplet et déformé qu'il est bien difficile d'en rien dire d'une façon certaine.

Les initiations par des voies en quelque sorte anormales, tout en étant toujours possibles, surtout quand les conditions sont elles-mêmes anormales comme c'est le cas pour l'Occident actuel, sont cependant quelque chose de trop incertain pour qu'on puisse jamais y compter ; et, de plus, il est douteux qu'elles puissent constituer l'équivalent complet d'une initiation régulière.

Le rituel religieux sert de point d'appui à ceux qui sont rattachés à une organisation initiatique relevant de la même forme traditionnelle à laquelle ce rituel appartient (dans l'Islam par exemple) ; mais je ne vois pas très bien l'importance qu'il peut avoir en dehors de cela, c'est-à-dire comme simple moyen préparatoire, surtout s'il n'est pas sûr qu'on obtienne le rattachement initiatique dans la même Tradition, car alors on ne fait plutôt que renforcer un lieu qui peut ensuite constituer un obstacle dans l'ordre psychique pour se rattacher à autre chose. Il est certain, en effet, que le mélange d'éléments appartenant à des formes traditionnelles différentes peut provoquer, surtout au début, des réactions psychiques désagréables et parfois même dangereuses.

En vue d'une initiation hindoue ou islamique, il est évident qu'une certaine connaissance du sanscrit ou de l'arabe est nécessaire ; il ne s'agit pas d'une connaissance spécialement « linguistique » et grammaticale, car ce n'est pas là ce qui importe au fond, mais d'une connaissance donnant la possibilité de *comprendre*, d'abord parce que la langue propre à une tradition est réellement une base dont la forme même de cette tradition est inséparable, et aussi parce que, dans tous les pays orientaux, les gens qui possèdent de véritable connaissances traditionnelles ignorent généralement les langues occidentales. – Je dois dire qu'une initiation islamique est, d'une façon générale, plus facile à obtenir qu'une initiation hindoue ; il n'est même pas impossible que cela se fasse sans quitter l'Europe...

Puisque vous parlez d'Aurobindo Ghose, il faut que je vous dise qu'il y a, dans son entourage, des personnes qui ne m'inspirent pas entièrement confiance ; il est même à craindre qu'elles ne fassent plus ou moins pour son enseignement ce que d'autres ont fait pour celui de Râma-Krishna...

Pour ce dont je vous ai parlé au sujet de B.Y.R.[1], il s'agit bien d'une organisation initiatique dégénérée ou déviée, surtout par la prédominance d'un certain côté « magique » ; mais, en pareil cas, il est bien rare que des éléments appartenant à la « contre-initiation » n'en profitent pas pour s'introduire et exercer leur influence (comme ils le font du reste aussi parfois même dans le cas de simples organisations « pseudo-initiatiques » qui sont alors utilisées à des fins dont leurs dirigeants même sont bien loin de se douter).

Je pense recevoir bientôt, comme vous me l'annoncez, la suite de votre article ; je vois qu'en effet vous continuez à trouver des choses vraiment intéressantes à ce sujet, et j'espère qu'il vous sera possible de coordonner tout cela. Ce sujet est certainement tout à fait inconnu des lecteurs du « Voile d'Isis » ; la publication de votre travail (qui, me dit-on, pourra peut-être commencer dans le n° de décembre) n'en aura donc que plus d'intérêt.

Je n'ai pas reçu d'autres nouvelles de M. Avramescu ; je me demande si le nouveau n° de « Memra » aura pu paraître avant la fin de ce mois-ci comme il l'espérait...[2]

---

[1] Bô Yin Râ. [*N.d.É.*]

[2] La revue roumaine *Memra*, dirigée par Mihail (Marcel) Avramescu, cessa sa publication après deux numéros en 1935. L'article que René Guénon avait rédigé pour cette revue (*Y-a-t'il encore des possibilités initiatiques dans les formes traditionnelles occidentales ?*) n'y fut ainsi jamais publié, jusqu'à ce que les *Études Traditionnelles* le reprennent en 1973. Marcel Avramescu, le directeur de la revue roumaine *Memra*, a écrit dans le second numéro (1ʳᵉ année, nos 2-5, janv.-avr. 1935) :

« Approuvant entièrement l'esprit, les tendances et le programme de travail de notre revue, maître René Guénon nous a fait l'honneur d'accepter la proposition que nous lui avions soumise d'y collaborer, ce dont nous tenons à le remercier ; ses articles, rédigés spécialement pour la revue *Memra*, seront publiés à partir du prochain numéro.

Prenant en compte l'importance extraordinaire de l'œuvre de René Guénon envers la spiritualité contemporaine, et parce que, parmi tous ceux qui s'adressent à l'Occident au nom de la Tradition, il est le seul qui soit en effet qualifié pour cette fonction, nous pensons que la présence de sa signature dans les pages de cette revue sera grandement

Je me demande si, après votre travail sur les traditions roumaines, il ne vous serait pas possible de faire quelque chose sur le symbolisme des icônes, en en faisant naturellement ressortir en particulier la signification hermétique ; voudriez-vous réfléchir à cela ?

Croyez, je vous prie, cher Monsieur, à mes sentiments les meilleurs.

René Guénon

---

appréciée et nous voulons voir dans ce fait la garantie de la parfaite orthodoxie de tout ce qui est contenu dans ces pages.

Nous tenons à citer un texte très important, extrait de l'article *Retour aux origines*, publié sous la signature de M. *Luc Benoist*, dans le numéro du 15 juin 1934, de la revue *La Cité Universitaire* (revue internationale pour les étudiants de la Cité Universitaire de Paris) : "Cependant, et quoi qu'il arrive, ou bien la pensée européenne ou universelle a encore un futur, ou bien elle est menacée dans ses fondements ; l'œuvre de René Guénon est, dans cette perspective, le phénomène le plus important qui soit arrivé depuis le 16ᵉ siècle. Cette œuvre rétablit l'universalité de la connaissance. Elle efface trois siècles de séparatisme. Elle offre aux jeunes, dégoutés par la philosophie officielle, abrutis par une analyse sans objectif et sans mesure, l'opportunité d'une compréhension véritable, et d'une libération finale. Même si cette œuvre ne devait servir qu'un seul esprit prédestiné, son existence providentielle se trouverait alors justifiée" » [Passage traduit du roumain par l'éditeur]. [*N.d.É.*]

COMPTES RENDUS

John Laird. – *Problems of the self.* – 1 vol. *in-8°* de 375 pages, Londres, Macmillan, 1917[1].

Cet ouvrage est le développement d'une série de conférences faites en mars 1914 à l'Université d'Édimbourg.

L'auteur se propose de montrer l'insuffisance de la « psychologie sans l'âme », c'est-à-dire d'une conception phénoméniste de la psychologie ; mais il ne s'en tient pas à ce point de vue négatif, et il veut indiquer aussi ce qu'est la « psychologie avec l'âme » : pourquoi faut-il admettre une âme, et en quel sens précis doit-on l'entendre ? M. Laird emploie le mot « self » (difficile à traduire en français, et qu'on ne peut guère rendre que par « le soi ») de préférence à d'autres termes tels que « personne », « âme », « esprit », *etc.*, parce qu'il lui paraît plus large et moins déterminé, et, par suite, moins susceptible de faire préjuger d'une certaine solution des problèmes dont il s'agit.

Ces problèmes, M. Laird s'attache d'abord à en faire ressortir l'importance primordiale pour l'homme, importance qui, selon lui, doit en faire en quelque sorte le centre et la clef de voûte de toute philosophie. Cherchant ensuite de quelle façon on doit aborder ces questions, auxquelles il n'a d'ailleurs pas la prétention de donner une réponse définitive, il trouve que le meilleur point de départ consiste dans l'analyse de ce qu'il appelle « expériences », entendant par là ce qu'on nomme plus habituellement « états de conscience », « processus mentaux », *etc.* Cette analyse est précisément ce qui fait l'objet de la psychologie ; mais ici il faut aller plus loin, car les problèmes du « self » et de sa nature dépassent manifestement le domaine de l'investigation psychologique. Est-ce à dire que l'étude qui en est faite ici relève de

---

[1] *Revue philosophique*, mai 1919 ; repris dans la revue *Science Sacrée*, n° spécial René Guénon, 2003. [*N.d.É.*]

l'ordre métaphysique, ou s'efforce-t-elle simplement d'y conduire ? En tout cas, l'auteur, au début, se garde de préciser si le point de vue auquel il va se placer est métaphysique ou psychologique.

Quoi qu'il en soit, M. Laird, pour commencer, essaie de définir ce qu'est l'objet de la psychologie ; il montre qu'il est insuffisant d'opposer le psychique au physique, car tout ce qui n'appartient pas au monde physique n'est pas, nécessairement et par là même, de nature psychique. Les « expériences » ne peuvent être définies par quoi que ce soit d'autre ; l'analyse psychologique, qui cherche à en connaître la nature, est, soit directe, soit indirecte. L'analyse indirecte peut être appelée « interprétative » et elle se base sur l'étude des langues, des institutions, *etc.* ; quant à l'analyse directe, ce n'est pas autre chose que l'introspection. De là une discussion sur la possibilité de l'introspection et la valeur des résultats qu'elle permet d'obtenir. L'introspection montre que le caractère commun à toutes les « expériences », c'est d'être, non pas des objets pour la conscience, primitivement du moins, mais des modes de relations à un objet ; et cela est vrai pour le sentiment aussi bien, quoique moins manifestement, que pour la connaissance et la volonté. Cette division habituelle des « expériences » en trois classes a un fondement logique qui est le suivant : la connaissance est « adynamique », car elle ne cherche pas à changer son objet et n'est pas affectée par lui ; les deux autres classes sont « dynamiques », mais de façons différentes : le sentiment est essentiellement passif, étant la manière dont le sujet est affecté consciemment par l'objet ; la volonté, au contraire, est l'action ou la réaction consciente du sujet à l'égard de l'objet. Ces diverses sortes d'« expériences », malgré leur distinction, ne sont point isolées, elles sont toujours liées et unies entre elles à chaque moment de la vie psychique ; quel est donc le principe de leur unité ? De plus, chaque moment est lié aussi à ceux qui l'ont précédé et à ceux qui le suivront ; comment expliquer cette continuité ? Ainsi se trouve posée la question du « self » ou de l'âme ; mais, avant de l'aborder définitivement, il faut traiter encore un certain nombre de problèmes préliminaires.

Le premier de ces problèmes est celui du rapport du « self » avec le corps. L'essence du « self » est d'être conscient, et la conscience n'est pas un objet, mais un acte impliquant une relation à un objet. Ce qui porte à confondre le corps avec le « self », ou tout au moins à le regarder comme en faisant partie, c'est surtout la difficulté de distinguer des données du « sens interne » (entendu au sens littéral, comme se rapportant aux sensations des organes internes) de certains éléments proprement psychiques, d'ordre affectif principalement. Bien entendu, la distinction établie entre le corps et le « self » ne tend pas à nier que le corps est « nôtre », mais seulement qu'il est « nous-même ».

Ensuite, l'auteur fait la critique des diverses théories suivant lesquelles le « self » serait constitué essentiellement par telle ou telle classe particulière d'« expériences », sentiment, volonté ou intelligence. Plusieurs chapitres sont consacrés à cette discussion, basée sur une analyse psychologique que nous ne pouvons suivre ici, car il faudrait entrer dans le détail pour en faire ressortir l'intérêt. Cette discussion a beau être entreprise et conduite en vue de conclusions qui peuvent être extrapsychologiques, elle n'en est pas moins, en elle-même, d'ordre purement psychologique, à l'exception de quelques points qui y sont envisagés plus ou moins incidemment, comme la question de la finalité (psychique et biologique), à propos de laquelle sont examinés les arguments du néo-vitalisme. Nous signalerons encore, dans cette partie, le chapitre relatif au « primat de la raison pratique » ; mais a-t-on vraiment le droit d'appeler métaphysiques, comme le fait M. Laird, les théories de Kant et de ses successeurs « volontaristes » à cet égard, ou même celle (dont la position est d'ailleurs notablement différente) de M. Bergson ?

Les traits les plus caractéristiques du « self » sont, comme on l'a vu déjà, l'unité et la continuité, qui constituent ce qu'on peut appeler l'« identité personnelle ». L'auteur s'attache donc à montrer l'existence réelle de cette unité et de cette continuité dans les « expériences » telles qu'elles nous sont connues par l'introspection, et en envisageant successivement, ici encore, l'intelligence, le sentiment et la volonté. Toutefois, comme il y aurait danger à exagérer cette unité, il faut aussi en faire ressortir les limitations ; le seul point qui importe, c'est qu'une certaine unité se retrouve dans tous les éléments de la vie mentale.

Comment cette unité est-elle possible ? Puisque la continuité du « self » implique la conservation du passé, quelles sont les conditions de cette conservation ? En laissant de côté pour le moment l'explication par une âme substantielle, distincte du « moi » phénoménal, il y a deux théories principales à considérer. La première est physiologique, et regarde la conservation comme étant simplement une fonction du cerveau. La seconde est psychologique, et affirme que la continuité du « self » dépend de la persistance des dispositions psychiques ; cette théorie n'est d'ailleurs intelligible que si l'on admet l'existence de la subconscience. L'auteur insiste sur le caractère hypothétique de ces deux explications, de la première surtout, et sur l'impossibilité de prouver qu'elles sont suffisantes. L'existence d'éléments subconscients, et leur présence dans toutes nos « expériences », ne paraissent pas contestables, mais la question est de savoir si elles rendent compte entièrement de l'unité de la vie consciente ; cela est possible, mais n'est nullement démontré, et, par suite, le parti le plus sage est de suspendre notre jugement, En tous cas, il n'a pas été trouvé jusqu'ici d'arguments concluants en faveur de la « psychologie sans l'âme ».

M. Laird recherche ensuite ce que peut fournir, pour éclairer les problèmes du « self », l'examen de certains cas anormaux, comme celui des « personnalités multiples ». Les faits de ce genre constituent la meilleure épreuve pour la vérité d'une théorie du « self », car ils permettent une application de la « méthode de différence » : pour qu'on soit amené à parler d'une dissociation de la personnalité, il faut que celle-ci soit altérée dans ce qu'elle a de plus essentiel, et, même s'il n'y a pas réellement dissociation à proprement parler, il y a intérêt à se demander ce qui en donne l'illusion. Il faut voir, non seulement s'il y a dissociation d'une personnalité, mais aussi s'il y a dissociation en des personnalités nouvelles, c'est-à-dire si chacun des états qui se produisent alors présente les caractéristiques du « self » ; une autre question encore est de savoir si une pluralité de personnalités peut exister dans un même corps simultanément, ou seulement successivement. L'étude des faits conduit à ceci : si l'on affirme que le « self » doit posséder à un haut degré l'unité et la continuité, on doit admettre qu'il peut y avoir réellement des personnalités multiples ; si au contraire on se contente d'accorder au « self » une unité toute relative, les cas anormaux n'apparaissent plus que comme une exagération des changements qui se produisent dans la vie ordinaire. D'ailleurs, en tenant compte de ces changements, la première hypothèse devrait logiquement amener à penser que les personnalités multiples sont la règle et non l'exception, car nous sommes vraiment différents aux différentes époques de notre vie ; seulement, les changements ne sont pas aussi soudains dans les cas normaux que dans les cas anormaux. Cette conséquence, assez difficile à accepter, montre qu'il faut se garder de concevoir l'unité du « self » comme étant nécessairement une unité absolue, et qu'il vaut mieux penser qu'elle peut être moindre qu'on ne le suppose d'ordinaire.

La conception du « self » comme substance est traitée, au point de vue historique, par l'étude des discussions auxquelles elle a donné lieu dans la philosophie moderne. L'auteur expose principalement, sur ce sujet, la doctrine de Descartes, qui maintient la substantialité de l'âme, mais en l'affirmant plus qu'il ne la prouve, celle de Hume, qui la nie au contraire, et celle de Locke, pour qui il n'importe pas que l'âme soit ou non considérée comme substance ; il y joint un aperçu des opinions de Kant et de Hegel. Il pense que les empiristes ont raison dans leur critique contre certaines conceptions de la substance, dont l'une est celle qui la regarde comme une idée parmi d'autres idées, ou comme une chose parmi d'autres choses, et dont une autre est celle qui sépare les qualités de la substance de telle manière que les qualités elles-mêmes tendent à être regardées comme des substances. Mais il y a une autre possibilité : pourquoi la substance ne serait-elle pas simplement une expression de la nécessité de l'union des qualités ? Toute chose qui existe a des qualités multiples, elle peut n'avoir pas d'autre contenu que celles-ci, mais elle n'est pas uniquement pour cela un agrégat de ces qualités ; les qualités doivent être unies, et cette nécessité peut être le principe même de la substance. On échapperait ainsi à la négation pure et simple de Hume, tout en écartant, au moins comme inutile, la conception « transcendante » de la substance ; ceci permet de prévoir ce que sera la conclusion.

S'il y a une âme, elle doit être une substance, immatérielle et existant dans le temps ; autrement, ce n'est plus une âme, mais quelque chose d'autre. Si l'âme est une substance, est-elle une substance permanente ou indivisible, et en quel sens est-elle supérieure à la matière ? Dire que l'âme est immatérielle, n'est-ce pas la caractériser d'une façon purement négative ? Si on dit qu'elle est dans le temps, faut-il regarder le temps comme absolument réel ? Enfin, et surtout, quel est le rapport de l'âme avec la succession d'« expériences », qui constitue le « moi » empirique ? Pour répondre à toutes ces questions, il faut commencer par se demander ce qu'est la substance, et on peut, pour cela, examiner d'abord les deux définitions qu'en donne Descartes : d'après la première, la substance est *res per se subsistens* ; d'après la seconde, elle est « le support des accidents ». M. Laird soutient que ces deux définitions ne sont pas équivalentes, que les modes ou qualités doivent faire partie intégrante de la notion d'une substance, et que celle-ci est distincte de la notion logique du sujet, même si l'on restreint cette dernière à la considération des sujets qui ne peuvent jamais devenir prédicats. Par suite, il déclare impossible une définition purement logique de la substance ; celle-ci implique, pour lui, non pas seulement l'objectivité ou la réalité entendue dans son sens le plus large, mais l'existence, qui est connue subjectivement par les sens, et qui, objectivement, réside dans le « particulier ». Dans ce dernier terme, il faut comprendre toutes les qualités d'une chose, aussi bien celles qui lui sont spéciales et la différencient des autres choses que celles qui lui sont communes avec d'autres ; et, en outre, comme les qualités sont universelles (nous dirions plutôt générales), il faut une matière ou ὕλη qui joue le rôle de principe d'individuation. Cette matière ou substratum n'est pas une chose particulière distincte, mais un élément de toute chose particulière, élément qui fait précisément que cette chose est particulière, et qu'elle l'est d'une façon irréductible. On revient ainsi à une conception qui, en apparence, se rapproche de la conception aristotélicienne : toute substance se compose d'une matière et d'une forme ; seulement, il ne faut pas oublier que la substance n'est ici que l'unité spécifique des qualités d'une chose particulière. Quel est donc le genre d'unité que nous attribuons à ces choses, et dans quelles limites croyons-nous à l'identité d'une chose, alors que celle-ci subit pourtant des changements dans certaines de ses parties constitutives ? En fait, une chose, dans ces conditions, peut ou ne peut pas être dite la même, suivant le degré d'unité que nous entendons exprimer par là. Si le changement est continu, on pourra toujours trouver dans son cours un état qui sera identique à l'un des extrêmes, un certain degré d'identité étant donné, alors qu'un autre état plus éloigné ne le sera plus ; il faudra donc dire que, dans l'intervalle, il y a eu passage d'une substance à une autre. Cette conception trouve son application dans le problème de la substantialité des organismes : un organisme est ou n'est pas un et distinct, suivant que cette unité et cette distinction sont définies d'une façon ou d'une autre. De même pour la substantialité du « self » : tant qu'il y a une unité caractéristique des « expériences », il existe une âme particulière, dont ces « expériences » sont en quelque sorte la matière. L'âme est l'unité des « expériences » ; sa substantialité n'est pas autre chose que le fait que toute « expérience » donnée doit faire partie d'une telle unité. Ce qu'est cette unité, il faudrait le préciser pour le « self » aussi bien que pour les autres choses particulières ; le minimum d'unité et de continuité requis pour qu'on puisse parler d'identité personnelle peut être très petit, et, en tout cas, l'unité de l'âme à travers le cours de son existence est naturellement moindre que son unité à un moment déterminé. En somme, il faut accepter l'âme telle que l'observation nous la découvre, sans la croire plus permanente ou plus parfaite qu'elle n'est réellement, mais sans tomber non plus dans l'erreur contraire. Avec cette façon de l'envisager, l'immortalité, comportant la conservation de l'identité personnelle, reste cependant possible : si l'âme est différente du corps, elle peut lui survivre, à moins qu'il ne soit prouvé que le corps est nécessaire à son existence ; et, si l'âme peut survivre au corps, elle peut être immortelle au sens le plus strict, c'est-à-dire indestructible ; mais, en dehors d'une révélation surnaturelle, c'est là tout ce qu'on peut dire sur cette question.

Ce qui nous paraît présenter le plus d'intérêt dans l'ouvrage dont nous venons d'indiquer les grandes lignes, ce sont les analyses et les discussions qui en forment la partie proprement psychologique, et dont nous n'avons pu malheureusement donner qu'une idée très incomplète ; mais on peut regretter que ces discussions n'aboutissent presque jamais à une conclusion nette. S'il ne s'agissait que de psychologie, cela n'aurait peut-être pas une très grande importance ; ce ne serait même pas un défaut à proprement parler, car ce serait inévitable sur bien des points. Seulement, dans l'intention de l'auteur, il s'agit évidemment d'autre chose : toute cette partie psychologique n'est qu'une sorte d'introduction, très étendue puisqu'elle occupe plus de la moitié du livre, à des considérations qui, pour lui, doivent avoir une portée métaphysique ; mais l'ont-elles vraiment ? M. Laird semble avoir cherché, peut-être involontairement, à établir une sorte de compromis entre le substantialisme et le phénoménisme ; tout en se déclarant opposé à cette dernière doctrine, il développe une conception de la substance telle qu'un phénoméniste même pourrait sans grand inconvénient en accepter la plupart des conséquences ; en particulier, la possibilité d'immortalité à laquelle elle conduit est-elle bien différente de celle que Renouvier introduisait dans son «personnalisme» ? Sur cette question de la substance, nous ne pouvons entrer dans une discussion approfondie, qui dépasserait de beaucoup les limites d'un compte rendu ; qu'il nous soit permis cependant de signaler combien est contestable la distinction radicale que M. Laird veut établir entre la notion de substance et celle de sujet logique. S'il avait envisagé la question telle qu'elle se présente dans la philosophie ancienne, au lieu de se borner à la philosophie moderne, il aurait vu que le premier sens de la notion de substance, chez Aristote notamment, n'est rien d'autre que le sujet logique ; et d'ailleurs, dans la philosophie moderne elle-même, il aurait pu trouver une position identique chez Leibnitz, dont nous nous étonnons qu'il ne dise rien. Le sens que M. Laird entend attacher exclusivement à la substance est tout à fait secondaire et dérivé : des deux définitions de Descartes, celle qu'il donne comme la première n'est en réalité qu'une conséquence de la seconde, car c'est le sujet qui est *res per se subsistens*, ou, pour parler comme Spinoza, « ce qui est en soi et par soi », les qualités ne pouvant avoir d'existence que dans et par le sujet. Assurément, chacun peut avoir le droit d'appeler substance ce qu'il lui plaît ; mais, s'il ne s'agit que de conserver un mot, cela en vaut-il vraiment la peine ? Et, si on trouve une notion nouvelle pour remplacer celle de substance, ne serait-il pas préférable de l'indiquer franchement, sans fausse modestie, en la désignant par un terme nouveau ?

Un des mérites incontestables d'un ouvrage comme celui-là, c'est de montrer que la psychologie, aussi bien d'ailleurs que toutes les autres sciences, pose des questions qui la dépassent et qu'elle est incapable de résoudre ; mais précisément, si ces questions ne comportent pas de solution psychologique, comment peut-on espérer qu'on parviendra à y répondre en prenant pour base l'introspection et l'analyse des phénomènes mentaux ? La psychologie, à cet égard, est exactement dans la même situation que les autres sciences de faits ; il ne faudrait pas laisser croire, comme beaucoup n'y ont que trop de tendance, qu'elle a plus de rapports que les autres, ou des rapports plus étroits, avec la métaphysique. En partant de l'observation, on arrive à formuler des lois scientifiques, mais rien de plus, et, quand on se trouve en présence de questions comme celles dont nous parlons ici, on ne peut que constater la relativité de la science et ses limitations. Quant au domaine métaphysique, il ne pourra jamais être atteint de cette façon, parce qu'il constitue un ordre de connaissance essentiellement et profondément différent du domaine scientifique ; et en tout cas, même si on veut essayer de relier l'un à l'autre, ce ne sont certainement pas les sciences de faits qui en fourniront le moyen. On peut bien, en se plaçant à un point de vue quelconque, et même sans définir son point de vue, faire sur une question donnée toutes sortes d'hypothèses, mais ce n'est pas là, pour nous, de la métaphysique véritable. Pour qu'il y ait métaphysique, il ne suffit pas que les questions envisagées soient métaphysiques par leur nature ; il faut encore qu'elles soient traitées métaphysiquement, et ce n'est pas le cas ici. Le psychologue qui lira ce livre pourra en tirer le plus grand profit, mais le métaphysicien qui se fierait aux promesses du titre en éprouvera quelque déception.

Proceedings of the Aristotelian Society. New series, vol. XVIII, 1917-1918. Londres, Williams and Norgate, 1918 ; vol. *In 8°*, 655 pages[1].

H. Wildon Carr. *The interaction of mind and body.* – (L'action réciproque de l'esprit et du corps.)

La grande difficulté, pour résoudre la question qui est abordée ici, provient de l'impossibilité de concevoir un enchaînement causal entre les phénomènes psychiques et les phénomènes physiques ; c'est pour y échapper que certains se sont réfugiés dans des théories « parallélistes ». Cependant, l'action réciproque de l'esprit et du corps est, non pas une vue théorique, mais un fait qu'il s'agit d'expliquer. Les deux éléments en présence sont hétérogènes, mais néanmoins solidaires ; seulement, cette relation de solidarité doit être conçue comme différente à la fois de la causalité et du parallélisme. La causalité impliquerait une série unique dans laquelle devraient entrer à la fois les événements mentaux et corporels ; le parallélisme, de son côté, impliquerait deux séries complètement indépendantes, bien que se correspondant point par point. La solidarité est la coopération de deux systèmes distincts, dont chacun est une organisation individuelle ayant sa nature propre ; il y a adaptation continuelle de l'esprit et du corps, mais de telle façon que c'est la totalité du système mental qui agit sur la totalité du système corporel ou inversement, et non une partie de l'un sur une partie de l'autre. Les principes des deux organisations sont antithétiques, parce que la vie est à la fois activité et durée : le corps est la réalisation concrète de l'activité, l'esprit celle de la durée ; l'opposition qu'ils représentent est, à un autre point de vue, celle de la nécessité et de la liberté. L'action réciproque de l'esprit et du corps n'est pas l'unification d'une diversité originelle : elle exprime, au contraire, une différenciation « dichotomique », inhérente et nécessaire au processus de réalisation de l'action vitale.

La théorie esquissée dans cette étude soulève assurément plus d'une difficulté ; elle suppose notamment une conception de la « structure mentale » et une définition de la vie qu'il est permis de trouver discutables. Cependant, telle qu'elle est, elle nous apparaît comme bien préférable au parallélisme, ne serait-ce qu'en ceci, qu'elle envisage le composé humain comme composé, au lieu de le séparer en deux

---

[1] Les comptes rendus suivants ont paru dans la *Revue philosophique*, juil. 1919 ; repris dans la revue *Science Sacrée*, n° spécial René Guénon, 2003. [*N.d.É.*]

parties entre lesquelles il ne peut y avoir aucun rapport véritable, comme on en a pris la fâcheuse habitude depuis Descartes ; et c'est là, à notre avis, un immense avantage.

F. W. Thomas. – *Indian ideas of action and their interest for modern thinking.* – (Les idées indiennes de l'action et leur intérêt pour la pensée moderne.)

Suivant la doctrine indienne du *karma* ou de l'action, l'état présent d'un être est déterminé comme résultat de ses actions antécédentes, et toute action produit un *samskâra*, impression ou disposition latente qui sera de même une condition d'un état ultérieur. Cet enchaînement causal est regardé comme une loi cosmique, et la conception en est étendue assez généralement jusqu'à la nature inanimée. M. Thomas veut montrer tout d'abord l'analogie de cette vue avec certaines théories modernes, plus spécialement biologiques, comme celle de Semon ; il va même jusqu'à assimiler la « mneme » de celui-ci au *karma*, et ses « engramms » aux *samskâras*. Il examine ensuite les théories grammaticales et logiques de l'action chez les Indiens, en insistant sur les différentes significations des notions verbales, qui semblent pouvoir se classer en « existence », « accomplissement » et « changement » ; puis il cherche à préciser la conception de la catégorie de l'action, en comparant sur ce point la doctrine d'Aristote avec les précédentes. Discutant la question de savoir si toute action doit être considérée comme momentanée, il arrive à établir la classification suivante : 1° actions, momentanées ou totales, et répétitions de celles-ci ; 2° efforts et résistances, momentanés ou continus ; 3° changements, momentanés ou composés ; 4° évolution ou transformation continue. L'étude de l'action (y compris l'action mentale) au point de vue de la durée semble donner lieu à trois concepts : instantanéité, continuité et totalité ; cependant, la nature temporelle de l'action paraît consister, non en ce qu'elle occupe une certaine durée, mais plutôt en ce quelle arrive à un certain moment. Quant à la conception de l'action en physique, le mouvement peut être une action, sinon de la chose même qui se meut, du moins de tout le système dans lequel cette chose est comprise ; mais l'auteur ne fait qu'indiquer ce dernier ordre de considérations.

Bien des points de ce travail donneraient lieu à une discussion intéressante, mais que nous ne pouvons songer à entreprendre ici. Nous nous bornerons donc à une remarque d'une portée tout à fait générale : c'est que M. Thomas ne s'est peut-être pas suffisamment gardé du danger de rapprocher les idées indiennes et les idées européennes modernes bien plus que ne le permet légitimement la nature des unes et des autres. La différence qui existe entre les modes de la pensée orientale et ceux de la pensée occidentale est, pour nous, si profonde et si irréductible qu'un même mot, celui de philosophie ou tout autre, ne peut servir à les désigner également. Des ressemblances comme celles que signale M. Thomas nous paraissent beaucoup plus superficielles qu'il ne le croit, parce que les points de vue représentés par les conceptions qu'il compare ne sont aucunement les mêmes de part et d'autre ; une doctrine métaphysique (d'ailleurs nullement morale ou religieuse à notre sens) et une théorie biologique ne peuvent à aucun degré comporter la même signification.

G. Dawes Hicks. – *The « modes » of Spinoza and the « monads » of Leibnitz.* – (Les « modes » de Spinoza et les « monades » de Leibnitz.)

On insiste souvent sur l'opposition de la philosophie de Spinoza, avec sa Substance universelle unique, et de celle de Leibnitz, qui regarde comme fondamentale la multiplicité absolue des substances individuelles. Cependant, l'auteur de cette étude s'est proposé de montrer que la contradiction des deux doctrines est plus apparente que réelle, et qu'il y a bien des rapprochements à faire entre elles, à la fois quant aux résultats qu'elles atteignent et quant aux difficultés qu'elles soulèvent. Son examen comparatif porte successivement sur la question des rapports de l'essence et de l'existence, sur la conception de l'activité comme principe de l'individualité, sur la distinction des degrés de développement des êtres individuels, et enfin sur la relation des individus finis avec Dieu. Les interprétations proposées sont fort intéressantes, encore que certaines soient peut-être contestables ; nous regrettons que les limites de ce compte rendu ne nous permettent pas d'en discuter au moins quelques-unes. L'auteur, dans sa conclusion, fait ressortir l'intérêt actuel, et non pas simplement historique, des questions qu'il a envisagées au cours de son exposé.

W. Wallace, S. J. – *De l'Évangélisme au Catholicisme par la route des Indes,* traduction de l'anglais par L. Humblet, S. J. Introduction par Th.

Hénusse, S. J. – Un vol. *in-8°* de 306 pp. Albert Dewit, Bruxelles, 1921[1].

Voici un livre fort intéressant à plusieurs points de vue : d'abord, en un sens à la fois religieux et psychologique, comme autobiographie de l'auteur et comme description des phases par lesquelles il est passé et qui ont abouti à sa conversion ; ensuite, par la critique très sérieuse qui y est faite du Protestantisme, spécialement sous le rapport du manque de principes et du défaut d'autorité ; enfin, et c'est là ce qui a surtout retenu notre attention, par les vues extraordinairement justes qu'il renferme sur l'esprit de l'Inde et le véritable sens de ses doctrines.

L'auteur, originaire du Nord de l'Irlande, appartenait à la « Basse Église », c'est-à-dire à la fraction de l'Anglicanisme qui est la plus éloignée du Catholicisme, et dont tout le credo se réduit en somme à cette unique formule : « Crois au Seigneur Jésus et tu seras sauvé ». Vers l'âge de dix-huit ans, après de longs efforts, W. Wallace arriva à l'« acte de foi » ; cette foi au Christ ne devait jamais l'abandonner par la suite, mais on peut dire qu'elle était alors la seule certitude qu'il possédât. Entré dans les ordres anglicans, il fut, au bout de quelques années de ministère durant lesquelles il éprouva déjà « un sentiment d'impuissance et de stérilité terrible », envoyé sur sa demande comme missionnaire au Bengale. C'est là que, constatant les pitoyables résultats obtenus par l'Anglicanisme, il découvrit que les causes de cet échec « se ramassaient en une racine unique : l'absence d'une autorité chrétienne suprême et universelle ». L'Hindou s'étonne d'une religion dont le dernier mot lui apparaît être : « Fais à ta guise », et il la juge inférieure à la sienne qui, comme le dit le P. Hénusse dans son introduction, « s'impose tout à la fois par la haute valeur spirituelle d'une doctrine très nette et par l'autorité vénérable d'une tradition multiséculaire ». Cette supériorité de la doctrine hindoue à l'égard du Christianisme anglican, W. Wallace n'hésite pas à la reconnaître et à la proclamer franchement ; et il semble bien qu'il n'ait jamais partagé un seul instant les préjugés de ses confrères, qui, sans rien connaître de cette doctrine, l'écartaient en bloc comme indigne de leur examen.

Il fallait déjà être bien dépourvu d'un certain parti pris pour se mettre, dans de semblables conditions, à faire des doctrines de l'Inde une étude approfondie ; il fallait l'être bien plus encore, et d'une autre

---

[1] *Revue de philosophie*, mars-avril 1922 ; repris dans la revue *Science Sacrée*, n° spécial René Guénon, 2003. [N.d.É.]

façon, pour y trouver ce que l'auteur y trouva ; et c'est probablement parce qu'il n'avait rien d'un « orientaliste » de profession qu'il put arriver à comprendre ces choses. Voici d'ailleurs le jugement qu'il porte sur les traductions anglaises des livres sacrés de l'Inde : « Souvent la traduction était obscure au point d'être inintelligible, et, même là où l'on pouvait comprendre, les idées paraissaient tellement étranges que je n'en pouvais tirer pratiquement aucun parti. Il me devint rapidement évident que les termes anglais ne pouvaient correspondre exactement aux idées qu'ils prétendaient rendre, si bien que d'étudier les livres sacrés des Hindous dans des traductions anglaises était pis qu'une perte de temps… » Et, après avoir appris le sanscrit suffisamment pour lire les textes mêmes, « je reconnus ce que j'avais fortement soupçonné, que la langue anglaise ne rendait ni ne pouvait rendre la pensée de l'original, et que les traductions n'étaient utiles qu'aux mains de ceux qui connaissaient par ailleurs le tour de pensée hindou. Souvent leur usage ne se bornait pas à être inutile, car non seulement la pensée n'était pas rendue ni saisie, mais à sa place, dans l'esprit du lecteur, s'établissait une absurde contrefaçon ». C'est là très exactement ce que nous pensons nous-même à cet égard, et on peut étendre ce jugement à tous les travaux des orientalistes en général.

Citons aussi l'appréciation de l'auteur sur les Hindous, qui n'est pas moins juste : « Outre leurs vertus naturelles, je découvrais en eux de la pensée et de la spiritualité. Ils étaient penseurs, penseurs originaux et religieux, montraient une très grande finesse et une vraie puissance d'observation. Je parle évidemment surtout des brahmanes, mais aussi des paysans… Maintes fois, leur force logique m'étonna aussi, et la profondeur de leur pensée qui, cependant, semblait toute simple… Il est une chose que je puis affirmer avec certitude : jamais je n'ai rencontré de gens avec qui il fût plus facile d'entrer en relations d'idées que les Hindous, ni qui fussent plus intéressants dans ce genre de causerie, ni qui eussent plus de goût pour cette sorte de conversation… Seulement, il fallait apprendre leur langue métaphysique et religieuse et pouvoir parler en termes répondant à leur pensée ; quand nous leur servions les formules de nos conceptions religieuses, ils ne comprenaient guère et goûtaient moins encore. »

Quant à la compréhension même des idées et des doctrines, « le premier fait qui jeta quelque lumière sur la question, ce fut cette affirmation d'un natif que, dans la religion hindoue, tout tendait à acquérir l'« absorption » ou l'« extase » (*samâdhi*) comme moyen d'atteindre l'Être Suprême ». C'était là un excellent point de départ, et il était alors facile de se rendre compte que les multiples figures symboliques étaient toutes disposées de façon à être « des aides pour la concentration de l'esprit », ce qui est effectivement leur rôle essentiel. « Avec insistance, les Hindous nous affirmaient que l'idole n'était qu'une commodité, comme le signe *x*, employé par les algébristes pour désigner la quantité inconnue… J'en venais à me demander jusqu'à quel point ce culte des choses créées méritait, pour eux, le nom d'idolâtrie ». Nous pourrions, pour notre part, affirmer plus nettement qu'il n'y a là véritablement aucune idolâtrie, mais nous devons reconnaître que c'est la première fois que nous voyons cette idée exprimée par un Occidental, même sous une forme simplement dubitative.

Si l'auteur n'est pas allé jusqu'à une assimilation parfaite et totale de l'Intellectualité hindoue, il est cependant allé déjà très loin en ce sens, beaucoup plus loin même que ne le comporterait une connaissance simplement théorique. Nous en avons la preuve dans les pages qu'il consacre au *Nirvâna*, et dont nous tenons à reproduire quelques passages : « Je consultai là-dessus les dictionnaires, je consultai les auteurs d'Europe, je comparai les livres sanscrits, j'étais certain d'une chose : ce n'était pas ce que décrivaient mes livres, un pur et simple anéantissement. Car, comme le disait le *Sâmkhya* en faisant allusion à cette question, le grand vide ne saurait être l'objet de l'ambition de l'homme… Je sentais que quelque chose dans la religion hindoue se dérobait à moi. Je ne la saisissais pas, sans savoir pourquoi. Cependant, un jour, comme je méditais cet enseignement, ce perpétuel enseignement sur le *Nirvâna* et le *Samâdhi*, essayant d'en sonder le sens, Dieu, je pense, vint à mon aide. Comme dans la lueur d'un éclair, je perçus ce que ces formules cachaient peut-être plus qu'elles ne l'exprimaient ; je me rendis compte, je « réalisai » le terme sublime de l'aspiration hindoue, cet idéal qui fascinait tout esprit hindou, qui influait sur toute activité hindoue. Ce fut plutôt une illumination intérieure qu'une découverte. Cela défiait toute description. » Et cette « illumination » véritable, sur la nature de laquelle il n'est pas possible de se tromper quand on connaît ce dont il s'agit, lui montra que le *Nirvâna* n'était pas une « absorption en Dieu », du moins au sens où l'entendent les Occidentaux qui se mêlent d'en parler sans en rien savoir : « Il n'y avait, certainement, pas extinction de la personnalité, extinction de l'être, mais plutôt une *réalisation de personnalité* dans une absorbante communion de splendeur infinie. » On ne saurait mieux dire, et c'est nous qui soulignons les mots « réalisation de personnalité », parce qu'ils sont ceux mêmes que nous avons, de notre côté, adoptés depuis longtemps comme la meilleure expression que les langues occidentales puissent nous fournir pour rendre, dans la mesure du possible, ce dont il est question ; il y a là, très certainement, autre chose qu'une simple coïncidence. Et le P. Wallace reproduit ensuite ce qu'il écrivait à cette époque : « Absorbée en une union transcendante, l'âme ne voit que le Suprême, n'est consciente que du Suprême... Pour qui se trouve en présence de l'éternel, rien ne semble demeurer, sinon en Lui, de cette flottante fantasmagorie, rien, pas même l'être propre qui, quoiqu'il existe de fait – puisqu'il connaît et jouit infiniment de connaître, – n'est cependant pas connu consciemment, tant il est absorbé dans la contemplation. Rien ne reste, sinon cette « réalisation » du Suprême qui transfigure l'esprit en soi-même par une transfiguration éternelle... Le *Nirvâna*, à la fois l'abolition de tout et la réalisation de tout ; l'abolition de la fantasmagorie du sens et du temps, de toutes ces ombres qui, quelle que soit notre estime pour elles, *ne sont pas*, quoi qu'elles puissent être, quand nous « réalisons » le *Seul* qui *est*... Ce n'est point une extinction, mais une réalisation, la réalisation du *Vrai* par le *vrai*. » Tous les essais d'interprétation des orientalistes apparaissent absolument dérisoires auprès de ces lignes où un homme qui avait acquis autre chose qu'une connaissance « livresque » essayait de décrire ce qu'il avait *vu* « quoique seulement par transparence, obscurément ».

Ces derniers mots prouvent bien que, comme nous le disions, il n'a pas été jusqu'au bout ; « mais ce que j'avais vu, je l'avais vu », ajoute-t-il, et une connaissance de cet ordre, même si elle demeure obscure et enveloppée, est pour celui qui l'a acquise quelque chose que rien ne pourra jamais lui faire perdre. Tous les Hindous avec qui W. Wallace était en relation reconnurent sans peine à quel point il en était arrivé ; par leurs paroles et par leur attitude, ils l'assurèrent « qu'il avait trouvé », et l'un d'eux lui dit : « Tout ce que vous avez qui vaille, c'est de nous que vous l'avez appris », ce que lui-même ne faisait aucune difficulté pour admettre, pensant « avoir plus reçu de l'Inde qu'il ne saurait jamais lui donner ».

Après avoir compris ces choses (et il y a encore bien d'autres considérations que, malgré leur intérêt, nous sommes obligé de passer sous silence), le Rév. Wallace ne pouvait plus rester ce qu'il était : il n'avait nullement perdu la foi chrétienne, mais en lui « le Protestantisme s'était miné lentement » ; aussi sa conversion au Catholicisme suivit-elle d'assez près son retour en Europe, après un séjour en Amérique qui lui fit faire, entre la civilisation hindoue et la civilisation occidentale poussée à l'extrême, une comparaison qui n'était point à l'avantage de cette dernière. Il y eu cependant encore quelques luttes au moment de sa conversion, et même au début de son noviciat dans la Compagnie de Jésus : ce qu'on lui présentait lui paraissait « petit » et « étroit » à côté de ce qu'il connaissait ; il ne rencontrait pas précisément de difficultés d'un caractère positif, mais on exigeait de lui des négations qui venaient probablement surtout d'une certaine incompréhension chez ses directeurs, et divers passages montrent qu'il dut, par la suite, s'apercevoir que l'opposition et l'incompatibilité prétendues des conceptions hindoue et catholique étaient inexistantes : n'écrit-il pas que le *Sanâtana Dharma* (la « loi éternelle » des Hindous) est le naturel « pédagogue menant au Christ », et n'exprime-t-il pas le regret que « les catholiques ne s'en rendent pas compte pleinement » ? « Le *Sanâtana Dharma* des sages hindous, lisons-nous encore ailleurs, comme je l'entendais maintenant, procédait exactement du même principe que la religion chrétienne. Seulement, c'était une tentative d'exécuter chacun pour soi, isolément, ce que le Christ, selon ma croyance, avait exécuté pour nous tous, d'une manière universelle. Il y avait rivalité ; il n'y avait pas antagonisme. » C'est déjà beaucoup d'avoir reconnu cela ; il y a bien peu d'occidentaux qui l'aient compris, et peut-être moins encore qui aient osé le proclamer ; mais nous pouvons aller plus loin et dire qu'il n'y a même pas rivalité, parce que, si le *principe* est le même en effet, le *point de vue* n'est pas le même. Nous touchons ici au point essentiel sur lequel la compréhension des doctrines hindoues est demeurée imparfaite chez le P. Wallace : c'est qu'il n'a pu s'empêcher de les interpréter dans un sens « religieux », suivant l'acceptation que les Occidentaux donnent à ce mot ; nous n'avons pas à rechercher si ce côté par lequel son esprit était demeuré occidental malgré tout ne fut pas ce qui l'arrêta dans cette voie de « réalisation » qu'il avait si bien entrevue ; mais ce qu'il y a de certain, c'est que c'est cela qui lui fait commettre certaines confusions, regarder notamment comme identiques l'idée de *moksha* et celle du « salut », et dire que le Christianisme a mit à la portée de tous l'idéal même que l'Hindouisme ne pouvait proposer qu'à une élite. Malgré cette réserve que la vérité nous oblige à formuler, il n'en reste pas moins que le livre du P. Wallace constitue pour nous un témoignage d'une valeur et d'une importance exceptionnelles, et que nous avons eu la très grande satisfaction d'y trouver, sur bien des points, une éclatante confirmation de ce que nous pensons et disons nous-même sur l'Inde et ses doctrines.

P. Masson-Oursel – *Esquisse d'une histoire de la philosophie indienne.* – Un vol. *in-8°* de 314 pp. P. Geuthner, Paris, 1923[1].

L'auteur, dans son introduction, affirme l'intention de « prêter la plus vigilante attention aux interprétations que l'Orient tient pour classiques », et il reconnaît même que « nos savants rompus à l'usage de la critique, soit historique, soit philologique, font preuve d'une aversion systématique, non exempte de partialité, à l'égard des traditions indigènes ». C'est fort bien ; mais alors pourquoi, dans le corps même de son ouvrage, ne tient-il guère compte que des résultats plus ou moins contestables de la critique européenne ? Et, quand on a commencé par dénoncer la « superstition de la chronologie », pourquoi se laisser interrompre dans l'exposé d'une doctrine par la préoccupation de suivre une chronologie souvent hypothétique, au grand détriment de l'enchaînement logique des idées ? C'est qu'il est probablement bien difficile, avec la meilleure volonté du monde, de se défaire des habitudes mentales qu'impose une certaine éducation.

La meilleure partie de l'ouvrage, celle qui est la plus exacte et la plus complète, est certainement, comme il fallait s'y attendre, celle qui concerne le bouddhisme. L'auteur rectifie même très justement les interprétations « pessimistes » qui ont cours depuis Schopenhauer ; mais il exagère grandement l'originalité de cette doctrine, dans laquelle il voudrait même voir autre chose que la déviation du brahmanisme qu'elle est en réalité. Ce qu'il exagère aussi, c'est l'influence du bouddhisme sur le développement ultérieur des doctrines hindoues : sans doute, la nécessité de répondre à certaines objections conduit souvent à préciser l'expression de sa propre pensée ; mais cette influence en quelque sorte négative, la seule que nous puissions reconnaître au bouddhisme, n'est point celle qui lui est attribuée ici.

L'exposé des *darshanas* orthodoxes ne nous a pas paru très clair, et d'ailleurs il est fait d'un point de vue bien extérieur ; nous ne croyons pas que le parti pris de vouloir trouver une « évolution » partout soit compatible avec la compréhension véritable de certaines idées. La même remarque vaut pour ce qu'on est convenu d'appeler

---

[1] *Revue de philosophie*, janv.-fév. 1923. [N.d.É.]

l'« hindouïsme », qui est présenté comme le produit d'éléments primitivement étrangers au brahmanisme et auxquels celui-ci se serait adapté tant bien que mal, de telle sorte que la *trimûrti* elle-même ne serait qu'une invention presque moderne ! Les raisons profondes de la distinction entre vishnuïsme et shivaïsme ne sont même pas entrevues ; mais cette question, de même que celle des origines, risquerait de nous entraîner bien loin. Il y aurait beaucoup à dire aussi au sujet du *yoga*, qui n'a jamais pu consister en une attitude « pragmatiste » : comment ce mot pourrait-il convenir là où il s'agit précisément de se libérer de l'action ? Signalons enfin une notion étrangement inexacte de ce qu'est la magie et surtout de ce qu'elle n'est pas ; un « mage » et un « magicien » ne sont pas tout à fait la même chose, non plus qu'un « voyant » et un « visionnaire » ; et traduire *rishi* par « visionnaire » nous paraît une fâcheuse inadvertance.

D'une façon générale, les doctrines de l'Inde sont ici comme rapetissées, si l'on peut dire, en raison même du double point de vue sous lequel elles sont envisagées : point de vue historique d'abord, qui met au premier plan des questions sans importance réelle ; point de vue philosophique ensuite, qui est fort inadéquat à ce dont il s'agit, et bien incapable d'aller au fond des choses, d'atteindre l'essence même des doctrines en question. « La philosophie est partout la philosophie », nous dit-on ; mais y a-t-il vraiment de la philosophie partout ? On nous accordera bien, tout au moins, qu'il n'y a pas que cela dans le monde ; et nous ne sommes pas très sûr que certains indianistes « se soient bien trouvés d'avoir possédé dès l'abord une culture philosophique à l'européenne » ; en tout cas, nous n'avons eu, pour notre part, qu'à nous féliciter d'avoir pu connaître au contraire les doctrines de l'Orient avant d'étudier la philosophie occidentale.

P. V. Piobb. – *Le secret de Nostradamus et de ses célèbres prophéties du XVII*e *siècle*[1] – 224 pp., Adyar, Paris, 1927.

C'est un livre très curieux, dont l'auteur, qui pense avoir trouvé enfin la clef des célèbres prophéties de Nostradamus, a eu seulement le tort de ne pas s'expliquer assez nettement sur la méthode qu'il emploie pour parvenir à certains résultats, ce qui en rend la vérification difficile. Quoi qu'il en soit, et malgré les réserves qu'appelleraient peut-être quelques

---

[1] *Vient de paraître*, nov. 1927. [*N.d.É.*]

déductions poussées un peu loin, il nous paraît certain qu'il y a un fondement sérieux dans l'interprétation des « Centuries » suivant un système « chrono-cosmographique » lié à la connaissance des « lois cycliques », car, par une coïncidence assez remarquable, nous avons pu, d'autre part, constater nous-même l'existence de quelque chose d'analogue dans l'œuvre de Dante. Nous signalerons aussi particulièrement les considérations relatives à la mutation des symboles en correspondance avec certaines périodes historiques et le chapitre consacré à la topographie de Paris, qui est un des plus intéressants, et qui se rattache à ce que nous avons appelé la « géographie sacrée » ; les prédictions concernant le prochain avenir sont moins satisfaisantes, mais ce n'est là, quoi que certains puissent en penser, qu'une application très secondaire. Cet ouvrage nous change fort avantageusement des habituelles élucubrations « occultistes », et il est à souhaiter que l'auteur développe par la suite, comme ils le mériteraient, divers points auxquels il n'a pu faire que de trop brèves allusions.

DEUXIÈME PARTIE

LE CENTRE SPIRITUEL ET LE MONDE

I

LES CENTRES INITIATIQUES[1]

La méthode dont il est ici question a un caractère particulier par lequel elle se distingue essentiellement de toutes celles qui pourraient, à première vue, être confondues avec elle en raison de quelques similitudes extérieures : c'est qu'elle se présente comme un moyen de communication avec un centre initiatique assez mystérieux, qui, d'après les indications fournies par les réponses que cette méthode elle-même a permis d'obtenir, serait situé dans une région de l'Asie centrale. C'est à ce titre que, depuis plusieurs années déjà que nous en

---

[1] Préface initialement écrite puis retirée par René Guénon pour un ouvrage de Zam Bothiva, intitulé *Asia Mystériosa*. Elle fut publiée dans le *Bulletin des Polaires* en 1931, sans la permission de l'auteur. Celui-ci réagit à la publication de cette préface en ces termes : « [...] nous n'avons rien à changer [à cette préface], sinon que nous ne pouvons plus envisager hypothétiquement, comme nous le faisions alors, une communication réelle avec un centre initiatique dans le cas particulier des fondateurs des "Polaires". Quant à prétendre que c'est l'auteur du livre qui a "retiré volontairement" cette préface, c'est un impudent mensonge ; en fait, nous avons dû, pour en obtenir le retrait, menacer de faire saisir l'édition si elle y figurait contre notre gré ! Les raisons de ce retrait, nous les avons déjà indiquées : la constitution d'un groupement que nous ne pouvions paraître recommander, et dont nous nous sommes d'ailleurs refusé personnellement à faire partie, puis l'obtention d'une réponse absurde à une question d'ordre doctrinal » (*Le Voile d'Isis*, juin 1931). [N.d.É.]

avons eu connaissance, elle nous a paru digne d'intérêt, tandis que, s'il ne s'était agi que d'un simple procédé divinatoire, et quelle que pût être sa valeur sous ce rapport, nous n'aurions jamais été tenté de lui accorder la moindre importance. Mais, bien entendu, cette prétention ne peut être admise sans contrôle ; par quel moyen sera-t-il possible de reconnaître si elle est fondée ? Évidemment, c'est là que commencent les difficultés ; si étrange que semble l'emploi d'un tel mode de communication, il n'offre *a priori* aucune impossibilité, et on peut même penser qu'il doit être assez naturel s'il s'agit d'un centre initiatique relevant d'une tradition où le symbolisme numérique joue un rôle prépondérant. Pour aller plus loin que cette simple possibilité, il faut examiner les réponses elles-mêmes, celles surtout qui se rapportent à des questions doctrinales ; nous ne pouvons songer à entreprendre ici cet examen détaillé, qui ferait d'ailleurs double emploi avec une partie de l'exposé contenu dans ce volume. Chacun, après avoir lu cet exposé, pourra se faire une opinion par lui-même et voir quelles sont les présomptions en faveur d'une communication réelle ; pour notre part, nous pensons que le moins qu'on puisse dire, c'est que toute les autres hypothèses qu'on pourrait envisager seraient plus invraisemblables que celle-là.

Si donc nous admettons que nous avons affaire ici à un centre spirituel existant effectivement quelque part en Orient, une autre question se pose aussitôt ; est-il possible, dans une certaine mesure tout au moins, d'en déterminer la véritable nature ? Ici encore, c'est le caractère des réponses obtenues qui nous apportera la solution ; or ces réponses, qui sont toutes parfaitement cohérentes entre elles, manifestent des tendances qui permettent de les rattacher incontestablement à un enseignement de source judéo-chrétienne. Ainsi, il s'agirait d'une initiation occidentale, et non pas orientale ; mais alors comment peut-il se faire qu'une telle initiation aît son siège dans l'Asie centrale ? Il y a là quelque chose qui peut sembler contradictoire, si bien que nous avions pensé tout d'abord que peut-être la tournure occidentale des réponses n'était que l'effet d'une adaptation à la mentalité des consultants ; mais cette supposition nous est ensuite apparue comme insuffisante pour tout expliquer, et nous avons alors été amené à nous rendre compte que la difficulté disparaissait si l'on admettait qu'il s'agissait d'un centre rosicrucien. En effet, il a été dit que les véritables Rose-Croix avaient quitté l'Europe au XVIIe siècle, pour se retirer en Asie ; le prêtre saxon Samuel Richter, fondateur de la « Rose-Croix d'Or », sous le nom de Sincerus Renatus, déclare, dans un ouvrage publié en 1714, que les Maîtres de la Rose-Croix sont partis pour l'Inde depuis quelque temps, et qu'il n'en reste plus aucun en Europe ; la même chose avait déjà été annoncée précédemment par Henri Neuhaus, qui ajoutait que ce départ avait eu lieu après la déclaration de la guerre de Trente Ans ; et d'autres auteurs, parmi lesquels Saint-Yves d'Alveydre, indiquent plus ou moins expressément que la signature des traités de Westphalie, qui termina cette guerre en 1648, marque pour l'Occident la rupture complète et définitive des liens traditionnels réguliers qui avaient pu subsister encore jusque là. De ces assertions, il convient de rapprocher celle de Swedenborg disant que c'est désormais parmi les Sages du Thibet et de la Tartarie qu'il faut chercher la « Parole perdue », c'est-à-dire les secrets de l'initiation, et aussi les visions d'Anne-Catherine Emmerich se rapportant au lieu mystérieux qu'elle appelle la « Montagne des Prophètes », et qu'elle situe dans les mêmes régions. D'autre part, le voyageur Paul Lucas, qui parcourut la Grèce et l'Asie Mineure sous Louis XIV, raconte qu'il rencontra à Brousse quatre derviches dont l'un, qui semblait parler toutes les langues du monde, ce qui est aussi une des facultés attribuées aux Rose-Croix, lui dit qu'il faisait partie d'un groupe de sept personnes qui se retrouvaient tous les vingt ans dans une ville désignée à l'avance ; ce même derviche lui assura que la pierre philosophale permettait de vivre un millier d'années, et il lui raconta à ce propos l'histoire de Nicolas Flamel que l'on croyait mort et qui vivait aux Indes avec sa femme. Or il est certain que les Rose-Croix, qui d'ailleurs ne constituèrent jamais une « société » au sens moderne de ce mot, eurent des liens directs avec des organisations orientales, et plus spécialement musulmanes, ce qui permet de penser que le personnage rencontré par Paul Lucas pouvait bien être l'un d'entre eux ; et, par une coïncidence assez remarquable, on verra que, dans le cas qui nous occupe présentement, quelques réponses suggèrent précisément l'existence de certains rapports avec l'Islam.

Le rôle des Rose-Croix, ou de ce qui fut ainsi désigné à partir d'une certaine époque et qui peut avoir été connu antérieurement sous d'autres noms, semble avoir été surtout de maintenir, tant que la chose fut possible, la communication du monde occidental, attaché à la tradition judéo-chrétienne, avec le centre spirituel suprême, constitué par les détenteurs de la grande Tradition primordiale, dont toutes les traditions particulières sont dérivées plus ou moins directement. Le centre rosicrucien n'est donc qu'un des nombreux centres secondaires, subordonnés au centre suprême, et correspondant à autant de formes traditionnelles différentes ; tous sont d'ailleurs comme des images du centre suprême, qu'ils représentent en quelque sorte dans un domaine plus extérieur, et dont ils reflètent exactement la constitution ; n'est-ce pas pour cette raison que nous trouvons ici trois Sages, analogues aux trois chefs suprêmes de l'« Agarttha », c'est-à-dire du véritable « Centre du Monde », mais qui ne doivent pas être confondus avec eux, puisqu'ils ne sont que préposés à la direction d'un centre secondaire ? Il faut ajouter que les membres de tous ces centres subordonnés n'en doivent pas moins, pour pouvoir remplir leur fonction, être rattachés directement à la Tradition primordiale, et avoir ainsi la conscience de l'unité profonde qui se dissimule sous la diversité des formes plus ou moins extérieures ; c'est pourquoi il est dit que les Rose-Croix peuvent parler toutes les langues ; mais ils n'apparaissent comme Rose-Croix qu'en tant qu'ils redescendent dans la forme, pour ainsi dire, afin de jouer le rôle qui leur est assigné et qui concerne spécialement une certaine tradition déterminée, celle de l'Occident chrétien. Comme d'ailleurs le Judaïsme, le Christianisme et l'Islamisme forment, dans la filiation des différentes traditions, un ensemble étroitement lié, il est facile de comprendre qu'il y ait des relations plus spéciales entre les centres initiatiques auxquels est confié le dépôt des connaissances ésotériques se rapportant à ces trois formes traditionnelles.

Cela dit, revenons à la question de la localisation des centres spirituels, localisation qui peut être symbolique et réelle tout à la fois. On sait que la montagne est un des principaux symboles du « Centre du Monde » ; cette montagne sacrée, qui porte des noms divers suivant les traditions, est décrite comme polaire et doit l'avoir été effectivement à l'origine, puisqu'il est affirmé partout que la Tradition primordiale eut tout d'abord son siège dans les régions hyperboréennes. Ce siège peut s'être déplacé par la suite et avoir eu, selon les périodes en lesquelles se subdivise le cycle de notre humanité, plusieurs localisations successives ; au sens symbolique et spirituel, il n'en demeure pas moins toujours le « Pôle », c'est-à-dire le point fixe et immuable autour duquel le monde accomplit ses révolutions. Si nous considérons cette figure de la montagne, nous pourrions dire que, tandis que son sommet coïncide proprement avec le centre suprême, les centres secondaires, à travers lesquels les influences émanées de celui-ci descendent dans le monde, peuvent être représentés comme situés sur les flancs de la montagne, où ils s'étagent et se groupent selon les affinités particulières des formes traditionnelles auxquelles ils correspondent. Ainsi, en un sens qui est surtout symbolique, tous ces centres sont comme rassemblés en un même lieu ; et c'est ce que paraît représenter notamment la « Montagne des Prophètes » d'Anne-Catherine Emmerich, qui y a vu surtout ce qui se rapporte à la tradition occidentale, bien que ce soit sans doute en même temps le véritable « Centre du Monde », et qu'elle la situe d'ailleurs dans la région orientale où celui-ci est dit avoir actuellement, et depuis bien des siècles déjà, sa localisation effective.

Cependant, à un autre point de vue moins purement symbolique, on peut dire aussi que chaque centre secondaire doit être situé dans la partie du monde où est répandue la forme traditionnelle à laquelle il est spécialement affecté. Du moins, il en est ainsi normalement, et c'est par là que cette partie du monde conserve ses liens avec le centre suprême ; mais il en est autrement quand ces liens viennent à être rompus, comme c'est le cas pour l'Occident moderne. Alors, le centre secondaire, sans cesser d'exister, se retire du domaine extérieur où s'exerçait son action, et il est comme résorbé vers le centre suprême, où se maintient intégralement, d'une façon continue et constante, ce qu'on pourrait appeler l'« intériorité » de toutes les traditions ; c'est à cette sorte de résorption que correspond cette retraite des Rose-Croix en Asie dont nous avons parlé précédemment. Actuellement, il n'y a plus en Occident aucune organisation initiatique régulière, et tout ce qui y subsiste encore à cet égard ne représente plus que de simples vestiges d'un état antérieur, des formes vidées de leur contenu spirituel et désormais incomprises. Dans de telles conditions, si un contact avec le centre est encore possible parfois, ce ne peut être que d'une façon tout à fait exceptionnelle, par des manifestations isolées et temporaires de certains représentants de ce centre, ou par des communications reçues individuellement à l'aide de moyens plus ou moins extraordinaires, anormaux comme la situation même qui oblige à y recourir. Qui pourrait dire si nous ne nous trouvons pas ici en présence de quelque chose de ce genre, si la méthode qui est étudiée dans ce livre n'est pas précisément un de ces moyens de communication ? En d'autres termes, pourquoi cette méthode, sous son apparence strictement arithmétique, ne serait-elle pas destinée à fournir un support à certaines influences spirituelles, à peu près au même titre que tels ou tels objets matériels dont on pourrait trouver des exemples dans toutes les traditions ? Bien que nous ne puissions entrer dans de plus amples explications à ce sujet, nous pensons que ces quelques éclaircissements suffiront tout au moins pour que ceux qui voudront examiner la question sans parti pris comprennent que non seulement la chose n'a rien d'impossible, mais qu'elle s'accorde même fort bien avec toutes les données les plus authentiquement traditionnelles.

II

LE ROI DU MONDE[1]

Dans un article où il était question de notre dernier livre, *Orient et Occident*, en même temps que celui de M. Ferdinand Ossendowski, *Bêtes, hommes et dieux*[2], nous avons eu la surprise de voir opposer celui-ci à celui-là. « M. Ossendowski, y disait-on, paraît, en somme, n'avoir rencontré nulle part cet esprit de suprême sagesse de l'Orient, auquel on voudrait bien nous faire croire », de sorte que son ouvrage répondrait au nôtre, d'ailleurs « sans l'avoir cherché »[3]. Là-dessus, nous pourrions nous contenter de faire remarquer que M. Ossendowski n'a vu de l'Orient qu'une région assez restreinte, et qui n'est point de celles auxquelles nous nous référons plus particulièrement : nous n'avons point parlé de la Mongolie, en effet, mais de l'Inde, de la Chine, et aussi du monde musulman, qui n'est guère mieux connu des Occidentaux. Nous pourrions également insister sur le caractère entièrement différent des deux ouvrages : dans le nôtre, il n'est question que d'idées et de doctrines, choses qui sont assez étrangères et peut-être même indifférentes à M. Ossendowski, et pour lesquelles, en tout cas, il ne revendique nulle compétence ; la politique l'intéresse certainement bien davantage, et, d'ailleurs, il semble n'avoir eu d'autre prétention que de donner un simple récit de son voyage mouvementé à travers l'Asie centrale, de rapporter ce qu'il y a vu et entendu, sans chercher à en tirer aucune conclusion définie. Mais, malgré tout cela, nous trouvons, pour notre part, que bien des choses que dit M. Ossendowski, parfois sans en saisir toute la portée, loin de pouvoir nous être opposées, ne font au contraire que confirmer ce que nous disons nous-même. Il faut donc croire que l'auteur de l'article auquel nous faisions allusion ne sait guère ce que c'est que la sagesse orientale ; et il est fort possible que, en dépit de toutes les précautions

---

[1] *Les Cahiers du mois*, fév.-mars 1925, cet article est daté de nov. 1924. [N.d.É.]

[2] René Guénon, *Orient et Occident* (Payot, édit.). – Ossendowski, *Bêtes, Hommes et Dieux* (Plon, édit.).

[3] Georges Le Cardonnel, *La défense de l'Occident : Le Journal*, 29 septembre 1924.

prises par nous pour éviter les malentendus, il se soit imaginé que nous voulions parler de quelque chose de plus ou moins comparable à la philosophie occidentale, ce qu'on ne trouve en effet nulle part en Orient.

Du reste, si nous prenions au sérieux l'objection de notre critique, nous aurions encore un moyen beaucoup plus simple de l'écarter. Dans ces conditions, en effet, il ne serait que logique de notre part de nous joindre avec empressement à ceux qui, en ce moment, dirigent de violentes attaques contre M. Ossendowski, le traitant d'imposteur et déniant par conséquent à son livre toute valeur documentaire. Or, nous n'en ferons rien, et, après avoir examiné très impartialement les arguments de MM. Sven Hedin et George Montandon[1], nous devons dire que nous n'y avons rien trouvé de décisif, et que même ils nous paraissent assez insignifiants ; au fond, nous ne voyons dans toute cette querelle qu'une simple affaire politique, qui nous laisse parfaitement indifférent. Les adversaires de M. Ossendowski auraient d'ailleurs pu agir plus habilement s'ils avaient été moins ignorants de certaines choses, et si, au lieu de s'arrêter à de misérables discussions sur des distances et sur le temps nécessaire pour les parcourir, ils avaient soulevé certaines accusation de plagiat qui aurait eu quelque apparence de vérité, encore que, jusqu'à preuve du contraire, nous ne la croyions pas justifiée non plus ; c'est sur ce point que nous nous proposons d'apporter ici quelques explications.

$$* \atop {* \ *}$$

Il existe un ouvrage posthume de Saint-Yves d'Alveydre, intitulé *La Mission de l'Inde*, qui fut publié en 1910, et qui contient la description d'un centre initiatique mystérieux désigné sous le nom d'*Agarttha*. Saint-Yves avait eu sans doute de bonnes raisons pour ne pas faire paraître ce livre, écrit depuis plus de trente ans, et qui n'était vraiment pas mis au point ; on peut même, à certains égards, considérer sa publication comme un mauvais service rendu à la mémoire de l'auteur par ceux qui se disaient ses « amis ». En effet, beaucoup de lecteurs durent supposer que ce n'était qu'un récit purement imaginaire, une sorte de fiction ne reposant sur rien de réel ; et, à vrai dire, il y a là-

---

[1] Voir *Le Journal Littéraire*, 22 novembre 1924.

dedans, si l'on veut y prendre tout à la lettre, des invraisemblances qui pourraient, au moins pour qui s'en tient aux apparences extérieures, justifier une telle appréciation. Or il se trouve que l'ouvrage de M. Ossendowski contient, surtout dans sa dernière partie, des récits presque identiques à ceux de Saint-Yves ; mais cette partie ne paraît pas avoir attiré particulièrement l'attention générale, bien qu'elle soit peut-être, dans tout le livre, ce qui est le plus digne d'intérêt.

En constatant la concordance des deux auteurs, nous prévoyions que des esprits sceptiques ou malveillants ne manqueraient pas de poser cette question : M. Ossendowski n'aurait-il pas plagié Saint-Yves ? Jusqu'ici, pourtant, elle n'a été formulée, à notre connaissance, que dans un organe occultiste[1], où l'on s'est d'ailleurs borné à émettre à cet égard un simple doute basé sur le fait « qu'on retrouve dans le volume en question des phrases presque textuelles de la *Mission de l'Inde* ». Cela est vrai, et il serait facile de relever, dans les deux ouvrages, un assez grand nombre de passages qui présentent, jusque dans les détails, une similitude quelque peu étonnante. Il y a d'abord ce qui pouvait paraître le plus invraisemblable chez Saint-Yves lui-même, nous voulons dire l'affirmation de l'existence d'un monde souterrain étendant ses ramifications partout, sous les continents et même sous les océans, et par lequel s'établissent d'invisibles communications entre toutes les régions de la terre ; M. Ossendowski, du reste, ne prend pas cette affirmation à son compte, il déclare même qu'il ne sait qu'en penser, mais il l'attribue à divers personnages qu'il a rencontrés au cours de son voyage. Il y a aussi, sur des points plus particuliers, le passage où le « Roi du Monde » est représenté devant le tombeau de son prédécesseur, celui où il est question de l'origine des Bohémiens, qui auraient vécu jadis dans l'*Agarttha*, et bien d'autres encore. Saint-Yves dit qu'il est des moments, pendant la célébration souterraine des « Mystères cosmiques », où les voyageurs qui se trouvent dans le désert s'arrêtent, où les animaux eux-mêmes demeurent silencieux ; M. Ossendowski assure qu'il a assisté lui-même à un de ces moments de recueillement général. Il y a surtout, comme coïncidence étrange, l'histoire d'une île, aujourd'hui disparue, où vivaient des hommes et des animaux extraordinaires : là, Saint-Yves cite le résumé du périple d'Iambule par Diodore de Sicile, tandis que M. Ossendowski parle du voyage d'un ancien bouddhiste du Népal, et cependant leurs descriptions sont fort peu différentes ; si vraiment il existe de cette

---

[1] *Le Voile d'Isis*, novembre 1924.

histoire deux versions provenant de sources aussi éloignées l'une de l'autre, il pourrait être intéressant de les retrouver et de les comparer avec soin.

On peut évidemment discuter sur la portée qu'il convient d'attribuer à tous ces rapprochements ; mais nous ne pensons pas qu'ils soient suffisants pour permettre une conclusion défavorable à M. Ossendowski. En tout cas, celui-ci nous a affirmé à nous-même qu'il n'avait jamais lu Saint-Yves, dont le nom même lui était inconnu avant la publication de la traduction française de son livre ; et nous n'avons, quant à nous, aucune raison de mettre en doute sa sincérité. Du reste, s'il avait copié en partie la *Mission de l'Inde*, nous ne voyons pas trop pourquoi il aurait changé la forme de certains mots, écrivant par exemple *Agharti* au lieu d'*Agarttha* (ce qui s'explique au contraire très bien s'il a eu de source mongole les informations que Saint-Yves avait obtenues de source hindoue), ni pourquoi il aurait employé, pour désigner le chef de la hiérarchie initiatique, le titre de « Roi du Monde », qui ne figure nulle part chez Saint-Yves. Il y a aussi un bon nombre de détails qui diffèrent, et, quant aux phrases qui sont presque identiques, elles ne peuvent guère étonner ceux qui savent que certains récits, en Orient, se transmettent sans altération pendant des siècles et se retrouvent dans les mêmes termes en des contrées fort éloignées les unes des autres.

Nous ajouterons encore ceci : même si l'on admettait certains emprunts, il n'en resterait pas moins que M. Ossendowski dit parfois des choses qui n'ont pas leur équivalent dans la *Mission de l'Inde*, et qui sont de celles qu'il n'a certainement pas pu inventer de toutes pièces ; telle est, par exemple, l'histoire d'une « pierre noire » envoyée jadis par le « Roi du Monde » au *Dalaï-Lama*, puis transportée à Ourga, en Mongolie, et qui disparut il y a environ cent ans ; telle est aussi l'assertion d'après laquelle le *Bogdo-Khan* ou « Bouddha vivant » conserve, avec l'anneau de Gengis-Khan, une plaque de cuivre portant le sceau du « Roi du Monde » ; et il y en a beaucoup d'autres. À notre avis, il faut que M. Ossendowski ait réellement entendu parler de ces choses pendant son séjour en Orient, ou qu'il les ait écrites sous l'influence, non pas d'une « hallucination » (on a prononcé ce mot à son sujet), mais d'une suggestion des plus extraordinaires ; cette seconde explication, d'ailleurs, serait assurément moins simple que la première, et, tant qu'il ne sera pas établi que M. Ossendowski n'a jamais été en Asie (ses adversaires ne vont pas encore jusqu'à prétendre cela), nous ne croyons pas qu'il soit nécessaire d'y recourir.

*
* *

Maintenant, quelle que puisse être la provenance exacte des récits de M. Ossendowski, que faut-il penser de ce que celui-ci appelle le « mystère des mystères » ? Ces choses sont de celles dont il est difficile de faire comprendre l'importance à nos contemporains, toujours prêts à les traiter purement et simplement de « légendes », sans prendre la peine de les examiner plus au fond ; et pourtant, pour se rendre compte qu'il y a là quelque chose de vrai, il suffirait de remarquer que partout, dans les traditions de tous les peuples, on retrouve cette même affirmation de l'existence d'un centre spirituel caché aux regards profanes. La difficulté est de reconnaître ce qui, dans ces traditions, doit être entendu littéralement, et de faire la part de ce qui, au contraire, présente une signification toute symbolique ; c'est ce que n'ont fait ni Saint-Yves ni M. Ossendowski ; et, du reste, ce dernier en était sûrement incapable ; c'est pourquoi certaines parties de leurs récits ont une apparence de fantasmagorie.

Sans vouloir ici nous étendre outre mesure sur cette question[1], nous dirons que le titre de « Roi du Monde », pris dans son acception la plus élevée, la plus complète et en même temps la plus rigoureuse, s'applique proprement à *Manu*, le Législateur primordial et universel, dont le nom se retrouve, sous des formes diverses, chez un grand nombre de peuples anciens. Ce nom, d'ailleurs, désigne en réalité un principe, et non un personnage historique ; mais ce principe peut être manifesté par un centre spirituel établi dans le monde terrestre, par une organisation chargée de conserver intégralement le dépôt de la tradition sacrée ; et le chef d'une telle organisation, représentant en quelque sorte *Manu* lui-même, pourra légitimement en porter le titre et les attributs. Tel est bien le cas pour l'*Agarttha*, si ce centre a recueilli, comme l'indique Saint-Yves, l'héritage de l'antique « dynastie solaire » qui résidait jadis à Ayodhyâ, et qui faisait remonter son origine à *Vaivaswata*, le *Manu* du cycle actuel.

Saint-Yves, comme nous l'avons déjà indiqué, n'envisage pourtant pas le chef suprême de l'*Agarttha* comme « Roi du Monde » ; il le présente comme « Souverain Pontife », et, en outre, il le place à la tête d'une « Église brâhmanique », désignation qui procède d'une

---

[1] Nous avons donné de plus amples explications dans une autre étude sur le même sujet, destinée à la revue italienne *Atanor* ; nous nous permettrons d'y renvoyer les personnes que la question intéresserait plus particulièrement.

conception un peu trop occidentalisée, car, en fait, elle n'a jamais été employée dans l'Inde que par la secte hétérodoxe et toute moderne du *Brahma-Samâj*, née sous des influences européennes, et qui n'eut qu'une existence assez éphémère[1]. Cette réserve à part, ce que dit Saint-Yves complète, à cet égard, ce que dit de son côté M. Ossendowski ; il semble que chacun d'eux n'ait vu que l'aspect qui semblait répondre le plus directement à ses tendances et à ses préoccupations dominantes, car, à la vérité, il s'agit ici d'un double pouvoir, à la fois sacerdotal et royal.

L'*Agarttha*, dit-on, ne fut pas toujours souterraine, et elle ne le demeurera pas toujours ; il viendra un temps où, suivant les paroles rapportées par M. Ossendowski, « les peuples d'*Agharti* sortiront de leurs cavernes et apparaîtront sur la surface de la terre[2] ». Avant sa disparition du monde visible, ce centre portait un autre nom, car celui d'*Agarttha*, qui signifie « insaisissable » ou « inaccessible », ne lui aurait pas convenu alors ; M. Ossendowski précise qu'il est devenu souterrain « il y a plus de six mille ans », et il se trouve que cette date correspond, avec une approximation très suffisante, au début de la période que les Hindous appellent *Kali-Yuga* ou « âge noir », et qui est identique à l'« âge de fer » des anciens Occidentaux ; sa réapparition doit coïncider avec la fin de la même période. Ici, le symbolisme n'est pas bien difficile à pénétrer : le *Kali-Yuga* est, au point de vue spirituel, une époque d'obscurcissements et de confusion ; dans toutes les traditions, il est fait allusion à quelque chose qui, à un certain moment, aurait été perdu ou plutôt caché ; et nous mentionnerons seulement la « queste du Graal » pour faire comprendre ce que nous voulons dire par un exemple pris entre bien d'autres, mais que nous choisissons à dessein dans le monde occidental.

Il est encore un autre point qui est très digne de remarque : c'est que, partout où il est question de certains centres mystérieux et difficilement accessibles, leur constitution est décrite d'une façon

---

[1] Il est curieux de noter qu'un des fondateurs du *Brahma-Samâj* fut le grand-père du poète Rabindranath Tagore.

[2] Ces mots sont ceux par lesquels se termine une prophétie que le « Roi du Monde » aurait faite en 1890, lorsqu'il apparut au monastère de Narabanchi. – Où M. Georges Le Cardonnel a-t-il vu que « le Roi du Monde règne sur les *esprits souterrains* » et qu'il se mettra à leur tête (à la tête des esprits ?!) pour conduire les races jaunes à l'extirpation du mal de la terre ? Nous n'avons pas pu trouver trace de cette assertion baroque dans le livre de M. Ossendowski, pour qui, d'ailleurs, il ne s'agit pas du tout d'une croyance populaire, mais au contraire d'une tradition répandue parmi les membres des plus hauts degrés de la hiérarchie lamaïque.

presque identique ; c'est ainsi qu'on a indiqué à M. Ossendowski une ressemblance entre la capitale d'*Agharti* et la résidence du *Dalaï-Lama* à Lhassa. Il ne faudrait pas conclure de là que toutes ces descriptions se rapportent à un même centre, mais plutôt que, s'il y a des centres différents qui sont ainsi établis sur le même modèle, pour ainsi dire, c'est qu'ils ne sont tous que des images d'un prototype unique, des émanations d'un centre suprême, qui est celui où réside le « Roi du Monde », et que, pour la période actuelle tout au moins, toutes les indications qu'il est possible de recueillir de sources fort diverses s'accordent à situer du côté de l'Orient. Si l'on nous demandait comment on doit entendre la localisation de ce centre dans une région déterminée, nous répondrions simplement que, pour nous, les faits historiques et géographiques eux-mêmes ont, comme tous les autres, une valeur symbolique, qui, sans rien leur enlever de leur réalité propre, leur confère une signification supérieure, un peu de la même façon que certains textes sacrés s'interprètent suivant une pluralité de sens, qui, loin de s'opposer ou de se détruire, se complètent et s'harmonisent au contraire dans la connaissance synthétique qui est le propre des doctrines vraiment traditionnelles.

Ce sont là des questions qui, comme on peut le voir par ce très rapide aperçu, nous entraînent bien loin des polémiques actuelles, et dont la portée dépasse singulièrement l'individualité de M. Ossendowski. Si le livre de celui-ci peut contribuer à éveiller sur ces choses l'attention de ceux qui sont capables de réfléchir, il n'aura certainement pas été inutile, encore que cette utilité ne soit sans doute pas celle à laquelle avait songé son auteur lui-même, dont l'aptitude à approfondir les « mystères » nous paraît assez limitée. Quant à ceux qui seraient troublés par les dernières lignes de M. Ossendowski, et qui seraient tentés de se laisser aller à certaines craintes chimériques, nous leur dirons seulement que le « Roi du Monde » a pour attributs essentiels la Justice et la Paix.

III

LE CHRIST PRETRE ET ROI[1]

Parmi les nombreux symboles qui ont été appliqués au Christ, et dont beaucoup se rattachent aux traditions les plus anciennes, il en est qui représentent surtout l'autorité spirituelle sous tous ses aspects, mais il en est aussi qui, dans leur usage habituel, font plus ou moins allusion au pouvoir temporel. C'est ainsi que, par exemple, on trouve fréquemment placé dans la main du Christ le « Globe du Monde », insigne de l'Empire, c'est-à-dire de la Royauté universelle. C'est que dans la personne du Christ, les deux fonctions sacerdotale et royale, auxquelles sont attachés respectivement l'autorité spirituelle et le pouvoir temporel, sont véritablement inséparables l'une de l'autre ; toutes deux lui appartiennent éminemment et par excellence, comme au principe commun dont elles procèdent l'une et l'autre dans toutes leurs manifestations.

Sans doute, il peut sembler que, d'une façon générale, la fonction sacerdotale du Christ ait été plus particulièrement mise en évidence ; cela se comprend, car le spirituel est supérieur au temporel, et le même rapport hiérarchique doit être observé entre les fonctions qui leur correspondent respectivement. La royauté n'est vraiment de « droit divin » qu'autant qu'elle reconnaît sa subordination à l'égard de l'autorité spirituelle, qui seule peut lui conférer l'investiture et la consécration lui donnant sa pleine et entière légitimité. Cependant, à un certain point de vue, on peut aussi envisager les deux fonctions sacerdotale et royale comme étant, en quelque sorte, complémentaires l'une de l'autre, et alors, bien que la seconde, à vrai dire, ait son principe immédiat dans la première, il y a pourtant entre elles, lorsqu'on les envisage ainsi comme séparées, une sorte de parallélisme. En d'autres termes, dès lors que le prêtre, d'une façon habituelle, n'est pas roi en même temps, il faut que le prêtre et le roi tirent leurs pouvoirs d'une source commune ; la différence hiérarchique qui existe

---

[1] Publié dans la revue *Le Christ-Roi*, à Paray-le-Monial, mai-juin 1927 ; repris dans les *Études Traditionnelles*, janv.-juin 1962 et dans la revue *Vers la Tradition*, n° 118, 2010. [*N.d.É.*]

entre eux consiste en ce que le prêtre reçoit son pouvoir directement de cette source, tandis que le roi, en raison du caractère plus extérieur et proprement terrestre de sa fonction, ne peut en recevoir le sien que par l'intermédiaire du prêtre. Celui-ci, en effet, joue véritablement le rôle de « médiateur » entre le Ciel et la Terre ; et ce n'est pas sans motif que la plénitude du sacerdoce a reçu le nom symbolique de « pontificat », car, ainsi que le dit saint Bernard, « le Pontife, comme l'indique l'étymologie de son nom, est une sorte de pont entre Dieu et l'homme »[1]. Si donc on veut remonter à l'origine première des pouvoirs du prêtre et du roi, ce n'est que dans le monde céleste qu'on peut la trouver ; cette source primordiale d'où procède toute autorité légitime, ce Principe en lequel résident à la fois le Sacerdoce et la Royauté suprêmes, ce ne peut être que le Verbe divin.

Donc, le Christ, manifestation du Verbe en ce monde, doit être réellement prêtre et roi tout ensemble ; mais, chose qui peut sembler étrange à première vue, sa filiation humaine paraît le désigner tout d'abord pour la fonction royale et non pour la fonction sacerdotale. Il est appelé le « Lion de la tribu de Juda » ; le lion, animal solaire et royal emblème de cette tribu, plus spécialement de la famille de David qui est la sienne, devient ainsi son emblème personnel. Si le sacerdoce a la prééminence sur la royauté, comment se fait-il que le Christ soit issu de cette tribu royale de Juda et de cette famille de David et non de la tribu sacerdotale de Lévi et de la famille d'Aaron ? Il y a là un mystère dont saint Paul nous donne l'explication en ces termes : « Si le sacerdoce de Lévi, sous lequel le peuple a reçu la loi, avait pu rendre les hommes justes et parfaits, qu'aurait-il été besoin qu'il se levât un autre prêtre qui fut appelé prêtre selon l'ordre de Melchissedec, et non pas selon l'ordre d'Aaron ? Or, le sacerdoce étant changé, il faut nécessairement que la loi soit aussi changée. En effet celui dont ces choses sont prédites est d'une autre tribu, dont nul n'a jamais servi à l'autel, puisqu'il est certain que notre Seigneur est sorti de Juda, qui est une tribu à laquelle Moïse n'a jamais attribué le sacerdoce. Et ceci paraît encore plus clairement en ce qu'il se lève un autre prêtre selon l'ordre de Melchissedec, qui n'est point établi par la loi d'une ordonnance et d'une succession charnelle, mais par la puissance de sa vie immortelle, ainsi que l'Écriture le déclare par ces mots : Tu es prêtre éternellement selon l'ordre de Melchissedec »[2].

---

[1] *Tractacus de Moribus et Officio episcoporum*, III, 9.
[2] *Épître aux Hébreux*, VII, 11-17.

Ainsi le Christ est prêtre, mais par droit purement spirituel ; il l'est suivant l'ordre de Melchissedec, et non selon l'ordre d'Aaron, ni par le fait de la « succession charnelle » ; en vertu de celle-ci, c'est la royauté qui lui appartient, et cela est bien conforme à la nature des choses. Mais, d'ailleurs, le sacerdoce selon l'ordre de Melchissedec implique aussi en lui-même la royauté ; c'est ici, précisément, que l'un et l'autre ne peuvent être séparés, puisque Melchissedec est, lui aussi, prêtre et roi à la fois, et qu'ainsi il est réellement la figure du Principe en lequel les deux pouvoirs sont unis, comme le sacrifice qu'il offre avec le pain et le vin est la figure même de l'Eucharistie. C'est en raison de cette double préfiguration que s'applique au Christ la parole des Psaumes : « *Tu es sacerdos in aeternum secundum ordinem Melchissedec* »[1].

Rappelons le texte du passage biblique où est relatée la rencontre de Melchissedec avec Abraham : « Et Melchissedec, roi de Salem, fit apporter du pain et du vin ; et il était prêtre du Dieu Très-Haut. Et il bénit Abram[2], disant : Béni soit Abram du Dieu Très-Haut, possesseur des Cieux et de la Terre ; et béni soit le Dieu Très-Haut, qui a livré tes ennemis entre tes mains. Et Abram lui donna la dîme de tout ce qu'il avait pris »[3]. Et voici en quels termes saint Paul commente ce texte : « Ce Melchissedec, roi de Salem, prêtre du Dieu Très-Haut, qui alla au-devant d'Abraham lorsqu'il revenait de la défaite des rois, qui le bénit, et à qui Abraham donna la dîme de tout le butin ; qui est d'abord, selon la signification de son nom, roi de Justice[4], ensuite roi de Salem ; c'est-à-dire roi de la Paix ; qui est sans père, sans mère, sans généalogie, qui n'a ni commencement ni fin de sa vie, mais qui est fait ainsi semblable au Fils de Dieu ; ce Melchissedec demeure prêtre à perpétuité »[5].

Or Melchissedec est représenté comme supérieur à Abraham puisqu'il le bénit, et, « sans contredit, c'est l'inférieur qui est béni par le supérieur »[6] ; et de son côté, Abraham reconnaît cette supériorité, puisqu'il lui donne la dîme, ce qui est la marque de sa dépendance. Il en résulte que le sacerdoce selon l'ordre de Melchissedec est supérieur au sacerdoce selon l'ordre d'Aaron, puisque c'est d'Abraham qu'est issue la tribu de Lévi et par conséquent la famille d'Aaron.

---

[1] *Psaume* CIX, 4.
[2] C'est plus tard seulement que le nom d'*Abram* fut changé en *Abraham* (*Genèse*, XVII).
[3] *Genèse*, XIV, 18-20.
[4] C'est en effet ce que signifie littéralement *Melki-Tsedeq* en hébreu.
[5] *Épître aux Hébreux*, VII, 1-3.
[6] *Ibid.*, VII, 7.

C'est ce qu'affirme encore saint Paul : « Ici (dans le sacerdoce lévitique), ce sont les hommes mortels qui perçoivent les dîmes ; mais là c'est un homme dont il est attesté qu'il est vivant. Et Lévi lui-même qui perçoit la dîme (sur le peuple d'Israël), l'a payée, pour ainsi dire de la personne d'Abraham, puisqu'il était encore dans Abraham son aïeul lorsque Melchissedec vint au-devant de ce patriarche »[1]. Et cette supériorité correspond à celle de la Nouvelle Alliance sur l'Ancienne Loi : « Autant qu'il est constant que ce sacerdoce n'a pas été établi sans serment, car, au lieu que les autres prêtres ont été établis sans serment, celui-ci l'a été avec serment, Dieu lui ayant dit : Le Seigneur a juré, et son serment demeurera immuable, que tu seras prêtre éternellement selon l'ordre de Melchissedec ; autant il est vrai que l'alliance dont Jésus est le médiateur et le garant est plus parfaite que la première »[2].

Nous avons tenu à rappeler ici ces textes essentiels, sans prétendre d'ailleurs développer toutes les significations qui y sont contenues, ce qui entraînerait bien loin, car il y a là des vérités d'un ordre très profond et qui ne se laissent pas pénétrer immédiatement, ainsi que saint Paul a soin de nous en avertir lui-même : « Nous avons à ce sujet beaucoup de choses à dire, et des choses difficiles à expliquer, parce que vous êtes devenus lents à comprendre »[3]. Que dirait-il aujourd'hui, où les choses de ce genre sont devenues entièrement étrangères à l'immense majorité des hommes, dont l'esprit s'est tourné exclusivement vers les seules réalités du monde matériel, ignorant de parti pris tout ce qui dépasse ce domaine étroitement limité ?

Ce que nous avons voulu montrer surtout, c'est que l'ordre de Melchissedec est à la fois sacerdotal et royal et que par conséquent, l'application au Christ des paroles de l'Écriture qui s'y rapportent constitue l'affirmation expresse de ce double caractère. C'est aussi que l'union des deux pouvoirs en une même personne représente un principe supérieur à l'un et à l'autre des ordres où s'exercent respectivement ces deux mêmes pouvoirs considérés séparément ; et c'est pourquoi Melchissedec est vraiment par tout ce qui est dit de lui « fait semblable au Fils de Dieu »[4]. Mais le Christ, étant lui-même le Fils de Dieu, n'est pas seulement la représentation de ce principe des

---

[1] *Ibid*, VII, 8-10.

[2] *Ibid*, VII, 20-22.

[3] *Ibid*, V, 11.

[4] L'union des deux pouvoirs pourrait même, en raison de leurs rapports respectifs avec les deux ordres divin et humain, être regardée en un certain sens comme préfigurant l'union des deux natures divine et humaine dans la personne du Christ.

deux pouvoirs ; il est ce principe même dans toute sa réalité transcendante, « par la puissance de sa vie immortelle » ; toute autorité a sa source en lui parce qu'il est le Verbe Éternel « par qui toutes choses ont été faites », comme le déclare saint Jean au début de son Évangile, et que « rien de ce qui a été fait n'a été fait sans lui ».

À ces points de vue fondamentaux, nous ajouterons seulement quelques observations complémentaires ; et, tout d'abord, il importe de remarquer que la Justice et la Paix, qui sont, comme on l'a vu, les attributs de Melchissedec, suivant la signification de son nom même et du titre qui lui est donné, sont aussi des attributs qui conviennent éminemment au Christ, qui est appelé notamment « Soleil de Justice » et « Prince de la Paix ». Il faut dire aussi que ces idées de la Justice et de la Paix ont, dans le Christianisme comme dans les traditions anciennes et spécialement dans la tradition judaïque, où elles sont fréquemment associées, un sens très différent de leur sens profane et qui nécessiterait une étude approfondie[1].

Une autre remarque, qui peut paraître singulière à ceux qui ne connaissent pas le génie de la langue hébraïque, mais qui n'est pas moins importante, est celle-ci : Melchissedec est prêtre du Dieu Très-Haut, *El Elion* ; *El Elion* est l'équivalent d'*Emmanuel*, ces deux noms ayant exactement le même nombre[2]. Cette équivalence indique qu'il s'agit de deux désignations du même principe divin, envisagé seulement sous deux rapports différents : dans le monde céleste il est *El Elion* ; quant à sa manifestation dans le monde terrestre il est *Emmanuel* (« Dieu avec nous » ou « Dieu en nous »). Il en résulte la conséquence que voici : le sacerdoce de Melchissedec est le sacerdoce d'*El Elion* ; le sacerdoce chrétien, qui est une participation du sacerdoce même du Christ, est celui d'*Emmanuel* ; si donc *El Elion* et *Emmanuel* ne sont qu'un seul et même principe, ces deux sacerdoces aussi n'en sont qu'un et le sacerdoce chrétien, qui d'ailleurs comporte essentiellement l'offrande eucharistique sous les espèces du pain et du vin, est véritablement « selon l'ordre de Melchissedec ».

Enfin Melchissedec n'est pas le seul personnage qui, dans l'Écriture, apparaisse avec le double caractère de prêtre et de roi ; dans le

---

[1] Cette différence est affirmée nettement par certains textes évangéliques, par exemple celui-ci : « Je vous laisse la paix, je vous donne ma paix ; je ne vous la donne pas comme le monde la donne » (*Saint Jean*, XIV, 27).

[2] En hébreu, chaque lettre de l'alphabet a une valeur numérique ; et la valeur numérique d'un nom est la somme de celles des lettres dont il est formé ; ainsi le nombre des deux noms *El Elion* et *Emmanuel* est 197.

Nouveau Testament, en effet, nous retrouvons aussi l'union de ces deux fonctions dans les Rois-Mages, ce qui peut donner à penser qu'il y a un lien très direct entre ceux-ci et Melchissedec, ou, en d'autres termes, qu'il s'agit dans les deux cas de représentants d'une seule et même autorité. Or les Rois-Mages, par l'hommage qu'ils rendent au Christ et par les présents qu'ils lui offrent, reconnaissent expressément en lui la source de cette autorité dans tous les domaines où elle s'exerce : le premier lui offre l'or et le salue comme roi ; le second lui offre l'encens et le salue comme prêtre ; enfin le troisième lui offre la myrrhe ou le baume d'incorruptibilité[1] et le salue comme prophète ou maître spirituel par excellence, ce qui correspond directement *au principe commun des deux pouvoirs, sacerdotal et royal*. L'hommage est ainsi rendu au Christ, dès sa naissance humaine, dans les « trois mondes » dont parlent toutes les doctrines orientales : le monde terrestre, le monde intermédiaire et le monde céleste ; et ceux qui le lui rendent ne sont autres que les dépositaires authentiques de la Tradition primordiale, les gardiens du dépôt de la Révélation faite à l'humanité dès le Paradis terrestre. Telle est du moins la conclusion qui, pour nous, se dégage très nettement de la comparaison des témoignages concordants que l'on rencontre, à cet égard, chez tous les peuples ; et d'ailleurs, sous les formes diverses dont elle se revêtit au cours des temps, sous les voiles plus ou moins épais qui la dissimulèrent parfois aux regards de ceux qui s'en tiennent aux apparences extérieures, cette grande Tradition primordiale fut toujours en réalité l'unique vraie Religion de l'humanité tout entière. La démarche des représentants de cette Tradition, telle que l'Évangile nous la rapporte, ne devrait-elle pas, si l'on comprenait bien de quoi il s'agit, être regardée comme une des plus belles preuves de la divinité du Christ, en même temps que comme la reconnaissance décisive du Sacerdoce et de la Royauté suprêmes qui lui appartiennent véritablement « selon l'ordre de Melchissedec » ?

---

[1] Les arbres à gommes ou résines incorruptibles jouent un rôle important dans le symbolisme, avec le sens de résurrection et d'immortalité ; en particulier, ils ont été pris parfois, à ce titre, comme emblèmes du Christ. Il est vrai qu'on a donné aussi à la myrrhe une autre signification, se rapportant exclusivement à l'humanité du Christ ; mais nous pensons qu'il s'agit là d'une interprétation toute moderne, dont la valeur au point de vue traditionnel est assez contestable.

IV

LE DALAI-LAMA[1]

Depuis quelque temps, des informations de source anglaise, donc évidemment intéressées, nous représentent le Thibet comme envahi par une armée chinoise, et le Dalaï-Lama fuyant devant cette invasion et s'apprêtant à demander secours au gouvernement des Indes pour rétablir son autorité menacée. Il est très compréhensible que les Anglais prétendent rattacher le Thibet à l'Inde, dont il est pourtant séparé par des obstacles naturels difficilement franchissables, et qu'ils cherchent un prétexte pour pénétrer dans l'Asie centrale, où personne ne pense à réclamer leur intervention. La vérité est que le Thibet est une province chinoise, que depuis des siècles il dépend administrativement de la Chine, et que par conséquent celle-ci n'a pas à le conquérir. Quant au Dalaï-Lama, il n'est pas et n'a jamais été un souverain temporel, et sa puissance spirituelle est hors de l'atteinte des envahisseurs, quels qu'ils soient, qui pourraient s'introduire dans la région thibétaine. Les nouvelles alarmantes que l'on s'efforce de répandre actuellement sont donc dénuées de tout fondement ; en réalité, il y a eu simplement quelques déprédations commises par une bande de pillards, mais, comme le fait est assez fréquent dans cette contrée, personne ne songe même à s'en inquiéter.

Nous profiterons de cette occasion pour répondre à certaines questions qui nous ont été posées au sujet du Dalaï-Lama ; mais, pour qu'on ne puisse pas nous accuser d'émettre des affirmations douteuses et ne reposant sur aucune autorité, nous nous bornerons à reproduire les principaux passages d'une *Correspondance d'Extrême-Orient* publiée dans *La Voie* (nᵒˢ 8 et 9). Cette correspondance parut en 1904, au moment où une expédition anglaise, commandée par le colonel Younghusband, revenait de Lhassa avec un prétendu traité au bas duquel ne figurait aucune signature thibétaine. « Les Anglais rapportaient du Plateau thibétain un traité qui n'avait été signé que par leur chef seul, et qui n'était donc pour les Thibétains, ni un

---

[1] *La Gnose*, mars 1910, signé *Tau Palingénius*. [N.d.É.]

engagement, ni une obligation. L'intrusion anglaise à Lhassa ne pouvait avoir aucune influence sur le gouvernement thibétain, et moins encore sur la partie de la religion thibétaine qu'il faut considérer comme l'ancêtre de tous les dogmes, et moins encore sur le vivant symbole de la Tradition. »

Voici quelques détails sur le palais du Dalaï-Lama, où aucun étranger n'a jamais pénétré : « Ce palais n'est pas dans la ville de Lhassa, mais sur le sommet d'une colline isolée au milieu de la plaine, et située à environ un quart d'heure au nord de la ville. Il est comme entouré et enfermé dans un grand nombre de temples bâtis comme des dinh (pagodes confuciennes), où habitent les Lamas qui sont du service du Dalaï-Lama ; les pèlerins ne franchissent jamais l'entrée de ces dinh. L'espace qui est au centre de ces temples rangés en cercle les uns à côté des autres, est une grande cour presque toujours déserte, au milieu de laquelle se trouvent quatre temples, de formes différentes, mais rangés régulièrement en carré ; et au centre de ce carré est la demeure personnelle du Dalaï-Lama.

« Les quatre temples sont de grandes dimensions, mais pas très élevés, et sont bâtis à peu près sur le modèle des habitations des vices-rois ou des gouverneurs des grandes provinces de l'Empire Chinois ; ils sont occupés par les douze Lamas appelés Lamas-Namshans, qui forment le *conseil circulaire* du Dalaï-Lama. Les appartements intérieurs sont richement décorés, mais on n'y voit que les couleurs lamaïques, le jaune et le rouge ; ils sont partagés en plusieurs pièces dont les plus grandes sont les *salles de prières*. Mais, sauf de très rares exceptions, les douze Lamas-Namshans ne peuvent recevoir personne dans les appartements intérieurs ; leurs serviteurs mêmes demeurent dans les appartements *dits extérieurs*, parce que, de ces appartements, on ne peut apercevoir le palais central. Celui-ci occupe le milieu du second carré, et il est de tous côtés isolé des appartements des douze Lamas-Namshans ; il faut un appel spécial et personnel du Dalaï-Lama pour franchir ce dernier espace intérieur.

« Le palais du Dalaï-Lama ne se révèle aux yeux des habitants des appartements intérieurs que par un grand péristyle qui en fait tout le tour, comme dans tous les édifices du sud de l'Asie ; ce péristyle est soutenu par quatre rangs de colonnes, qui sont, du haut en bas, recouvertes d'or. Personne n'habite le rez-de-chaussée du palais, qui se compose seulement de vestibules, de salles de prières et d'escaliers gigantesques. Au devant du quadruple péristyle, le palais s'élève sur trois étages ; le premier étage est couleur de pierre, le second est rouge, le troisième est jaune. Par dessus le troisième étage, et en guise de toiture, s'élève une coupole tout à fait ronde et recouverte de lames d'or ; on voit ce dôme depuis Lhassa, et de très loin dans la vallée ; mais les temples intérieurs et extérieurs cachent la vue des étages. Seuls les douze Lamas-Namshans savent la distribution des étages du palais central, et ce qui s'y passe ; c'est à l'étage rouge, et au centre, que se tiennent les séances du conseil circulaire. L'ensemble de ces constructions est très grandiose et majestueux ; ceux qui ont l'autorisation d'y circuler sont tenus de garder le silence ». (Nguyèn V. Cang, *Le Palais du Dalaï-Lama*, n° 8, 15 novembre 1904).

Voici maintenant pour ce qui concerne le Dalaï-Lama lui-même : « Quant à la personne du Dalaï-Lama, que déjà l'on croyait voir (lors de l'intrusion anglaise) contrainte et polluée par des regards étrangers, il faut dire que cette crainte est naïve, et que, ni maintenant, ni plus tard, elle ne saurait être admise. *La personne du Dalaï-Lama ne se manifeste qu'à l'étage rouge du grand palais sacré, quand les douze Lamas-Namshans y sont réunis dans de certaines conditions, et sur l'ordre même de celui qui les régit. Il suffirait de la présence d'un autre homme, quel qu'il soit, pour que le Dalaï-Lama ne parût point ; et il y a plus qu'une impossibilité matérielle à profaner sa présence ; il ne peut être là où sont ses ennemis ou seulement des étrangers.* Le Pape de l'Orient, comme disent (fort improprement) les fidèles du Pape de l'Occident, n'est pas de ceux que l'on dépouille ou que l'on contraint, car il n'est sous le pouvoir ni sous le contrôle humain ; et *il est toujours le même*, aujourd'hui comme au jour assez lointain où il se révéla à ce Lama prophétique, que les Thibétains appellent Issa, et que les Chrétiens appellent Jésus ». (Nguyèn V. Cang, *Le Dalaï-Lama*, n° 9, 15 décembre 1904).

Ceci montre suffisamment que le Dalaï-Lama ne peut pas être en fuite, pas plus maintenant qu'au moment où ces lignes ont été écrites, et qu'il ne peut aucunement être question de le destituer ni de lui élire un successeur ; on voit également par là ce que valent les affirmations de certains voyageurs qui, ayant plus ou moins exploré le Thibet, prétendent avoir vu le Dalaï-Lama ; il n'y a pas lieu d'attribuer la moindre importance à de semblables récits. Nous n'ajouterons rien aux paroles que nous venons de citer, paroles qui émanent d'une source très autorisée ; on comprendra d'ailleurs que cette question n'est pas de celles qu'il convient de traiter publiquement sans réserves, mais nous avons pensé qu'il n'était ni inutile ni inopportun d'en dire ici quelques mots.

V

LES DUALITES COSMIQUES[1]

Il arrive parfois, plus souvent même qu'on ne le croit communément, que les théories scientifiques les plus récentes rejoignent, par les conséquences qu'elles impliquent, certaines conceptions anciennes, généralement oubliées ou dédaignées pendant l'époque qui précéda immédiatement la nôtre, et qu'on s'obstine encore trop souvent à ignorer de parti pris. Ces rapprochements peuvent sembler étranges à certains esprits, et pourtant c'est là un fait, et un fait extrêmement important au point de vue de l'histoire des idées ; si l'on en tenait compte autant qu'on le devrait, on pourrait être amené à modifier bien des conclusions. Pour nous, il n'y a pas d'idées véritablement nouvelles (nous ne parlons que des idées, bien entendu, et non de leurs applications pratiques), mais ce qui donne l'illusion de la nouveauté et de l'originalité, c'est que les mêmes idées ont pu, suivant les époques, être présentées sous des formes extrêmement diverses, pour s'adapter à des mentalités également différentes ; on pourrait dire que ce n'est pas ce qui est pensé qui varie, mais seulement la façon de le penser. C'est ainsi que, par exemple, la moderne « philosophie des sciences » finit par coïncider à certains égards avec l'ancienne « cosmologie », bien qu'elle ait un tout autre point de départ et qu'elle procède par une voie en quelque sorte inverse. Certes, il ne faudrait pas croire que, en partant des sciences, et surtout des sciences expérimentales, il soit possible d'atteindre le domaine de la métaphysique pure ; la distance est trop grande et la séparation est trop profonde ; mais on peut du moins pénétrer jusqu'à un certain point dans le domaine intermédiaire entre celui de la métaphysique et celui de la science au sens où l'entendent les modernes, domaine qui était dans l'antiquité et au moyen âge, comme il l'est encore pour les Orientaux, celui de ce que nous appellerons les « sciences traditionnelles ». Ces sciences étaient

---

[1] Rédigé en 1921 pour la *Revue de philosophie*, cet article ne fut en fait publié qu'en janv.-juin 1972 dans les *Études Traditionnelles*, où Michel Valsân précise qu'il fut à l'origine refusé « à cause des hostilités suscitées par le milieu néo-thomiste de l'époque ». [*N.d.É.*]

traditionnelles surtout en ce qu'elles avaient, directement ou indirectement, un fondement d'ordre métaphysique, en ce qu'elles n'étaient en somme qu'une application des principes métaphysiques à tel ou tel point de vue plus ou moins spécial, et ce cas était notamment celui des spéculations cosmologiques ; il n'en est aucunement de même pour les conclusions philosophiques tirées des sciences actuelles, mais la coïncidence, quand elle se produit, n'en est que plus remarquable. Le point de vue des anciens était essentiellement synthétique ; celui des modernes, au contraire, apparaît comme analytique, et, s'il est susceptible de donner partiellement les mêmes résultats, ce n'est que par une voie beaucoup plus longue et comme détournée ; les conclusions en acquièrent-elles du moins plus de rigueur et de sûreté ? On le croit d'ordinaire, en raison du prestige qu'exerce sur les esprits la science dite positive ; cependant, il nous semble que l'origine inductive des conceptions dont il s'agit leur communique un caractère qui ne peut être que celui de simples hypothèses, alors que, dans l'autre cas, elles participaient de la certitude qui est inhérente à la métaphysique vraie ; mais celle-ci est devenue tellement étrangère à l'intellectualité occidentale moderne que, pour justifier cette assertion, il nous faudrait entrer dans de longs développements. Peu importe d'ailleurs ici, car notre intention n'est point de rechercher présentement la supériorité de l'un ou de l'autre des deux points de vue, mais seulement de signaler quelques-uns de ces rapprochements auxquels nous avons fait allusion en premier lieu, et cela à propos du récent livre de M. Émile Lasbax : *Le problème du mal*[1], qui contient des vues particulièrement intéressantes sous ce rapport.

Ce livre nous apparaît comme l'expression d'un très louable effort pour se dégager des cadres assez étroits de la philosophie classique, qu'on a grand tort de qualifier parfois de « traditionnelle », puisque, issue principalement de la « révolution cartésienne », elle s'est présenté dès son origine comme l'effet d'une rupture avec la tradition, on se rapproche donc de celle-ci, dans une certaine mesure, quand on s'éloigne de cette philosophie classique, et même dès qu'on se rend compte que la façon spéciale dont elle pose et traite les questions est loin d'être la seule possible. C'est là, précisément, ce que M. Lasbax nous paraît avoir compris, et peut-être ne le doit-il pas uniquement au souci de renouveler la philosophie en s'inspirant de la science, car il

---

[1] 1 vol. *in-8°* de la *Bibliothèque de philosophie contemporaine* ; F. Alcan, Paris, 1919.

n'est pas de ceux qui méprisent le passé d'autant plus qu'ils l'ignorent davantage ; nous ne saurions le suivre jusque dans ses conclusions, trop mystiques à notre gré, mais nous n'en sommes que plus à l'aise pour indiquer, en toute impartialité, le grand intérêt de quelques-uns des aperçus que contient son ouvrage.

Nous nous permettrons pourtant une observation préliminaire : M. Lasbax, qui se croit et s'affirme dualiste, l'est-il véritablement ? Il est permis d'en douter, quand on le voit déclarer, par exemple, que « le dualisme est une forme d'existence postérieure à l'unité primitive de l'être homogène et immortel ; l'unité est à l'origine, et la dualité n'est que dérivée, puisqu'elle résulte de la scission de l'être créé sous l'influence d'une volonté négative » (p. 372). Une doctrine pour laquelle la dualité n'est pas primitive ne saurait être qualifiée proprement de dualisme ; on n'est pas dualiste par cela seul qu'on admet une dualité, même si l'on se refuse à réduire l'un de ses termes à l'autre ; il est vrai que, dans ce dernier cas, on n'est pas moniste non plus, mais cela prouve simplement qu'il y a des conceptions auxquelles de semblables dénominations ne sont pas applicables : ce sont celles qui résolvent l'opposition apparente en l'intégrant dans un ordre supérieur. Il y a des doctrines de ce genre qu'on a l'habitude de dénaturer en les interprétant dans un sens dualiste, et c'est ce qui arrive notamment pour celle de Zoroastre, dont les Manichéens n'ont eu, semble-t-il, qu'une compréhension incomplète et grossière : Ahriman n'est pas « l'éternel ennemi » d'Ormuzd, et il ne suffit pas de dire qu'« il doit être un jour définitivement vaincu » (p. 11) ; en réalité d'après l'*Avesta*, il doit être réconcilié dans l'unité du Principe suprême, appelé *Akarana*, mot qui signifie à la fois « sans cause » et « sans action », ce qui en fait très exactement l'équivalent du « non-agir » de la métaphysique extrême-orientale, ainsi que du *Brahma* neutre et « non-qualifié » de la doctrine hindoue. D'ailleurs, ce n'est pas dans ces doctrines traditionnelles, d'une façon générale, qu'on peut trouver un dualisme véritable, mais seulement dans l'ordre des systèmes philosophiques : celui de Descartes en est le type, avec son opposition de l'esprit et de la matière qui ne souffre aucune conciliation, ni même aucune communication réelle entre ses deux termes.

Comme nous ne nous proposons pas d'entrer ici dans la discussion du dualisme, nous nous contenterons de dire ceci : on peut constater dans les choses, non pas seulement une dualité, mais bien des dualités multiples, et toute la question est en somme de situer exactement chacune de ces dualités dans l'ordre d'existence auquel elle se réfère et hors duquel elle n'aurait plus aucun sens. Maintenant, toutes ces dualités, qui peuvent être en multiplicité indéfinies, ne sont-elles finalement que des spécifications ou des modes d'une dualité unique, plus fondamentale que toutes les autres, et qui revêtirait des aspects divers suivant les domaines plus ou moins particuliers dans lesquels on l'envisage ? En tout cas, dans l'ordre métaphysique pur, il ne saurait plus y avoir aucune dualité, parce qu'on est au-delà de toute distinction contingente ; mais il peut y en avoir une dès qu'on se place au point de départ de l'existence, même considérée en dehors de toute modalité spéciale et dans l'extension la plus universelle dont elle soit susceptible.

M. Lasbax se représente la dualité, sous toutes ses formes, comme une lutte entre deux principes : c'est là une image qui, pour nous, ne correspond vraiment à la réalité que dans certains domaines, et qui, transportée au-delà de ses justes limites, risque fort de conduire à une conception tout anthropomorphique ; on ne le voit que trop quand les deux tendances en présence sont définies, en dernier ressort, comme l'expression de deux volontés contraires. Ce pourrait être là un symbolisme utile, mais rien de plus, et encore à la condition de ne pas en être dupe ; malheureusement, au lieu d'assigner simplement au point de vue psychologique sa place dans l'ordre cosmique, on tend à interpréter celui-ci psychologiquement. Nous voyons bien la raison d'une semblable attitude : c'est que le problème est ici posé en termes de bien et de mal, ce qui est un point de vue tout humain ; il en était déjà ainsi pour Platon lorsque, au Xe livre des *Lois*, il envisageait deux « âmes du monde », l'une bonne et l'autre mauvaise. C'est encore la même raison qui fait exagérer l'opposition entre les deux principes ou les deux tendances, au détriment de ce qu'on peut appeler leur complémentarisme : s'il s'agit de bien et de mal, on ne peut évidemment parler que de lutte et d'opposition ; et M. Lasbax va jusqu'à déclarer que, « à vrai dire, la complémentarité n'est qu'une illusion », et que « c'est sur l'opposition qu'il convient de mettre l'accent » (p. 369). Pourtant, si l'on se dégage des considérations morales, l'opposition n'existe que dans le domaine spécial de la dualité envisagée, et, du point de vue supérieur où elle est résolue et conciliée, ses deux termes ne peuvent plus se présenter que comme complémentaires ; c'est donc plutôt l'opposition qui nous apparaît comme illusoire, ou du moins comme appartenant à un degré moins profond de la réalité. Là est une des grandes différences entre la position de M. Lasbax et celle des anciennes doctrines traditionnelles : c'est que celles-ci ne se préoccupaient point de fonder des « jugements de valeur » ; et, pour nous, de tels jugements n'ont de sens et de portée que pour l'être même qui les formule, parce qu'ils n'expriment que de simples appréciations purement subjectives ; nous nous tiendrons donc en dehors de ce point de vue de la « valeur », autant que nous le pourrons, dans les considérations qui vont suivre.

*

* *

M. Lasbax, disions-nous plus haut, n'a point le mépris du passé : non seulement il invoque volontiers, à l'appui de ses vues, les antiques traditions cosmogoniques de l'Orient, mais encore il lui arrive d'admettre la légitimité de spéculations dont il est de mode de ne parler que pour les tourner en dérision. C'est ainsi que, faisant allusion à la solidarité qui unit toutes les parties de l'Univers et aux rapports de l'humanité avec les astres, il déclare nettement que l'influence de ceux-ci sur celle-là est « si réelle que certains sociologues n'ont pas craint de créer, tant pour les sociétés animales que pour les sociétés humaines, une théorie exclusivement cosmogonique des migrations aussi bien que des phénomènes sociaux les plus complexes, rejoignant au terme suprême de la positivité les conceptions astrologiques que Comte attribuait dédaigneusement à la période métaphysique de sa loi des trois états » (p. 348). Cela est tout à fait vrai, et c'est un exemple de ces rapprochements dont nous avons indiqué l'existence ; mais il y a un certain mérite et même un certain courage à dire des choses, alors que tant d'autres, qui doivent pourtant savoir ce qu'il en est, gardent à ce sujet un silence obstiné. D'ailleurs, ce qui est vrai pour l'astrologie l'est aussi pour bien d'autres choses, et notamment pour l'alchimie ; nous sommes même surpris que M. Lasbax n'ait jamais fait mention de cette dernière, car il se trouve précisément que ses conceptions nous ont souvent fait penser à quelques théories des hermétistes du moyen âge ; mais il ne cite dans cet ordre d'idées que Paracelse et Van Helmont, et encore sur des points très spéciaux, se référant exclusivement à la physiologie, et sans paraître se douter de leur rattachement à une doctrine beaucoup plus générale.

Il faut renoncer à la conception courante d'après laquelle l'astrologie et l'alchimie n'auraient été que des stades inférieurs et rudimentaires de l'astronomie et de la chimie ; ces spéculations avaient en réalité une tout autre portée, elles n'étaient pas du même ordre que les sciences modernes avec lesquelles elles semblent présenter quelques rapports plus ou moins superficiels, et elles étaient avant tout des théories cosmologiques. Seulement, il faut bien dire que, si ces théories sont totalement incomprises de ceux qui les dénoncent comme vaines et chimériques, elles ne le sont guère moins de ceux qui, de nos jours, ont prétendu au contraire les défendre et les reconstituer, mais qui ne voient dans l'astrologie rien de plus qu'un « art divinatoire », et qui ne sont même pas capables de faire la distinction, qu'on faisait fort bien autrefois, entre la « chimie vulgaire » et la « philosophie hermétique ». Il faut donc, quand on veut faire des recherches sérieuses sur ces sortes de choses, se méfier grandement des interprétations proposées par les modernes occultistes, qui, malgré toutes leurs prétentions, ne sont dépositaires d'aucune tradition, et qui s'efforcent de suppléer par la fantaisie au savoir réel qui leur fait défaut. Cela dit, nous ne voyons pas pourquoi on s'abstiendrait de mentionner à l'occasion les conceptions des hermétistes, au même titre que n'importe quelles autres conceptions anciennes ; et ce serait même d'autant plus regrettable qu'elles donnent lieu à des rapprochements particulièrement frappants.

Ainsi pour prendre un exemple, M. Lasbax rappelle que Berzelius « avait formulé cette hypothèse hardie que l'explication dernière de toute réaction devait se ramener, en fin de compte, à un dualisme électrochimique : l'opposition des acides et des bases » (p. 188). Il eût été intéressant d'ajouter que cette idée n'appartenait pas en propre à Berzelius et que celui-ci n'avait fait que retrouver, peut-être à son insu, et en l'exprimant autrement, une ancienne théorie alchimique ; en effet, l'acide et la base représentent exactement, dans le domaine de la chimie ordinaire, ce que les alchimistes appelaient soufre et mercure, et qu'il ne faut pas confondre avec les corps qui portent communément ces mêmes noms. Ces deux principes, les mêmes alchimistes les désignaient encore, sous d'autres points de vue, comme le soleil et la lune, l'or et l'argent ; et leur langage symbolique en dépit de son apparente bizarrerie, était plus apte que tout autre à exprimer la correspondance des multiples dualités qu'ils envisageaient, et dont voici quelques-unes : « l'agent et le patient, le mâle et la femelle, la forme et la matière, le fixe et le volatil, le subtil et l'épais »[1]. Bien entendu, il n'y a pas d'identité entre toutes ces dualités, mais seulement correspondance et analogie, et l'emploi de cette analogie, familier à la pensée ancienne, fournissait le principe de certaines classifications qui ne sont à aucun degré assimilables à celles des modernes, et qu'on ne

---

[1] Dom A.-J. Pernéty, *Dictionnaire mytho-hermétique* (1758), art. *Conjonction*, p. 87.

devrait peut-être même pas appeler proprement des classifications ; nous pensons notamment, à cet égard, aux innombrables exemples de correspondances qu'on pourrait relever dans les textes antiques de l'Inde, et surtout dans les *Upanishads*[1]. Il y a là l'indice d'une façon de penser qui échappe presque entièrement aux modernes, du moins en Occident : façon de penser essentiellement synthétique, comme nous l'avons dit, mais nullement systématique, et qui ouvre des possibilités de conception tout à fait insoupçonnée de ceux qui n'y sont point habitués.

En ce qui concerne ces dernières remarques, nous pensons être d'accord avec M. Lasbax, qui se fait des premiers âges de l'humanité terrestre une tout autre conception que celles qu'on rencontre ordinairement lorsqu'il s'agit de l'« homme primitif », conception beaucoup plus juste à notre avis, bien que nous soyons obligé de faire quelques restrictions, d'abord parce qu'il est des passages qui nous ont rappelé d'un peu trop près certaines théories occultistes sur les anciennes races humaines, et ensuite en raison du rôle attribué à l'affectivité dans la pensée antique, préhistorique si l'on veut. Aussi loin que nous pouvons remonter sûrement, nous ne trouvons aucune trace de ce rôle prépondérant ; nous trouverions même plutôt tout le contraire ; mais M. Lasbax déprécie volontiers l'intelligence au profit du sentiment, et cela, semble-t-il, pour deux raisons : d'une part l'influence de la philosophie bergsonienne, et, d'autre part, la préoccupation constante de revenir finalement au point de vue moral, qui est essentiellement sentimental. Même à ce dernier point de vue, c'est pourtant aller un peu loin que de voir dans l'intelligence une sorte de manifestation du principe mauvais ; en tout cas, c'est se faire une idée beaucoup trop restreinte de l'intelligence que de la réduire à la seule raison, et c'est pourtant ce que font d'ordinaire les « anti-intellectualistes ».

Notons à ce propos que c'est dans l'ordre sentimental que les dualités psychologiques sont le plus apparentes, et que ce sont exclusivement les dualités de cet ordre que traduit à sa façon la dualité morale du bien et du mal. Il est singulier que M. Lasbax ne se soit pas aperçu que l'opposition de l'égoïsme et de la sympathie équivaut, non point à une opposition entre intelligence et sentiment, mais bien à une opposition entre deux modalités du sentiment ; cependant, il insiste à chaque instant sur cette idée que les deux termes opposés, pour

---

[1] Voir en particulier la *Chhândogya Upanishad.*

pouvoir entrer en lutte, doivent appartenir à un même ordre d'existence, ou, comme il le dit, « à un même plan ». Nous n'aimons pas beaucoup ce dernier mot, parce que les occultistes en ont usé et abusé, et aussi parce que l'image qu'il évoque tend à faire concevoir comme une superposition le rapport des différents degrés de l'existence, alors qu'il y a plutôt une certaine interpénétration. Quoi qu'il en soit, nous ne voyons guère, dans l'ordre intellectuel, qu'une seule dualité à envisager, celle du sujet connaissant et de l'objet connu ; et encore cette dualité, qu'on ne peut représenter comme une lutte, ne correspond-elle pour nous qu'à une phase ou à un moment de la connaissance, loin de lui être absolument essentielle ; nous ne pouvons insister ici sur ce point, et nous nous bornerons à dire que cette dualité disparaît comme toutes les autres dans l'ordre métaphysique, qui est le domaine de la connaissance intellectuelle pure. Toujours est-il que M. Lasbax, quand il veut trouver le type de ce qu'il regarde comme la dualité suprême, a naturellement recours à l'ordre sentimental, identifiant la « volonté bonne » à l'Amour et la « volonté mauvaise » à la Haine ; ces expressions anthropomorphiques, ou plus exactement « antropopathiques », se comprennent surtout chez un théosophe mystique tel que Jacob Bœhme, pour qui, précisément, « l'Amour et la Colère sont les deux mystères éternels » ; mais c'est un tort que de prendre à la lettre ce qui n'est en vérité qu'un symbolisme assez spécial, d'ailleurs moins intéressant que le symbolisme alchimique dont Bœhme fait aussi usage en maintes circonstances.

*
* *

La dualité que les traditions cosmogoniques de l'antiquité placent au début, d'une façon presque générale, est celle de la Lumière et des Ténèbres ; et c'est là, en tout cas, celle qui présente le plus nettement ce caractère d'opposition sur lequel insiste M. Lasbax. Toutefois, ce serait interpréter fort mal cette conception que d'y voir simplement le symbole d'une dualité morale : les notions de bien et de mal n'ont pu s'y rattacher que secondairement et d'une façon quelque peu accidentelle, et cela même dans l'*Avesta* ; ailleurs, elles n'apparaissent même pas, comme dans l'Inde où la Lumière est assimilée à la connaissance et les Ténèbres à l'ignorance, ce qui nous transporte dans un tout autre domaine. C'est la lutte de la Lumière et des Ténèbres qui est représentée, dans les hymnes védiques, par la lutte d'Indra contre

Vritra ou Ahi[1], comme elle l'était chez les Égyptiens par celle d'Horus contre Typhon. Maintenant, si l'on veut y voir la lutte de la vie et de la mort, ce n'est là qu'une application assez particulière ; nous savons qu'il est difficile à la mentalité occidentale moderne de s'affranchir de ce que nous appellerions volontiers la « superstition de la vie », mais nous n'en pensons pas moins qu'il est illégitime d'identifier à l'existence universelle ce qui n'est qu'une condition d'un de ses modes spéciaux ; cependant, nous n'y insisterons pas d'avantage pour le moment.

Ce qui est remarquable, c'est que l'égoïsme, ou plutôt l'attrait de l'existence individuelle, qui est pour M. Lasbax la tendance mauvaise par excellence, est exactement ce que représente le *Nahash* hébraïque, le serpent de la Genèse ; et il doit assurément en être de même partout où le serpent symbolise pareillement une puissance ténébreuse. Seulement, si l'opposition est entre l'existence individuelle et l'existence universelle, les deux principes ne sont pas du même ordre ; M. Lasbax dira que la lutte n'est pas entre des états, mais entre des tendances ; pourtant, des tendances sont bien encore des états, au moins virtuels, des modalités de l'être. Il nous semble que ce qu'il faut dire, c'est que des principes d'ordre différent peuvent, par une sorte de réflexion, recevoir une expression dans un degré déterminé de l'existence, de telle sorte que ce ne sera pas entre les termes de la dualité primitive qu'il y aura conflit à proprement parler, mais seulement entre ceux de la dualité réfléchie, qui n'a par rapport à la précédente que le caractère d'un accident. D'autre part, on ne peut pas même dire qu'il y ait symétrie entre deux termes tels que la Lumière et les Ténèbres, qui sont entre eux comme l'affirmation et la négation, les Ténèbres n'étant que l'absence ou la privation de la Lumière ; mais si, au lieu de les considérer « en soi », on se place dans le monde des apparences, il semble qu'on ait affaire à deux entités comparables, ce qui rend possible la représentation d'une lutte ; seulement, la portée de cette lutte se limite évidemment au domaine où elle est susceptible de recevoir une signification. Il n'en est pas moins vrai que, même avec cette restriction, la considération de la lutte ou de ce qui peut être ainsi représenté analogiquement serait tout à fait impossible si l'on commençait par poser deux principes n'ayant absolument rien de commun entre eux : ce qui n'a aucun point de contact ne saurait entrer

---

[1] C'est évidemment par un lapsus que M. Lasbax a écrit (p. 32) *Agni* au lieu d'*Ahi*, ce qui n'est pas du tout la même chose.

en conflit sous aucun rapport ; c'est ce qui arrive notamment pour l'esprit et le corps tels que les conçoit le dualisme cartésien. Cette dernière conception n'est pas du tout équivalente à celle, nullement dualiste d'ailleurs, de la forme et de la matière chez Aristote et chez les scolastiques, car, « comme le remarque M. Bergson, les Grecs n'avaient pas encore élevé de barrières infranchissables entre l'âme et le corps » (p. 68), et nous ajouterons qu'on ne le fit pas davantage au moyen âge, mais, dans la doctrine aristotélicienne, il s'agit bien plutôt d'un complémentarisme que d'une opposition, et nous y reviendrons plus loin.

Sur le thème de l'opposition, il y a lieu de signaler tout spécialement la façon dont M. Lasbax envisage la dualité des forces d'expansion et d'attraction : nous ne saurions y voir avec lui un cas particulier de la lutte de la vie et de la mort, mais il est très intéressant d'avoir pensé à assimiler la force attractive à la tendance individualisatrice. Ce qu'il y a encore de curieux, c'est que cette opposition de la force attractive et de la force expansive, présentée ici comme tirée des théories scientifiques modernes, est une des interprétations dont est susceptible le symbolisme de Caïn et d'Abel dans la Genèse hébraïque. Maintenant, nous nous demandons jusqu'à quel point on peut dire que la force expansive n'agit pas à partir d'un centre, qu'elle n'est pas « centrifuge », tandis que la force attractive, par contre, serait véritablement « centripète » ; il ne faudrait pas chercher à assimiler la dualité des forces d'expansion et d'attraction à celle des mouvements de translation et de rotation : entre ces dualités différentes, il peut y avoir correspondance, mais non identité, et c'est ici qu'il faut savoir se garder de toute systématisation.

*

* *

Pour M. Lasbax, ni l'une ni l'autre des deux tendances opposées, sous quelque forme qu'on les envisage, n'existe jamais à l'état pur dans les choses ; elles sont toujours et partout simultanément présentes et agissantes, de telle sorte que chaque être particulier, et même chaque partie de cet être, offre comme une image de la dualité universelle. Nous retrouvons là la vieille idée hermétique de l'analogie constitutive du Macrocosme et du Microcosme, idée que Leibnitz appliquait à ses monades lorsqu'il regardait chacune d'elles comme contenant la représentation de tout l'univers. Seulement, il peut y avoir, suivant les cas, prédominance de l'une ou de l'autre des deux tendances, et celles-ci sembleront alors s'incarner dans des éléments en opposition : on a ainsi la dualité biologique du système cérébro-spinal et du système sympathique, ou bien, à un autre degré, celle du noyau et du cytoplasme dans la cellule, à l'intérieur de laquelle se reproduit ainsi un conflit analogue à celui que présente l'ensemble de l'organisme ; et cette dernière dualité se ramène à la dualité chimique de l'acide et de la base, que nous avons déjà signalée.

La considération de cette sorte d'enchevêtrement de dualités multiples, analogues et non identiques entre elles, soulève une difficulté : s'il est certaines de ces dualités qu'on peut faire correspondre terme à terme, il peut ne pas en être de même pour toutes. Pour faire comprendre ceci, nous prendrons comme exemple la théorie des éléments telle que la concevaient les Grecs, Aristote en particulier, et telle qu'elle se transmit au moyen âge ; on y trouve deux quaternaires, comprenant chacun deux dualités : d'une part, celui des qualités, chaud et froid, sec et humide, et, d'autre part, celui des éléments, feu et eau, air et terre. Or les couples d'éléments opposés ne coïncident pas avec les couples de qualités opposées, car chaque élément procède de deux qualités combinées, appartenant à deux dualités différentes : le feu, du chaud et du sec ; l'eau du froid et de l'humide ; l'air, du chaud et de l'humide ; la terre, du froid et du sec. Quant à l'éther, considéré comme cinquième élément, et que les alchimistes appelaient pour cette raison « quintessence » (*quinta essentia*), il contient toutes les qualités dans un état d'indifférenciation et d'équilibre parfait ; il représente l'homogénéité primordiale dont la rupture déterminera la production des autres éléments avec leurs oppositions. Cette théorie est résumée dans la figure, d'un symbolisme d'ailleurs purement hermétique, que Leibnitz a placée en tête de son *De arte combinatoria*.

Maintenant, le chaud et le froid sont respectivement des principes d'expansion et de condensation, et correspondent ainsi rigoureusement aux forces antagonistes du dualisme mécanique ; mais pourrait-on en dire autant du sec et de l'humide ? Cela paraît bien difficile, et c'est seulement par leur participation du chaud et du froid qu'on peut rattacher les éléments, feu et air d'une part, eau et terre d'autre part, à ces deux tendances expansive et attractive que M. Lasbax envisage d'une façon un peu trop exclusive et systématique. Et ce qui complique encore la question, c'est que, à des points de vue différents, des oppositions également différentes peuvent être établies entre les mêmes choses : c'est ce qui arrive, pour les éléments, suivant que l'on s'adresse à l'alchimie ou à l'astrologie, car, tandis que la première fait appel aux considérations précédentes, la seconde, en répartissant les éléments dans le zodiaque, oppose le feu à l'air et la terre à l'eau ; ici, par conséquent, l'expansion et la condensation ne figurent même plus dans une opposition ou une corrélation quelconque. Nous ne pousserons pas plus loin l'étude de ce symbolisme, dont nous avons seulement voulu montrer la complexité ; nous ne parlerons pas non plus de la théorie hindoue des éléments, dont les bases sont très différentes de celles de la théorie grecque, et où l'application des trois *gunas* fournirait cependant des points de comparaison fort intéressants pour ce dont il s'agit ici.

Si l'on considère spécialement l'opposition du chaud et du froid, on est amené à envisager quelques questions particulièrement importantes, que M. Lasbax pose à propos des principes de la thermodynamique. Il discute à ce point de vue la théorie du Dr Gustave Le Bon[1], d'après laquelle « il convient de distinguer entre deux phases radicalement opposées de l'histoire du monde », formant « un cycle complet : d'abord condensation de l'énergie sous forme de matière, puis dépense de cette énergie », c'est-à-dire dissociation de la matière ; notre période actuelle correspondrait à la seconde phase ; et, « comme rien n'empêche de supposer que la matière, retournée à l'éther, recommence à nouveau sa phase condensatrice, les périodes alternantes de la vie de l'univers doivent se succéder sans fin : l'hypothèse s'achève dans l'idée antique de la « grande année », dans la conception nietzschéenne de l'éternel retour » (p. 195). Pour notre part, cette théorie nous fait penser moins à la « grande année » des Perses et des Grecs, période astronomique qui apparaît surtout comme liée au phénomène de la précession des équinoxes, qu'aux cycles cosmiques des Hindous, où les deux phases qui viennent d'être décrites sont représentées comme le jour et la nuit de Brahmâ ; de plus, on trouve également dans la conception hindoue cette idée de la formation de toutes choses à partir de l'éther primordial, auquel elles doivent retourner dans la dissolution finale ; cela, le Dr Le Bon doit le savoir sans doute aussi bien que nous, mais il ne parle jamais de ces coïncidences pourtant assez frappantes. Nous devons ajouter, toutefois, que les théories cosmogoniques de l'Inde n'admettent point l'« éternel retour », dont l'impossibilité est d'ailleurs métaphysiquement

---

[1] *La naissance et l'évanouissement de la matière.*

démontrable : d'un cycle à un autre, il n'y a jamais répétition ni identité, mais seulement correspondance et analogie, et ces cycles s'accomplissent, suivant l'expression de M. Lasbax, « sur des plans différents » ; à vrai dire, il n'y a que notre cycle actuel qui commence et aboutisse à l'éther considéré comme le premier des éléments corporels, car il n'y a que celui-là qui se réfère à l'existence physique. Il résulte de là que les conditions d'un cycle ne sont point applicables aux autres, bien qu'il doive toujours y avoir quelque chose qui leur correspondra analogiquement : ainsi, l'espace et le temps ne sont que des conditions spéciales de notre cycle, et ce n'est que d'une façon toute symbolique qu'on pourra en transporter l'idée en dehors des limites de celui-ci, pour rendre exprimable dans quelque mesure ce qui ne le serait pas autrement, le langage humain étant nécessairement lié aux conditions de l'existence actuelle.

Cette dernière remarque permet de répondre à l'objection que M. Lasbax adresse au D^r Le Bon, et qui porte sur la séparation établie par celui-ci entre les deux phases ascendante et descendante de l'histoire du monde, que la doctrine hindoue compare aux deux phases de la respiration, et qu'on peut appeler, si l'on veut, évolution et involution, bien que ces termes puissent prêter à équivoque : ces deux mouvements de sens inverse doivent, non pas occuper deux périodes successives dans le temps, mais se manifester simultanément pendant toute la durée de l'existence du monde, comme il arrive pour les phénomènes correspondants de construction et de destruction des tissus dans la vie organique des individus. Cette difficulté disparaît si l'on admet que le point de vue de la succession chronologique n'est en réalité que l'expression symbolique d'un enchaînement logique et causal ; et il faut bien qu'il en soit ainsi, dès lors qu'il n'y a qu'un cycle particulier qui est soumis à la condition temporelle, hors de laquelle tous les états ou les degrés de l'existence universelle peuvent être envisagés en parfaite simultanéité. D'ailleurs, même à l'intérieur du cycle actuel, les deux phases opposées ne sont pas nécessairement successives, à moins qu'on n'entende seulement par là un ordre de succession logique ; et, ici encore, on doit pouvoir retrouver dans chaque partie une image de ce qui existe dans la totalité du cycle ; mais, d'une façon générale, les deux tendances doivent prédominer successivement dans le développement chronologique du monde physique, sans quoi le cycle, en tant qu'il est conditionné par le temps, n'arriverait jamais à se compléter ; nous ne disons pas à se fermer, car la conception de cycles fermés est radicalement fausse, comme celle de l'« éternel retour » qui en est l'inévitable conséquence.

Signalons encore que les deux phases dont nous venons de parler se retrouvent également dans les théories hermétiques, où elles sont appelées « coagulation » et « solution » : en vertu des lois de l'analogie, le « grand œuvre » reproduit en abrégé l'ensemble du cycle cosmique. Ce qui est assez significatif, au point de vue où nous venons de nous placer, c'est que les hermétistes, au lieu de séparer radicalement ces deux phases, les unissaient au contraire dans la figuration de leur androgyne symbolique *Rebis* (*res bina*, chose double), représentant la conjonction du soufre et du mercure, du fixe et du volatil, en une matière unique[1].

Mais revenons à l'opposition du chaud et du froid et aux singulières antinomies qui semblent en résulter : « en fait, la loi de Clausius nous représente le monde marchant à son repos et y trouvant la mort à une température élevée, puisque la chaleur est la forme la plus « dégradée » de l'énergie utilisable. D'autre part, toutes les inductions de la physique stellaire nous permettent d'affirmer que, plus nous remontons dans le passé, plus les températures des différents corps et des différents astres nous apparaissent supérieures à ce qu'elles sont aujourd'hui » (p. 198). Il ne saurait en être autrement, si la fin du cycle doit être analogue à son commencement : l'abaissement de la température traduit une tendance à la différenciation, dont la solidification marque le dernier degré, le retour à l'indifférenciation devra, dans le même ordre d'existence, s'effectuer corrélativement, et en sens inverse, par une élévation de température. Seulement, il faut admettre pour cela que le refroidissement des systèmes sidéraux ne se poursuivra pas indéfiniment ; et même, si nous sommes actuellement dans la seconde phase du monde comme le pense le Dr Le Bon, c'est que le point d'équilibre des deux tendances est déjà dépassé. L'observation, du reste, ne peut guère nous renseigner là-dessus directement, et, en tout cas, nous ne voyons pas de quel droit on affirmerait que le refroidissement progressif doit être continu et indéfini ; ce sont là des inductions qui dépassent considérablement la portée de l'expérience, et pourtant c'est ce que certains, au nom de l'astronomie, n'hésitent pas à opposer aux conclusions de la thermodynamique. De là ces descriptions de la « fin du monde » par congélation, qui « nous font

---

[1] Voir l'*Amphitheatrum Sapientiae Æternae* de Khunrath, les *Clefs d'Alchimie* de Basile Valentin, etc.

songer à cet ultime cercle du Royaume du Mal où Dante place le séjour de Lucifer dans sa *Divine Comédie* » (p. 200) ; mais il ne faut pas confondre des choses essentiellement différentes : ce à quoi Dante fait allusion, ce n'est pas la « fin du monde », mais plutôt le point le plus bas de son processus de développement, qui correspond à ce que nous pourrions appeler le milieu du cycle cosmique si nous envisagions ses deux phases comme purement successives. Lucifer symbolise l'« attrait inverse de la nature », c'est-à-dire la tendance à l'individualisation ; son séjour est donc le centre de ces forces attractives qui, dans le monde terrestre, sont représentées par la pesanteur ; et notons en passant que ceci, quand on l'applique spécialement à ce même monde terrestre, va nettement à l'encontre de l'hypothèse géologique du « feu central », car le centre de la terre doit être précisément le point où la densité et la solidité sont à leur maximum. Quoiqu'il en soit, l'hypothèse de la congélation finale apparaît comme contraire à toutes les conceptions traditionnelles : ce n'est pas seulement pour Héraclite et pour les Stoïciens que « la destruction de l'univers devait coïncider avec son embrasement » (p. 201) ; la même affirmation se retrouve à peu près partout, des *Purânas* de l'Inde à l'*Apocalypse* ; et nous devons encore constater l'accord de ces traditions avec la doctrine hermétique, pour laquelle le feu est l'agent de la « rénovation de la nature » ou de la « réintégration finale ».

Pourtant « la science a essayé de concilier les deux hypothèses : l'incandescence finale de l'univers et son refroidissement progressif », par exemple en admettant, comme le fait Arrhenius, que « le refroidissement détruit la vie sur notre planète, tandis que l'embrasement, qui ne se produit que longtemps après, marque la ruine et l'effondrement de tout le système solaire » (p. 201). S'il en était ainsi, la fin de la vie terrestre, au lieu de marquer le terme du mouvement cyclique, coïnciderait seulement avec son point le plus bas ; c'est que, à vrai dire, la conception des cycles cosmiques n'est pas complète si l'on n'y introduit la considération de cycles secondaires et subordonnés, s'intégrant dans des cycles plus généraux ; et c'est surtout à ces cycles partiels que semble se rapporter l'idée de la « grande année » chez les Grecs. Alors, il n'y a pas seulement une « fin du monde », mais il doit y en avoir plusieurs, et qui ne sont pas du même ordre ; congélation et embrasement trouveraient ainsi leur réalisation à des degrés différents ; mais une interprétation comme celle d'Arrhenius nous paraît n'avoir qu'une portée beaucoup trop restreinte.

Nous n'avons envisagé précédemment qu'un côté de la question, qui est encore beaucoup plus complexe que nous ne l'avons dit ; si l'on se place à un point de vue différent, les choses apparaîtront naturellement sous une tout autre perspective. En effet, si la chaleur paraît représenter la tendance qui mène vers l'indifférenciation, il n'en est pas moins vrai que, dans cette indifférenciation même, la chaleur et le froid doivent être également contenus de façon à s'équilibrer parfaitement ; l'homogénéité véritable ne se réalise pas dans un des termes de la dualité, mais seulement là où la dualité a cessé d'être. D'autre part, si l'on considère le milieu du cycle cosmique en regardant les deux tendances comme agissant simultanément, on s'aperçoit que, loin de marquer la victoire complète, au moins momentanément, de l'une sur l'autre, il est l'instant où la prépondérance commence à passer de l'une à l'autre : c'est donc le point où ces deux tendances sont dans un équilibre qui, pour être instable, n'en est pas moins comme une image ou un reflet de cet équilibre parfait qui ne se réalise que dans l'indifférenciation ; et alors ce point, au lieu d'être le plus bas, doit être véritablement moyen sous tous les rapports. Il semble donc qu'aucune des deux forces adverses n'arrive jamais, dans tout le parcours du cycle, à atteindre le terme extrême vers lequel elle tend, parce qu'elle est toujours contrariée par l'action de l'autre, qui maintient ainsi un certain équilibre au moins relatif ; et d'ailleurs, si l'une ou l'autre atteignait ce terme extrême, elle perdrait dès lors sa nature spécifique pour rentrer dans l'homogénéité primordiale, parce qu'elle serait parvenue au point au-delà duquel la dualité s'évanouit. En d'autres termes, le point le plus haut et le point le plus bas sont comme l'« infini positif » et l'« infini négatif » des mathématiciens, qui se rejoignent et coïncident ; mais cette jonction des extrêmes n'a aucun rapport avec l'affirmation hégélienne de l'« identité des contradictoires » : ce qui apparaît comme contraire à l'intérieur du cycle ne l'est plus quand on sort de ses limites, et c'est ici que l'opposition, désormais résolue, fait place au complémentarisme. Du reste, cet aspect du complémentarisme apparaît dès qu'on envisage un certain équilibre entre les deux tendances ; mais voici encore une autre antinomie : l'équilibre relatif est nécessaire pour maintenir la différenciation, puisque celle-ci disparaîtrait si l'une des deux tendances l'emportait complètement et définitivement ; mais l'équilibre parfait, dont cet équilibre relatif est comme une participation, équivaut au contraire à l'indifférenciation. Pour résoudre cette antinomie, il faut se rendre compte que l'opposition de la différenciation et de l'indifférenciation est purement illusoire, qu'il n'y a pas là une dualité véritable, parce qu'il n'y a aucune commune mesure entre les deux termes ; nous ne pouvons entrer dans les développements que comporterait ce sujet ; mais, quand on a compris cela, on s'aperçoit que, en dépit des apparences, les deux forces antagonistes ne tendent pas, l'une vers la différenciation, l'autre vers l'indifférenciation, mais que différenciation et indifférenciation impliquent respectivement la manifestation et la non-manifestation de l'une et de l'autre à la fois. La manifestation s'effectue entre deux pôles extrêmes, mais qui ne sont proprement « deux » que du point de vue de cette manifestation, puisque, au-delà de celle-ci, tout rentre finalement dans l'unité primitive. Ajoutons qu'il faudrait prendre garde de ne pas appliquer à des cycles particuliers et relatifs ce qui n'est vrai que de l'Univers total, pour lequel il ne saurait être question d'évolution ni d'involution ; mais toute manifestation cyclique est du moins en rapport analogique avec la manifestation universelle, dont elle n'est que l'expression dans un ordre d'existence déterminé ; l'application de cette analogie à tous les degrés est la base même de toutes les doctrines cosmologiques traditionnelles.

On est ainsi conduit à des considérations d'une portée proprement métaphysique ; et, quand on transpose les questions sur ce plan, on peut se demander ce que deviennent ces « jugements de valeur » auxquels la pensée moderne attache tant d'importance. Deux voies qui ne sont contraires qu'en apparence et qui conduisent en réalité au même but semblent bien devoir être déclarées équivalentes ; en tout cas, la « valeur » sera toujours chose éminemment relative, puisqu'elle ne concernera que les moyens et non la fin. M. Lasbax considère la tendance à l'individualisation comme mauvaise ; il a raison s'il veut dire qu'elle implique essentiellement la limitation, mais il a tort s'il entend opposer réellement l'existence individuelle à l'existence universelle, parce que, là encore, il n'y pas de commune mesure, donc pas de corrélation ou de coordination possible. D'ailleurs, pour toute individualité, il y a en quelque sorte un point d'arrêt dans la limitation, à partir duquel cette individualité même peut servir de base à une expansion en sens inverse ; nous pourrions citer à ce propos telle doctrine arabe suivant laquelle « l'extrême universalité se réalise dans l'extrême différenciation », parce que l'individualité disparaît, en tant qu'individualité, par là même qu'elle a réalisé la plénitude de ses possibilités. Voilà une conséquence qui devrait satisfaire M. Lasbax, si le point de vue du bien et du mal n'exerçait pas sur lui une si grande influence ; en tout cas, malgré la différence des interprétations, nous ne croyons pas qu'il puisse contredire en principe cette thèse, commune à toutes les doctrines métaphysiques de l'Orient, que le non-manifesté est supérieur au manifesté.

*

* *

Un des aspects les plus généraux de la dualité cosmique est l'opposition des deux principes qui, dans notre monde, sont représentés par l'espace et le temps ; et, dans chacun des deux, la dualité se traduit d'ailleurs encore, d'une façon plus spéciale, par une opposition correspondante : dans l'espace, entre la concentration et l'expansion ; dans le temps, entre le passé et l'avenir[1]. Les deux principes auxquels nous faisons allusion sont ceux que les doctrines de l'Inde désignent par les noms de *Vishnu* et de *Shiva* : d'une part, principe conservateur des choses ; d'autre part, principe, non pas destructeur comme on le dit d'ordinaire, mais plus exactement transformateur. Il faut remarquer, d'ailleurs, que c'est la tendance attractive qui semble s'efforcer de maintenir les êtres individuels dans leur condition présente, tandis que la tendance expansive est manifestement transformatrice, en prenant ce mot dans toute la valeur de sa signification originelle. Or il y a ceci de curieux, que M. Lasbax dénonce la première comme une tendance de mort, destructrice de la véritable activité vitale, et qu'il définit la vie comme « une volonté de rayonnement et d'expansion » (p. 214) ; la puissance destructrice serait donc pour lui l'antagoniste de celle que l'on considère habituellement comme telle. À vrai dire, il n'y a là qu'une question de point de vue, et, pour pouvoir parler de destruction, il faudrait avoir soin de dire par rapport à quoi on veut l'entendre : ainsi, la puissance expansive et transformatrice est bien véritablement destructrice des limitations de l'individualité et, plus généralement, des conditions spéciales et restrictives qui définissent les divers degrés de l'existence manifestée ; mais elle n'est destructrice que par rapport à la manifestation, et la suppression des limitations aboutit à la plénitude de l'être. Au fond nous sommes donc d'accord avec M. Lasbax sur ce point ; mais où

---

[1] Signalons aussi à ce propos, pour compléter ce que nous avons dit de la théorie des éléments, la considération d'une dualité de propriétés contenue dans un même élément, où elle reproduit en quelque sorte les dualités plus générales : par exemple, la polarisation de l'élément igné en lumière et chaleur, sur laquelle des données particulièrement curieuses sont fournies par les traditions musulmanes relatives à la création et à la chute.

nous différons de lui, c'est que nous ne regardons la vie que comme une condition spéciale d'existence manifestée : si donc on admet que le sens de son activité est dirigé vers l'expansion, il faudra en conclure qu'elle tend à se détruire elle-même ; peut-être le seul moyen d'échapper à cette contradiction au moins apparente est-il de renoncer à poser la question en termes de vie et de mort, parce qu'un tel point de vue, quoi qu'en pense M. Lasbax, est beaucoup trop particulier. De même, quand on envisage les deux principes comme nous venons de le faire il n'est pas possible de n'accorder à l'un d'eux qu'un caractère purement négatif : tous deux peuvent avoir un aspect positif et un aspect négatif, de même qu'ils peuvent avoir un côté actif et un côté passif[1] ; sans doute, tout ce qui est limitation est bien véritablement négatif quand on l'envisage métaphysiquement, c'est-à-dire dans l'universel, mais, par rapport aux existences individuelles, c'est une détermination ou une attribution positive ; le danger, ici comme en toutes choses, est donc toujours de vouloir trop systématiser.

Nous avons fait allusion précédemment à l'existence de certains «points d'arrêt», dans l'histoire du monde aussi bien que dans la vie des individus : c'est comme si, lorsque l'équilibre est près d'être rompu par la prédominance de l'une des deux tendances adverses, l'intervention d'un principe supérieur venait donner au cours des choses une impulsion en sens inverse, donc en faveur de l'autre tendance. Là réside en grande partie l'explication de la théorie hindoue des *avatâras*, avec sa double interprétation suivant les conceptions shivaïste et vishnuiste ; pour comprendre cette double interprétation, il ne faut pas penser seulement à la correspondance des deux tendances en présence, mais surtout à cette sorte d'antinomie à laquelle donne lieu la conception de l'équilibre cosmique, et que nous avons exposée plus haut : si l'on insiste sur le maintien, par cet équilibre, de l'état actuel de différenciation, on a l'aspect vishnuiste de la doctrine ; si l'on envisage au contraire l'équilibre comme reflétant l'indifférenciation principielle au sein même du différencié, on en a l'aspect shivaïste. En tout cas, dès lors qu'on peut parler d'équilibre, c'est qu'il faut sans doute moins insister sur l'opposition des deux principes que sur leur complémentarisme ; d'ailleurs le rattachement à l'ordre métaphysique ne permet pas d'autre attitude.

À part ce dernier point, la considération des deux principes dont nous venons de parler s'accorde avec celle de M. Lasbax, d'abord en

---

[1] Dans le symbolisme hindou, chaque principe a sa *shakti*, qui en est la forme féminine.

ce que ces principes, sous quelque modalité qu'on les envisage, apparaissent en quelque sorte comme symétriques et se situent à un même degré d'existence, et ensuite en ce qu'ils sont également actifs l'un et l'autre, bien qu'en sens contraire. M. Lasbax déclare en effet que « l'opposition n'est pas entre un principe actif qui serait l'esprit et un principe passif qui serait la matière ; les deux principes sont, au contraire, essentiellement actifs » (p. 428) ; mais il convient d'ajouter qu'il entend caractériser ainsi « l'ultime dualité du monde », qu'il conçoit d'une façon beaucoup trop anthropomorphique, comme « une lutte de deux volontés ». Tel n'est pas notre point de vue : la dualité que nous avons envisagée en dernier lieu, bien que d'une portée extrêmement étendue, n'est pas véritablement ultime pour nous ; mais, d'autre part, la dualité de l'esprit et de la matière, telle qu'on l'entend depuis Descartes, n'est qu'une application très particulière d'une distinction d'un tout autre ordre. Nous nous étonnons que M. Lasbax écarte si facilement la conception de la dualité sous l'aspect de l'actif et du passif, alors qu'il insiste tant, d'un autre côté, sur la dualité des sexes, qui pourtant ne peut guère se comprendre autrement. Il n'est guère contestable, en effet, que le principe masculin apparaît comme actif et le principe féminin comme passif et que d'ailleurs ils sont bien plutôt complémentaires que vraiment opposés ; mais c'est peut-être justement ce complémentarisme qui gêne M. Lasbax dans la considération de l'actif et du passif, où l'on ne peut guère parler d'opposition au sens propre de ce mot, parce que les deux termes en présence, ou les principes qu'ils représentent à un certain point de vue, ne sont pas d'un seul et même ordre de réalité.

Avant de nous expliquer davantage sur ce sujet, nous signalerons la façon très ingénieuse dont M. Lasbax étend la dualité des sexes jusqu'au monde stellaire lui-même, en adaptant à sa conception la récente théorie cosmogonique de M. Belot, qu'il oppose avantageusement à celle de Laplace, sur laquelle elle paraît avoir en effet une supériorité fort appréciable quant à la valeur explicative. Envisagés suivant cette théorie, « le système solaire et les systèmes sidéraux deviennent véritablement des organismes ; ils forment un « règne cosmique » soumis aux mêmes lois de reproduction que le règne animal ou végétal, et que le règne chimique où le dualisme s'affirme dans l'atome par la coexistence d'électrons positifs ou négatifs » (p. 344). Il y a une grande part de vérité, à notre sens, dans cette idée, d'ailleurs familière aux anciens astrologues[1], d'« entités cosmiques » ou sidérales analogues aux êtres vivants ; mais le maniement de l'analogie est ici assez délicat et il faut avoir soin de définir avec précision les limites dans lesquelles elle est applicable, faute de quoi on risque d'être entraîné à une assimilation injustifiée ; c'est ce qui est arrivé à certains occultistes, pour qui les astres sont littéralement des êtres possédant tous les organes et toutes les fonctions de la vie animale, et nous eussions aimé voir M. Lasbax faire au moins une allusion à cette théorie pour marquer dans quelle mesure la sienne propre en diffère. Mais n'insistons pas sur les détails ; l'idée essentielle est que « la naissance de l'univers matériel », résultant de la rencontre de deux nébuleuses qui jouent d'ailleurs des rôles différents, « exige la présence antérieure de deux parents, c'est-à-dire de deux individus déjà différenciés », et que « la production successive des phénomènes physiques n'apparaît plus comme une suite d'innovations ou de modifications accidentelles, mais comme la répétition, sur une trame nouvelle, de caractères ancestraux diversement combinés et transmis par l'hérédité » (p. 334). Au fond, la considération de l'hérédité, ainsi introduite, n'est pas autre chose qu'une expression, en langage biologique, de cet enchaînement causal des cycles cosmiques dont nous parlions plus haut ; il serait toujours bon de prendre certaines précautions quand on transpose des termes qui n'ont été faits que pour s'appliquer à un certain domaine, et il faut dire aussi que, même en biologie, le rôle de l'hérédité est loin d'être parfaitement clair. Malgré tout, il y a là une idée fort intéressante, et c'est déjà beaucoup que d'arriver à de semblables conceptions en partant de la science expérimentale, qui, constituée uniquement pour l'étude du monde physique, ne saurait nous faire sortir de celui-ci ; quand nous arrivons aux confins de ce monde, comme c'est le cas, il serait vain de chercher à aller plus loin en se servant des mêmes moyens spéciaux d'investigation. Au contraire, les doctrines cosmologiques traditionnelles, qui partent de principes métaphysiques, envisagent d'abord tout l'ensemble de la manifestation universelle, et ensuite il n'y a plus qu'à appliquer l'analogie à chaque degré de la manifestation, selon les conditions particulières qui définissent ce degré ou cet état d'existence. Or le monde physique représente simplement un état de l'existence manifestée, parmi une indéfinité d'autres états ; si donc le monde physique a deux « parents », comme dit M. Lasbax, c'est par

---

[1] Cf. les théories sur les « esprits planétaires », l'angéologie judaïque et musulmane, etc.

analogie avec la manifestation universelle tout entière, qui a aussi deux
« parents » ou, pour parler plus exactement et sans anthropomorphisme, deux principes générateurs[1].

Les deux principes dont il s'agit maintenant sont proprement les
deux pôles entre lesquels se produit toute manifestation ; ils sont ce
que nous pouvons appeler « essence » et « substance », en entendant
ces mots au sens métaphysique, c'est-à-dire universel, distingué de
l'application analogique qui pourra ensuite en être faite aux existences
particulières. Il y a là comme un dédoublement ou une polarisation de
l'être même, non pas « en soi », mais par rapport à la manifestation, qui
serait inconcevable autrement ; et l'unité de l'être pur n'est point
affectée par cette première distinction, pas plus qu'elle ne le sera par la
multitude des autres distinctions contingentes qui en dériveront. Nous
n'entendons pas développer ici cette théorie métaphysique, ni montrer
comment la multiplicité peut être contenue en principe dans l'unité ;
d'ailleurs, le point de vue de la cosmologie (nous ne disons pas de la
cosmogonie, qui est plus spéciale encore) n'a pas à remonter au-delà
de la première dualité, et pourtant il n'est aucunement dualiste dès lors
qu'il laisse subsister la possibilité d'une unification qui le dépasse et qui
ne s'accomplit que dans un ordre supérieur. Cette conception de la
première dualité se retrouve dans des doctrines qui revêtent les formes
les plus différentes : ainsi, en Chine, c'est la dualité des principes *Yang*,
masculin et *Yin*, féminin ; dans le *Sânkhya* de l'Inde, c'est celle de l'acte
pur et de la puissance pure. Ces deux sont celle de *Purusha* et de
Prakriti ; chez Aristote ces principes complémentaires ont leur
expression relative dans chaque ordre d'existence, et aussi dans chaque
être particulier : pour nous servir ici du langage aristotélicien, tout être
contient une certaine part d'acte et une certaine part de puissance, ce
qui le constitue comme un composé de deux éléments, correspondant
analogiquement aux deux principes de la manifestation universelle ; ces
deux éléments sont la forme et la matière, nous ne disons pas l'esprit et
le corps, car ils ne prennent ce dernier aspect que dans un domaine
très particulier. Il serait intéressant d'établir à ce sujet certaines
comparaisons, et d'étudier par exemple les rapports qui existent entre
ces conceptions d'Aristote et celles de Leibnitz, qui sont, dans toute la

---

[1] La théorie de la « naissance de l'univers », telle que l'expose M. Lasbax, permettrait
encore d'intéressants rapprochements avec des symboles comme celui de l'« œuf du
monde », qui se rencontrent dans la cosmogonie hindoue et dans bien d'autres traditions
anciennes ; ces symboles sont d'ailleurs applicables à toute la manifestation universelle,
aussi bien qu'à l'une quelconque de ses modalités prise à part.

philosophie moderne, celles qui s'en rapprochent le plus, sur ce point comme sur bien d'autres, mais avec cette réserve que, chez Leibnitz, l'être individuel apparaît comme un tout se suffisant à lui-même, ce qui ne permet guère le rattachement au point de vue proprement métaphysique ; les limites de cette étude ne nous permettent pas d'y insister davantage.

En reprenant pour plus de commodité la représentation des « plans d'existence », à laquelle revient si souvent M. Lasbax, mais en n'y attachant d'ailleurs qu'une signification purement symbolique, nous pourrions dire qu'il y a lieu d'envisager à la fois, dans les dualités cosmiques, une « opposition verticale » et une « opposition horizontale ». L'opposition verticale est celle des deux pôles de la manifestation universelle et elle se traduit en toutes choses par l'opposition ou mieux par le complémentarisme de l'actif et du passif sous tous leurs modes ; cet aspect, que néglige beaucoup trop M. Lasbax, est pourtant celui qui correspond à la plus fondamentale de toutes les dualités. D'autre part, l'opposition horizontale, c'est-à-dire celle où les deux termes en présence sont symétriques et appartiennent véritablement à un même plan, est l'opposition proprement dite, celle qui peut être représentée par l'image d'une « lutte », encore que cette image ne soit pas partout aussi juste qu'elle peut l'être dans l'ordre physique ou dans l'ordre sentimental. Quant à faire correspondre terme à terme les dualités qui appartiennent respectivement à ces deux genres, cela ne va pas sans bien des difficultés ; aussi M. Lasbax éprouve-t-il quelque embarras à rattacher les principes masculin et féminin à l'expression de ses deux « volontés adverses » : s'il paraît, en thèse générale, résoudre la question en faveur de l'élément féminin, parce qu'il croit affirmer par là la supériorité de l'espèce sur l'individu, on peut lui objecter que bien des doctrines cosmologiques présentent pourtant la force expansive comme masculine et la force attractive comme féminine, et cela en les figurant symboliquement par la dualité du « plein » et du « vide » ; ce sujet mériterait quelque réflexion. D'ailleurs, le « plan de l'espèce » n'est pas vraiment supérieur à celui de l'individu, il n'en est en réalité qu'une extension, et tous deux appartiennent à un même degré de l'existence universelle ; il ne faut pas prendre pour des degrés différents ce qui n'est que des modalités diverses d'un même degré, et c'est ce que fait souvent M. Lasbax, par exemple quand il envisage les multiples modalités possible de l'étendue. En somme, et ce sera là notre conclusion, les données de la science, au sens actuel de ce mot, peuvent nous conduire à envisager une extension indéfinie d'un certain « plan d'existence », celui qui est effectivement le domaine de cette science, et qui peut contenir bien d'autres modalités que le monde corporel qui tombe sous nos sens ; mais, pour passer de là à d'autres plans, il faut un tout autre point de départ, et la vraie hiérarchie des degrés de l'existence ne saurait être conçue comme une extension graduelle et successive des possibilités qui sont impliquées sous certaines conditions limitatives telles que l'espace ou le temps. Cela, pour être parfaitement compris, demanderait assurément d'assez longs développements ; mais nous nous sommes surtout proposé ici, en indiquant certains points de comparaison entre des théories d'origine et de nature fort diverses, de montrer quelques voies de recherches qui sont trop peu connues, parce que les philosophes ont malheureusement l'habitude de se renfermer dans un cercle extrêmement restreint.

VI

« LES INFLUENCES ERRANTES »[1]

En traitant des éléments divers qui produisent les phénomènes que les spirites attribuent à ce qu'ils appellent des « esprits », nous avons fait allusion à ces forces subtiles que les taoïstes chinois appellent « influences errantes ». Nous allons donner là-dessus quelques explications complémentaires, pour écarter la confusion dans laquelle tombent trop facilement ceux – malheureusement nombreux à notre époque – qui connaissent les sciences modernes de l'Europe plus que les connaissances anciennes de l'Orient.

Nous avons fait remarquer que les influences dont il s'agit ici, étant de nature psychique, sont plus subtiles que les forces du monde sensible ou corporel. Il convient donc de ne pas les confondre avec celles-ci, même si certains de leurs effets sont similaires. Cette ressemblance pourrait surtout faire assimiler ces forces à celles de l'électricité ; elle s'explique simplement par l'analogie des lois qui régissent les divers états et les divers mondes, par la correspondance grâce à laquelle se réalisent l'ordre et l'harmonie de tous les degrés de l'Existence.

Ces « influences errantes » comprennent des variétés très distinctes les unes des autres. Certes, nous trouvons aussi dans le monde sensible des influences très variées ; mais dans le monde psychique les choses sont beaucoup plus complexes encore, par là même que le domaine psychique est beaucoup moins restreint que le domaine sensible.

Cette appellation générale d'« influences errantes » s'applique à toutes les énergies non individualisées, c'est-à-dire toutes celles qui agissent dans le milieu cosmique sans entrer dans la constitution d'un être défini quelconque. Dans certains cas, ces forces sont telles par leur

---

[1] Traduction en français, revue et corrigée par René Guénon, de son article original en arabe intitulé *Al-Quwâ as Sâbihah*, signé de son nom islamique Abdel-Wahed Yahya, et publié à l'origine dans la revue *Al-Ma'rifah* (La Connaissance), n° 7, nov. 1931. Cet article fut publié pour la première fois en français dans les *Études Traditionnelles*, n° de mars-avril 1962. Repris dans l'ouvrage *Un soufi d'Occident, René Guénon (Shaykh 'Abd-al-Wâhid Yahyâ)*, Abd-al-Halîm Mahmûd, GEBO / Albouraq, 2007, p. 107. [*N.d.É.*]

nature même ; dans d'autres cas, elles dérivent d'éléments psychiques désintégrés, provenant d'anciens organismes vivants et particulièrement d'êtres humains, comme nous l'avons dit dans notre précédent article[1].

En réalité, il s'agit là d'un certain ordre de forces naturelles qui ont leurs lois propres et qui ne peuvent pas plus échapper à ces lois que les autres forces naturelles. S'il semble le plus souvent que les effets de ces forces se manifestent d'une façon capricieuse et incohérente, cela n'est dû qu'à l'ignorance des lois qui les régissent. Il suffit, par exemple, d'envisager les effets de la foudre qui ne le cèdent pas en étrangeté à ceux des forces dont nous parlons, pour comprendre qu'il n'y a réellement là rien d'extraordinaire. Et ceux qui connaissent les lois de ces forces subtiles peuvent les capter et les utiliser comme les autres forces.

Ici il importe de distinguer deux cas à l'égard de la direction de ces forces et de leur utilisation. On peut arriver à ce résultat, soit à l'aide d'intermédiaires faisant partie du monde subtil, tels que les êtres connus sous le nom de *djinns*, soit à l'aide d'êtres humains vivants, qui naturellement possèdent aussi les états correspondant au monde subtil, ce qui leur permet d'y exercer également une action. Les êtres qui dirigent ainsi ces forces par leur volonté – qu'ils soient hommes ou *djinns* – leur donnent une sorte d'individualité factice et temporaire qui n'est que le reflet de leur individualité propre et comme une ombre de cette dernière. Mais il advient fréquemment aussi que ces mêmes forces soient attirées inconsciemment par des êtres qui en ignorent les lois, mais qui y sont prédisposés par des particularités naturelles, comme par exemple les personnes que l'on est convenu de nommer aujourd'hui « médiums ».

Ceux-ci prêtent aux forces avec lesquelles ils entrent ainsi en relation une apparence d'individualité, mais au détriment de l'intégrité de leurs propres états psychiques qui subissent de ce fait un déséquilibre pouvant aller jusqu'à une désintégration partielle de l'individualité.

Il y a une remarque très importante à faire sur ce genre de captation inconsciente ou involontaire, où l'être est à la merci des forces extérieures au lieu de les diriger. Une telle attraction peut être exercée

---

[1] Il s'agit d'un article en arabe intitulé « le néo-spiritualisme et ses erreurs » (*Ar-Rûhâniyyatu-l-hâdithah wa khat'u-hâ*), signé Abdel-Wahed-Yahya, et paru dans la revue *Al-Ma'rifah*, n° 3, juil. 1931. On reconnaîtra là la transposition du titre français l'*Erreur Spirite*. [*N.d.É.*]

sur ces forces, non seulement par des êtres humains ou médiums comme il vient d'être dit, mais aussi à travers d'autres êtres vivants et même des objets inanimés, ou parfois par des lieux déterminés où elles viennent se concentrer de façon à produire des phénomènes assez singuliers. Ces êtres ou ces objets jouent – s'il nous est permis d'employer un terme impropre mais justifié par l'analogie avec les lois des forces physiques – un rôle de « condensateurs ». Cette condensation peut s'effectuer spontanément ; mais, d'autre part, il est possible à ceux qui connaissent les lois de ces forces subtiles, de les fixer par certains procédés, en prenant pour support certaines substances ou certains objets dont la nature est déterminée par le résultat qu'on veut en obtenir. Inversement, il est possible aussi à ces personnages de dissoudre les agglomérations de force subtile, qu'elles aient été formées volontairement par eux ou par d'autres, ou qu'elles se soient constituées spontanément. À cet égard, le pouvoir des pointes métalliques a été connu de tout temps, et il y a là une analogie remarquable avec les phénomènes électriques. Il arrive même que, lorsqu'on frappe avec une pointe le point précis où se trouve ce que l'on pourrait appeler le « nœud » de la condensation, il en jaillit des étincelles. Si, ainsi qu'il arrive souvent, cette condensation avait été produite par un sorcier, celui-ci peut être blessé ou tué par la réaction de ce coup, à quelque distance qu'il se trouve. De tels phénomènes ont été observés en tous temps et en tous lieux.

On peut comprendre les deux opérations ci-dessus mentionnées de « condensation » et de « dissolution » par leur analogie avec certains cas où l'on met en œuvre des forces d'un ordre plus ou moins différent, comme en alchimie, car elles se rapportent en dernier ressort à des lois très générales, bien connues de la science antique, plus particulièrement en Orient, mais, à ce qu'il semble, totalement inconnues des modernes.

C'est dans l'intervalle compris entre ces deux phases extrêmes de « condensation » et de « dissolution », que celui qui a capté les forces subtiles peut leur prêter cette sorte de conscience qui leur donne une individualité apparente capable d'induire en erreur l'observateur jusqu'à lui persuader qu'il a affaire à des êtres véritables.

La possibilité de « condenser » les forces sur des supports de nature très diverse, et d'en obtenir des résultats d'apparence exceptionnelle et surprenante, montre l'erreur des modernes quand ils soutiennent que la présence d'un « médium » humain est indispensable.

Remarquons ici qu'avant le spiritisme, l'emploi d'un être humain comme « condensateur » était exclusivement le fait de sorciers de l'ordre le plus inférieur, en raison des graves dangers qu'il présente pour cet être.

Nous ajouterons à ce qui précède que, outre le mode d'action dont nous venons de parler, il en existe un autre tout différent, reposant sur la condensation des forces subtiles, non plus sur des êtres ou des objets étrangers à l'individu qui accomplit ce travail, mais sur cet individu lui-même, de façon à lui permettre de les utiliser à volonté et à lui donner ainsi une possibilité permanente de produire certains phénomènes. L'usage de cette méthode est surtout répandu dans l'Inde, mais il convient de dire que ceux qui s'appliquent à produire des phénomènes extraordinaires par ce procédé aussi bien que par tout autre de ceux qui ont été énumérés ci-dessus, ne méritent point l'intérêt que certains leur accordent. En réalité, ce sont des gens dont le développement intérieur s'est arrêté à un certain stade pour une raison quelconque, au point qu'il ne leur est plus possible de le dépasser, ni, par conséquent, d'appliquer leur activité à des choses d'un ordre plus élevé.

À la vérité, la connaissance complète des lois qui permettent à l'être humain de diriger les forces subtiles a toujours été réservée à un nombre très restreint d'individus, par suite du danger qui résulterait de leur usage généralisé parmi des gens malintentionnés.

Il existe en Chine un traité très répandu sur les « influences errantes »[1]. Cependant, ce traité n'envisage qu'une application très spéciale de ces forces à l'origine des maladies et à leur traitement ; tout le reste n'a jamais fait l'objet que d'un enseignement oral.

D'ailleurs, ceux qui connaissent les lois de ces « influences errantes » de façon complète, se contentent habituellement de cette connaissance et se désintéressent complètement de l'application ou de l'utilisation pratique de ces forces subtiles. Ils se refusent à provoquer le moindre phénomène pour étonner les autres ou satisfaire leur curiosité. Et si d'aventure, ils se voient contraints à produire certains phénomènes – pour des motifs totalement différents de ceux dont il est parlé ci-dessus et dans des circonstances spéciales – ils le font à l'aide de méthodes entièrement différentes et en utilisant à ces fins des forces

---

[1] Il s'agit du *Traité des Influences errantes* de Quang-Dzu traduit par Matgioi et inclus dans la première édition de sa *Voie Rationnelle*, mais retiré de la deuxième édition. [*N.d.É.*]

d'un autre ordre, même si les résultats paraissent extérieurement semblables.

En effet, s'il existe une analogie entre les forces sensibles telles que l'électricité et les forces psychiques ou subtiles, il en existe une également entre ces dernières et des forces spirituelles qui peuvent, par exemple, agir également en se concentrant sur certains objets ou en certains lieux déterminés. Il est possible aussi, d'autre part, que des forces si différentes dans leur nature produisent des effets en apparence similaires. Ces ressemblances toutes superficielles sont la source d'erreurs et de confusions fréquentes, que ne peuvent éviter ceux qui s'en tiennent à la constatation des phénomènes. C'est ainsi qu'il est possible à de vulgaires sorciers, au moins jusqu'à un certain point, d'imiter quelques faits miraculeux. En dépit d'une ressemblance purement apparente quant aux résultats, il n'existe évidemment rien de commun entre les causes qui, dans les deux cas, sont totalement différentes les unes des autres.

Il ne rentre pas dans le cadre de notre sujet de traiter de l'action des forces spirituelles. Néanmoins, de ce qui précède, nous pouvons tirer la conclusion suivante : les seuls phénomènes ne sauraient constituer un critère ou une preuve à l'appui de quoi que ce soit, ni en aucune façon établir la vérité d'une théorie quelconque. D'ailleurs, les mêmes phénomènes doivent souvent être expliqués de façons différentes suivant les cas et il est bien rare qu'il n'y ait, pour des phénomènes donnés, qu'une seule explication possible.

Pour finir, nous dirons qu'une science véritable ne peut être constituée qu'en partant d'en haut, c'est-à-dire de principes, pour les appliquer aux faits qui n'en sont que des conséquences plus ou moins éloignées. Cette attitude est aux antipodes de celle de la science occidentale moderne, qui veut partir des phénomènes sensibles pour en déduire des lois générales, comme si le « plus » pouvait sortir du « moins », comme si l'inférieur pouvait contenir le supérieur, comme si la matière pouvait mesurer et limiter l'esprit.

COMPTES RENDUS

Proceedings of the Aristotelian Society. New series, vol. XVIII, 1917-1918. Londres, Williams and Norgate, 1918 ; vol. *In 8°*, 655 pages[1].

E. E. Constance Jones. – *Practical dualism*. – (Le dualisme pratique.)

C'est un exposé de la façon dont Sidgwick, dans ses *Methods of Ethics*, envisage ce qu'il appelle le « dualisme de la raison pratique » : il entend par là que la conduite humaine relève de deux principes également essentiels, qui sont la « bienveillance rationnelle » et l'« amour de soi rationnel ». Ces deux principes, qui représentent respectivement l'altruisme et l'égoïsme, peuvent sembler contradictoires entre eux ; mais *Miss* Jones essaie de montrer que, en réalité, le premier implique ou inclut le second.

Une simple remarque : « accepter la moralité du sens commun, mais en cherchant à lui donner une base philosophique », c'est bien là un caractère de presque toutes les théories morales ; mais n'est-ce pas en même temps une preuve que ces théories sont artificielles au fond, et que chaque philosophe ne cherche qu'à justifier, selon ses propres idées, une pratique dont l'existence est parfaitement indépendante de toute construction de ce genre ?

S. Alexander. – *Space-time*. – (L'espace-temps).

C'est un extrait d'un travail plus étendu, dans lequel l'auteur se propose d'examiner la relation qui existe entre l'espace et le temps, considérés comme réalités empiriques. L'espace et le temps, pour lui, dépendent l'un de l'autre et s'impliquent mutuellement, de telle façon qu'ils ne constituent à proprement parler qu'une réalité unique, l'« espace-temps ». C'est le temps qui rend l'espace continu en assurant sa divisibilité ; et, de même, c'est aussi l'espace qui rend le temps continu

---

[1] Les comptes rendus suivants ont paru dans la *Revue philosophique,* juil. 1919 ; repris dans la revue *Science Sacrée*, n° special René Guénon, 2003. [*N.d.É.*]

en assurant la connexion de ses parties. L'«espace-temps» est un système de «points-instants», c'est-à-dire de lignes de mouvement reliant les points ou les instants entre eux. Le temps est successif, irréversible et transitif, et ces trois caractères correspondent aux trois dimensions de l'espace ; l'habitude de représenter le temps spatialement exprime le caractère intrinsèque du temps lui-même.

M. Alexander indique, à titre de conséquence, une hypothèse d'après laquelle les choses qui existent dans l'espace et dans le temps ne seraient que des complexes d'«espace-temps», c'est-à-dire de mouvement, et la relation du temps à l'espace serait analogue à celle de l'esprit au corps. C'est là une théorie extrêmement ingénieuse, mais nous ne pouvons en dire plus, car nous ne voudrions pas nous risquer à porter un jugement sur un aperçu vraiment trop sommaire et trop incomplet.

B. Bosanquet, A. S. Pringle-Pattison, G. F. Stout et Lord Haldane. – *Do finite individuals possess a substantive or an adjectival mode of being ?* – (Les individus finis possèdent-ils un mode d'être substantif ou adjectif ?)

La question discutée est en somme celle-ci : peut-on regarder les êtres individuels comme des substances, et en quel sens doit-on l'entendre ? Si on définit la substance suivant la conception aristotélicienne, c'est-à-dire comme un sujet qui ne peut pas être prédicat, M. Bosanquet pense que c'est là un caractère qui est attribué aux «choses» comme telles, et qui ne convient pas à la nature des individus finis spirituels. Pour lui, les individus ne sont pas envisagés tels qu'ils sont s'ils sont pris distinctement et à part du tout dont ils font partie, ce qui est le cas lorsqu'on les considère comme des sujets irréductibles ; si on les prend dans leur réalité totale, ils sont plutôt des caractères prédicables de l'univers. Il nous semble, disons-le en passant, que M. Bosanquet confond parfois une idée «abstraite», c'est-à-dire l'idée d'une qualité isolée de son sujet, et une idée «extraite», c'est-à-dire l'idée d'une partie séparée du tout ou de l'ensemble auquel elle appartient ; il faudrait d'ailleurs savoir d'une façon précise comment il conçoit ce qu'il appelle «l'univers», lorsqu'il dit que la relation des individus à l'univers est une relation de subordination et non de coordination. Quoi qu'il en soit, il entend la vraie substantialité des individus spirituels d'une toute autre façon, comme «intentionnelle», et comme consistant dans leur prétention à l'unité et à la liberté, qui ne sont d'ailleurs jamais complètement réalisées. On pourrait dire alors que les individus deviennent d'autant plus « substantifs » et libres qu'ils se reconnaissent plus « adjectifs », c'est-à-dire plus dépendants de tout l'ensemble dont ils font partie ; et c'est seulement en se dépassant et en sortant d'eux-mêmes en quelque façon qu'ils tendent à réaliser leur substantialité et la plénitude de leur existence.

La confusion que nous croyons trouver chez M. Bosanquet et que nous signalions tout à l'heure, M. Pringle-Pattison semble l'avoir aperçue également, quand il lui reproche de transformer illégitimement la relation entre tout et partie en une relation entre substance et accident, et d'arriver par là à une conception de la « Réalité » qui rappelle la Substance de Spinoza. M. Pringle-Pattison pense que le but vers lequel tout tend est la réalisation de plus en plus complète de l'individualisation, tandis que M. Bosanquet paraît prendre une position inverse ; peut-être y a-t-il une part de vérité chez tous deux, et chacun ne voit-il qu'un côté de la question, qui, envisagée métaphysiquement, est celle des rapports de l'individuel et de l'universel ; mais ici la discussion nous fait l'effet de s'égarer quelque peu sur le terrain moral et religieux. Du reste, l'intervention de certaines considérations d'ordre moral, et même social, est probablement nécessaire pour comprendre comment M. Bosanquet est amené à sa conception de la substantialité, si différente de la conception traditionnelle dont la base est purement logique.

C'est au point de vue logique que se place avant tout M. Stout pour examiner la thèse de M. Bosanquet : sa théorie de la prédication, dit-il, suppose essentiellement que la partie est un attribut du tout, et que tout attribut de la partie comme telle est aussi un attribut du tout comme tel. En réalité, ce qui est un attribut du tout, c'est qu'il contient une certaine partie : la relation du tout à la partie est elle-même un adjectif, et est par suite irréductiblement distincte de sa propre relation à son substantif. Si donc il n'est pas possible d'admettre la théorie générale de la prédication, on devra rejeter par là même son application à la conception des êtres individuels. M. Stout soutient d'ailleurs que les individus finis ont une valeur propre, non seulement en tant qu'individus, mais encore en tant que finis, en ce sens qu'ils présentent des caractéristiques positives qui présupposent leur limitation.

Lord Haldane cherche à expliquer les positions respectives de M. Bosanquet (auquel il associe M. Bradley) et de M. Pringle-Pattison en les rattachant à l'ensemble de leurs conceptions générales. Toutes deux lui paraissent procéder également d'un « idéalisme objectif » de type hégélien, mais avec des tendances différentes ; et il leur trouve un défaut commun dans l'emploi qui y est fait, d'une façon plus ou moins déguisée, de la notion de substance. Pour lui, aucun des deux termes substantif et adjectif n'exprime d'une façon adéquate le mode d'être des individus finis, parce que ces termes évoquent la relation d'une chose et de ses propriétés, tandis que nous sommes ici à un degré plus élevé de la réalité. Il insiste avec raison sur le danger des métaphores et des images empruntées à notre expérience du monde extérieur ; à ce propos, il exprime même le vœu de voir les métaphysiciens employer une terminologie aussi rigoureuse que celle des mathématiciens. Nous sommes tout à fait de cet avis, mais il nous semble en même temps que ce vœu serait facilement réalisable si l'on arrivait simplement à comprendre que les questions métaphysiques doivent être traitées métaphysiquement.

L. Susan Stebbing. – *The philosophical importance of the verb « to be »* (L'importance philosophique du verbe « être »).

Il s'agit de préciser la signification du verbe « être », ou plutôt les différentes significations qu'il peut avoir dans les propositions, et, pour cela, de marquer une distinction entre « être », « existence » et « réalité ». L'être, suivant M. Russell, se distingue en « existant » et « subsistant » : l'« existant » peut être réel ou irréel, ce dernier étant seulement un objet pour la pensée et ne faisant pas partie d'un système causal ; le « subsistant », forme logique de l'être, peut être contradictoire ou non-contradictoire. Il résulterait de cette division que l'« existant » n'est pas nécessairement en conformité avec les principes logiques, bien qu'il ne soit connaissable qu'à cette condition ; une telle conclusion est assurément assez discutable. Une autre question intéressante est celle qui concerne les propositions « existentielles » : l'auteur soutient qu'elles ne diffèrent en rien des autres propositions quant à leur forme, et que celle-ci ne peut aucunement nous renseigner sur la nature ou le mode d'être du sujet.

A.-N. Whitehead, Sir Oliver Lodge, J.-W. Nicholson, Henry Head, Mrs Adrian Stephen et H. Wildon Carr. – *Time, space and material : are they, and if so in what sense, the ultimate data of science ?* – (Le temps, l'espace et la matière : sont-ils les données ultimes de la Science ? et, s'ils le sont, en quel sens ?) – *Aristotelian Society*. Supplementary vol. II. *Problems of Science and Philosophy*. – Londres, Williams and Norgate, 1919 ; vol. *in-8°* 220 pages[1].

Ce volume contient les communications lues à la session tenue en commun, du 11 au 14 juillet 1919, par l'*Aristotelian Society*, la *British Psychological Society* et la *Mind Association*.

I. – M. Whitehead reproche aux conceptions scientifiques courantes de ne constituer qu'une systématisation hâtive et simpliste, qui ne s'accorde pas avec les faits : en particulier, la conception du temps comme une succession d'instants ne permet d'établir aucune relation physique entre la nature à un instant et la nature à un autre instant. D'après la théorie qui est ici esquissée, et dont l'auteur doit publier prochainement un exposé plus complet, il faut distinguer dans la nature deux types essentiellement différents d'entités, qui sont les « événements » et les « objets », puis définir certaines relations fondamentales des uns et des autres. Les événements peuvent être regardés comme des relations entre objets, et les objets comme des qualités d'événements ; mais chacun de ces points de vue donne d'ailleurs lieu à des difficultés. La théorie de la matière est la théorie des objets « uniformes » qui donnent aux événements dans lesquels ils sont situés un caractère quantitatif. La conclusion est que la conception d'une quantité de matière ayant une configuration spatiale définie à un instant du temps est une abstraction très complexe, et nullement une donnée fondamentale de la science.

II. – Pour Sir Oliver Lodge, ce que nous saisissons immédiatement et primitivement, c'est le mouvement et la force ; le temps, l'espace et la matière sont des inférences, des abstractions basées sur ces données et destinées à les interpréter. Cette conception, dont les principales notions des sciences physiques peuvent en effet se déduire d'une façon cohérente, suppose essentiellement que nos « expériences » les plus directes sont les sensations musculaires. En terminant, l'auteur met en garde contre toute théorie qui introduit la discontinuité dans l'espace, le temps, ou même l'énergie.

III. – Cette dernière remarque vise plus particulièrement la nouvelle théorie physique du « quantum ». D'après M. Nicholson, cette théorie

---

[1] *Revue philosophique*, mars-avril 1920 ; repris dans la revue *Science Sacrée*, n° spécial René Guénon, 2003. [*N.d.É.*]

implique l'existence d'une nouvelle constante universelle de la nature, qui serait, non pas un minimum d'énergie, mais un minimum d'*action* ; elle s'appliquerait d'ailleurs exclusivement aux phénomènes « microscopiques » (pour lesquels les conceptions de la force et de l'énergie ne seraient plus des données fondamentales), tandis que l'ancienne physique demeurerait valable pour les phénomènes « macroscopiques ». Le temps, l'espace et la matière seraient des données fondamentales communes à la physique tout entière, parce qu'ils entrent dans l'expression de toutes les constantes universelles qui existent dans la nature.

IV. – M. Head, admettant que toute sensation est la résultante d'innombrables changements d'ordre purement physiologique, s'attache spécialement à déterminer la base physiologique des aspects spatial et temporel de la sensation. Ces aspects seraient entièrement distincts des aspects qualitatif et affectif et pourraient en être dissociés ; tandis que ces derniers dépendraient de l'activité de la couche optique, ils seraient dus à celle de la couche corticale du cerveau.

V. – Mrs Adrian Stephen se place au point de vue bergsonnien (les idées qu'elle expose sont surtout empruntées à *Matière et Mémoire*), et elle résume ainsi la réponse à la question posée : la matière est l'ultime donnée de la science ; l'espace est la forme que la science impose à ses objets (forme logique ou de la pensée, et non plus forme de la sensibilité comme pour Kant) ; enfin, la science ne peut avoir affaire au temps, parce qu'elle ne peut avoir affaire à la mémoire, c'est-à-dire à l'acte qui transforme la matière en « phénomènes », qui est le principe essentiel de toute vie, et qui distingue l'esprit de la matière.

VI. – Pour conclure cette discussion, M. Wildon Carr insiste surtout sur le « principe de la relativité », qui, pour lui, affecte non seulement la connaissance, mais l'*être* même de l'espace, du temps et de la matière. La vraie doctrine philosophique, à cet égard, est celle des philosophes du XVIIᵉ siècle, notamment Malebranche et Berkeley : il n'y a pas de grandeurs, il n'y a que des perspectives. Si l'espace, le temps et la matière sont les données fondamentales de la science, cela ne signifie pas qu'ils sont des entités absolues, mais qu'ils sont dérivés de cette perspective particulière qui constitue le système de référence propre aux êtres humains.

Ettore Galli. – *Nel dominio dell'« io »* – (Dans le domaine du « moi »), 1 vol. *in-8°*, 206 pp., Società Editrice « Unitas », Milan et Rome, 1919. – *Nel mondo dello spirito* – (Dans le monde de l'esprit), 1 vol. *in-8°*, 252 pages, Società Editrice « Unitas », Milan et Rome, 1919[1].

Le « moi », peut être considéré, soit dans sa constitution interne, dans son contenu subjectif, soit dans son développement extérieur ; c'est sous le premier de ces deux points de vue, que l'on peut appeler statique, qu'il a été étudié le plus généralement. M. Galli, au contraire, a voulu traiter ici la question du point de vue dynamique, et cela en envisageant ce qu'il appelle le sens du « mien » : le « mien » est une expansion du « moi », et, en l'étudiant, on atteint le « moi » dans son processus même de formation. Ce sens du « mien » est d'ailleurs un fait psychologique très complexe ; l'auteur en analyse les éléments constitutifs, puis il en examine les variétés multiples, d'abord suivant les objets auxquels il s'applique, et ensuite suivant la nature propre du « moi » et la diversité des tempéraments individuels. Il y a là des nuances qui nous paraissent vraiment trop subtiles, ainsi qu'il arrive fréquemment chez les psychologues, et, de plus, tout cela est un peu diffus ; ce dernier défaut est d'ailleurs commun à tous les ouvrages de M. Galli, dont la pensée gagnerait certainement à s'exprimer sous une forme plus concise. Les deux derniers chapitres sont consacrés à la formation « psychogénétique » du sens du « mien », étudiée chez l'enfant, et à son origine « phylogénétique », en correspondance avec le développement mental et social de l'humanité ; il y a ici, naturellement, une très large part d'hypothèse ; l'idée essentielle est que le « mien », tout en étant une extension du « moi » sur les choses, est en même temps une condition pour la constitution même du « moi ».

Le second ouvrage comprend quatre parties qui n'ont pas d'autre lien entre elles que de se rapporter toutes à des questions psychologiques. La première est une justification de la valeur de l'introspection comme méthode d'observation ; peut-être est-ce tout de même aller un peu loin en ce sens que de vouloir réduire l'observation externe à l'observation interne, et de prétendre qu'elle ne peut être dite externe que « par convention », sous le prétexte que l'idée ou la représentation que nous pouvons avoir de n'importe quoi est toujours un fait interne. Nous savons bien que les psychologues

---

[1] *Revue philosophique*, mai-juin 1921 ; repris dans la revue *Science Sacrée*, n° spécial René Guénon, 2003. [*N.d.É.*]

sont assez coutumiers de cette exagération, qui ne tend à rien moins qu'à faire dépendre toutes les autres sciences de la leur, mais nous doutons fort qu'ils arrivent jamais à faire accepter ce point de vue par les représentants de ces autres sciences. La seconde partie est une étude psychologique et sociologique sur la «plaisanterie» (le mot italien *scherzo* présente une nuance qu'il est difficile de rendre en français : c'est plus proprement un «tour», bon ou mauvais, que l'on joue à quelqu'un). Dans la troisième, l'auteur analyse le phénomène de l'attente, qu'il s'attache à distinguer soigneusement de l'attention, et dont il envisage séparément différents cas, suivant qu'il y a, par rapport aux événements qui vont se produire, prévision certaine, prévision incertaine, ou imprévision, et aussi, d'un autre côté, suivant les émotions variées qui accompagnent ou suivent l'attente. Enfin, la quatrième partie traite de «la liberté à la lumière de la psychologie» : il semble que M. Galli se soit proposé surtout de montrer que la «liberté d'indifférence» est illusoire et même inconcevable, et qu'il ait voulu pour cela reprendre et développer, en le transposant sur le terrain purement psychologique, l'argument spinoziste de l'«ignorance des motifs»; mais il a eu le tort de ne pas marquer nettement la distinction qu'il convient de faire entre la prétendue «liberté d'indifférence» et le véritable «libre arbitre», ce dernier s'accommodant fort bien de l'existence des motifs, et la supposant même essentiellement. En somme, ce qui est surtout à retenir dans la conclusion, c'est qu'il n'y a pas de conscience de la liberté; sur ce point, nous sommes tout à fait d'accord avec l'auteur : la conscience ne peut saisir qu'une croyance à la liberté, et non la liberté elle-même, qui n'est pas de l'ordre des phénomènes mentaux; mais, s'il en est ainsi, c'est perdre son temps que de chercher à argumenter psychologiquement pour ou contre la liberté; cette question, parce qu'elle est au fond une question de «nature», n'est pas et ne peut pas être une question psychologique, et on devrait bien renoncer à vouloir la traiter comme telle.

Augustin Jakubisiak. – *Essai sur les limites de l'espace et du temps* – 196 pp., Alcan, Paris, 1927[1].

Bien que cette thèse paraisse, d'après son titre, devoir être d'ordre cosmologique, elle débute par une interprétation ontologique des

---

[1] *Vient de paraître*, mai 1928. [*N.d.É.*]

principes logiques, qui nous semble d'ailleurs assez contestable quant à l'application qui en est faite à l'« être concret » et quant à l'affirmation de « discontinuité » qu'on veut en tirer. L'auteur développe ensuite les conséquences de cette interprétation, conséquences non point « métaphysiques » comme il l'annonce tout d'abord, mais proprement « physiques » au sens étymologique de ce mot ; plus précisément encore, elles sont en grande partie « épistémologiques », c'est-à-dire qu'elles relèvent surtout de la philosophie des sciences telles qu'on l'entend aujourd'hui. Il y a donc là une multiplicité de points de vue qui ne va pas sans quelque confusion, à laquelle s'ajoute encore l'emploi d'une terminologie parfois trop peu précise. Il y a pourtant des choses remarquables dans la critique qui est faite de certaines théories ; mais pourquoi attacher tant d'importance à l'état actuel de la science et à des conceptions qui n'auront sans doute qu'une durée éphémère ? La partie constructive de l'ouvrage renferme des assertions bien discutables : discontinuité de l'espace, explication spatiale du nombre ; et l'extension des notions d'espace et de temps à toute simultanéité et à toute succession (qui se trouve aussi chez Leibnitz) est vraiment abusive. Dans la conclusion, l'auteur cherche à accorder sa théorie avec la révélation chrétienne, et les remarques auxquelles il est amené par là ne sont pas, dans son livre, ce qui est le moins digne d'intérêt.

TROISIÈME PARTIE

TRADITION ET SYMBOLISME

I

LA RELIGION ET LES RELIGIONS[1]

« Honorez la Religion, défiez-vous des religions » : telle est une des maximes principales que le Taoïsme a inscrites sur la porte de tous ses temples ; et cette thèse (qui est d'ailleurs développée dans cette Revue même par notre Maître et collaborateur Matgioi) n'est point spéciale à la métaphysique extrême-orientale, mais se dégage immédiatement des enseignements de la Gnose pure, exclusive de tout esprit de secte ou de système, donc de toute tendance à l'individualisation de la Doctrine.

Si la Religion est nécessairement une comme la Vérité, les religions ne peuvent être que des déviations de la Doctrine primordiale ; et il ne faut point prendre pour l'Arbre même de la Tradition les végétations parasitaires, anciennes ou récentes, qui s'enlacent à son tronc, et qui, tout en vivant de sa propre substance, s'efforcent de l'étouffer : vains efforts, car des modifications temporaires ne peuvent affecter en rien la Vérité immuable et éternelle.

De ceci, il résulte évidemment qu'aucune autorité ne peut être accordée à tout système religieux qui se réclame d'un ou de plusieurs individus, puisque, devant la Doctrine vraie et impersonnelle, les individus n'existent pas ; et, par là, on comprend aussi toute l'inanité de cette question, pourtant si souvent posée : « les circonstances de la vie des fondateurs de religions, telles qu'elles nous sont rapportées,

---

[1] *La Gnose*, sept.-oct. 1910, signé *Tau Palingénius*. [*N.d.É.*]

doivent-elles être regardées comme des faits historiques réels, ou comme de simples légendes n'ayant qu'un caractère purement symbolique ? ».

Que l'on ait introduit dans le récit de la vie du fondateur, vrai où supposé, de telle ou telle religion, des circonstances qui n'étaient primitivement que de purs symboles, et qui ont ensuite été prises pour des faits historiques par ceux qui en ignoraient la signification, cela est fort vraisemblable, probable même dans bien des cas. Il est également possible, il est vrai, que de semblables circonstances se soient parfois réalisées, dans l'existence de certains êtres d'une nature toute spéciale, tels que doivent l'être les Messies ou les Sauveurs ; mais peu nous importe, car cela ne leur enlève rien de leur valeur symbolique, qui procède de tout autre chose que des faits matériels.

Nous irons plus loin : l'existence même de tels êtres, considérés sous l'apparence individuelle, doit être aussi regardée comme symbolique. « Le Verbe s'est fait chair », dit l'Évangile de Jean ; et dire que le Verbe, en se manifestant, s'est fait chair, c'est dire qu'il s'est matérialisé, ou, pour parler d'une façon plus générale et en même temps plus exacte, qu'il s'est en quelque sorte cristallisé dans la forme ; et la cristallisation du Verbe, c'est le Symbole. Ainsi, la manifestation du Verbe, à quelque degré et sous quelque aspect que ce soit, envisagée par rapport à nous, c'est-à-dire au point de vue individuel, est un pur symbole ; les individualités qui représentent le Verbe pour nous, qu'elles soient ou non des personnages historiques, sont toutes symboliques en tant qu'elles manifestent un principe, et c'est le principe seul qui importe.

Nous n'avons donc nullement à nous préoccuper de l'histoire des religions, ce qui ne veut pas dire d'ailleurs que cette science n'ait pas autant d'intérêt relatif que n'importe quelle autre ; il nous est même permis, mais à un point de vue qui n'a rien de gnostique, de souhaiter qu'elle réalise un jour des progrès plus vrais que ceux qui ont fait la réputation, insuffisamment justifiée peut-être, de certains de ses représentants, et qu'elle se débarrasse promptement de toutes les hypothèses par trop fantaisistes, pour ne pas dire fantastiques, dont l'ont encombrée des exégètes mal avisés. Mais ce n'est point ici le lieu d'insister sur ce sujet, qui, nous ne saurions trop le répéter, est tout à fait en dehors de la Doctrine et ne saurait la toucher en quoi que ce soit, car c'est là une simple question de faits, et, devant la Doctrine, il n'existe rien d'autre que l'idée pure.

*
* *

Si les religions, indépendamment de la question de leur origine, apparaissent comme des déviations de la Religion, il faut se demander ce qu'est celle-ci dans son essence.

Étymologiquement, le mot *Religion*, dérivant de *religare*, relier, implique une idée de lien, et, par suite, d'union. Donc, nous plaçant dans le domaine exclusivement métaphysique, le seul qui nous importe, nous pouvons dire que la Religion consiste essentiellement dans l'union de l'individu avec les états supérieurs de son être, et, par là, avec l'Esprit Universel, union par laquelle l'individualité disparaît, comme toute distinction illusoire ; et elle comprend aussi, par conséquent, les moyens de réaliser cette union, moyens qui nous sont enseignés par les Sages qui nous ont précédés dans la Voie.

Cette signification est précisément celle qu'a en sanscrit le mot *Yoga*, quoi que prétendent ceux qui veulent que ce mot désigne, soit « une philosophie », soit « une méthode de développement des pouvoirs latents de l'organisme humain ».

La Religion, remarquons-le bien, est l'union avec le Soi intérieur, qui est lui-même un avec l'Esprit universel, et elle ne prétend point nous rattacher à quelque être extérieur à nous, et forcément illusoire dans la mesure où il serait considéré comme extérieur. À fortiori n'est-elle pas un lien entre des individus humains, ce qui n'aurait de raison d'être que dans le domaine social ; ce dernier cas est, par contre, celui de la plupart des religions, qui ont pour principale préoccupation de prêcher une morale, c'est-à-dire une loi que les hommes doivent observer pour vivre en société. En effet, si l'on écarte toute considération mystique ou simplement sentimentale, c'est à cela que se réduit la morale, qui n'aurait aucun sens en dehors de la vie sociale, et qui doit se modifier avec les conditions de celle-ci. Si donc les religions peuvent avoir, et ont certainement en fait, leur utilité à ce point de vue, elles auraient dû se borner à ce rôle social, sans afficher aucune prétention doctrinale ; mais, malheureusement, les choses ont été tout autrement, du moins en Occident.

Nous disons en Occident, car, en Orient, il ne pouvait se produire aucune confusion entre les deux domaines métaphysique et social (ou moral), qui sont profondément séparés, de telle sorte qu'aucune réaction de l'un sur l'autre n'est possible ; et, en effet, on ne peut y trouver rien qui corresponde, même approximativement, à ce que les

Occidentaux appellent une religion. Par contre, la Religion, telle que nous l'avons définie, y est honorée et pratiquée constamment, tandis que, dans l'Occident moderne, la très grande majorité l'ignore parfaitement, et n'en soupçonne pas même l'existence, pas même peut-être la possibilité.

On nous objectera sans doute que le Bouddhisme est pourtant quelque chose d'analogue aux religions occidentales, et il est vrai que c'est ce qui s'en rapproche le plus (c'est peut-être pour cela que certains savants veulent voir, en Orient, du Bouddhisme un peu partout, même parfois dans ce qui n'en présente pas la moindre trace) ; mais il en est encore bien éloigné, et les philosophes ou les historiens qui l'ont montré sous cet aspect l'ont singulièrement défiguré. Il n'est pas plus déiste qu'athée, pas plus panthéiste que néantiste, au sens que ces dénominations ont pris dans la philosophie moderne, et qui est aussi celui où les ont employées des gens qui ont prétendu interpréter et discuter des théories qu'ils ignoraient. Ceci n'est point dit, d'ailleurs, pour réhabiliter outre mesure le Bouddhisme, qui est (surtout sous sa forme originelle, qu'il n'a conservée que dans l'Inde, car les races jaunes l'ont tellement transformé qu'on le reconnaît à peine) une hérésie manifeste, puisqu'il rejette l'autorité de la Tradition orthodoxe, en même temps qu'il permet l'introduction de certaines considérations sentimentales dans la Doctrine. Mais il faut avouer qu'au moins il ne va point jusqu'à poser un Être Suprême extérieur à nous, erreur (au sens d'illusion) qui a donné naissance à la conception anthropomorphique, ne tardant pas même à devenir toute matérialiste, et de laquelle procèdent toutes les religions occidentales.

D'autre part, il ne faut pas se tromper sur le caractère, nullement religieux malgré les apparences, de certains rites extérieurs, qui se rattachent étroitement aux institutions sociales ; nous disons rites extérieurs, pour les distinguer des rites initiatiques, qui sont tout autre chose. Ces rites extérieurs, par là même qu'ils sont sociaux, ne peuvent pas être religieux, quel que soit le sens qu'on donne à ce mot (à moins qu'on ne veuille dire par là qu'ils constituent un lien entre des individus), et ils n'appartiennent à aucune secte à l'exclusion des autres ; mais ils sont inhérents à l'organisation de la société, et tous les membres de celle-ci y participent, à quelque communion ésotérique qu'ils puissent appartenir, aussi bien que s'ils n'appartiennent à aucune. Comme exemple de ces rites au caractère social (comme les religions, mais totalement différents de celles-ci, comme on peut en juger en comparant les résultats des uns et des autres dans les organisations sociales correspondantes), nous pouvons citer, en Chine, ceux dont l'ensemble constitue ce qu'on appelle le Confucianisme, qui n'a rien d'une religion.

Ajoutons que l'on pourrait retrouver les traces de quelque chose de ce genre dans l'antiquité gréco-romaine elle-même, où chaque peuple, chaque tribu, et même chaque cité, avait ses rites particuliers, en rapport avec ses institutions : ce qui n'empêchait point qu'un homme pût pratiquer successivement des rites fort divers, suivant les coutumes des lieux où il se trouvait, et cela sans que personne songeât seulement à s'en étonner. Il n'en eût pas été ainsi, si de tels rites avaient constitué une sorte de religion d'État, dont la seule idée aurait sans doute été un non-sens pour un homme de cette époque, comme elle le serait encore aujourd'hui pour un Oriental, et surtout pour un Extrême-Oriental.

Il est facile de voir par là combien les Occidentaux modernes déforment les choses qui leur sont étrangères, lorsqu'ils les envisagent à travers la mentalité qui leur est propre ; il faut cependant reconnaître, et ceci les excuse jusqu'à un certain point, qu'il est fort difficile à des individus de se débarrasser de préjugés dont leur race est pénétrée depuis de longs siècles. Aussi n'est-ce point aux individus qu'il faut reprocher l'état actuel des choses, mais bien aux facteurs qui ont contribué à créer la mentalité de la race ; et, parmi ces facteurs, il semble bien qu'il faille assigner le premier rang aux religions : leur utilité sociale, assurément incontestable, suffit-elle à compenser cet inconvénient intellectuel ?

II

LE SYMBOLISME DE LA CROIX[1]

Nous avons montré, dans notre étude sur *La Prière et l'Incantation*[2], que le signe de la Croix symbolise l'épanouissement intégral de l'être dans les deux sens de l'ampleur et de l'exaltation, c'est-à-dire la réalisation complète de l'Homme Universel[3]. C'est pourquoi, d'ailleurs, la Kabbale caractérise l'Adam Kadmon par le Quaternaire, qui est le nombre de l'Émanation, et qui produit le Dénaire, totale manifestation de l'Unité principielle, qu'il contenait en puissance, étant lui-même l'expansion de cette Unité ; le Quaternaire en action est, en effet, représenté par la Croix[4]. Ceci prouve clairement que la Croix n'est pas seulement, comme certains auteurs l'ont prétendu, « un symbole de la jonction cruciale que forme l'écliptique avec l'équateur », et « une image des équinoxes, lorsque le Soleil, dans sa course annuelle, couvre successivement ces deux points »[5]. Elle est cela sans doute, mais elle est bien autre chose aussi ; et même, si elle est cela, c'est que les phénomènes astronomiques doivent eux-mêmes être considérés comme des symboles, et qu'on peut y retrouver, comme en toutes choses, et en particulier dans l'homme corporel, la similitude de l'Homme Universel, chacune des parties de l'Univers, monde ou être individuel, étant analogue au Tout[6].

---

[1] *La Gnose*, de fév. à juin 1911, signé *Tau Palingénius*. [*N.d.É.*]

[2] *La Prière et l'Incantation*, article publié dans ce *Recueil*, p. 102.

[3] Voir la note de la p. 106 [dans ce *Recueil*]. – Pour compléter ce que nous y avons dit au sujet du rite de la Communion, nous pouvons ajouter ceci : la Hiérurgie ou la Messe n'est, en réalité, ni une prière ni un acte magique, mais elle constitue à proprement parler une incantation, dans le sens que nous avons donné à ce mot.

[4] Voir nos *Remarques sur la production des Nombres* (in *La Gnose*, 1ʳᵉ année, n° 8, p. 156 [étude reprise dans *Mélanges*]).

[5] Ragon, *Rituel du Grade de Rose-Croix*, pp. 25 à 28.

[6] Pour ce qui concerne la signification astronomique de la Croix, voir l'étude sur l'*Archéomètre*, en particulier p. 187 (*La Gnose*, 1ʳᵉ année, n° 9) et p. 245 (*La Gnose*, 1ʳᵉ année, n° 11). – Il est bon de rappeler que c'est cette interprétation, insuffisante quand elle est exclusive, qui a donné naissance à la trop fameuse théorie du « mythe solaire »,

D'autre part, nous avons dit que l'individualité corporelle n'est qu'une portion, une modalité de l'individualité intégrale, et que celle-ci est susceptible d'un développement indéfini, se manifestant dans des modalités dont le nombre est également indéfini. Chaque modalité est déterminée par un ensemble de conditions dont chacune, considérée isolément, peut s'étendre au-delà du domaine de cette modalité, et se combiner alors avec des conditions différentes pour constituer les domaines d'autres modalités, faisant partie de la même individualité intégrale, chacun de ces domaines pouvant d'ailleurs contenir des modalités analogues appartenant à une indéfinité d'autres individus, dont chacun, de son côté, est un état d'un des êtres de l'Univers. L'ensemble des domaines contenant toutes les modalités d'une individualité, domaines qui, comme nous venons de le dire, sont en nombre indéfini, et dont chacun est encore indéfini, cet ensemble, disons-nous, constitue un degré de l'Existence universelle, lequel, dans son intégralité, contient une indéfinité d'individus.

Nous pouvons représenter ce degré de l'Existence par un plan horizontal, s'étendant indéfiniment suivant deux dimensions, qui correspondent aux deux indéfinités que nous avons ici à considérer : d'une part, celle des individus, que l'on peut représenter par l'ensemble des droites parallèles à l'une des dimensions, définie, si l'on veut, par la direction de l'intersection du plan horizontal avec un plan vertical de front ; et, d'autre part, celle des domaines particuliers aux différentes modalités des individus, qui sera alors représentée par l'ensemble des droites du plan horizontal perpendiculaires à la direction précédente, c'est-à-dire parallèles à l'axe visuel ou antéro-postérieur, dont la direction définit l'autre dimension. Chacune de ces deux catégories comprend une indéfinité de droites parallèles, toutes indéfinies ; chaque point du plan sera déterminé par l'intersection de deux droites appartenant respectivement à ces deux catégories, et représentera, par conséquent, une modalité particulière d'un des individus compris dans le degré considéré.

L'Existence universelle, bien qu'unique en elle-même, est multiple dans ses manifestations, et comporte une indéfinité de degrés, dont chacun pourra être représenté, dans une étendue à trois dimensions, par un plan horizontal. Nous venons de voir que la section d'un tel plan par un plan vertical de front représente un individu, ou plutôt,

---

reproduite jusque aujourd'hui par les principaux représentants de la « science des religions ».

pour parler d'une façon plus générale et en même temps plus exacte, un état d'un être, état qui peut être individuel ou non individuel, suivant les conditions du degré de l'Existence auquel il appartient. Ce plan vertical de front peut donc être regardé comme représentant un être dans sa totalité ; cet être comprend un nombre indéfini d'états, figurés alors par toutes les droites horizontales du plan, dont les verticales sont formées par les ensembles de modalités qui se correspondent dans tous ces états. D'ailleurs, il y a une indéfinité de tels plans représentant l'indéfinité des êtres contenus dans l'Univers total.

On voit donc que, dans cette représentation géométrique à trois dimensions, chaque modalité d'un état d'être n'est indiquée que par un point ; elle est cependant susceptible, elle aussi, de se développer dans le parcours d'un cycle de manifestation comportant une indéfinité de modifications : pour la modalité corporelle de notre individualité humaine actuelle, par exemple, ces modifications seront tous les moments de son existence, ou, ce qui revient au même, tous les gestes qu'elle accomplira au cours de cette existence. Il faudrait, pour représenter ces modifications, figurer la modalité considérée, non par un point, mais par une droite entière, dont chaque point serait une de ces modifications, en ayant bien soin de remarquer que cette droite, quoique indéfinie, est limitée, comme l'est d'ailleurs tout indéfini, et même, si l'on peut s'exprimer ainsi, toute puissance de l'indéfini. L'indéfinité simple étant représentée par la ligne droite, la double indéfinité, ou l'indéfini à la seconde puissance, le sera par le plan, et la triple indéfinité, ou l'indéfini à la troisième puissance, par l'étendue à trois dimensions. Si donc chaque modalité est figurée par une droite, un état d'être, comportant une double indéfinité, sera maintenant figuré, dans son intégralité, par un plan horizontal, et un être, dans sa totalité, le sera par une étendue à trois dimensions.

Dans cette nouvelle représentation, plus complète que la première, nous voyons tout d'abord que par chaque point de l'étendue considérée passent trois droites respectivement parallèles à ses trois dimensions ; chaque point pourrait donc être pris comme sommet d'un trièdre trirectangle, constituant un système de coordonnées auquel toute l'étendue serait rapportée, et dont les trois axes formeraient une croix à trois dimensions. Supposons que l'axe vertical de ce système soit déterminé ; il rencontrera chaque plan horizontal en un point, qui sera l'origine des coordonnées rectangulaires auxquelles le plan sera rapporté, et dont les deux axes formeront une croix à deux dimensions. On peut dire que ce point est le centre du plan et que l'axe vertical est le lieu des centres de tous les plans horizontaux ; toute verticale, c'est-à-dire toute parallèle à cet axe, contient aussi des points qui se correspondent dans ces mêmes plans. Si, outre l'axe vertical, on détermine un plan horizontal particulier, le trièdre trirectangle dont nous venons de parler sera également déterminé par là même. Il y aura une croix à deux dimensions, formée par deux des trois axes, dans chacun des trois plans de coordonnées, dont l'un est le plan horizontal considéré, et dont les deux autres sont deux plans orthogonaux passant chacun par l'axe vertical et par un des deux axes horizontaux ; et ces trois croix auront pour centre commun le sommet du trièdre, qui est le centre de la croix à trois dimensions, et que l'on peut considérer aussi comme le centre de l'étendue. Chaque point pourrait être centre, et on peut dire qu'il l'est en puissance ; mais, en fait, il faut qu'un point particulier soit déterminé, nous dirons comment par la suite, pour qu'on puisse tracer la croix, c'est-à-dire mesurer toute l'étendue, ou, analogiquement, réaliser la compréhension totale de l'être.

Dans cette nouvelle représentation à trois dimensions, où nous avons considéré seulement un être, la direction horizontale suivant laquelle se développent les modalités de tous les états de cet être implique, ainsi que les plans verticaux qui lui sont parallèles, une idée de succession logique, tandis que les plans verticaux qui lui sont perpendiculaires correspondent, corrélativement, à l'idée de simultanéité logique. Si on projette toute l'étendue sur celui des trois plans de coordonnées qui est dans ce dernier cas, chaque modalité de chaque état d'être se projettera suivant un point d'une droite horizontale, et l'état dont le centre coïncide avec celui de l'être total sera figuré par l'axe horizontal situé dans le plan sur lequel se fait la projection. Nous sommes ainsi ramenés à notre première représentation, celle où l'être est situé dans un plan vertical ; un plan horizontal pourra alors de nouveau être un degré de l'Existence universelle, comprenant le développement entier d'une possibilité particulière, dont la manifestation constitue, dans son ensemble, ce qu'on peut appeler un Macrocosme, tandis que, dans l'autre représentation, il est seulement le développement de cette même possibilité dans un être, ce qui constitue un état de celui-ci, individualité intégrale ou état non individuel, que l'on peut, dans tous les cas, appeler un Microcosme. Mais le Macrocosme lui-même, comme le Microcosme, n'est, lorsqu'on l'envisage isolément, qu'un des éléments de l'Univers, comme chaque possibilité particulière n'est qu'un élément de la Possibilité totale.

Celle des deux représentations qui se rapporte à l'Univers peut être appelée, pour simplifier le langage, la représentation macrocosmique, et celle qui se rapporte à un être, la représentation microcosmique. Nous avons vu comment, dans cette dernière, est tracée la croix à trois dimensions : il en sera de même dans la représentation macrocosmique, si l'on y détermine les éléments correspondants, c'est-à-dire un axe vertical, qui sera l'axe de l'Univers, et un plan horizontal, qu'on pourra désigner, par analogie, comme son équateur ; et nous devons faire remarquer que chaque Macrocosme a ici son centre sur l'axe vertical, comme l'avait chaque Microcosme dans l'autre représentation.

On voit, par ce qui vient d'être exposé, l'analogie qui existe entre le Macrocosme et le Microcosme, chaque partie de l'Univers étant analogue aux autres parties, et ses propres parties lui étant analogues aussi, parce que toutes sont analogues à l'Univers total, comme nous l'avons dit au début. Il en résulte que, si nous considérons le Macrocosme, chacun des domaines définis qu'il comprend lui est analogue ; de même, si nous considérons le Microcosme, chacune de ses modalités lui est aussi analogue. C'est ainsi que, en particulier, la modalité corporelle ou physique de notre individualité humaine actuelle peut symboliser cette même individualité envisagée intégralement, si l'on fait correspondre ses trois parties, tête, poitrine et abdomen, respectivement aux trois éléments dont est composée l'individualité : élément pneumatique ou intellectuel, élément psychique ou émotif, élément hylique ou matériel[1]. C'est là la division la plus générale de l'individualité, et on pourrait l'appliquer au Macrocosme comme au Microcosme, selon la loi des analogies ; mais il ne faut pas oublier que chacun de ces trois éléments comporte un nombre indéfini de modalités coexistantes, de même que chacune des trois parties du corps se compose d'un nombre indéfini de cellules, dont chacune aussi a son existence propre.

Ceci étant établi, si nous considérons un état d'être, figuré par un plan horizontal de la représentation microcosmique, il nous reste

---

[1] Voir, dans l'étude sur l'*Archéomètre* (*La Gnose*, 2ᵉ année, n° 1, p. 17), la correspondance de ces mêmes éléments de l'individualité avec les divisions de la société humaine, que l'on peut regarder comme une individualité collective, et comme un des analogues, dans le Macrocosme, de ce qu'est dans le Microcosme une de ses modalités.

maintenant à dire à quoi correspond le centre de ce plan, ainsi que l'axe vertical qui passe par ce centre. Mais, pour en arriver là, il nous faudra avoir encore recours à une autre représentation géométrique, un peu différente de la précédente, et dans laquelle nous ferons intervenir, non plus seulement, comme nous l'avons fait jusqu'ici, le parallélisme ou la correspondance, mais encore la continuité de toutes les modalités de chaque état d'être entre elles, et aussi de tous les états d'être entre eux, dans la constitution de l'être total.

*
* *

Au lieu de représenter les différentes modalités d'un même état d'être par des droites parallèles, comme nous l'avons fait précédemment, nous pouvons les représenter par des cercles concentriques tracés dans le même plan horizontal, et ayant pour centre commun le centre même de ce plan, c'est-à-dire, selon ce que nous avons établi, son point de rencontre avec l'axe vertical. De cette façon, on voit bien que chaque modalité est finie, limitée, puisqu'elle est figurée par une circonférence, qui est une courbe fermée ; mais, d'autre part, cette circonférence est formée d'un nombre indéfini de points, représentant l'indéfinité des modifications que comporte la modalité considérée. De plus, les cercles concentriques doivent ne laisser entre eux aucun intervalle, si ce n'est la distance infinitésimale de deux points immédiatement voisins (nous reviendrons un peu plus loin sur cette question), de sorte que leur ensemble comprenne tous les points du plan, ce qui suppose qu'il y a continuité entre tous ces cercles ; mais, pour qu'il y ait vraiment continuité, il faut que la fin de chaque circonférence coïncide avec le commencement de la circonférence suivante, et, pour que ceci soit possible sans que les deux circonférences successives soient confondues, il faut que ces circonférences, ou plutôt les courbes que nous avons considérées comme telles, soient en réalité des courbes non fermées.

D'ailleurs, nous pouvons aller plus loin : il est matériellement impossible de tracer une courbe fermée, et, pour le prouver, il suffit de remarquer que, dans l'espace où est située notre modalité corporelle, tout est toujours en mouvement (par la combinaison des conditions espace et temps), de telle façon que, si nous voulons tracer un cercle, et si nous commençons ce tracé en un certain point de l'espace, nous nous trouverons en un autre point lorsque nous l'achèverons, et nous ne repasserons jamais par le point de départ. De même, la courbe qui symbolise le parcours d'un cycle évolutif quelconque ne devra jamais passer deux fois par un même point, ce qui revient à dire qu'elle ne doit pas être une courbe fermée (ni une courbe contenant des points multiples). Cette représentation montre qu'il ne peut pas y avoir deux possibilités identiques dans l'Univers, ce qui reviendrait d'ailleurs à une limitation de la Possibilité totale, limitation impossible, puisque, devant comprendre la Possibilité, elle ne pourrait y être comprise[1]. Deux possibilités qui seraient identiques ne différeraient par aucune de leurs conditions ; mais, si toutes les conditions sont les mêmes, c'est aussi la même possibilité, et ce raisonnement peut s'appliquer à tous les points de notre représentation, chacun de ces points figurant une modification particulière qui réalise une possibilité déterminée[2].

Le commencement et la fin de l'une quelconque des circonférences que nous avons à considérer ne sont donc pas le même point, mais deux points consécutifs d'un même rayon, et, en réalité, ils n'appartiennent pas à la même circonférence : l'un appartient à la circonférence précédente, dont il est la fin, et l'autre à la circonférence suivante, dont il est le commencement ; ceci peut s'appliquer, en particulier, à la naissance et à la mort de notre modalité corporelle. Ainsi, les deux modifications extrêmes de chaque modalité ne coïncident pas, mais il y a simplement correspondance entre elles dans l'ensemble de l'état d'être dont cette modalité fait partie, cette correspondance étant indiquée par la situation de leurs points représentatifs sur un même rayon issu du centre du plan. Par suite, le même rayon contiendra les modifications extrêmes de toutes les modalités de l'état d'être considéré, modalités qui ne doivent d'ailleurs pas être regardées comme successives à proprement parler (car elles peuvent tout aussi bien être simultanées), mais simplement comme s'enchaînant logiquement. Les courbes qui figurent ces modalités, au lieu d'être des circonférences comme nous l'avions supposé tout d'abord, sont les spires successives d'une spirale indéfinie tracée dans

---

[1] Une limitation de la Possibilité universelle est, au sens propre du mot, une impossibilité ; nous verrons par ailleurs que ceci exclut la théorie réincarnationniste, au même titre que le « retour éternel » de Nietzsche, et que la répétition simultanée, dans l'espace, d'individus supposés identiques, comme l'imagina Blanqui.

[2] Nous envisageons ici la possibilité dans son acception la plus restreinte et la plus spécialisée ; il s'agit, non d'une possibilité particulière susceptible d'un développement indéfini, mais seulement de l'un quelconque des éléments que comporte ce développement.

le plan horizontal ; d'une spire à l'autre, le rayon varie d'une quantité infinitésimale, qui est la distance de deux points consécutifs de ce rayon, distance qu'il est d'ailleurs impossible de considérer comme nulle, puisque les deux points ne sont pas confondus.

On peut dire que cette distance de deux points immédiatement voisins est la limite de l'étendue dans le sens des quantités indéfiniment décroissantes ; elle est la plus petite étendue possible, ce après quoi il n'y a plus d'étendue c'est-à-dire plus de condition spatiale. Donc, lorsqu'on divise l'étendue indéfiniment (mais non à l'infini, ce qui serait une absurdité, la divisibilité étant nécessairement une qualité propre à un domaine limité, puisque la condition spatiale, dont elle dépend, est elle-même limitée), ce n'est pas au point qu'on aboutit ; c'est à la distance élémentaire entre deux points, d'où il résulte que, pour qu'il y ait étendue ou condition spatiale, il faut qu'il y ait deux points, et l'étendue (à une dimension) ou la distance est le troisième élément qui unit ces deux points. Cependant, l'élément primordial, celui qui existe par lui-même, c'est le point : on peut dire qu'il contient une potentialité d'étendue, qu'il ne peut développer qu'en se dédoublant d'abord, puis en se multipliant indéfiniment, de telle sorte que l'étendue manifestée procède de sa différenciation (ou, plus exactement, de lui en tant qu'il se différencie). Le point, considéré en lui-même, n'est pas soumis à la condition spatiale ; au contraire, c'est lui qui réalise l'espace, qui crée l'étendue par son acte, lequel, dans la condition temporelle, se traduit par le mouvement ; mais, pour réaliser l'espace, il faut qu'il se situe lui-même dans cet espace, qu'il remplira tout entier du déploiement de ses potentialités. Il peut, successivement dans la condition temporelle, ou simultanément hors de cette condition (ce qui nous ferait d'ailleurs sortir de l'espace ordinaire à trois dimensions), s'identifier, pour les réaliser, à tous les points virtuels de cette étendue, celle-ci étant envisagée statiquement, comme la potentialité totale du point, le lieu ou le contenant des manifestations de son activité. Le point qui réalise toute l'étendue comme nous venons de l'indiquer s'en fait le centre, en la mesurant selon toutes ses dimensions, par l'extension indéfinie des branches de la Croix vers les points cardinaux de cette étendue ; c'est l'Homme Universel, mais non l'homme individuel (celui-ci ne pouvant rien atteindre en dehors de son propre état d'être), qui est, suivant la parole d'un philosophe grec, la mesure de toutes choses. Nous aurons à revenir, dans une autre étude, sur la question des limitations de la condition spatiale (ainsi que des autres conditions de l'existence corporelle), et nous montrerons alors comment, de la remarque que nous venons de faire, se déduit la démonstration de l'absurdité de la théorie atomiste.

Revenons à la nouvelle représentation géométrique qui nous a induit en cette digression : il est à remarquer qu'elle équivaut à remplacer par des coordonnées polaires les coordonnées rectangulaires du plan horizontal de notre précédente représentation microcosmique. Toute variation du rayon correspond à une variation équivalente sur l'axe traversant toutes les modalités, c'est-à-dire perpendiculaire à la direction suivant laquelle s'effectuait le parcours de chaque modalité. Quant aux variations sur l'axe parallèle à cette dernière direction, elles sont remplacées par les positions différentes qu'occupe le rayon en tournant autour du pôle, c'est-à-dire par les variations de son angle de rotation, mesuré à partir d'une certaine position prise pour origine. Cette position, qui sera la normale au départ de la spirale (celle-ci partant du centre tangentiellement à la position perpendiculaire du rayon), sera celle du rayon qui contient, comme nous l'avons dit, les modifications extrêmes (commencement et fin) de toutes les modalités.

Mais, dans ces modalités, il n'y a pas que le commencement et la fin qui se correspondent, et chaque modification ou élément d'une modalité a sa correspondance dans toutes les autres modalités, les modifications correspondantes étant toujours représentées par des points situés sur un même rayon. Si on prenait ce rayon, quel qu'il soit, comme normale à l'origine de la spirale, on aurait toujours la même spirale, mais la figure aurait tourné d'un certain angle. Pour représenter la parfaite continuité qui existe entre toutes les modalités, il faudrait supposer que la figure occupe simultanément toutes les positions possibles autour du pôle, toutes ces figures similaires s'interpénétrant, puisque chacune d'elles comprend tous les points du plan ; ce n'est qu'une même figure dans une indéfinité de positions différentes, positions qui correspondent à l'indéfinité des valeurs de l'angle de rotation, en supposant que celui-ci varie d'une façon continue jusqu'à ce que le rayon, après une révolution complète, soit revenu se superposer à sa position première. On aurait alors l'image exacte d'un mouvement vibratoire se propageant indéfiniment, en ondes concentriques, autour de son point de départ, dans un plan horizontal tel que la surface libre (théorique) d'un liquide ; et ce serait aussi le symbole géométrique le plus exact que nous puissions donner de l'intégralité d'un état d'être. Nous pourrions même montrer que la réalisation de cette intégralité correspondrait à l'intégration de l'équation différentielle exprimant la relation qui existe entre les variations correspondantes du rayon et de son angle de rotation, l'un et l'autre variant d'une façon continue, c'est-à-dire de quantités infinitésimales. La constante arbitraire qui figure dans l'intégrale serait déterminée par la position du rayon prise pour origine, et cette même quantité, qui n'est constante que pour une position déterminée de la figure, devrait varier d'une façon continue de 0 à 2π pour toutes ses positions, de sorte que, si l'on considère celles-ci comme pouvant être simultanées (ce qui revient à supprimer la condition temporelle, qui donne à l'activité de manifestation la forme du mouvement), il faut laisser la constante indéterminée entre ces deux valeurs extrêmes.

Cependant, on doit avoir bien soin de remarquer que ces représentations géométriques sont toujours imparfaites, comme l'est d'ailleurs toute représentation ; en effet, nous sommes obligés de les situer dans un espace particulier, dans une étendue déterminée, et l'espace, même envisagé dans toute son extension, n'est qu'une condition contenue dans un des degrés de l'Existence universelle, et à laquelle (unie d'ailleurs à d'autres conditions) sont soumis certains des domaines multiples compris dans ce degré de l'Existence, domaines dont chacun est, dans le Macrocosme, ce qu'est dans le Microcosme la modalité correspondante de l'état d'être situé dans ce même degré. La représentation est nécessairement imparfaite, par là même qu'elle est enfermée dans des limites plus restreintes que ce qui est représenté (s'il en était autrement, elle serait inutile)[1] ; mais elle est d'autant moins imparfaite que, tout en étant comprise dans les limites du concevable actuel, elle devient cependant moins limitée, ce qui revient à dire qu'elle fait intervenir une puissance plus élevée de l'indéfini[2]. Ceci se traduit, dans les représentations spatiales, par l'adjonction d'une dimension ; d'ailleurs, cette question sera encore éclaircie par la suite de notre exposé.

Mais, dans notre nouvelle représentation, nous n'avons considéré jusqu'ici qu'un plan horizontal, et il nous faut maintenant figurer la

---

[1] C'est pourquoi le supérieur ne peut symboliser l'inférieur, mais est, au contraire, toujours symbolisé par celui-ci, comme le montre d'ailleurs Saint-Martin dans le chapitre X du *Tableau Naturel* ; et ceci suffit pour renverser la théorie astro-mythologique de Dupuis. – Ajoutons que, selon la loi de l'analogie, l'inférieur, c'est-à-dire le symbole, est toujours *inversé* par rapport au supérieur ou à ce qui est symbolisé.

[2] Dans les quantités infinitésimales, il y a quelque chose qui correspond (en sens inverse) à ces puissances (croissantes) de l'indéfini : c'est ce qu'on appelle les différents ordres (décroissants) de quantités infinitésimales.

continuité de tous les plans horizontaux, qui représentent l'indéfinie multiplicité des états de l'être. Cette continuité s'obtiendra géométriquement d'une façon analogue : au lieu de supposer le plan horizontal fixe dans l'étendue à trois dimensions (hypothèse que le fait du mouvement rend aussi irréalisable matériellement que le tracé d'une courbe fermée), on suppose qu'il se déplace insensiblement, parallèlement à lui-même, de façon à rencontrer successivement l'axe vertical en tous ses points consécutifs, le passage d'un point à un autre correspondant au parcours d'une des spires que nous avons considérées (le mouvement spiroïdal étant supposé isochrone pour simplifier la représentation, et, en même temps, pour traduire l'équivalence des multiples modalités de l'être en chacun de ses états, lorsqu'on les envisage dans l'Universalité). Nous pouvons même, pour plus de simplicité, considérer de nouveau et provisoirement chacune de ces spires comme nous l'avions déjà envisagée tout d'abord dans le plan horizontal fixe, c'est-à-dire comme une circonférence. Cette fois encore, la circonférence ne se fermera pas, car, lorsque le rayon qui la décrit reviendra se superposer à lui-même (ou plutôt à sa position initiale), il ne sera plus dans le même plan horizontal (supposé fixe comme parallèle à une direction de coordonnées et marquant la situation sur l'axe perpendiculaire à cette direction) ; la distance élémentaire qui séparera les deux extrémités de cette circonférence, ou plutôt de la courbe supposée telle, sera mesurée, non plus sur un rayon issu du pôle, mais sur une parallèle à l'axe vertical. Ces points extrêmes n'appartiennent pas au même plan horizontal, mais à deux plans horizontaux superposés, parce qu'ils marquent la continuité de chaque état d'être avec celui qui le précède et celui qui le suit immédiatement dans la hiérarchisation de l'être total. Si l'on considère les rayons qui contiennent les extrémités des modalités de tous les états d'être, leur superposition forme un plan vertical dont ils sont les droites horizontales, et ce plan vertical est le lieu de tous les points extrêmes dont nous venons de parler, et qu'on pourrait appeler des points-limites pour les différents états d'être, comme ils l'étaient précédemment, à un autre point de vue, pour les diverses modalités de chaque état d'être. La courbe que nous avions provisoirement considérée comme une circonférence est en réalité une spire, de hauteur infinitésimale, d'une hélice tracée sur un cylindre de révolution dont l'axe n'est autre que l'axe vertical de notre représentation. La correspondance entre les points des spires successives est ici marquée par leur situation sur une même génératrice du cylindre, c'est-à-dire sur une même verticale ; les points correspondants, à travers la multiplicité des états d'être, paraissent confondus lorsqu'on les envisage, dans la totalité de l'étendue à trois dimensions, en projection verticale sur un plan de base du cylindre, c'est-à-dire, en d'autres termes, en projection orthogonale sur un plan horizontal déterminé.

Pour compléter notre représentation, il suffit maintenant d'envisager simultanément, d'une part, ce mouvement hélicoïdal, s'effectuant sur un système cylindrique vertical constitué par une indéfinité de cylindres circulaires concentriques (le rayon de base ne variant de l'un à l'autre que d'une quantité infinitésimale), et, d'autre part, le mouvement spiroïdal que nous avons considéré précédemment dans chaque plan horizontal supposé fixe. Par suite, la base plane du système vertical ne sera autre que la spirale horizontale équivalant à une indéfinité de circonférences concentriques non fermées ; mais, en outre, pour pousser plus loin l'analogie des considérations relatives respectivement aux étendues à deux et trois dimensions, et aussi pour mieux symboliser la parfaite continuité de tous les états d'être entre eux, il faudra envisager la spirale, non pas dans une seule position, mais dans toutes les positions qu'elle peut occuper autour de son centre, ce qui donne une indéfinité de systèmes verticaux tels que le précédent, ayant le même axe, et s'interpénétrant tous lorsqu'on les regarde comme coexistants, puisque chacun d'eux comprend tous les points d'une même étendue à trois dimensions, dans laquelle ils sont tous situés ; ce n'est que le même système considéré simultanément dans toutes les positions qu'il occupe en accomplissant une rotation autour de l'axe vertical.

Nous verrons cependant que, en réalité, l'analogie n'est pas encore tout à fait complète ainsi ; mais, avant d'aller plus loin, remarquons que tout ce que nous venons de dire pourrait s'appliquer à la représentation macrocosmique, aussi bien qu'à la représentation microcosmique. Alors, les spires successives de la spirale indéfinie tracée dans un plan horizontal, au lieu de représenter les diverses modalités d'un état d'être, représenteraient les domaines multiples d'un degré de l'Existence universelle, tandis que la correspondance verticale serait celle de chaque degré de l'Existence, dans chacune des possibilités d'être déterminées qu'il comprend, avec tous les autres degrés. Cette concordance entre les deux représentations (macrocosmique et microcosmique) sera d'ailleurs également vraie pour tout ce qui va suivre.

Si nous revenons au système vertical complexe que nous avons considéré en dernier lieu, nous voyons que, autour du point pris pour centre de l'étendue à trois dimensions que remplit ce système, cette étendue n'est pas isotrope, ou, en d'autres termes, que, par suite de la détermination d'une direction particulière, qui est celle de l'axe du système, c'est-à-dire la direction verticale, la figure n'est pas homogène dans toutes les directions à partir de ce point. Au contraire, dans le plan horizontal, lorsque nous considérions simultanément toutes les positions de la spirale autour du centre, ce plan était envisagé d'une façon homogène et sous un aspect isotrope par rapport à ce centre. Pour qu'il en soit de même dans l'étendue à trois dimensions, il faut remarquer que toute droite passant par le centre pourrait être prise pour axe d'un système tel que celui dont nous venons de parler, de sorte que toute direction peut jouer le rôle de la verticale ; de même, tout plan qui passe par le centre étant perpendiculaire à l'une de ces droites, il en résulte que toute direction de plans pourra jouer le rôle de la direction horizontale, et même celui de la direction parallèle à l'un quelconque des trois plans de coordonnées. En effet, tout plan passant par le centre peut devenir l'un de ces trois plans dans une indéfinité de systèmes de coordonnées trirectangulaires, car il contient une indéfinité de couples de droites orthogonales se coupant au centre (ce sont tous les rayons issus du pôle dans la figuration de la spirale), qui peuvent tous former deux quelconques des trois axes d'un de ces systèmes. De même que chaque point de l'étendue est centre en puissance, toute droite de cette même étendue est axe en puissance, et, même lorsque le centre aura été déterminé, chaque droite passant par ce point sera encore, en puissance, l'un quelconque des trois axes ; quand on aura choisi l'axe central (ou principal) d'un système, il restera à fixer les deux autres axes dans le plan perpendiculaire au premier et passant également par le centre ; mais, ici aussi, il faut que les trois axes soient déterminés pour que la Croix puisse être tracée effectivement, c'est-à-dire pour que l'étendue tout entière puisse être réellement mesurée selon ses trois dimensions.

On peut envisager comme coexistants (car ils le sont en effet à l'état potentiel, et, d'ailleurs, cela n'empêche nullement de choisir ensuite trois axes de coordonnées déterminés, auxquels on rapportera toute l'étendue) tous les systèmes tels que notre représentation verticale, ayant respectivement pour axes centraux toutes les droites passant par le centre ; ici encore, ce ne sont en réalité que les différentes positions du même système, lorsque son axe prend toutes les directions possibles autour du centre, et ils s'interpénètrent pour la même raison que précédemment, c'est-à-dire parce que chacun d'eux comprend tous les points de l'étendue. On peut dire que c'est le point-principe dont nous avons parlé (représentant l'être en soi) qui crée ou réalise cette étendue, jusqu'alors virtuelle (comme une pure possibilité de développement), en remplissant le volume total, indéfini à la troisième puissance, par la complète expansion de ses potentialités dans toutes les directions[1]. Comme, avec cette nouvelle considération, ces directions jouent toutes le même rôle, le déploiement qui s'effectue à partir du centre peut être regardé comme sphérique, ou mieux sphéroïdal : le volume total est un sphéroïde qui s'étend indéfiniment dans tous les sens, et dont la surface ne se ferme pas, non plus que les courbes que nous avons décrites auparavant ; d'ailleurs, la spirale plane, envisagée simultanément dans toutes ses positions, n'est pas autre chose qu'une section de cette surface par un plan passant par le centre. Nous avons vu que la réalisation de l'intégralité d'un plan se traduisait par le calcul d'une intégrale simple ; ici, comme il s'agit d'un volume, et non plus d'une surface, la réalisation de la totalité de l'étendue se traduirait par le calcul d'une intégrale double[2] ; les deux constantes arbitraires qui s'introduiraient dans ce calcul pourraient être déterminées par le choix de deux axes de coordonnées, le troisième axe se trouvant fixé par là même. Nous devons encore remarquer que le déploiement de ce sphéroïde n'est, en somme, que la propagation indéfinie d'un mouvement vibratoire (ou ondulatoire), non plus seulement dans un plan horizontal, mais dans toute l'étendue à trois dimensions, dont le point de départ de ce mouvement peut être actuellement regardé comme le centre ; et, si l'on considère cette étendue comme un symbole géométrique (c'est-à-dire spatial) de la Possibilité totale (symbole nécessairement imparfait, puisque limité), la représentation à laquelle nous avons ainsi abouti sera la figuration de la Voie, « vortex sphérique universel »[3].

---

[1] La parfaite homogénéité s'obtient précisément dans la plénitude de l'expansion ; sur cette corrélation, voir *Pages dédiées au Soleil*, dans *La Gnose*, 2e année, n° 2, p. 61.

[2] Un point qu'il importe de retenir, c'est qu'une intégrale ne peut jamais se calculer en prenant ses éléments un à un, analytiquement ; l'intégration ne peut s'effectuer que par une unique opération synthétique ; ceci montre encore que, comme nous l'avons déjà dit à diverses reprises, l'analyse ne peut en aucun cas conduire à la synthèse.

[3] Voir la note de Matgioi placée à la suite de nos *Remarques sur la production des Nombres* (*La Gnose*, 1re année, n° 9, p. 194).

*
* *

Mais insister plus longuement sur ces considérations et leur donner ici tout le développement qu'elles pourraient comporter nous entraînerait trop loin du sujet que nous nous sommes actuellement proposé de traiter, et dont, jusqu'à présent, nous ne nous sommes d'ailleurs écarté qu'en apparence. C'est pourquoi, après avoir poussé jusqu'à ses extrêmes limites concevables l'universalisation de notre symbole géométrique, en y introduisant graduellement, en plusieurs phases successives (ou du moins présentées successivement dans notre exposé), une indétermination de plus en plus grande (correspondant à ce que nous avons appelé des puissances de plus en plus élevées de l'indéfini, mais toutefois sans sortir de l'étendue à trois dimensions), c'est pourquoi, disons-nous, il nous va maintenant falloir refaire en quelque sorte le même chemin en sens inverse, pour rendre à la figure la détermination de tous ses éléments, détermination sans laquelle, tout en existant en puissance d'être, elle ne peut être tracée effectivement. Mais cette détermination, qui, à notre point de départ, n'était qu'hypothétique (c'est-à-dire envisagée comme une pure possibilité), deviendra maintenant réelle, car nous pourrons marquer la signification de chacun des éléments constitutifs du symbole crucial.

Tout d'abord, nous envisagerons, non l'universalité des êtres, mais un seul être dans sa totalité ; nous supposerons que l'axe vertical soit déterminé, et ensuite que soit également déterminé le plan passant par cet axe et contenant les points extrêmes des modalités de chaque état d'être ; nous reviendrons ainsi au système vertical ayant pour base plane la spirale horizontale considérée dans une seule position, système que nous avions déjà décrit précédemment. Ici, les directions des trois axes de coordonnées sont déterminées, mais l'axe vertical seul est effectivement déterminé en position ; l'un des deux axes horizontaux sera situé dans le plan vertical dont nous venons de parler, et l'autre lui sera naturellement perpendiculaire ; mais le plan horizontal qui contiendra ces deux droites rectangulaires reste encore indéterminé. Si nous le déterminions, nous déterminerions aussi par là même le centre de l'étendue, c'est-à-dire l'origine du système de coordonnées auquel cette étendue est rapportée, puisque ce point n'est autre que l'intersection du plan horizontal de coordonnées avec l'axe vertical ; tous les éléments de la figure seraient alors déterminés en effet, ce qui permettrait de tracer la Croix à trois dimensions, mesurant l'étendue dans sa totalité.

Nous devons encore rappeler que nous avions eu à considérer, pour constituer notre système représentatif de l'être total, d'abord une spirale horizontale, et ensuite une hélice cylindrique verticale. Si nous considérons isolément une spire quelconque d'une telle hélice, nous pourrons, en négligeant la différence élémentaire de niveau entre ses extrémités, la regarder comme une circonférence tracée dans un plan horizontal ; on pourra de même prendre pour une circonférence chaque spire de l'autre courbe, la spirale horizontale, si l'on néglige la variation élémentaire du rayon entre ses extrémités. Par suite, toute circonférence tracée dans un plan horizontal et ayant pour centre le centre même de ce plan (c'est-à-dire son intersection avec l'axe vertical) pourra être, avec les mêmes approximations, envisagée comme une spire appartenant à la fois à une hélice verticale et à une spirale horizontale[1] ; il résulte de là que la courbe que nous représentons comme une circonférence n'est, en réalité, ni fermée ni plane.

Une telle circonférence représentera une modalité quelconque d'un état d'être également quelconque, envisagée suivant la direction de l'axe vertical, qui se projettera lui-même horizontalement en un point, centre de la circonférence. Si on envisageait celle-ci suivant la direction de l'un ou de l'autre des deux axes horizontaux, elle se projetterait en un segment, symétrique par rapport à l'axe vertical, d'une droite horizontale formant la croix (à deux dimensions) avec ce dernier, cette droite horizontale étant la trace, sur le plan vertical de projection, du plan dans lequel est tracée la circonférence considérée.

La circonférence avec le point central est la figure du Dénaire, envisagé comme le développement complet de l'Unité, ainsi que nous l'avons vu dans une précédente étude[2] ; le centre et la circonférence correspondent respectivement aux deux principes actif et passif (l'Être et sa Possibilité), représentés aussi par les deux chiffres 1 et 0 qui forment le nombre 10. Il est à remarquer, d'autre part, que, dans la numération chinoise, le même nombre est représenté par la croix, dont la barre verticale et la barre horizontale correspondent alors respectivement (comme dans la figuration cruciale du Tétragramme

---

[1] Cette circonférence est la même chose que celle qui limite la figure de l'*Yn-yang* (voir plus loin).

[2] *Remarques sur la production des Nombres*, in *La Gnose*, 1re année, n° 9, p. 193 [article repris dans *Mélanges*].

hébraïque יהוה)[1] aux deux mêmes principes actif et passif, ou masculin et féminin. Nous avons d'ailleurs, dans la même étude[2], indiqué aussi le rapport qui existe entre le Quaternaire et le Dénaire, ou entre la croix et la circonférence, et qui s'exprime par l'équation de la « circulature du quadrant » :

$$1 + 2 + 3 + 4 = 10 \,^3$$

De ceci, nous déduisons déjà que, dans notre représentation géométrique, le plan horizontal (que l'on suppose fixe, et qui, comme nous l'avons dit, est quelconque) jouera un rôle passif par rapport à l'axe vertical, ce qui revient à dire que l'état d'être correspondant se réalisera dans son développement intégral sous l'action du principe qui est représenté par l'axe ; ceci sera beaucoup mieux compris par la suite, mais il importait de l'indiquer dès maintenant. Nous voyons en même temps que la Croix symbolise bien, comme on l'a dit assez souvent,

---

[1] Voir la figure de la p. 172 (*La Gnose*, 1ʳᵉ année, n° 8). [Cette figure fut publiée dans l'article de Marnès intitulé *Commentaire sur le tableau naturel de Louis-Claude de Saint-Martin*, in *La Gnose*, 1ʳᵉ année, n° 8, p. 172 avec le commentaire suivant : « Dans le Principe, l'Adam-Kadmôn, ou l'Homme universel, est représenté par le quaternaire sacré, correspondant aux quatre lettres du Tétragramme יהוה ; si l'on trace un cercle, et qu'on y inscrive une croix aux extrémités de laquelle on place chacune des quatre lettres du Tétragramme, on a alors la représentation exacte de l'homme-principe, dont les dimensions verticale et horizontale sont rétablies et dont le centre est constitué par l'ombilic. »

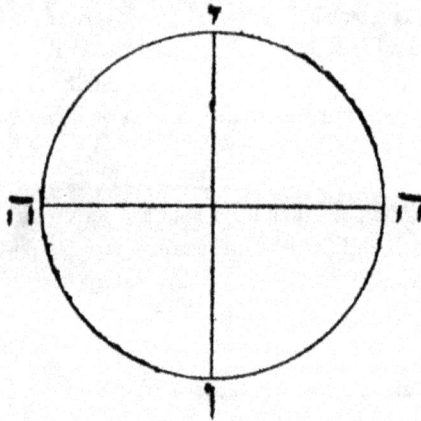

]

[2] *Ibid.* 1ʳᵉ année, n° 8, p. 156.

[3] Voir aussi le chapitre XVIII du *Tableau Naturel* de L.-Cl. de Saint-Martin, où l'on trouvera d'autres considérations sur ce sujet, envisagé à un point de vue différent.

l'union des deux principes complémentaires, du masculin et du féminin ; mais, ici encore, comme lorsqu'il s'agissait de la signification astronomique, nous devons répéter que cette interprétation, si elle devenait exclusive et systématique, serait à la fois insuffisante et fausse ; elle ne doit être qu'un cas particulier du symbolisme de l'« union des contrastes et des antinomies »[1]. Avec cette restriction, on peut regarder la Croix (de même que la circonférence avec le point central), à un certain point de vue, comme l'équivalent du symbole qui unit le *Linga* et la *Yoni* ; mais il est bien entendu que ce symbole doit être pris dans une acception purement spirituelle, comme il l'est chez les Hindous[2], et non dans le sens d'un grossier naturalisme, qui est totalement étranger aux conceptions orientales.

Pour en revenir à la détermination de notre figure, nous n'avons en somme à considérer particulièrement que deux choses : d'une part, l'axe vertical, et, d'autre part, le plan horizontal de coordonnées. Nous savons qu'un plan horizontal représente un état d'être, dont chaque modalité correspond à une spire plane que nous avons confondue avec une circonférence ; d'un autre côté, les extrémités de cette spire, en réalité, ne sont pas contenues dans le plan de la courbe, mais dans deux plans immédiatement voisins, car cette même courbe, envisagée dans le système cylindrique vertical, est « une spire, une fonction d'hélice, mais dont le pas est infinitésimal. C'est pourquoi, étant donné que nous vivons, agissons et raisonnons à présent sur des contingences, nous pouvons et devons même considérer le graphique de l'évolution individuelle[3] comme une surface. Et, en réalité, elle en possède tous les attributs et qualités, et ne diffère de la surface que considérée de l'Absolu[4]. Ainsi, à notre plan, le « circulus vital » est une vérité immédiate, et le cercle est bien la représentation du cycle individuel humain. »[5] Mais, bien entendu, « il ne faut jamais perdre de vue que, si, pris à part, l'*Yn-yang*[6] peut être considéré comme un cercle, il est, dans la succession des modifications individuelles[7], un élément d'hélice : toute modification individuelle est essentiellement un

---

[1] Voir *Pages dédiées au Soleil*, in *La Gnose*, 2ᵉ année, n° 2, pp. 60 et 61.

[2] C'est un des principaux symboles du Shivaïsme.

[3] Soit pour une modalité particulière de l'individu, soit en envisageant l'individualité intégrale isolément dans l'être ; lorsqu'on ne considère qu'un seul état, la représentation doit être plane.

[4] En envisageant l'être dans sa totalité.

[5] Matgioi, *La Voie Métaphysique*, p. 128.

[6] Le symbole cyclique de l'évolution individuelle.

[7] Considérées simultanément dans les différents états d'être.

« vortex » à trois dimensions ; il n'y a qu'une seule stase humaine (individuelle), et l'on ne repasse jamais par le chemin déjà parcouru. »[1]

Les deux extrémités de la spire d'hélice de pas infinitésimal sont, comme nous l'avons dit, deux points immédiatement voisins sur une génératrice du cylindre, une parallèle à l'axe vertical (d'ailleurs située dans un des plans de coordonnées). Ces deux points n'appartiennent pas à l'individu, ou, d'une façon plus générale, à l'état d'être représenté par le plan horizontal que l'on considère. « L'entrée dans l'*Yn-yang* et la sortie de l'*Yn-yang* ne sont pas à la disposition de l'individu ; car ce sont deux points qui appartiennent, bien qu'à l'*Yn-yang*, à la spire d'hélice inscrite sur la surface latérale du cylindre, et qui sont soumis à l'attraction de la Volonté du Ciel. Et, en réalité, en effet, l'homme n'est pas libre de sa naissance ni de sa mort[2]... Il n'est libre d'aucune des conditions de ces deux actes : la naissance le lance invinciblement sur le circulus d'une existence qu'il n'a ni demandée ni choisie ; la mort le retire de ce circulus et le lance invinciblement dans un autre, prescrit et prévu par la Volonté du Ciel, sans qu'il puisse rien en modifier. Ainsi, l'homme terrestre est esclave quant à sa naissance et quant à sa mort, c'est-à-dire par rapport aux deux actes principaux de sa vie individuelle, aux seuls qui résument en somme son évolution spéciale au regard de l'Infini. »[3]

Par conséquent, le pas de l'hélice, élément par lequel les extrémités d'un cycle individuel échappent au domaine de l'individu, est la mesure mathématique de « la force attractive de la Divinité »[4] ; l'action de la Volonté du Ciel dans l'évolution de l'être se mesure donc parallèlement à l'axe vertical. Celui-ci représente alors le lieu métaphysique de la manifestation de la Volonté du Ciel, et il traverse chaque plan horizontal en son centre, c'est-à-dire au point où se réalise l'équilibre en lequel réside cette manifestation, ou, en d'autres termes, l'harmonisation complète de tous les éléments constitutifs de l'état d'être correspondant : c'est l'Invariable Milieu, où se reflète, en se manifestant, l'Unité suprême, qui, en elle-même, est la Perfection

---

[1] *Ibid*, p. 131, note.

[2] *Ibid*, p. 132.

[3] *Ibid*, p. 133 – Mais, entre sa naissance et sa mort, l'individu est libre, dans l'émission et dans le sens de tous ses actes terrestres ; dans le « circulus vital » de l'espèce et de l'individu, l'attraction de la Volonté du Ciel ne se fait pas sentir.

[4] *Ibid*, p. 95.

Active, la volonté du Ciel non manifestée[1]. Nous pouvons donc dire que l'axe vertical est le symbole de la Voie personnelle, qui conduit à la Perfection, et qui est une spécialisation de la Voie universelle, représentée précédemment par une figure sphéroïdale ; cette spécialisation s'obtient, d'après ce que nous avons dit, par la détermination d'une direction particulière dans l'étendue.

Cet axe est donc déterminé comme expression de la Volonté du Ciel dans l'évolution totale de l'être, ce qui détermine en même temps la direction des plans horizontaux, représentant les différents états d'être, et la correspondance horizontale et verticale de ceux-ci, établissant leur hiérarchisation. Par suite de cette correspondance, les points-limites de ces états d'être sont déterminés comme extrémités des modalités particulières ; le plan vertical qui les contient est un des plans de coordonnées, ainsi que celui qui lui est perpendiculaire suivant l'axe ; ces deux plans verticaux tracent dans chaque plan horizontal une croix (à deux dimensions), dont le centre est dans l'Invariable Milieu. Il ne reste donc plus qu'un seul élément indéterminé : c'est la position du plan horizontal particulier qui sera le troisième plan de coordonnées ; à ce plan correspond, dans l'être total, un certain état, dont la détermination permettra de tracer la Croix symbolique à trois dimensions, c'est-à-dire de réaliser la totalisation même de l'être.

Remarquons en passant qu'on pourrait expliquer par là la parole de l'Évangile selon laquelle le Verbe (la Volonté du Ciel en action) est (par rapport à nous) « la Voie, la Vérité et la Vie ». Si nous reprenons pour un instant notre représentation microcosmique du début, et si nous considérons ses trois axes de coordonnées, la « Voie » sera représentée, comme ici, par l'axe vertical ; des deux axes horizontaux, l'un représentera la « Vérité », et l'autre la « Vie ». Tandis que la « Voie » se rapporte à l'Homme Universel (אדם), auquel s'identifie le *Soi*, la « Vérité » se rapporte à l'homme intellectuel (איש), et la « Vie » à l'homme corporel (אנוש) ; de ces deux derniers, qui appartiennent au domaine d'un état d'être particulier (celui dans lequel nous sommes actuellement), le premier doit ici être assimilé à l'individualité intégrale, dont l'autre n'est qu'une modalité. La « Vie » sera donc représentée par l'axe parallèle à la direction suivant laquelle se développe chaque modalité, et la « Vérité » le sera par l'axe qui réunit toutes les modalités en les traversant perpendiculairement à cette même direction. Ceci

---

[1] Sur l'Invariable Milieu (*Tchoung-young*), voir *Remarques sur la Notation mathématique*, in *La Gnose*, 1re année, n° 7, p. 142 [étude reprise dans *Mélanges*].

suppose, d'ailleurs, que le tracé de la Croix à trois dimensions est rapporté à l'individualité humaine terrestre, car c'est par rapport à celle-ci seulement que nous venons de considérer ici la « Vie » et la « Vérité » ; ce tracé figure l'action du Verbe dans la réalisation de l'être total et son identification avec l'Homme Universel.

*
* *

Si nous considérons la superposition des plans horizontaux représentatifs de tous les états d'être, nous pouvons dire encore que l'axe vertical symbolise, par rapport à ceux-ci, envisagés séparément ou dans leur ensemble, le Rayon Céleste « qui constitue l'élément supérieur non incarné de l'homme, et qui lui sert de guide à travers les phases de l'évolution universelle »[1]. Le cycle universel, représenté par l'ensemble de notre figure, et « dont l'humanité (au sens individuel) ne constitue qu'une phase, a un mouvement propre[2], indépendant de notre humanité, de toutes les humanités, de tous les plans, dont il forme la Somme indéfinie (qui est l'Homme Universel). Ce mouvement propre, qu'il tient de l'affinité essentielle du Rayon Céleste vers son origine, l'aiguille invinciblement vers sa Fin, qui est identique à son Commencement, avec une force directrice ascensionnelle et divinement bienfaisante. C'est ce que la Gnose connaît sous le nom de Voie Rédemptrice. »[3]

Le Rayon Céleste traverse tous les états d'être, marquant le point central de chacun d'eux par sa trace sur le plan correspondant, ainsi que nous l'avons déjà dit[4] ; mais cette action n'est effective que s'il produit, par sa réflexion sur un de ces plans, une vibration qui, se propageant et s'amplifiant dans la totalité de l'être, illumine son chaos,

---

[1] Simon et Théophane, *Les Enseignements secrets de la Gnose*, p. 10.

[2] Indépendant d'une volonté individuelle quelconque (particulière ou collective), qui ne peut agir que dans son plan spécial : « L'homme, en tant qu'homme, ne saurait disposer de mieux et de plus que de son destin hominal, dont il est libre d'arrêter, en effet, la marche individuelle. Mais cet être contingent, doué de vertus et de possibilités contingentes, ne saurait se mouvoir, ou s'arrêter, ou s'influencer soi-même en dehors du plan contingent spécial où, pour l'heure, il est placé et exerce ses facultés. Il est déraisonnable de supposer qu'il puisse modifier, à fortiori arrêter la marche éternelle du cycle universel. » (*Ibid.*, p. 50). —Voir aussi ce qui a été dit précédemment au sujet des deux points extrêmes du cycle individuel.

[3] *Ibid.*, p. 50.

[4] Le lieu de ces points centraux est l'Invariable Milieu.

cosmique ou humain. Nous disons cosmique ou humain, car ceci peut s'appliquer au Macrocosme aussi bien qu'au Microcosme ; le plan de réflexion, dont le centre (point d'incidence du Rayon Céleste) sera le point de départ de cette vibration indéfinie, sera alors le plan central dans l'ensemble des états d'être, c'est-à-dire le plan horizontal de coordonnées dans notre représentation géométrique, et c'est ce plan central, où sont tracées les branches horizontales de la Croix, qui est représenté dans toutes les traditions comme la surface des Grandes Eaux[1]. Par l'opération de l'Esprit, projetant le Rayon Céleste qui se réfléchit à travers le miroir des Eaux[2], au sein de celle-ci est enfermée une étincelle divine, germe spirituel incréé, Verbe fragmentaire, si l'on peut ainsi s'exprimer, qui, se développant pour s'identifier en acte au Verbe total, auquel il est en effet identique en puissance, réalisera dans son expansion le parfait épanouissement de toutes les possibilités de l'être. Ce principe divin involué dans les êtres, c'est le Verbe Rédempteur[3], *Christos*, « conçu du Saint-Esprit et né de la Vierge Marie »[4] ; c'est Agni[5] se manifestant au centre du *Swastika*, qui est la

---

[1] Ou le plan de séparation des Eaux inférieures et des Eaux supérieures, c'est-à-dire des deux chaos, formel et informel, individuel et principiel, des états manifestés et des états non-manifestés dont l'ensemble constitue la Possibilité totale de l'Homme Universel. L'Océan des Grandes Eaux, la Mer symbolique, est, selon Fabre d'Olivet, l'image de la Passivité Universelle : *Mare, Mariah, Mâyâ* (voir aussi *L'Archéomètre*, in *La Gnose*). C'est la Grande Nature primordiale (*Moûla-Prakriti* ou Racine procréatrice, *Bhoûta-Yoni* ou Matrice des êtres), manifestation du Principe féminin, image réfléchie, c'est-à-dire inversée (selon la loi de l'analogie), de la Vierge de Lumière : celle-ci, « Océan spirituel d'en haut, de tous ses effluves dégage les êtres de l'Océan sentimental d'en bas » (*Ibid.*, p. 58).

[2] « L'Esprit ne se meut pas dans le chaos ; il se meut au-dessus des Eaux, c'est-à-dire au-dessus d'un plan de réflexion, agissant à la façon d'un miroir, sur lequel l'image renversée du mouvement de l'Esprit (ou de l'Activité du Ciel) se révèle au chaos. Cette révélation produit immédiatement le *Fiat Lux*. – Dans le chaos cosmique, le *Fiat Lux* se traduit par la vibration lumineuse capable de déterminer les formes. Dans le chaos humain, le *Fiat Lux* se traduit par la vibration sentimentale capable d'engendrer le désir de sortir de l'agnosticisme. » (*Ibid.*, p. 9).

[3] C'est du moins sous cet aspect qu'on l'envisage plus particulièrement par rapport à l'être humain ; mais, lorsqu'il s'agit de l'organisation du chaos cosmique, il est considéré sous son aspect de Créateur (*Brahmâ*).

[4] Ces paroles du *Credo* catholique s'expliquent d'elles-mêmes par ce qui vient d'être dit ; mais il est bien entendu, et nous tenons à le déclarer formellement pour éviter toute méprise, que cette interprétation symbolique n'a rien à faire avec les doctrines du Catholicisme actuel, pour lequel il n'y a pas et il ne peut pas y avoir d'ésotérisme, ainsi que nous l'expliquerons dans une autre étude.

[5] Il est figuré comme un principe igné (de même d'ailleurs que le Rayon lumineux qui le fait naître), le feu étant l'élément actif par rapport à l'eau, élément passif.

croix tracée dans le plan horizontal, et qui, par sa rotation autour de ce centre, génère le cycle évolutif constituant chacun des éléments du cycle universel[1]. Le centre, seul point restant immobile dans ce mouvement de rotation, est, en raison même de son immobilité, le moteur de la « roue d'existence » ; il est la Loi (c'est-à-dire l'expression ou la manifestation de la Volonté du Ciel) pour le cycle correspondant au plan horizontal dans lequel s'effectue cette rotation, et son action se mesure par le pas de l'hélice évolutive à axe vertical[2].

La réalisation des possibilités de l'être par l'action du Verbe (action toujours intérieure, puisqu'elle s'exerce à partir du centre de chaque plan) est figurée dans les différents symbolismes par l'épanouissement d'une fleur à la surface des Eaux : cette fleur symbolique est ordinairement le lotus dans la tradition orientale, la rose dans la tradition occidentale[3]. Considéré d'abord dans le plan central (plan horizontal de réflexion du Rayon Céleste), comme intégration de l'état d'être correspondant, cet épanouissement pourra être figuré, pour le Microcosme, par celui d'une fleur à cinq pétales, formant le Pentagramme ou l'Étoile Flamboyante, et, pour le Macrocosme, par celui d'une fleur à six pétales, formant le double triangle du Sceau de Salomon[4] ; mais il s'étendra hors de ce plan, à la totalité des états d'être,

---

[1] Pour la figure du *Swastika*, voir *La Gnose*, 1ʳᵉ année, n° 11, p. 245.

[2] « Il n'y a pas de moyen direct d'apprécier cette mesure ; on ne la connaîtrait que par analogie (principe d'harmonie), si l'Univers, dans sa modification présente, se souvenait de sa modification passée, et pouvait ainsi juger de la quantité métaphysique acquise, et, par suite, pouvait mesurer la force ascensionnelle. Il n'est pas dit que la chose soit impossible ; mais elle n'est pas dans les facultés de la présente humanité. – On voit ainsi que ceux qui prennent le *cercle* pour symbole de l'Évolution font donc simplement oubli de la *cause première*. » (*La Voie Métaphysique*, pp. 95 et 96.) – Le pas de l'hélice est la distance verticale entre les deux extrémités d'une spire, distance qui, dans la totalité de l'Évolution, doit être regardée comme infinitésimale. Cet élément « est dû expressément à la somme d'une mort ou d'une naissance, et à la coïncidence de cette mort et de cette naissance » ; d'ailleurs, « ces phénomènes mort et naissance, considérés en eux-mêmes et en dehors des cycles, sont parfaitement égaux » (*La Voie Métaphysique*, pp. 138 et 139).

[3] Quelquefois aussi le lis (à six pétales) : voir *L'Archéomètre*, in *La Gnose*, 1ʳᵉ année, n° 10, p. 218, note 3. – Le lis est un symbole macrocosmique comme le lotus, tandis que la rose est le plus souvent un symbole microcosmique.

[4] Cependant, le lotus a le plus habituellement huit pétales ; dans tous les cas, il en a toujours un nombre pair ; mais nous ne pouvons entrer dans l'explication détaillée de ce symbolisme. Nous rappellerons seulement que 8 est le nombre de l'équilibre parfait ; les huit pétales du Lotus peuvent aussi être rapportées aux huit *Koua*, c'est-à-dire aux huit trigrammes de Fo-hi (voir *La Voie Métaphysique* pp. 39 et 40). D'autre part, « 5, qui est le nombre de la chute, est aussi le nombre de la volonté, laquelle est l'instrument de la réintégration », c'est-à-dire de la réalisation de l'Homme Universel (voir *Commentaires sur le*

suivant le développement indéfini, dans toutes les directions à partir du
point central, du vortex sphérique universel, dont nous avons parlé
précédemment[1].

*

* *

Avant de terminer cette étude déjà longue, nous devons insister sur un
point qui, pour nous, est d'une importance capitale : c'est que notre
conception diffère essentiellement, dans son principe même et par ce
principe, de toutes les conceptions anthropomorphiques et
géocentriques sur lesquelles reposent les religions occidentales[2]. Nous
pourrions même dire qu'elle en diffère infiniment, et ce ne serait point
là un abus de langage, mais au contraire une expression plus juste que
toute autre, et plus adéquate à la conception à laquelle nous

---

Tableau Naturel de L.-Cl. de Saint-Martin, in *La Gnose*, 1ʳᵉ année, n° 8, p. 173) et 6 est le
nombre de la Création (voir *Remarques sur la production des Nombres*, in *La Gnose*, 1ʳᵉ année,
n° 9, p. 191 [article repris dans *Mélanges*]). Remarquons encore que ces nombres 5 et 6,
qui correspondent respectivement aux symboles du Microcosme et du Macrocosme,
sont les valeurs numériques des lettres hébraïques ה et ו, les deux lettres médianes du
Tétragramme יהוה, qui, prises dans l'ordre inverse, en sont aussi les deux dernières. En
arabe, les deux lettres correspondantes forment le pronom *Hôa*, « *Lui* », dont le nombre
est ainsi égal à 11 (sur ce nombre 11, voir *L'Archéomètre*, in *La Gnose*, 2ᵉ année, n° 3, p. 88,
note 2). En hébreu, le même pronom (qui s'emploie aussi comme verbe, pour signifier
« Il est ») s'écrit הוא, joignant à ces deux lettres, qui représentent ici l'union (ou
l'unification), du Microcosme et du Macrocosme, la lettre א, qui, par son nombre 1,
correspond au centre de l'épanouissement de l'être ; par sa forme, cette même lettre א
rappelle le symbole du *Swastika*. Le pronom hébraïque הוא a pour nombre total 12 ; sans
étudier ici les diverses significations de ce nombre, nous remarquerons seulement que la
lettre ל, dont il marque le rang alphabétique, exprime hiéroglyphiquement les idées,
d'expansion et de développement, ainsi que l'involution du principe spirituel (voir la
douzième lame du Tarot), et que ce même nombre s'écrit ordinairement יב (10+2),
unissant les initiales des noms des deux Colonnes du Temple, ce qui symbolise l'union
des deux principes complémentaires masculin (י) et féminin (ב) en l'Androgynité de
l'Adam Qadmon. Nous avons vu que ces deux principes sont aussi représentés dans la
Croix par les directions verticale et horizontale ; enfin, 12 = 3 × 4 représente
encore l'expansion de la Croix, symbole du quaternaire, selon les trois dimensions de
l'espace.

[1] Ceci complète l'explication du symbole de la Rose-Croix ; ici encore, comme pour la
croix, nous devons constater combien est insuffisante l'interprétation donnée par Ragon
au sujet de la rose (*Rituel du Grade de Rose-Croix*, pp. 28 et 29).

[2] Sur cette même question, voir *La Gnose*, 2ᵉ année, n° 5, la note de notre collaborateur
Abdul-Hâdi, intitulée : *L'Islam et les religions anthropomorphiques* (pp. 152 et 153).

l'appliquons. En effet, il ne peut évidemment y avoir aucune commune mesure entre, d'une part, le Soi, envisagé comme la totalisation de l'être s'intégrant suivant les trois dimensions de la Croix, pour se réintégrer finalement en son Unité première, réalisée dans cette plénitude même de l'expansion que symbolise l'espace tout entier, et, d'autre part, une modification individuelle quelconque, représentée par un élément infinitésimal du même espace, ou même l'intégralité d'un état d'être, dont la figuration plane (avec les restrictions que nous avons faites, c'est-à-dire si on considère cet état isolément) comporte encore un élément infinitésimal par rapport à l'espace à trois dimensions (en replaçant cette figuration dans l'espace, son plan horizontal étant alors regardé comme se déplaçant effectivement d'une quantité infinitésimale suivant la direction de l'axe vertical) ; et, puisqu'il s'agit d'éléments infinitésimaux, même dans un symbolisme géométrique forcément restreint et limité, on voit que, en réalité, c'est bien là, pour ce qui est symbolisé respectivement par les deux termes que nous venons de comparer entre eux, une incommensurabilité absolue, ne dépendant d'aucune convention arbitraire[1]. Chaque intégration ajoute une dimension à la représentation spatiale correspondante ; donc, s'il a fallu une première intégration pour passer de la ligne à la surface, qui est mesurée par la croix à deux dimensions décrivant le cercle indéfini qui ne se ferme pas, il faut une seconde intégration pour passer de la surface au volume, dans lequel la Croix à trois dimensions crée, par l'irradiation de son centre suivant toutes les directions de l'espace où il est situé, le sphéroïde indéfini dont un mouvement vibratoire nous donne l'image, le volume toujours ouvert en tous sens qui symbolise le vortex universel de la Voie.

Dans ce qui précède, nous n'avons pas établi une distinction nette entre les significations respectives des deux termes espace et étendue : si nous avons appelé espace ce qui n'est en réalité qu'une étendue particulière à trois dimensions, c'est parce que, même dans le plus haut degré de généralisation de notre symbole spatial, nous n'avons pas dépassé les limites de cette étendue, prise pour donner une figuration, nécessairement imparfaite, de l'être total. Cependant, si l'on voulait s'astreindre à un langage rigoureux, on devrait n'employer le mot

---

[1] Un indéfini est pris ici pour symbole de l'Infini, dans la mesure où il est permis de dire que l'Infini peut être symbolisé ; mais ceci ne revient nullement à les confondre, et nous ferons d'ailleurs remarquer cette distinction plus explicitement dans la suite.

espace que pour désigner l'ensemble de toutes les étendues particulières ; ainsi, la possibilité spatiale, dont la réalisation (au sens de passage de la puissance à l'acte) constitue une des conditions spéciales de certains états de manifestation (tels que notre état corporel, en particulier), contient dans son indéfinité toutes les étendues possibles. Mais ce n'est d'ailleurs, même dans toute cette généralité, qu'une possibilité déterminée, indéfinie sans doute, mais néanmoins finie[1], puisque, comme le montre la production des nombres (tant en série décroissante qu'en série croissante), l'indéfini procède du fini, ce qui n'est possible qu'à la condition que le fini contienne en puissance cet indéfini. S'il nous est impossible d'admettre le point de vue étroit du géocentrisme, nous n'approuvons pas davantage cette sorte de lyrisme scientifique, ou soi-disant tel, qui paraît surtout cher à certains astronomes, et où il est sans cesse question de l'« espace infini » et du « temps éternel », qui sont de pures absurdités ; là encore, il ne faut voir, comme nous le montrerons par ailleurs, qu'un autre aspect de la tendance à l'anthropomorphisme.

Une autre remarque importante dans cet ordre d'idées, c'est que les considérations que nous avons exposées ne nous conduisent nullement, comme certains pourraient le croire à tort si nous ne prenions la précaution d'y insister quelque peu, à envisager l'espace, ainsi que l'a fait Pascal, comme « une sphère dont le centre est partout et la circonférence nulle part ». En effet, il est vrai que, dans la représentation géométrique (c'est-à-dire spatiale) de l'être total, chaque point est, en puissance, centre de l'être que représente cette étendue où il est situé ; mais il ne faut pas oublier que, comme nous l'avons déjà dit, entre le fait (ou l'objet, ce qui est la même chose) pris pour symbole et le principe métaphysique que l'on veut symboliser, l'analogie est toujours inversée. Ainsi, dans l'espace considéré dans sa réalité actuelle (c'est bien ainsi que Pascal l'entendait) et non plus comme symbole de l'être total, tous les points appartiennent au domaine de la manifestation, par le fait qu'ils appartiennent à l'espace, qui est une des possibilités dont la réalisation est comprise dans ce domaine, lequel constitue ce que nous pouvons appeler l'extériorité de l'Existence universelle. Parler ici d'intérieur et d'extérieur est encore, sans doute, un langage symbolique, et d'un symbolisme spatial ; mais

---

[1] S'il en était autrement, la coexistence d'une indéfinité d'autres possibilités, qui ne sont pas comprises dans celle-là, et dont chacune est également susceptible d'un développement indéfini, serait manifestement impossible ; et cette seule considération suffirait à démontrer l'absurdité de cet « espace infini » dont on a tant abusé.

l'impossibilité de se passer de tels symboles ne prouve pas autre chose que l'imperfection de nos moyens d'expression ; nous ne pouvons évidemment communiquer nos conceptions à autrui (dans le monde manifesté et formel, puisqu'il s'agit d'un état individuel restreint, hors duquel il ne pourrait d'ailleurs être question d'« autrui ») qu'à travers des figurations (manifestant ces conceptions dans des formes), c'est-à-dire par des analogies. Nous pouvons alors, et nous devons même, pour conformer notre expression au rapport normal de ces analogies (que nous appellerions volontiers, en termes géométriques, un rapport d'homothétie inverse), renverser l'énoncé de la phrase de Pascal, et dire que, non seulement dans l'espace, mais dans tout ce qui est manifesté, c'est l'extérieur (ou la circonférence) qui est partout, tandis que le centre n'est nulle part, car il est non-manifesté[1] ; mais ce point, qui n'est rien de manifesté, contient en puissance toutes les manifestations, il est le moteur immobile de toutes choses, le principe immuable de toute différenciation. Ce point produit tout l'espace (et les autres manifestations) en sortant de lui-même, en quelque sorte, par le déploiement de ses virtualités, et ainsi il remplit cet espace tout entier ; pourtant, en principe, il n'est point soumis à l'espace, puisque c'est lui qui le crée, et il ne cesse point d'être identique à lui-même ; et, quand il a réalisé sa possibilité totale, c'est pour revenir à cette Unité première qui contenait tout en puissance, Unité qui est lui-même (le Soi), et dont, par conséquent, envisagé en lui-même, il n'était point sorti. C'est par la conscience de cette Identité de l'Être, permanente à travers toutes les modifications multiples de l'Existence une, que se manifeste, au centre même de notre état d'être actuel, comme de tous les autres états d'être, cet élément supérieur de l'homme, incréé et non-incarné, que nous avons appelé le Rayon Céleste ; et c'est cette conscience, supérieure à toute faculté créée, et impliquant l'assentiment de la loi d'harmonie qui relie et unit logiquement toutes choses dans l'Univers, c'est, disons-nous, cette conscience qui, pour notre être individuel, mais indépendamment de lui et de ses conditions, constitue la « sensation de l'éternité »[2].

---

[1] C'est « le lieu qui n'est pas » (תה), en lequel réside l'équilibre de la Balance, comme il est dit au commencement du *Siphra D'zénioutha* (voir *L'Archéomètre*, in *La Gnose*, 2ᵉ année, n° 5, p. 146).

[2] Voir *Pages dédiées au Soleil*, in *La Gnose*, 2ᵉ année, n° 2, p. 65.

COMPTES RENDUS

Proceedings of the Aristotelian Society. New series, vol. XVIII, 1917-1918. Londres, Williams and Norgate, 1918 ; vol. *in 8°*, 655 pages[1].

W. R. Matthews. – *The moral argument for theism.* – (l'argument moral en faveur du théisme.)

L'ensemble de faits qu'on réunit sous le nom de « moralité » peut être étudié à trois points de vue différents : historique, psychologique, et proprement éthique. L'auteur, envisageant ces trois points de vue l'un après l'autre, se propose de montrer, pour chacun d'eux, les avantages que présente le théisme sur toute autre théorie. Cette recherche est poursuivie avec un parti-pris évident de justifier « l'autorité de la loi morale » et « l'objectivité de l'idéal moral ». Nous avouons ne pas voir très nettement en quoi le fait de fournir une telle justification constitue une preuve, même accessoire, de la vérité d'une doctrine. Il y a là quelque chose qui nous rappelle l'attitude de Kant à l'égard de ses « postulats », prenant pour un argument ce qui n'est qu'un vœu sentimental. Si le théisme (sur la définition duquel il faudrait d'ailleurs s'entendre) est d'ordre métaphysique, il doit être établi indépendamment de toute considération morale ; s'il se trouve ensuite qu'il justifie la morale, tant mieux pour celle-ci, mais la métaphysique n'y est nullement intéressée.

À un autre point de vue, est-il bien exact de dire, comme le fait M. Matthews, que le sentiment de l'obligation est la caractéristique fondamentale de la conscience morale ? Certaines morales antiques, et notamment celle des stoïciens, ne semblent guère l'avoir connu, et pourtant il est assez difficile de contester que ce soient là des morales au sens le plus rigoureux de ce mot.

---

[1] Les comptes rendus suivants ont paru dans la *Revue philosophique*, juil. 1919 ; repris dans la revue *Science Sacrée*, n° special René Guénon, 2003. [*N.d.É.*]

A. E. Taylor. – *The philosophy of Proclus*. – (La philosophie de Proclus).

Il a été fait depuis peu un effort sérieux pour étudier et comprendre la philosophie néo-platonicienne ; mais il est regrettable que l'on n'ait pas accordé à Proclus toute l'attention qu'il mérite. M. Taylor donne ici un exposé de l'ensemble de la doctrine de ce philosophe d'après sa Στοιχείωσις θεολογική, qui peut être regardée comme une sorte de manuel élémentaire du néo-platonisme ; les idées de Proclus sont d'ailleurs très voisines de celles de Plotin, sauf sur quelques points. Dans cet exposé, M. Taylor insiste particulièrement sur la conception de la causalité comme relation « transitive » et « asymétrique » : l'effet « participe » de la cause, et il lui est toujours inférieur, il n'en reflète la nature qu'imparfaitement. À ce propos, il montre les rapports que présente la scolastique avec le néo-platonisme ; et il fait voir aussi, avec beaucoup de raison, que ce dernier est allé bien plus loin que certaines philosophies modernes auxquelles on a parfois voulu le comparer, notamment celles de Spinoza et de Hegel. L'Un absolu et transcendant est un principe beaucoup plus primordial que la Substance spinoziste ; d'autre part, comme il est au-delà de l'Esprit (νοῦς), ce n'est pas là un « idéalisme », et c'est d'ailleurs ce qui permet à cette doctrine d'éviter le dualisme. Nous ne ferons à M. Taylor qu'un léger reproche : c'est d'avoir peut-être un peu trop schématisé et « rationalisé » le néo-platonisme, dont le point de vue nous paraît encore plus éloigné qu'il ne le croit de celui des modernes. Pour nous, il y a là quelque chose de plus purement métaphysique, malgré l'identification de l'Un avec l'Idée platonicienne du Bien, qui nous fait l'effet d'être comme une introduction après coup d'une conception spécifiquement grecque dans une doctrine dont une grande partie est d'inspiration orientale. C'est en ce sens, croyons-nous, qu'il faudrait chercher si l'on veut arriver à comprendre vraiment les Alexandrins, car il y a certainement chez eux quelque chose d'étranger et même, à plus d'un égard, d'opposé à la mentalité grecque, dont Platon est peut-être le représentant le plus complet. Cette double origine des idées néo-platoniciennes n'est pas sans entraîner quelque incohérence ; l'aristotélisme se fût beaucoup mieux prêté que le platonisme à une adaptation de ce genre.

Bertrand Russell. – *On propositions : what they are and how they mean.* – (Des propositions : ce qu'elles sont et ce qu'elles signifient.) – *Aristotelian Society.* Supplementary vol. II. *Problems of Science and Philosophy.* – Londres, Williams and Norgate, 1919 ; vol. *in-8°* 220 pages. – Ce volume contient les communications lues à la session tenue en commun, du 11 au 14 juillet 1919, par l'*Aristotelian Society*, la *British Psychological Society* et la *Mind Association*[1].

Une proposition étant « ce que nous croyons », et la vérité ou la fausseté d'une croyance dépendant d'un *fait* auquel cette croyance se rapporte, il faut commencer par examiner la nature des faits (en entendant par « fait » n'importe quelle chose complexe). Deux faits étant dits avoir la même « forme » quand ils ne diffèrent que par leurs constituants, il y a une infinité de formes de faits. Pour le cas le plus simple, celui de faits à trois constituants (deux termes et une relation « dyadique »), il y a deux formes possibles, positive et négative, dont la différence est irréductible.

La signification d'une proposition comme « forme » de mots dépend évidemment de la signification des mots pris isolément. Si on maintient, contre la théorie « behaviouriste » du langage, l'existence d'images purement mentales (la négation de ces images apparaissant comme indéfendable sur le terrain de l'expérience), le problème de la signification des mots peut être réduit à celui de la signification des images. D'autre part, si on admet avec Hume que toutes les images sont dérivées d'impressions, c'est-à-dire que leurs constituants sont toujours des copies de « prototypes » donnés dans la sensation, la relation d'une image et de son prototype peut se définir ainsi : si un objet O est le prototype d'une image, nous pouvons, en présence de O, le reconnaître comme ce *dont* nous avions une image, et alors O est la « signification » de cette image.

Une proposition, qui est « le contenu d'une croyance », peut consister, soit en mots, soit en images ; généralement, une proposition de la première sorte en « signifie » une de la seconde. Dans tous les cas, une proposition est un fait qui a une certaine analogie de structure avec son « objectif », c'est-à-dire avec le fait qui la fait être vraie ou fausse. Quant à l'acte même de la croyance, il peut être constitué par différentes attitudes à l'égard d'une proposition (souvenir, attente,

---

[1] *Revue philosophique*, mars-avril 1920 ; repris dans la revue *Science Sacrée*, n° spécial René Guénon, 2003. [*N.d.É.*]

assentiment intemporel pur et simple), qui n'impliquent d'ailleurs pas autre chose que l'existence d'images ayant par elles-mêmes un certain pouvoir dynamique, sans l'adjonction d'aucun sentiment spécial.

Maintenant, quelle est la relation du contenu d'une croyance à son « objectif » ? La vérité consiste dans une correspondance plutôt que dans la cohérence interne ; la vérité ou la fausseté d'une croyance dépend de sa relation à un fait autre qu'elle-même, et qui est son « objectif ». Il y a deux questions relatives à la vérité et à la fausseté : l'une formelle, qui concerne les relations entre la forme d'une proposition et celle de son « objectif » dans ces deux cas ; l'autre matérielle, qui concerne la nature des effets respectifs des croyances vraies et fausses. La correspondance des propositions avec leurs « objectifs », définissant leur vérité ou leur fausseté, peut être plus ou moins complexe ; mais, en tout cas, la vérité et la fausseté, dans leur définition formelle, sont des propriétés des propositions plutôt que des croyances. Au contraire, si l'on envisage ce qui donne de l'importance à la vérité et à la fausseté au point de vue de l'action, ce ne sont plus les propositions qui importent, mais bien les croyances ; seulement le tort des pragmatistes est de vouloir *définir* la vérité de cette façon.

I. Goldziher, professeur à l'Université de Budapest. – *Le Dogme et la Loi de l'Islam : Histoire du développement dogmatique et juridique de la religion musulmane.* Traduction de F. Arin. Un vol. *in-8°* de 315 pages. P. Geuthner, Paris, 1920[1].

Cet ouvrage offre les qualités et les défauts qui sont communs à presque tous les travaux germaniques du même genre : il est fort consciencieusement fait au point de vue historique et documentaire, mais il ne faudrait pas y chercher une compréhension bien profonde des idées et des doctrines. Du reste, d'une façon tout à fait générale, ce qu'on est convenu d'appeler aujourd'hui « science des religions » repose essentiellement sur deux postulats que nous ne pouvons, pour notre part, regarder que comme de simples préjugés. Le premier, que l'on pourrait nommer le postulat « rationaliste », consiste à traiter toute religion comme un fait purement humain, comme un « phénomène » d'ordre psychologique ou sociologique ; l'importance accordée respectivement aux éléments individuels et aux facteurs sociaux varie

---

[1] *Revue de philosophie*, sept.-oct. 1921. [*N.d.É.*]

d'ailleurs grandement suivant les écoles. Le second, qui s'affirme ici dès le sous-titre du livre, est le postulat « évolutionniste » : le « développement » dont il s'agit, en effet, n'est pas simplement le développement logique de tout ce que la doctrine impliquait en germe dès l'origine, mais une suite de changements radicaux provoqués par des influences extérieures, et pouvant aller jusqu'à des contradictions. On pose en principe que les dogmes ont « évolué », et c'est là une affirmation qui doit être admise sans discussion : c'est une sorte de dogme négatif, destiné à renverser tous les dogmes positifs pour leur substituer la seule croyance au « progrès », cette grande illusion du monde moderne. Le livre de M. Goldziher comprend six chapitres, sur chacun desquels nous allons présenter quelques observations.

I. *Mohammed et l'Islam.* – On connaît la thèse, chère à certains psychologues, et surtout aux médecins qui se mêlent de psychologie, de la « pathologie » des mystiques, des prophètes et des fondateurs de religions ; nous nous souvenons d'une application particulièrement répugnante qui en fut faite au Judaïsme et au Christianisme[1]. Il y a ici quelque chose de la même tendance, bien que l'auteur y insiste moins que d'autres ne l'ont fait ; en tout cas, c'est l'esprit « rationaliste » qui domine dans ce chapitre. On y rencontre même fréquemment des phrases comme celle-ci : « Mohammed *s'est fait révéler* telle ou telle chose » ; cela est extrêmement déplaisant. L'« évolutionnisme » apparaît dans la distinction, on pourrait même dire l'opposition, que l'on veut établir entre la période de la Mekke et celle de Médine : de l'une à l'autre, il y aurait eu un changement, dû aux circonstances extérieures, dans le caractère prophétique de Mohammed ; nous ne croyons pas que ceux qui examinent les textes qorâniques sans idée préconçue puissent y trouver rien de semblable. D'autre part, la doctrine enseignée par Mohammed n'est pas du tout un « éclectisme » ; la vérité est qu'il s'est toujours présenté comme un *continuateur* de la tradition judéo-chrétienne, en se défendant expressément de vouloir instituer une religion nouvelle et même d'innover quoi que ce soit en fait de dogmes et de lois (et c'est pourquoi le mot « mahométan » est absolument rejeté par ses disciples). Ajoutons encore que le sens du mot *Islam*, qui est « soumission à la Volonté divine », n'est pas interprété d'une façon

---

[1] L'auteur auquel nous faisons allusion et son livre relatif au Christianisme furent, pendant la guerre, la cause d'incidents extrêmement fâcheux pour l'influence française en Orient (voir Mermeix, *Le commandement unique : Sarrail et les armées d'Orient,* pp. 31-33).

parfaitement correcte, non plus que la conception de l'«universalité» religieuse chez Mohammed ; ces deux questions se tiennent d'ailleurs d'assez près.

II. *Développement de la loi.* – Il faut louer l'auteur d'affirmer l'existence, trop souvent méconnue par les Européens, d'un certain «esprit de *tolérance*» dans l'Islam, et cela dès ses origines, et aussi de reconnaître que les différents «rites» musulmans ne constituent nullement des «sectes». Par contre, bien que le côté juridique d'une doctrine soit assurément celui qui se prête le plus à un développement nécessité par l'adaptation aux circonstances (mais à la condition que ce développement, tant qu'il reste dans l'orthodoxie, n'entraîne aucun changement véritable, qu'il ne fasse que rendre explicites certaines conséquences implicitement contenues dans la doctrine), nous ne pouvons admettre la prépondérance attribuée aux considérations sociales et politiques, qui sont supposées avoir réagi sur le point de vue proprement religieux lui-même. Il y a là une sorte de renversement des rapports, qui s'explique par ce fait que les Occidentaux modernes se sont habitués, pour la plupart, à regarder la religion comme un simple élément de la vie sociale parmi beaucoup d'autres ; pour les Musulmans, au contraire, c'est l'ordre social tout entier qui dépend de la religion, qui s'y intègre en quelque sorte, et l'analogue se rencontre d'ailleurs dans toutes les civilisations qui, comme les civilisations orientales en général, ont une base essentiellement traditionnelle (que la tradition dont il s'agit soit religieuse ou qu'elle soit d'une autre nature). Sur des points plus spéciaux, il y a un parti pris manifeste de traiter d'«inventions postérieures» les *hadîth*, c'est-à-dire les paroles du Prophète conservées par la tradition ; cela a pu se produire dans des cas particuliers, reconnus du reste par la théologie musulmane, mais il ne faudrait pas généraliser. Enfin, il est vraiment trop commode de qualifier dédaigneusement de «superstition populaire» tout ce qui peut être gênant pour le «rationalisme».

III. *Développement dogmatique.* – Ce chapitre débute par un essai d'opposition entre ce qu'on pourrait appeler le «prophétisme» et le «théologisme» : les théologiens, en voulant interpréter les révélations des prophètes, y introduiraient, suivant les besoins, des choses auxquelles ceux-ci n'avaient jamais songé, et c'est ainsi que l'orthodoxie arriverait à se constituer peu à peu. Nous répondrons à cela que l'orthodoxie n'est pas quelque chose *qui se fait*, qu'elle est au contraire, par définition même, le maintien constant de la doctrine dans sa ligne traditionnelle primitive. L'exposé des discussions concernant le déterminisme et le libre arbitre trahit une certaine erreur d'optique, si l'on peut dire, due à la mentalité moderne : loin de voir là une question *fondamentale*, les grands docteurs de l'Islam ont toujours regardé ces discussions comme parfaitement vaines. D'un autre côté, nous nous demandons jusqu'à quel point il est bien juste de regarder les *Mutazilites* comme des « rationalistes » ; en tout cas, c'est souvent une erreur de traduire *aql* par « raison ». Autre chose encore, et qui est plus grave : l'anthropomorphisme n'a jamais été inhérent à l'orthodoxie musulmane. L'Islam, en tant que doctrine (nous ne parlons pas des aberrations individuelles toujours possibles) n'admet l'anthropomorphisme que comme une façon de parler (il s'efforce même de réduire au minimum ce genre de symbolisme), et à titre de concession à la faiblesse de l'entendement humain, qui a le plus souvent besoin du support de certaines représentations analogiques. Nous prenons ce mot de « représentations » dans son sens ordinaire, et non dans l'acception très spéciale que lui donne fréquemment M. Goldziher, et qui fait songer aux théories fantaisistes de ce qui, en France, s'intitule l'« école sociologique ».

IV. *Ascétisme et Sûfisme.* – Nous aurions beaucoup à dire sur ce chapitre, qui est loin d'être aussi net qu'on pourrait le souhaiter, et qui renferme même bien des confusions et des lacunes. Pour l'auteur, l'ascétisme aurait été tout d'abord étranger à l'Islam, dans lequel il aurait été introduit ultérieurement par des influences diverses, et ce sont ces tendances ascétiques surajoutées qui auraient donné naissance au Sûfisme ; ces affirmations sont assez contestables, et, surtout, le Sûfisme est en réalité tout autre chose que de l'ascétisme. Du reste, ce terme de Sûfisme est employé ici d'une façon quelque peu abusive dans sa généralité, et il faudrait faire des distinctions : il s'agit de l'ésotérisme musulman, et il y a bon nombre d'écoles ésotériques qui n'acceptent pas volontiers cette dénomination, actuellement tout au moins, parce qu'elle en est arrivée à désigner couramment des tendances qui ne sont nullement les leurs. En fait, il y a fort peu de rapports entre le Sûfisme persan et la grande majorité des écoles arabes ; celles-ci sont beaucoup moins mystiques, beaucoup plus purement métaphysiques, et aussi plus strictement attachées à l'orthodoxie (quelle que soit d'ailleurs l'importance qu'elles accordent aux pratiques extérieures). À ce propos, nous devons dire que c'est une erreur complète de vouloir opposer le Sûfisme en lui-même à l'orthodoxie : la distinction est ici entre l'ésotérisme et l'exotérisme, qui se rapportent à des domaines différents et ne s'opposent point l'un à l'autre ; il peut y avoir, dans l'un et dans l'autre, orthodoxie et hétérodoxie. Il ne s'est donc pas produit, au cours de l'histoire, un « accommodement » entre deux « systèmes » opposés ; les deux domaines sont assez nettement délimités pour que, normalement, il ne puisse y avoir ni conflit ni contradiction, et les ésotéristes n'ont jamais pu, comme tels, être taxés d'hérésie. Quant aux origines de l'ésotérisme musulman, l'influence du néo-platonisme n'est nullement prouvée par une identité de pensée à certains égards ; il ne faudrait pas oublier que le néo-platonisme n'est qu'une expression grecque d'idées orientales, de sorte que les Orientaux n'ont pas eu besoin de passer par l'intermédiaire des Grecs pour retrouver ce qui, en somme, leur appartenait en propre ; il est vrai que cette façon de voir a le tort d'aller à l'encontre de certains préjugés. Pour l'influence hindoue (et peut-être aussi bouddhiste) que l'auteur croit découvrir, la question est un peu plus complexe : nous savons, pour l'avoir constaté directement, qu'il y a effectivement, entre l'ésotérisme musulman et les doctrines de l'Inde, une identité de fond sous une assez grande différence de forme ; mais on pourrait faire aussi la même remarque pour la métaphysique extrême-orientale, et cela n'autorise point à conclure à des emprunts. Des hommes appartenant à des civilisations différentes peuvent bien, à ce qu'il nous semble, être parvenus directement à la connaissance des mêmes vérités (c'est ce que les Arabes eux-mêmes expriment par ces mots : *et-tawhîdu wâhidun*, c'est-à-dire : « la doctrine de l'Unité est unique », elle est partout et toujours la même) ; mais nous reconnaissons que cet argument ne peut valoir que pour ceux qui admettent une vérité extérieure à l'homme et indépendante de sa conception, et pour qui les idées sont autre chose que de simples phénomènes psychologiques. Pour nous, les analogies de méthodes elles-mêmes ne prouvent pas davantage : les ressemblances du *dhikr* musulman et du *hatha-yoga* hindou sont très réelles et vont même encore plus loin que ne le pense l'auteur, qui semble n'avoir de ces choses qu'une connaissance plutôt vague et lointaine ; mais, s'il en est ainsi, c'est qu'il existe une certaine « science du rythme » qui a été développée et appliquée dans toutes les civilisations orientales, et qui, par contre, est totalement ignorée des Occidentaux. Nous devons dire aussi que M. Goldziher ne paraît guère connaître les doctrines de l'Inde que par les ouvrages de M. Oltramare, qui sont à peu près les seuls qu'il cite à ce sujet (il y a même pris l'expression tout à fait impropre de « théosophie hindoue ») ; cela est vraiment insuffisant, d'autant plus que l'interprétation qui est présentée dans ces ouvrages est jugée fort sévèrement par les Hindous. Il faut ajouter qu'il y a aussi une note dans laquelle est mentionné un livre de Râma Prasâd, écrivain théosophiste, dont l'autorité est tout à fait nulle ; cette note est d'ailleurs rédigée d'une façon assez extraordinaire, mais nous ne savons si cela doit être imputé à l'auteur ou au traducteur. Il y aurait lieu de relever en outre bien des erreurs qui, pour porter sur des détails, ont aussi leur importance : ainsi, *et-tasawwuf* n'est pas du tout « l'*idée* sûfie », mais bien l'*initiation*, ce qui est tout différent (voir par exemple le traité de Mohyiddin ibn Arabi intitulé *Tartîbut-tasawwuf*, c'est-à-dire « Les catégories de l'initiation »). Les quelques lignes qui sont consacrées aux *Malâmatiyah* en donnent une idée complètement erronée ; cette question, qui est fort peu connue, a pourtant une portée considérable, et nous regrettons de ne pouvoir nous y arrêter. Beaucoup des conceptions les plus essentielles de l'ésotérisme musulman sont entièrement passées sous silence : telle est, pour nous borner à un seul exemple, celle de l'« Homme universel » (*El-Insânul-kâmil*), qui constitue le fondement de la théorie ésotérique de la « manifestation du Prophète ». Ce qui manque aussi, ce sont des indications au moins sommaires sur les principales écoles et sur l'organisation de ces Ordres initiatiques qui ont une si grande influence dans tout l'Islam. Enfin, nous avons rencontré quelque part l'expression fautive d'« occultisme musulman » : l'ésotérisme métaphysique dont il s'agit et les sciences qui s'y rattachent en tant qu'applications n'ont absolument rien de commun avec les spéculations plus ou moins bizarres qu'on désigne sous le nom d'« occultisme » dans le monde occidental contemporain.

V. *Les sectes*. — L'auteur s'élève avec raison contre la croyance trop répandue à l'existence d'une multitude de sectes dans l'Islam ; en somme, ce nom de sectes doit être réservé proprement aux branches hétérodoxes et schismatiques, dont la plus ancienne est celle des *Khâridjites*. La partie du chapitre qui est consacrée au *Chiisme* est assez claire, et quelques-unes des idées fausses qui ont cours à ce sujet sont bien réfutées ; mais il faut dire aussi que, en réalité, la différence entre *Sunnites* et *Chiites* est beaucoup moins nettement tranchée, à part les cas extrêmes, qu'on ne pourrait le croire à la lecture de cet exposé (ce n'est que tout à fait à la fin de l'ouvrage qu'il se trouve une légère allusion aux « nombreux degrés de transition qui existent entre ces deux formes de l'Islam ». D'autre part, si la conception de l'*Imâm* chez les *Chiites* est suffisamment expliquée (et encore faut-il faire une réserve quant au sens plus profond dont elle est susceptible, car l'auteur ne paraît pas avoir une idée très nette de ce qu'est le symbolisme), il n'en est peut-être pas de même de celle du *Mahdî* dans l'Islam orthodoxe ; parmi les théories qui ont été formulées à cet égard, il en est qui sont d'un caractère fort élevé, et qui sont bien autre chose que des « ornements mythologiques » ; celle de Mohyiddin ibn Arabi, notamment, mériterait bien d'être au moins mentionnée.

VI. *Formations postérieures.* – Il y a, au commencement de ce dernier chapitre, une interprétation de la notion de *Sunna* comme « coutume héréditaire », qui montre une parfaite incompréhension de ce qu'une *tradition* est véritablement, dans son essence et dans sa raison d'être. Ces considérations conduisent à l'étude de la secte moderne des *Wahhâbites*, qui prétend s'opposer à toute innovation contraire à la *Sunna*, et qui se donne ainsi pour une restauration de l'Islam primitif ; mais c'est probablement un tort de croire ces prétentions justifiées, car elles ne nous semblent pas l'être plus que celles des Protestants dans le Christianisme ; il y a même plus d'une analogie curieuse entre les deux cas (par exemple le rejet du culte des saints, que les uns et les autres dénoncent également comme une « idolâtrie »). Il ne faudrait pas non plus attribuer une importance excessive à certains mouvements contemporains, comme le *Bâbisme*, et surtout le *Béhâïsme* qui en est dérivé, M. Goldziher dit par progrès, nous dirions plutôt par dégénérescence. L'auteur a vraiment grand tort de prendre au sérieux une certaine adaptation « américanisée » du *Béhâïsme*, qui n'a absolument plus rien de musulman ni même d'oriental, et qui, en fait, n'a pas plus de rapports avec l'Islam que le faux *Védânta* de Vivekânanda (que nous avons eu l'occasion de mentionner au cours de notre étude sur le théosophisme[1]) n'en a avec les véritables doctrines hindoues : ce n'est qu'une espèce de « moralisme » quasi-protestant. Les autres sectes dont il est question ensuite appartiennent à l'Inde ; la plus importante, celle des *Sikhs*, n'est pas proprement musulmane, mais apparaît comme une tentative de fusion entre le Brâhmanisme et l'Islam ; telle est du moins la position qu'elle prit à ses

---

[1] Il s'agit d'une version abrégée, en 15 chapitres, de l'ouvrage *Le Théosophisme*, qui fut publiée par René Guénon dans la *Revue de philosophie* de janv. à août 1921. [*N.d.É.*]

débuts. Dans cette dernière partie, nous avons encore noté les expressions défectueuses d'«Islam hindou», et de «Musulmans hindous» : tout ce qui est *indien* n'est pas *hindou* par là même, puisque ce dernier terme ne désigne exclusivement que ce qui se rapporte à la tradition brâhmanique ; il y a là quelque chose de plus qu'une simple confusion de mots.

Naturellement, nous avons surtout signalé les imperfections de l'ouvrage de M. Goldziher, qui n'en est pas moins susceptible de rendre des services réels, mais, nous le répétons, à la condition qu'on veuille y chercher rien de plus ni d'autre que des renseignements d'ordre historique, et qu'on se méfie de l'influence exercée sur tout l'exposé par les «idées directrices» que nous avons dénoncées tout d'abord. Certaines des remarques qui précèdent montrent d'ailleurs que, même au point de vue de l'exactitude de fait, le seul qui semble compter pour les «historiens des religions», l'érudition pure et simple ne suffit pas toujours ; sans doute, il peut arriver qu'on donne une expression fidèle d'idées qu'on n'a pas comprises vraiment et dont on n'a qu'une connaissance tout extérieure et verbale, mais c'est là une chance sur laquelle il serait préférable de ne pas compter outre mesure.

Augustin Périer – *Yahyâ ben Adî : un philosophe arabe chrétien du Xe siècle.* – *Petits traités apologétiques de Yahyâ ben Adî.* – Deux vol. *in-8°* de 228 et 136 pp., J. Gabalda et P. Geuthner, Paris, 1920[1].

Le plus grand reproche que nous adresserons au travail de M. l'abbé Périer, c'est qu'il a vraiment un peu trop l'aspect extérieur d'une «thèse», au sens universitaire de ce mot ; c'en est une, en effet, mais est-il bien nécessaire que la présentation s'en ressente à ce point ? Cela ne peut que nuire à un ouvrage qui, par l'incontestable intérêt des renseignements qu'il apporte sur un sujet fort peu connu, mériterait pourtant de ne point passer inaperçu.

L'œuvre de Yahyâ ben Adî, du moins dans ce qui en est parvenu jusqu'à nous (car ses nombreux traités proprement philosophiques sont malheureusement perdus), apparaît surtout comme une utilisation de la doctrine aristotélicienne à des fins apologétiques. Ce qu'il y a de curieux, d'ailleurs, c'est que, à cette époque, toutes les écoles

---

[1] Les comptes rendus suivants ont paru dans la *Revue de philosophie*, nov.-déc. 1923. [*N.d.É.*]

musulmanes et toutes les sectes chrétiennes (jacobites, melchites, nestoriens et autres) prétendaient s'appuyer également sur Aristote, où chacune croyait trouver une confirmation de ses théories particulières. M. Périer pense que « c'est sur le prolongement de l'École d'Alexandrie qu'il faut chercher le point de jonction entre l'aristotélisme et la philosophie arabe » ; c'est là une question qu'il pourrait être intéressant d'examiner de plus près.

Après une vue d'ensemble sur les idées philosophiques de Yahyâ ben Adî telles qu'elles se dégagent de fragments assez peu cohérents dans leur état actuel, M. Périer donne une analyse très développée, avec de larges extraits, de ses grands traités théologiques : le *Traité de l'Unité*, le *Traité de la Trinité* et le *Traité de l'Incarnation ou de l'Union*. Cette partie, que nous ne pouvons songer à résumer ici, est de beaucoup la plus importante ; les procédés dialectiques mis en œuvre par le philosophe arabe pour répondre aux objections de ses contradicteurs sont tout à fait dignes d'attention et souvent fort originaux.

Nous nous permettons une critique de détail : M. Périer n'a pas compris ce que les Arabes, tant musulmans que chrétiens, entendent par « l'homme universel » (qui n'est pas du tout « l'espèce humaine », et qui n'est pas davantage une « abstraction ») ; et il trouve « puérile », précisément faute de la comprendre, une conception d'une très haute portée métaphysique. Et pourquoi juge-t-il bon, à ce propos, de professer un certain dédain pour les « subtilités scolastiques », et de laisser transparaître un « nominalisme » qui n'avait rien à voir avec le rôle d'historien auquel il entendait se borner ?

Le second volume comprend le texte et la traduction de huit petits traités apologétiques de Yahyâ ben Adî, plus la traduction seule d'un neuvième traité. Nous ne pouvons que rendre hommage au labeur fort pénible qu'a dû s'imposer M. Périer pour éditer un texte, pour la première fois, avec des manuscrits très défectueux. Quant à sa traduction française, il dit « qu'il s'est efforcé de la rendre *fidèle* et *claire* », et il nous paraît y avoir fort bien réussi.

Lothrop Stoddard – *Le Nouveau Monde de l'Islam*, traduit de l'anglais par Abel Doysié. – Un vol. *in-8°* de 323 pp., Payot, Paris, 1923.

Bien que cet ouvrage traite surtout des questions d'ordre politique et social, il est intéressant aussi à d'autres points de vue. L'auteur, disons-le tout de suite, est loin d'être impartial : il est imbu de tous les préjugés occidentaux en général, et de ceux du protestantisme anglo-saxon en particulier ; il réédite tous les clichés courants sur l'« obscurantisme » et sur le « progrès » ; il ne trouve à louer que ce qui lui paraît, à tort ou à raison, avoir une teinte de « puritanisme » ou de « rationalisme » ; et il a une tendance, assez naturelle dans ces conditions, à exagérer l'importance du rôle des « réformateurs libéraux » et surtout celle de l'influence occidentale. Il prend pour une « élite » ces rares éléments européanisés qui, au point de vue oriental, sont plutôt tout le contraire, et, trop souvent, des apparences tout extérieures l'empêchent de voir la réalité profonde, qu'il est d'ailleurs très probablement incapable de saisir. En effet, on pourra se faire une idée suffisante de son manque absolu d'intellectualité (défaut bien américain) pas ces deux exemples : les doctrines purement métaphysiques de certaines écoles arabes ne sont pour lui que « superstition et mysticisme puéril », et l'enseignement traditionnel, basé sur l'étude des textes sacrés, est « une ineptie qui pétrifie l'intelligence » !

Cependant, ce livre mérite d'être lu, parce qu'il est généralement bien informé ; aussi ne peut-on que regretter que l'auteur, au lieu de s'en tenir à l'exposé des faits, y mêle constamment des appréciations tendancieuses, aggravées par une multitude d'épithètes injurieuses, ou tout au moins blessantes pour les Orientaux. Il y a là, sur la politique anglaise en Orient au cours de ces dernières années, un certain nombre de vérités qu'il serait extrêmement utile de répandre. La partie la plus intéressante de l'ouvrage est peut-être celle qui est consacrée au « nationalisme » ; on y voit assez bien la différence des idées que ce même mot sert à désigner, suivant qu'il s'agit de l'Occident ou de l'Orient ; sur les rapports de la « nationalité » et de la « race », il y a aussi des considérations dignes d'être remarquées, bien qu'elles manquent un peu de précision.

Disons encore que le titre ne donne pas une idée exacte de l'ouvrage dans son ensemble, car il y est question, non seulement de la situation actuelle du monde musulman, mais aussi de celle de l'Inde ; cette étude embrasse donc à la fois ce que l'on peut appeler le Proche et le Moyen Orient. L'auteur est très prudent dans ses conclusions, ce dont on ne peut que l'approuver ; il s'abstient soigneusement de formuler la moindre prévision sur le cours ultérieur des événements. Enfin, malgré sa partialité évidente, il ne peut s'empêcher de reconnaître que, si certains dangers menacent l'Occident, celui-ci y a une large part de responsabilité.

La traduction est littérale au point d'en être parfois incorrecte, et elle est déparée par des bizarreries de langage qu'il eût été bien facile d'éviter. Ainsi, en français, on ne dit pas « bribe », mais « corruption » ou « vénalité » ; on ne dit pas un « papier », mais un « article » sur tel ou tel sujet ; « practically » ne se traduit pas toujours par « pratiquement », et ainsi de suite. Il y a aussi une confusion entre « indien » et « hindou », dont nous ne savons si elle est imputable à l'auteur ou au traducteur. Et, puisque nous en sommes à la forme, il est un peu ridicule en France, sinon en Amérique, de donner à la dernière guerre la dénomination apocalyptique d'« Armageddon ».

Baron Carra de Vaux – *Les Penseurs de l'Islam.* – I. *Les souverains, l'histoire et la philosophie politique.* – II. *Les géographes, les sciences mathématiques et naturelles.* – Deux vol. *in-16°* de 384 et 400 pp., P. Geuthner, Paris, 1921.

Ces volumes sont les deux premiers d'une série qui doit en comporter cinq et qui a pour but de donner un aperçu d'ensemble sur l'intellectualité musulmane dans toutes les branches où s'est exercée son activité. « Nous avons voulu, dit l'auteur, faire ici, non un catalogue, mais un choix. Notre intention n'a pas été de tout dire, mais de mettre en relief les figures principales, de faire connaître les œuvres maîtresses, de donner le sentiment de quelques idées essentielles, la vue de certains sommets ». Le besoin se faisait grandement sentir, en effet, d'un tel ouvrage, donnant les indications nécessaires pour se reconnaître parmi la multitude des travaux de détail auxquels se complaisent d'ordinaire les orientalistes.

Le titre général peut prêter à une critique, car il ne semble pas parfaitement exact ; du moins le mot de « penseurs » y est pris dans une acception très large. On peut s'en rendre compte par les sous-titres : les personnages dont il est question jusqu'ici, sauf un petit nombre d'exceptions, ne sont pas des penseurs au sens où on l'entend habituellement ; sans doute l'emploi de ce mot sera-t-il plus justifié pour les volumes qui doivent suivre. Quoi qu'il en soit, il y a là des exposés fort intéressants, notamment dans le second volume, plus particulièrement important en ce qui concerne l'histoire des sciences ; on ne sait pas assez, en Europe, tout ce qu'on doit aux Arabes, par qui se sont conservées et transmises en grande partie les connaissances de l'antiquité, sans compter tout ce qu'eux-mêmes y ont ajouté, notamment dans l'ordre mathématique. C'est ce qui ressort très nettement de cet ouvrage, dont l'auteur fait preuve, à cet égard, de beaucoup d'impartialité ; malheureusement, il n'en est pas de même lorsque vient à se poser la question des origines : il veut que la science arabe se soit inspirée à peu près exclusivement de la science grecque, ce qui est vraiment excessif. Que les derniers néo-platoniciens se soient réfugiés en Perse, et que de là ils aient exercé une certaine influence sur le monde musulman, cela est fort admissible ; mais enfin il y a eu autre chose, et, en Perse même, le Mazdéisme n'était pas un élément négligeable (notons d'ailleurs, à ce propos, ce fait trop généralement ignoré, que les musulmans honorent Zoroastre comme un prophète). En astronomie, les Perses devaient sans doute beaucoup plus aux Chaldéens qu'aux Grecs ; et, d'un autre côté, il ne nous paraît pas que la secte arabe des Sabéens, qui fournit beaucoup de savants dans les quatre premiers siècles de l'Islam, puisse être regardée comme se rattachant proprement au néo-platonisme. D'ailleurs, celui-ci, au fond, n'était-il pas plus oriental que grec sous bien des rapports, et n'est-ce pas pour cela, précisément, que les Orientaux accueillirent volontiers parmi eux ses représentants ? Mais c'est surtout quand il s'agit de l'Inde que le parti pris devient par trop manifeste : quand les Arabes eux-mêmes appliquent à quelque chose l'épithète de *hindi*, « cela ne tire pas à conséquence », et il suffit que l'influence indienne « ne soit pas évidente » pour qu'on l'écarte résolument, tandis que, par contre, on fait valoir en faveur de l'influence grecque les coïncidences les plus insignifiantes. Il y aurait beaucoup à dire sur certains points, comme l'origine des chiffres, celle de l'algèbre, la question des périodes astronomiques, et aussi, pour la Chine, l'invention de la boussole ; mais nous ne pouvons y insister davantage. Ajoutons seulement une dernière remarque : il est pour le moins singulier de présenter l'empereur mogol Akbar comme « un des pères du théosophisme moderne » ; si peu orthodoxe qu'ait pu être le syncrétisme religieux de ce souverain, il ne méritait vraiment pas cette injure, car c'en est bien une, encore que l'auteur ne semble pas du tout la considérer comme telle. Mais ces diverses réserves, qui ne portent pas en somme sur ce qu'il y a de plus essentiel, ne doivent pas nous faire méconnaître la réelle valeur d'un ouvrage fort consciencieusement fait et qui peut rendre de très grands services.

Louis Finot – *La Marche à la Lumière (Bodhicharyâvatâra)*, poème sanscrit de Çântideva ; traduction française avec introduction. – Un vol. *in-8°* de 168 pp., Collection des Classiques de l'Orient ; Bossard, Paris, 1920.

La *Bodhi*, terme qui a été traduit un peu librement par « Lumière », et qui évoque plutôt l'idée de « Sagesse », est « l'Illumination suprême qui révèle au Buddha la loi de l'univers » ; la marche à la *Bodhi*, c'est donc « l'ensemble des exercices spirituels qui acheminent vers son but le futur Buddha ». Le traité de Çântideva, indépendamment de ses mérites poétiques, est très propre à donner une idée de l'ascèse bouddhique du *Mahâyâna* ou « Grand Véhicule », qui propose pour but à ses adhérents « l'état idéal de Buddha sauveur du monde », tandis que le *Hinayâna* ou « Petit Véhicule » se contente de conduire les siens à la paix du *Nirvâna*. Il offre aussi, surtout dans ses derniers chapitres, un excellent spécimen de la dialectique spéciale de l'école des *Mâdhyamikas*, à laquelle appartenait son auteur, qui vivait, croit-on, vers le VIIe siècle de l'ère chrétienne.

Il existait déjà une traduction française du *Bodhicharyâvatâra*, due à M. de la Vallée-Poussin, et publiée en 1905-1907 dans la *Revue d'Histoire et de Littérature religieuses*. « Cette traduction, dit M. Finot dans son introduction, met au premier plan l'explication doctrinale et y sacrifie délibérément la concision, qui est le principal mérite du style de Çântideva. » C'est à un autre point de vue, plutôt littéraire, que lui-même a voulu se placer ; mais on pourrait se demander si, en s'efforçant de conserver la concision de l'original, il n'a pas introduit dans sa version un peu d'obscurité ; et il est fâcheux qu'il n'ait pas jugé bon tout au moins d'y joindre un plus grand nombre de notes explicatives, pour suppléer à l'insuffisance des mots français qui, bien souvent, ne correspondent que très approximativement aux termes sanscrits. Ce n'est pas en calquant scrupuleusement la traduction sur le texte que l'on peut rendre le mieux l'esprit de celui-ci, surtout quand il s'agit d'un texte oriental ; et n'est-il pas à craindre que, dans ces conditions, l'essentiel de la pensée n'échappe à la plupart des lecteurs ? Enfin, même quand on entend s'adresser simplement au « public lettré », et quelque dédain qu'on lui suppose à l'égard des « questions théologiques », est-il bien légitime d'accorder plus d'importance à la forme qu'au fond ?

Émile Senart – *La Bhagavad-Gîtâ*, traduite du sanscrit avec une introduction. – Un vol. *in-8°* de 174 pp., Collection des Classiques de l'Orient ; Bossard, Paris, 1922.

De tous les textes hindous, la *Bhagavad-Gîtâ* est très certainement un des plus connus en Europe, un de ceux qui ont été le plus fréquemment traduits et commentés en diverses langues. On sait que ce dialogue entre Krishna et son disciple Arjuna est un fragment du *Mahâbhârata*, l'une des deux grandes épopées de l'Inde antique. Certains ont voulu y voir l'expression de ce qu'il y a de plus élevé et de plus profond dans les doctrines hindoues, ce qui est une exagération : quelles que soient l'autorité et la portée de ce livre, il ne saurait être mis sur le même rang que les *Upanishads* ; il ne présente, à vrai dire, qu'un aspect de la doctrine, mais un aspect qui n'en est pas moins digne d'être étudié avec la plus grande attention.

Ce qui nous paraît étrange ici, c'est l'état d'esprit du traducteur, qui commence par déclarer qu'il « s'arrête au seuil du sanctuaire », et qui met à s'avouer « profane » un empressement peu ordinaire. Les idées et leur vérité ne l'intéressent pas, c'est évident ; comment donc a-t-il pu avoir le courage, dans ces conditions, d'entreprendre et de mener à bien un tel travail ? Pour lui, sans doute, ce fut un simple exercice de philologue ; la mentalité de certains « spécialistes » est vraiment déconcertante ! Et n'y a-t-il pas là aussi quelque chose de ce curieux préjugé d'après lequel ceux qui se bornent à envisager une doctrine « de l'extérieur » seraient seuls qualifiés pour l'étudier « scientifiquement » ? Malgré tout, parmi les considérations un peu confuses qui sont rassemblées dans l'introduction, il s'en trouve quelques-unes qui ne manquent pas de justesse : ainsi l'affirmation du caractère « encyclopédique » de l'épopée hindoue, mais encore faudrait-il y ajouter quelques précisions sur la façon dont sont comprises les sciences traditionnelles ; ainsi encore cette remarque que « beaucoup plus que par déductions serrées, la pensée des Hindous procède par intuitions et par classifications partielles », qui d'ailleurs ne sont point des classifications à proprement parler, mais bien plutôt ce que nous appellerions volontiers des « correspondances ». Un point intéressant est celui-ci : certains passages de la *Bhagavad-Gîtâ* peuvent être rattachés aux conceptions du *Védânta*, d'autres à celles du *Sânkhya* ; pour ceux qui voient là deux « systèmes » plus ou moins rivaux et incompatibles entre eux, un tel fait est inexplicable, à moins de recourir à la théorie de l'« interpolation », qui est la grande ressource de la « critique historique », et que M. Senart, il faut le dire à sa louange, n'hésite pas à qualifier d'« expédient trop commode pour n'être pas d'abord un peu suspect ». Quant à lui, il a tout au moins entrevu qu'il ne s'agit pas de « systèmes », mais bien de « points de vue », et c'est déjà beaucoup ; mais, faute de saisir l'harmonie de ces « points de vue » dans l'unité totale de la doctrine, il a cru se trouver en présence d'une « pensée inconsistante et dispersée », alors que, tout au contraire, ses caractères fondamentaux, ses notes dominantes, si l'on peut dire, sont « concentration » et « identité ».

Quant à la traduction elle-même, elle est sans doute moins agréable à lire que celle de Burnouf, mais elle a, en revanche, le grand avantage d'être plus précise ; Burnouf, en effet, avait eu l'habileté de passer à côté des difficultés et d'éviter beaucoup de contre-sens en restant dans le vague. M. Senart n'a pas seulement mieux rendu certains mots que son prédécesseur avait traduits d'une façon insuffisante ou inexacte ; il a aussi, et avec raison, gardé sous leur forme sanscrite « des termes pour lesquels nous manquons des équivalents, même approximatifs ». On regrettera peut-être qu'il n'ait pas placé à la fin de son ouvrage un lexique contenant l'explication de ces termes ; pourtant, les quelques notes qui se trouvent au bas des pages nous donnent à penser qu'il a mieux fait de s'en abstenir : la philologie et l'interprétation des idées sont deux choses très différentes, et, quand on a pris le parti de s'enfermer dans une « spécialité », c'est agir sagement que de ne plus chercher à en sortir. Les termes sanscrits aideront ceux qui sont au courant des idées hindoues à retrouver le sens exact du texte ; quant aux autres, s'ils ne comprennent pas tout, cela est encore préférable pour eux à l'acquisition de notions fausses ou dénaturées.

Louis Finot – *Les Questions de Milinda (Milinda-pañha)*, traduit du pâli avec introduction et notes. – Un vol. *in-8°* de 166 pp., Collection des Classiques de l'Orient ; Bossard, Paris, 1923.

Ce livre, déjà traduit en anglais par Rhys Davids, se compose d'une série de dialogues entre le roi Milinda et le moine bouddhiste Nâgasena ; Milinda est le roi grec Ménandre, qui régnait à Sâgalâ, dans le Panjab, vers le IIe siècle avant l'ère chrétienne ; et il montre bien, dans ses questions, toute la subtilité du caractère grec. La discussion porte sur les points les plus divers de la doctrine bouddhique, parmi lesquels il en est d'importance fort inégale ; mais, dans son ensemble, ce texte est assurément, en son genre, un des plus intéressants qui existent.

Est-ce parce que M. Finot n'a pas été préoccupé cette fois par l'idée qu'il avait à traduire un poème ? Toujours est-il que sa traduction nous a paru plus nette que celle de la *Marche à la Lumière* ; il y a joint d'ailleurs des notes plus abondantes, et il a eu soin d'indiquer, pour les termes techniques, leurs équivalents pâlis ; nous regrettons seulement qu'il n'ait donné qu'exceptionnellement les formes sanscrites correspondantes.

Dans la même collection, fort bien éditée, nous mentionnerons encore, pour ceux qui s'intéressent au Bouddhisme, deux autres ouvrages : *Trois Mystères tibétains,* traduits avec introduction, notes et index par Jacques Bacot (1 vol. *in-8°* de 300 pp., 1921), et *Contes et Légendes du Bouddhisme chinois,* traduits par Édouard Chavannes, avec préface et vocabulaire par Sylvain Lévi (1 vol. *in-8°* de 220 pp., 1921). Bien que ces récits aient été présentés avec des intentions purement littéraires, ils ont en réalité, comme d'ailleurs tous ceux du même genre que l'on peut trouver en Orient, une autre portée pour qui sait en pénétrer le symbolisme au lieu de s'arrêter aux formes extérieures, si séduisantes qu'elles puissent être.

Baron Carra de Vaux – *Les Penseurs de l'Islam.* – III. *L'exégèse, la tradition et la jurisprudence.* – Un vol. *in-16°* de 424 pp., P. Geuthner, Paris, 1923.

Nous avons déjà parlé ici (n° de novembre-décembre 1923) des deux premiers volumes de cet ouvrage ; nous pouvons, à propos du troisième, répéter ce que nous disions alors : ce travail est appelé à rendre de grands services à ceux qui, sans avoir le temps ou la possibilité de se livrer à des recherches multiples, désirent se faire une idée d'ensemble de l'intellectualité musulmane.

En dépit du sous-titre, la plus grande partie du troisième volume est en réalité consacrée à un résumé historique des origines de l'Islam, où apparaissent malheureusement les défauts et les préjugés inhérents à la mentalité de notre époque. La lecture de certaines pages, comme celles où est discutée la question de savoir si le Coran a toujours constitué un « livre » (pp. 156-163), serait à conseiller à ceux qui sont tentés de prendre trop au sérieux les résultats de la « critique » moderne. Il est bon aussi d'enregistrer cet aveu, qu'une interprétation religieuse « n'a point de sens pour la critique » (p. 158) ; ne pourrait-on pas renverser la proposition, et dire tout aussi bien que les arguments « critiques » n'ont point de sens pour quiconque se place au point de vue religieux ou, plus généralement, traditionnel ? En effet, la « critique », ainsi entendue, n'a jamais été au fond autre chose qu'une arme de guerre antireligieuse ; ceux qui croient devoir prendre à son égard une attitude plus ou moins conciliante et « opportuniste » sont victimes d'une bien dangereuse illusion.

Passons à quelques observations de détail ; et, tout d'abord, regrettons que l'auteur écrive assez souvent « mahométan » au lieu de « musulman » ; le mot est d'usage courant, sans doute, chez les Européens, mais il n'en est pas moins fautif pour bien des raisons. Une autre inexactitude, et qui est plus grave, est celle qui consiste à parler de l'Islam, ou encore du monde arabe, comme d'une « nationalité ». – Conserver une phrase qu'on reconnaît soi-même erronée, sous le prétexte qu'elle « fait bien littérairement » (p. 100), cela semble peu sérieux et risque de déconsidérer un ouvrage qui, pourtant, vaut mieux que cela dans son ensemble. – Il y a aussi quelques affirmations plus ou moins contestables, comme celle qui attribue au blason une origine exclusivement persane (p. 10) ; ne sait-on pas que, dès l'antiquité, il existait aussi ailleurs qu'en Orient, et notamment chez les peuples celtiques ? – Avant de se moquer d'une tradition dans laquelle il est question de « géants » (p. 78), il serait bon de savoir que ce mot et ses équivalents étaient employés très généralement pour désigner des hommes puissants, des peuples guerriers et conquérants, sans aucun égard à leur stature réelle. – Notons encore une erreur sur les termes *nabî* (prophète) et *rasûl* (législateur), dont le rapport hiérarchique est renversé (p. 153), et une opinion peu justifiée, pour ne pas dire plus, sur la signification des lettres qui sont placées au début de quelques sourates du Coran (p. 176).

Les derniers chapitres contiennent de bons exposés sur la tradition (*hadîth*), sur la jurisprudence, et enfin sur les commentaires du Coran.

Arthur et Ellen Avalon – *Hymnes à la Déesse*, traduits du sanscrit avec introduction et notes. – 1 vol. *in-16°* de 80 pp., *Petite Collection Orientaliste*, Bossard, Paris, 1923[1].

Sir John Woodroffe est un Anglais qui, chose fort rare, s'est véritablement intéressé aux doctrines de l'Inde, et qui, sous le pseudonyme d'Arthur Avalon, a publié de nombreux ouvrages dans

---

[1] *Revue de philosophie*, janv.-fév. 1924. [N.d.É.]

lesquels il se propose de faire connaître le *tantrisme*, c'est-à-dire un des aspects de ces doctrines qui sont le plus complètement ignorés du public européen. Celui de ces ouvrages dont la traduction française vient de paraître (et il faut espérer que d'autres suivront) contient huit hymnes de provenances diverses, mais qui ont pour caractère commun d'envisager la Divinité sous un aspect féminin. Nous reproduirons seulement ici un extrait de l'introduction : « La Cause Suprême est regardée comme une mère parce qu'elle conçoit l'univers en son sein par la divine Imagination (*Kalpanâ*) du Grand Moi (*Pûrnâham*), le porte et le met au jour, le nourrit et le protège avec une tendresse toute maternelle. Elle est la Puissance ou *Shakti* de l'Être, le Cœur du Seigneur Suprême. Elle et lui sont l'aspect double de la Réalité Unique ; éternelle, immuable en soi, en tant que *Shiva* ; Dieu en action en tant que *Shakti* ou Puissance, et comme telle, cause de tout changement, omniprésente dans les formes innombrables des individualités et des choses sujettes au changement... Le culte de la Mère est très ancien. Il appartenait déjà à la civilisation méditerranéenne la plus reculée... Il n'est pas, comme certains auteurs l'ont prétendu, une forme religieuse limitée à une secte. »

Ce petit volume est illustré de nombreux dessins de M. Jean Buhot, établis d'après des documents hindous, et qui sont du plus grand intérêt pour l'étude du symbolisme iconographique ; et il convient de faire remarquer que ce symbolisme a, dans la doctrine dont il s'agit, un rôle d'une importance capitale.

Georges Groslier. – *La Sculpture Khmère ancienne* ; illustrée de 175 reproductions hors texte en similigravure[1].

Cette très belle publication donne pour la première fois une idée d'ensemble de la sculpture khmère, dans la mesure du moins où le permet l'état actuel des recherches archéologiques. L'auteur est d'ailleurs fort prudent dans ses conclusions, et on ne saurait trop l'en approuver, car bien des questions sont encore loin d'être résolues d'une façon définitive. Il est à peu près impossible d'établir une chronologie rigoureuse, et, ici comme pour l'Inde, les dates proposées ne sont souvent qu'hypothétiques. Il est difficile aussi de préciser sous quelle forme l'influence indienne pénétra tout d'abord au Cambodge,

---

[1] *Vient de paraître*, fév. 1926. [*N.d.É.*]

et, du Brahmanisme ou du Bouddhisme, lequel s'établit le premier dans cette région ; pour nous, du reste, il n'y a rien d'impossible à ce qu'ils y soient venus simultanément, puisqu'ils coexistèrent dans l'Inde pendant un certain nombre de siècles. En tout cas, M. Groslier remarque très justement que les deux cultes se mêlent souvent (le même fait peut être constaté en d'autres pays, à Java notamment) ; il s'agit d'ailleurs d'un Bouddhisme transformé, fortement teinté de Çivaïsme, comme cela s'est produit aussi au Thibet. L'auteur insiste peu sur ces considérations, qui méritaient une étude approfondie, mais qui ne rentrent qu'indirectement dans son sujet ; il cherche surtout à faire la part des influences extérieures et à montrer en même temps ce qu'il y a de vraiment original dans l'art Khmer. Nous lui reprocherons seulement de s'être parfois un peu trop laissé influencer dans ses appréciations, bien qu'il s'en défende, par les conceptions esthétiques occidentales et par le moderne préjugé individualiste ; on le sent gêné par tout ce qu'il y a de traditionnel dans cet art, par son caractère symbolique et rituel, qui en est pourtant, à nos yeux, le côté le plus intéressant. – Les planches, qui forment près des deux tiers du volume, sont tout à fait remarquables (il n'en est guère que deux ou trois qui manquent un peu de netteté, sans doute par suite des conditions où les photographies ont dû être prises) ; la plupart reproduisent des pièces inédites ou récemment découvertes, et elles font connaître la sculpture khmère beaucoup plus complètement que les fragments détachés qu'on en peut voir dans les musées.

Le poète tibétain Milarépa, ses crimes, ses épreuves, son nirvana, traduit du Tibétain avec une introduction par Jacques Bacot, quarante bois de Jean Buhot, d'après une iconographie tibétaine de la vie de Milarépa (Bossard)[1].

Voici un ouvrage qui nous change singulièrement des travaux de simple érudition dans lesquels se confinent d'ordinaire les orientalistes. Cela, d'ailleurs, ne devra pas étonner ceux des lecteurs des *Cahiers du Mois* qui connaissent la réponse de M. Bacot, l'une des meilleures certainement, à l'enquête des *Appels de l'Orient*, et qui ont déjà pu voir par là combien il est loin de partager les préjugés ordinaires de

---

[1] *Les Cahiers du Mois*, juin 1926. [*N.d.É.*]

l'Occident et d'accepter les idées toutes faites qui ont cours dans certains milieux.

Le texte qu'a traduit M. Bacot est une biographie de Milarépa, magicien d'abord, puis poète et ermite, qui vécut au XIᵉ siècle de l'ère chrétienne, et qui a encore aujourd'hui des continuateurs, héritiers authentiques de sa parole transmise oralement par filiation spirituelle ininterrompue. Cette biographie a la forme d'un récit fait par Milarépa lui-même à ses disciples, alors qu'il était parvenu à la sainteté et à la fin de sa vie d'épreuves. Tous les événements qui y sont rapportés, même les moins importants en apparence, ont un sens mystique qui en fait la véritable valeur ; et d'ailleurs, comme le remarque très justement le traducteur, « l'interprétation mystique donnée à un fait n'en infirme pas l'authenticité ». Les détails mêmes qui paraîtront les plus invraisemblables au lecteur ordinaire n'en peuvent pas moins être vrais ; il est certain, par exemple, que « les macérations auxquelles peut se livrer un ascète tibétain dépassent de beaucoup ce que conçoit comme possible l'imagination européenne ». D'une façon générale « il est regrettable que l'esprit de formation occidentale soit si prompt à déclarer absurde ce qu'il ne comprend pas, et à rejeter comme fable tout ce qui ne s'accorde pas avec sa propre crédulité ». On ne devrait pas oublier la distance considérable qui sépare un homme tel que Milarépa et un Occidental, surtout un Occidental moderne, soit sous le rapport intellectuel, soit en ce qui concerne des faits exigeant des conditions irréalisables dans un milieu européen actuel.

Nous venons d'emprunter quelques phrases à l'introduction tout à fait remarquable dont M. Bacot a fait précéder sa traduction, et dans laquelle il fait preuve d'une compréhension vraiment exceptionnelle. Nous ne saurions mieux dire, en effet, et ce qu'il exprime coïncide parfaitement avec ce que nous avons toujours exposé nous-même ; nous sommes particulièrement heureux de constater cet accord. C'est ainsi que M. Bacot insiste sur « l'écart qui existe entre le sens oriental et le sens occidental de chaque mot », et qu'il note que « rien n'est fallacieux comme cette transposition de termes d'une religion à une autre, d'une pensée à une autre : un même vocabulaire pour des notions différentes ». Ainsi, le mot de « mysticisme », si l'on tient à le conserver, ne peut avoir ici le même sens qu'en Occident : le mysticisme oriental, ou ce qu'on appelle de ce nom, est actif et volontaire, tandis que le mysticisme occidental est plutôt passif et émotif ; et, « quant au principe même de la méditation où s'absorbe

Milarépa durant la plus grande partie d'une longue vie, il ne s'ajuste encore à aucune de nos méthodes et de nos philosophies ».

Nous ne pouvons résister au plaisir de reproduire encore quelques extraits, portant sur des points essentiels et d'ordre très général : « Ce qui étonne, c'est que, sans se réclamer d'une révélation, sans appel au sentiment, l'idée pure ait séduit des peuples innombrables et qu'elle ait maintenu sa séduction au cours des siècles… La pitié bouddhique n'a aucune relation avec la sensibilité. Elle est tout objective, froide et liée à une conception métaphysique. Elle n'est pas spontanée, mais consécutive à de longues méditations. » Des enseignements comme ceux de Milarépa « n'ont pas la valeur sociale ni l'opportunité de notre "saine philosophie", qui sont une force à nos yeux d'Européens pratiques, et une faiblesse à des yeux orientaux, une preuve de relativité, parce qu'ils voient dans les nécessités sociales une très pauvre contingence ». D'ailleurs, bien que cela puisse sembler paradoxal à ceux qui ne vont pas au fond des choses, « l'idéalisme oriental est plus avantageux moralement, plus pratique socialement, que notre réalisme.

Il suffit de comparer la spiritualité, la douceur des peuples héritiers de l'idéal indien (car les enseignements dont il s'agit ici, malgré ce qu'ils ont de proprement tibétain, sont inspirés de l'Inde), avec le matérialisme et l'incroyable brutalité de la civilisation occidentale. Les siècles ont éprouvé la charité théorique de l'Asie. Participant de l'absolu, elle ne risque pas cette rapide faillite où se perd la loi de l'amour du prochain, loi ignorée entre nations, abolie entre classes d'individus dans une même nation, voire entre les individus eux-mêmes. » Mais tout serait à citer, il faut bien nous borner…

Quant au texte même, on ne peut songer à le résumer, ce qui n'en donnerait qu'une idée par trop incomplète, sinon inexacte. Il faut le lire, et le lire en ne perdant jamais de vue que ce n'est point là un simple récit d'aventures plus ou moins romanesques, mais avant tout un enseignement destiné, comme l'indique expressément le titre original, à « montrer le chemin de la Délivrance et de l'Omniscience ».

Georges Lanoë-Villène. – *Le Livre des Symboles, dictionnaire de symbolique et de mythologie (Lettres A-B)*[1].

---

[1] *Vient de paraître*, avril 1928. [*N.d.É.*]

Ce travail, dont les deux premiers volumes (lettres A et B) ont paru, est un recueil vraiment formidable de renseignements de toute provenance, qu'il serait fort difficile de trouver ailleurs ; il est donc appelé à rendre de grands services à tous ceux qui s'intéressent aux questions se rapportant au symbolisme. Les interprétations sont parfois contestables, et, en particulier, l'idée que se fait l'auteur de ce qu'il appelle le « Delphisme primitif » nous semble bien hypothétique ; mais ces interprétations mêmes sont toujours intéressantes et suggestives malgré tout, et, en tout cas, elles n'enlèvent évidemment rien à la valeur de la documentation. Il y a bien quelques erreurs de faits, mais, dans un ouvrage de ce genre, c'est presque inévitable ; il en est une, pourtant, qui est d'autant plus fâcheuse qu'elle est fréquemment répétée : c'est l'attribution au Bouddhisme d'idées, de symboles et de textes (notamment les *Purânas*) qui, en réalité, sont purement brahmaniques ; c'est d'ailleurs une chose curieuse que cette tendance qu'ont la plupart des Occidentaux à voir du Bouddhisme un peu partout.

Georges Lanoë-Villène. – *Le Livre des Symboles, dictionnaire de symbolique et de mythologie (Lettre C)*[1].

Nous avons déjà parlé ici (avril 1928) des deux premiers volumes de cet important ouvrage ; nous pourrions, à propos du troisième, répéter les mêmes éloges, quant à l'abondance et à la variété de la documentation, et aussi les mêmes réserves, quant au caractère un peu fantaisiste de certaines interprétations et à l'insuffisance de certaines autres. Ainsi, dans le chapitre consacré au caducée, nous ne trouvons indiquée ni la véritable signification du serpent ni celle du bâton, ce qui aurait été tout à fait essentiel, alors qu'il y a par contre une foule de renseignements qui ne se rattache qu'assez indirectement au sujet ; ailleurs, l'auteur fait preuve de la plus complète incompréhension à l'égard de l'*Apocalypse*, dans laquelle il veut voir simplement un « livre de controverse », ce qui est fort étonnant de la part d'un symboliste ; et il y a bien d'autres lacunes du même genre. Heureusement, redisons-le encore, cela n'enlève rien à la valeur documentaire de ce travail, dans lequel sont rassemblées des informations qu'on aurait souvent bien de la peine à découvrir ailleurs, et qui, à ce titre, rendra de grands services

---

[1] *Vient de paraître*, déc. 1929. [*N.d.É.*]

à ceux qui s'intéressent aux questions dont il traite ; il est seulement à regretter que la publication s'en poursuive si lentement.

Nyoiti Sakurazawa – *Principe unique de la Philosophie et de la Science d'Extrême-Orient.* – Librairie Philosophique, J. Vrin, Paris[1].

L'auteur de ce petit volume a voulu y donner « une clef de la philosophie et de la science d'Extrême-Orient », qui, à vrai dire, et comme il le reconnaît lui-même, ne sont pas précisément « philosophie » et « science » au sens occidental de ces mots. Cette « clef », qu'il appelle « loi universelle », c'est la doctrine cosmologique des deux principes complémentaires *yin* et *yang*, dont les oscillations et les vicissitudes produisent toutes les choses manifestées. Il y aurait en effet beaucoup de conséquences et d'applications à tirer de cette doctrine, sans d'ailleurs sortir du point de vue essentiellement « synthétique » auquel il convient de se maintenir toujours si l'on veut rester fidèle à l'esprit de l'enseignement traditionnel extrême-oriental ; mais celles qui sont présentées ici se réduisent en somme à assez peu de chose, et, surtout dans la partie « scientifique », sont fâcheusement mêlées à des conceptions occidentales modernes, qui nous éloignent fort des authentiques « sciences traditionnelles ». Ces rapprochements entre des choses d'ordre si différent, nous ont toujours paru assez vains, car, là même où l'on peut trouver d'apparentes ressemblances, il n'y a en réalité aucune assimilation possible ; les points de vue sont et demeureront toujours radicalement autres. Il y a dans l'exposé une certaine confusion, peut-être due en partie à l'introduction de ces considérations de caractère « mixte », auxquelles on pourrait, sans trop d'injustice, appliquer ce que l'auteur dit de l'état actuel de son pays, qui « a perdu le véritable esprit oriental, sans avoir su gagner le véritable esprit occidental » ; et d'assez regrettables imperfections de langage contribuent encore à accentuer cette impression.

Mrs Rhys Davids – *The Minor Anthologies of the Pali Canon – Part. I. Dhamenapada : Verses on Dhamena, and Khuddaka-Pâtha : The Text of the Minor Sayings.* – Humphrey Milford, Oxford University Press, London.

---

[1] Les comptes rendus suivant ont paru dans la *Revue de philosophie*, janv.-fév. 1936. [*N.d.É.*]

Ce volume, qui fait partie de la collection des *Sacred Books of the Buddhists*, contient, en face l'un de l'autre, le texte et la traduction ; sa principale particularité est que certaines parties sont imprimées en caractères plus petits : ce sont celles qui sont supposées « interpolées », ajoutées ou modifiées à une époque plus récente. Dans une longue introduction, la traductrice explique d'ailleurs ses intentions : elle s'est donné pour tâche de reconstituer ce qu'elle croit avoir été le Bouddhisme originel, qu'elle a imaginé de désigner du nom de *Sakya* ; et, pour ce faire, elle s'efforce avant tout d'éliminer tout ce qui lui paraît présenter un caractère « monastique » ; peut-être la seule conclusion qu'il convient d'en tirer est-elle tout simplement qu'elle a elle-même un préjugé « anti-monastique » particulièrement violent ! Elle considère aussi comme « tardif » tout ce qui lui semble indiquer une influence du *Sânkhya* ; mais on ne voit vraiment pas pourquoi cette influence ne se serait pas exercée tout aussi bien sur le Bouddhisme dès ses débuts… En somme, son *Sakya* n'est guère qu'une construction hypothétique de plus, venant s'ajouter à toutes celles qu'ont déjà édifiées d'autres « historiens », chacun suivant ses propres tendances et préférences individuelles. Quant à la traduction elle-même, elle eût pu sûrement être plus précise et plus claire, si elle n'avait été versifiée ; quoi qu'on en puisse dire, nous pensons qu'une traduction en vers présente toujours beaucoup moins d'avantages que d'inconvénients, d'autant plus qu'il est tout à fait impossible de conserver dans une autre langue le véritable rythme de l'original.

E. Steinilber-Oberlin – *Les Sectes bouddhiques japonaises.* – Éditions G. Crès et Cⁱᵉ, Paris.

Ce livre se présente comme une « enquête philosophique », ce qui pourrait faire craindre qu'il ne soit plus ou moins affecté par des points de vue occidentaux ; mais, à la vérité, l'auteur, en ce qui concerne l'histoire et les doctrines des différentes sectes ou écoles, se borne le plus souvent à rapporter, d'une façon impartiale et apparemment exacte, ce que lui ont dit les professeurs bouddhistes auxquels il s'est adressé. On peut voir par cet exposé que le Bouddhisme, au Japon comme dans les autres pays où il s'est répandu, s'est largement modifié pour s'adapter au milieu ; les premières sectes, qui étaient restées plus proches des formes indiennes et chinoises, n'ont pas survécu. On constate aussi que les sectes qui tendent actuellement à prendre la plus grande extension sont celles qui simplifient le plus la doctrine et qui présentent le caractère « quiétiste » le plus accentué ; ce sont d'ailleurs, en même temps, ce dont on ne saurait s'étonner, celles où s'affirme surtout une tendance à la « modernisation », et une préoccupation « sociale » prédominante, toutes choses qui, évidemment, sont en étroit rapport avec l'« occidentalisation » du Japon contemporain. Telle est l'impression générale qui se dégage de ce livre, où ceux qui ne sont pas des « spécialistes » pourront trouver en somme une information suffisante, y compris des extraits de quelques textes caractéristiques ; ajoutons qu'il est d'une lecture facile, et, de plus, abondamment illustré de vues des principaux sanctuaires bouddhiques japonais.

Dans le *Symbolisme*[1] (n° d'août-septembre), Oswald Wirth parle d'un *Pouvoir créateur* qu'il attribue à l'homme, et dont il conseille d'ailleurs de se méfier ; nous supposons qu'il doit s'agir de l'imagination que les psychologues appellent « créatrice », fort improprement du reste ; mais, en tous cas, il a le plus grand tort de croire que le « domaine subjectif » et les « conceptions abstraites » puissent intéresser si peu que ce soit les « purs métaphysiciens ». Nous le croyons bien volontiers quand il déclare « ne parler au nom d'aucune révélation surnaturelle », ce qui ne se voit trop en effet ; mais, alors, pour être conséquent avec lui-même, qu'il ne parle pas d'initiation, fût-elle même limitée au seul domaine des « petits mystères », puisque, qu'on le veuille ou non, toute initiation implique essentiellement l'intervention d'un élément « suprahumain ». — G. Persigout est amené par le symbolisme de la caverne et du monde souterrain à étudier *L'Enfer et les religions du salut* ; ce titre rappelle malencontreusement le jargon spécial des profanes « historiens des religions », et, en fait, l'auteur semble avoir dans quelques-unes des théories tendancieuses de ceux-ci une confiance qu'elles ne méritent guère. En voulant toujours chercher des « sources » et des « développements » historiques, là où il ne s'agit proprement que d'expressions diverses d'une même connaissance, on risque de s'égarer encore plus facilement que dans les « dédales des épreuves souterraines », où l'on se retrouverait certes beaucoup mieux en les envisageant au seul point de vue strictement initiatique, sans se préoccuper de toutes les fantaisies accumulées par l'imagination des profanes à qui il a plu de parler de ce qu'ils ignorent.

---

[1] *Études Traditionnelles*, nov. 1936. [N.d.É.]

QUATRIÈME PARTIE

LA FRANC-MAÇONNERIE

I

UN COTE PEU CONNU
DE L'ŒUVRE DE DANTE[1]

On sait qu'il existe une médaille sur laquelle l'effigie de Dante est accompagnée des lettres F. S. K. F. T. On a essayé de donner de ces initiales des interprétations diverses, mais la plus vraisemblable est la suivante, qui se rapproche beaucoup de celle qu'a indiquée Aroux[2], si elle ne lui est même tout à fait identique : « *Fidei Sanctæ Kadosch, Frater Templarius* ». En effet, l'association « *della Fede Santa* », à laquelle appartenait le poète, était un Tiers-Ordre de filiation Templière, et était assez analogue, à cette époque, à ce que fut plus tard la « *Fraternité de la Rose-Croix* ».

Au début de sa *Divina Commedia*, Dante raconte qu'il descendit aux enfers le *Vendredi-Saint* de l'an 1300, à l'âge de *Trente-Trois* ans ; c'est l'*âge* du Rose-Croix, qui reprend aussi ses Travaux, symboliquement, le *vendredi à trois heures après-midi*, et qui, au cours de son initiation, doit traverser d'abord la « *Chambre Infernale* ». Dante parcourut tous les cercles infernaux en vingt-quatre heures, et atteignit alors le centre de la Terre, qu'il traversa en contournant le corps de Lucifer.

---

[1] Publié dans la *France Antimaçonnique*, le 5 oct. 1911, non signé. [N.d.É.]
[2] Dans un ouvrage intitulé *Dante hérétique et albigeois.*

N'y aurait-il pas quelque rapport entre ce corps de Lucifer, placé au centre de la Terre, c'est-à-dire au centre même de la pesanteur, « *symbolisant l'attrait inverse de la nature* »[1], et celui d'Hiram, placé de même au centre de la « *Chambre du Milieu* », et qu'il faut aussi franchir pour parvenir à la Maîtrise ? La connaissance de ce rapport mystérieux ne pourrait-elle pas aider à découvrir la véritable signification de la lettre G∴ ?

Nous rappellerons seulement d'autre part, sans y insister, la *Croix* que vit Dante dans la *Sphère de Mars*, ainsi que l'*Aigle* dans la *Sphère de Jupiter* et l'*Échelle mystique* dans celle de *Saturne*. Cette *Croix* ne doit-elle pas être rapprochée de celle qui sert encore d'emblème à plusieurs grades maçonniques, dont certaines légendes veulent rattacher l'origine aux Croisades ? Quant aux deux autres symboles, il est trop facile d'y reconnaître ceux du « Kadosch Templier » : on parvient au pied de l'Échelle mystique par la « Justice » (*Tsedakah*), et à son sommet par la « Foi » (*Emounah*).

Ceux qui se livreraient à des recherches approfondies sur ce côté trop peu connu de l'œuvre de Dante y feraient certainement de bien curieuses découvertes. Une étude de ce genre pourrait peut-être intéresser MM. Copin-Albancelli et Louis Dasté, qui se consacrent particulièrement à la reconstitution de l'histoire des *Sociétés secrètes* en général, et à la découverte des liens qui les unissent à travers le temps et l'espace ?

---

[1] Simon et Théophane, *Les Enseignements secrets de la Gnose*, p. 42.

II

L'ESOTERISME DE DANTE[1]

Dans un article intitulé *Un côté peu connu de l'œuvre de Dante*[2], nous avons fait allusion à un ouvrage d'E. Aroux, *Dante hérétique et albigeois*. Le même auteur a publié (en 1856) *La Comédie de Dante, traduite en vers selon la lettre et commentée selon l'esprit, suivie de la Clef du langage symbolique des Fidèles d'Amour*.

Voici comment ces ouvrages sont résumés par Sédir dans son *Histoire des Rose-Croix* (pp. 16-20) :

« Il résulte des consciencieux travaux de M. Aroux que le Dante a vécu en relations intimes avec des sectes gnostiques d'*Albigeois* ; c'est dans leur enseignement qu'il a puisé sa haine contre la Papauté et l'Église de Rome, ainsi que les théories occultes que l'on retrouve à chaque ligne de son épopée. Le même érudit nous laisse entrevoir les mouvements profonds que les restes de l'*Ordre du Temple* provoquaient dans le peuple.

« *L'Enfer* représente le *monde profane*, le *Purgatoire* comprend les *épreuves initiatiques*, et le *Ciel* est le séjour des *Parfaits*, chez qui se trouvent réunis et portés à leur zénith l'intelligence et l'amour.

« Les *Cathares* avaient, dès le XIIᵉ siècle, des *signes de reconnaissance*, des *mots de passe*, une *doctrine astrologique* ; ils faisaient leurs initiations à l'*équinoxe de printemps* ; ils y employaient *trois lumières* ; leur système scientifique était fondé sur la *doctrine des correspondances* : à la Lune correspondait la Grammaire, à Mercure la Dialectique, à Vénus la Rhétorique, à Mars la Musique, à Jupiter la Géométrie, à Saturne l'Astronomie, au Soleil l'Arithmétique ou la Raison illuminée ».

Ainsi, aux *sept Cieux* ou *sphères planétaires* correspondaient les *sept arts libéraux*, précisément les mêmes dont nous voyons aussi les noms figurer sur les sept échelons du montant de gauche de l'*Échelle des*

---

[1] Publié dans la *France Antimaçonnique*, le 5 mars 1914, signé *le Sphinx*. [*N.d.É.*]
[2] P. 253 de ce *Recueil*. [*N.d.É.*]

Kadosch. L'ordre ascendant ne diffère du précédent que par l'interversion, d'une part, de la Rhétorique et de la Logique (ou Dialectique), et, d'autre part, de la Géométrie et de la Musique, et aussi en ce que la science qui correspond au Soleil, l'Arithmétique, occupe le rang qui revient normalement à cet astre dans l'ordre des planètes, c'est-à-dire le quatrième, milieu du septénaire, tandis que les *Cathares* la plaçaient au plus haut échelon de leur *Échelle mystique*, comme Dante le fait pour sa correspondante du montant de droite, la *Foi* (*Emounah*), c'est-à-dire cette mystérieuse *Fede Santa* dont lui-même était *Kadosch*[1].

Continuons notre citation :

« La ronde céleste que décrit le Dante (*Paradis*, chant VIII) commence aux plus hauts Séraphins, *alti Serafini*, qui sont les Princes célestes, *Principi celesti*, et finit aux derniers rangs du Ciel. Or, il se trouve aussi que certains dignitaires inférieurs de la *Maçonnerie Écossaise*, qui prétend remonter aux *Templiers*, et dont Zerbin, le prince écossais, l'amant d'Isabelle de Galice, est la personnification dans le *Roland Furieux* (de l'Arioste), s'intitulent aussi princes, *Princes de Mercy* ; que leur assemblée ou chapitre a nom le *Troisième Ciel* ; qu'ils ont pour symbole un *Palladium*, ou statue de la *Vérité*, revêtue comme Béatrice des trois couleurs *verte*, *blanche* et *rouge* ; que leur Vénérable (dont le titre est *Prince très excellent*), portant une flèche en main et sur la poitrine un cœur dans un triangle[2], est une personnification de l'*Amour* ; que le nombre mystérieux dont « Béatrice est particulièrement aimée », Béatrice « qu'il faut appeler *Amour*», dit Dante (*Vita Nuova*), est aussi affecté à ce Vénérable, entouré de neuf colonnes, de neuf flambeaux à neuf branches et à neuf lumières, âgé enfin de *81 ans*, multiple (ou plus exactement carré) de 9, quand Béatrice est censée mourir dans la *81e* année du siècle[3]. »

Ce grade de *Prince de Mercy*, ou *Écossais Trinitaire*, est le 26e du *Rite Écossais* ; voici ce qu'en dit le F∴ Bouilly, dans son *Explication des emblèmes et des symboles des douze grades philosophiques* (du 19e au 30e) :

---

[1] Sur l'*Échelle mystérieuse des Kadosch*, voir le *Manuel maçonnique* du F∴ Vuillaume, pl. XVI et pp. 213-214.

[2] À ces signes distinctifs, il faut ajouter « une couronne à pointes de flèches en or ».

[3] Cf. *Light on Masonry*, p. 250, et le *Manuel Maçonnique* du F∴ Vuillaume, pp. 179-182, cités par Aroux (*La Comédie de Dante*).

« Ce grade est, selon nous, le plus inextricable de tous ceux qui composent cette savante catégorie ; aussi (?) prend-il le surnom d'*Écossais Trinitaire*. Tout, en effet, offre dans cette allégorie l'emblème de la *Trinité* : ce fond à trois couleurs (*vert, blanc et rouge*), au bas cette figure de la *Vérité*, partout enfin cet indice du *Grand-Œuvre de la Nature* (aux phases duquel font allusion les trois couleurs), des éléments constitutifs des métaux (*souffre, mercure et sel*), de leur fusion et de leur séparation (*solve et coagula*), en un mot de la *science de la chimie minérale* (ou plutôt de l'*alchimie*), dont *Hermès* fut le fondateur chez les Égyptiens, et qui donna tant de puissance et d'extension à la médecine (spagyrique). Tant il est vrai que les sciences constitutives du bonheur et de la liberté se succèdent et se classent avec cet ordre admirable qui prouve que le Créateur a fourni aux hommes tout ce qui peut calmer leurs maux et prolonger leur passage sur la terre[1].

« C'est principalement dans le nombre *trois*, si bien représenté par les trois angles du *Delta*, dont les Chrétiens ont fait le symbole flamboyant de la Divinité ; c'est, dis-je, dans ce nombre *trois*, qui remonte aux temps les plus reculés[2], que le savant observateur découvre la source primitive de tout ce qui frappe la pensée, enrichit l'imagination, et donne une juste idée de l'*égalité sociale*.

« Ne cessons donc point, dignes Chevaliers, de rester *Écossais Trinitaires*, de maintenir et d'honorer le nombre *trois* comme l'emblème de tout ce qui constitue les devoirs de l'homme, et rappelle à la fois la *Trinité* chérie de notre Ordre, gravée sur les colonnes de nos Temples : la *Foi*, l'*Espérance* et la *Charité*[3] ! ».

Revenons à Dante et à son commentateur :

« M. Aroux remarque entre les *neuf Cieux* que parcourt Dante avec Béatrice et certains grades de l'*Écossisme* une parfaite analogie. »

---

[1] Le grade précédent (25e), celui de *Chevalier du Serpent d'Airain*, était présenté « comme renfermant une partie du premier degré des *Mystères Égyptiens*, d'où jaillit l'origine de la *médecine* et le *grand art* de composer les médicaments ».

[2] L'auteur veut sans doute dire : « dont l'emploi symbolique remonte aux temps les plus reculés », car nous ne pensons pas qu'il ait eu la prétention d'assigner une date à la création du nombre *trois* lui-même.

[3] Les insignes de ce grade de *Prince de Mercy* sont : un tablier rouge, au milieu duquel est peint ou brodé un triangle blanc et vert, et un cordon aux trois couleurs de l'Ordre, placé en sautoir, auquel est suspendu pour bijou un triangle équilatéral (ou *Delta*) en or. (*Manuel Maçonnique* du F∴ Vuillaume, p. 181.)

Voici les correspondances maçonniques indiquées pour les *sept Cieux planétaires* : à la Lune correspondent les *profanes* (?) ; à Mercure, le *Chevalier du Soleil* (28e) ; à Vénus, le *Prince de Mercy* (26e) (vert, blanc et rouge) ; au Soleil, le *Grand Architecte* (12e) ou le *Noachite* (21e) ; à Mars, le *Grand Écossais de Saint-André* ou *Patriarche des Croisades* (29e) (rouge avec croix blanche) ; à Jupiter, le *Chevalier de l'Aigle blanc et noir* ou *Kadosch* (30e) ; à Saturne, l'*Échelle d'or* des mêmes *Kadosch*[1].

« Selon Dante, le *huitième Ciel du Paradis*, le *Ciel étoilé* (ou des *étoiles fixes*), est le *Ciel des Rose-Croix* : les *Parfaits* y sont vêtus de blanc ; ils y exposent un symbolisme analogue à celui des *Chevaliers d'Heredom*[2] ; ils y professent la « *doctrine évangélique* »[3], celle même de Luther, opposée à la doctrine catholique romaine. De même, les *Rose-Croix* du commencement du XVIe siècle étaient franchement *antipapistes.* »

Pour faire comprendre quel est le symbolisme dont il s'agit ici, voici la description de la *Jérusalem Céleste*, telle qu'elle est figurée dans le *Chapitre des Souverains Princes Rose-Croix* de l'*Ordre de Heredom de Kilwinning*, appelés aussi *Chevaliers de l'Aigle et du Pélican* :

« Dans le fond (de la dernière chambre) est un tableau où l'on voit une montagne d'où découle une rivière, au bord de laquelle croît un arbre portant douze sortes de fruits. Sur le sommet de la montagne est un socle composé de douze pierres précieuses en douze assises. Au-dessus de ce socle est un carré en or, sur chacune des faces *(sic)* duquel sont trois anges avec les noms de chacune des douze tribus d'Israël. Dans ce carré est une croix, sur le centre de laquelle est couché un agneau[4]. »

---

[1] Voir ce que nous disions au sujet de ces divers symboles dans l'article que nous avons rappelé au début.

[2] L'*Ordre de Heredom de Kilwinning* est le *Grand Chapitre* des hauts grades rattaché à la *Grande Loge Royale d'Édimbourg*, et fondé, selon la tradition, par le roi Robert Bruce. (Thory, *Acta Latomorum*, Tome Ier, p. 317.) – Le mot anglais *Heredom* signifie *Héritage* (des *Templiers*) ; cependant, certains font venir cette désignation de l'hébreu *Harodim*, titre donné à ceux qui dirigeaient les ouvriers employés à la construction du *Temple de Salomon*.

[3] On sait que les Protestants se servent habituellement de cette expression pour désigner leur propre doctrine.

[4] *Manuel Maçonnique* du F∴ Vuillaume, pp. 143-144.

« Dans les XXIVe et XXVe chants du *Paradis*, on retrouve le triple baiser du *Prince R∴ C∴*, le *pélican*[1], les tuniques blanches, les mêmes que celles des vieillards de l'*Apocalypse* (chant VII), les bâtons de cire à cacheter, les trois vertus théologales des *Chap∴ Maç∴* (*Foi, Espérance* et *Charité*) ; car « la *fleur symbolique des Rose-Croix* a été adoptée par l'Église de Rome comme la figure de la Mère du Sauveur[2], et par celle de Toulouse (les *Albigeois*) comme le type mystérieux de l'assemblée générale des *Fidèles d'Amour*». Ces métaphores étaient déjà employées par les *Pauliciens*, prédécesseurs des Cathares des Xe et XIe siècles ».

Voici maintenant, sur le même sujet, un passage de l'*Histoire de la Magie* d'Éliphas Lévi, également cité par Sédir (pp. 15-16) :

« On a multiplié les commentaires et les études sur l'œuvre de Dante, et personne, que nous sachions, n'en a signalé le véritable caractère.
« L'œuvre du grand Gibelin est une déclaration de guerre à la Papauté par la révélation hardie des *Mystères*. L'épopée de Dante est *johannite (sic) et gnostique* ; c'est une application hardie des figures et des nombres de la *Kabbale* aux dogmes chrétiens, et une négation secrète de tout ce qu'il y a d'absolu dans ces dogmes. Son voyage à travers les mondes surnaturels s'accomplit comme l'*initiation aux Mystères d'Éleusis et de Thèbes*. C'est Virgile qui le conduit et le protège dans les cercles du nouveau Tartare, comme si Virgile, le tendre et mélancolique prophète des destinées du fils de Pollion, était aux yeux du poète florentin le père illégitime, mais véritable, de l'épopée chrétienne. Grâce au génie païen de Virgile, Dante échappe à ce gouffre sur la porte duquel il avait lu une sentence de désespoir ; il y échappe *en mettant sa tête à la place de ses pieds et ses pieds à la place de sa tête*, c'est-à-dire en prenant le contre-pied du dogme, et alors il remonte à la lumière en se servant du démon lui-même comme d'une échelle monstrueuse ; il échappe à l'épouvante à force d'épouvante, à l'horrible à force d'horreur. L'Enfer, semble-t-il dire, n'est une impasse que pour ceux qui ne savent pas se retourner ; il prend le diable à rebrousse-poil, s'il m'est permis d'employer ici cette expression familière, et s'émancipe par son audace. C'est déjà le

---

[1] Sur le *pélican*, voir l'article intitulé *Symbolisme Maçonnique et Théosophie* (*La France Antimaçonnique*, 28e année, pp. 13-16).
[2] Voir le portail gauche de Notre-Dame de Paris.

Protestantisme dépassé, et le poète des ennemis de Rome a déjà deviné Faust montant au Ciel sur la tête de Méphistophélès vaincu. »[1]

« Remarquons aussi que l'Enfer de Dante n'est qu'un *Purgatoire négatif*. Expliquons-nous : son Purgatoire semble s'être formé dans son Enfer comme dans un moule, c'est le couvercle et comme le bouchon du gouffre, et l'on comprend que le Titan florentin, en escaladant le Paradis, voudrait jeter d'un coup de pied le Purgatoire dans l'Enfer.

« Son Ciel se compose d'une série de *cercles kabbalistiques* divisés par une *croix* comme le *pantacle d'Ézéchiel* ; au centre de cette *croix* fleurit une *rose*, et nous voyons apparaître pour la première fois, exposé publiquement et presque catégoriquement expliqué, le *symbole des Rose-Croix*. »

D'ailleurs, vers la même époque, ce symbole apparaissait aussi, quoique peut-être d'une façon un peu plus voilée, dans une autre œuvre poétique célèbre : le *Roman de la Rose*.

« Éliphas Lévi, dit encore Sédir (pp. 25-26), pense que le *Roman de la Rose* et le poème du Dante sont deux formes opposées[2] d'une même œuvre : l'initiation à l'indépendance intellectuelle, la satire des institutions contemporaines, et la formule allégorique des *grands secrets de la société rosicrucienne*. »

« Ces importantes manifestations de l'occultisme[3], dit Éliphas Lévi, coïncident avec l'époque de la *chute des Templiers*, tandis que Jean de Meung et Clopinel *(sic)*, contemporains du Dante, florissaient à la cour brillante de Philippe le Bel[4]. Le *Roman de la Rose* est le poème épique de l'ancienne France ; c'est une œuvre profonde sous des dehors

---

[1] Ce passage d'Éliphas Lévi a été, comme bien d'autres d'ailleurs, reproduit *textuellement* par le F∴ Albert Pike (*Morals and Dogma of Freemasonry*, p. 822).

[2] Il serait plus exact de dire *complémentaires*.

[3] Il n'est pas inutile de redire ici que nous faisons nos plus expresses réserves sur l'emploi de ce terme pour tout ce qui est antérieur à Éliphas Lévi lui-même. – Voir à ce sujet notre précédent article intitulé *À propos des Supérieurs Inconnus et de l'Astral* (*La France Antimaçonnique*, 27e année, n° 51. p. 604 [reproduit dans *Études sur la Franc-Maçonnerie et le Compagnonnage, tome 2*)].

[4] Jean de Meung et Clopinel ne sont en réalité qu'un seul et même personnage : la première partie du *Roman de la Rose* eut pour auteur Guillaume de Lorris (mort vers 1230), et la seconde fut écrite près d'un demi-siècle plus tard, par Jean de Meung *dit* Clopinel (1250-1305 environ) ; c'est ce dernier qui fut en effet contemporain de Dante (1265-1321) et de Philippe le Bel (roi en 1285, mort en 1314). – La continuation de cette œuvre par un second auteur aussi éloigné chronologiquement du premier, montre bien que l'un et l'autre devaient être des représentants d'une même tradition.

triviaux[1] ; c'est une exposition des *mystères de l'occultisme* aussi savante que celle d'Apulée. La *rose* de Flamel, celle de Jean de Meung et celle du Dante fleurirent sur le même arbre. »

Ainsi, dès le XIIIe siècle, il y avait déjà, en France aussi bien qu'en Italie, une tradition secrète[2], celle-là même qui devait porter plus tard le nom de *tradition rosicrucienne*[3]. Cette doctrine était conservée par des associations comme celles de la *Fede Santa* et des *Fidèles d'Amour*, et cette *Massenie du Saint Graal* dont le F∴ Henri Martin parle en ces termes dans son *Histoire de France* (t. III, p. 398), à propos des romans de chevalerie[4] :

« Dans le *Titurel*, la légende du *Graal* atteint sa dernière et splendide transfiguration, sous l'influence d'idées que Wolfram[5] semblerait avoir puisées en France, et particulièrement chez les Templiers du midi de la France. Un héros appelé Titurel fonde un Temple pour y déposer le saint *Vessel*, et c'est le prophète Merlin qui dirige cette construction mystérieuse, initié qu'il a été par Joseph d'Arimathie en personne au plan du *Temple de Salomon*. La *Chevalerie du Graal* devient ici la *Massenie*, c'est-à-dire une Franc-Maçonnerie ascétique, dont les membres se nomment les *Templistes*, et l'on peut saisir ici l'intention de relier à un centre commun, figuré par ce Temple idéal, l'*Ordre des Templiers* et les nombreuses *confréries de constructeurs* qui renouvellent alors l'architecture du moyen-âge. On entrevoit là bien des ouvertures sur ce qu'on pourrait nommer l'histoire souterraine de ces temps, beaucoup plus complexes qu'on ne le croit généralement.

« Ce qui est bien curieux et ce dont on ne peut guère douter, c'est que la Franc-Maçonnerie moderne remonte d'échelon en échelon jusqu'à la *Massenie du Saint Graal.* »

---

[1] On peut dire la même chose, au XVIe siècle, des œuvres de Rabelais, qui renferment aussi une signification ésotérique qu'il pourrait être intéressant d'étudier.

[2] *Occulte*, si l'on veut, mais non *occultiste*.

[3] La dénomination de *Fraternitas Rosæ-Crucis* apparaît pour la première fois en 1374 ; le symbole de la *Rose-Croix* est certainement bien antérieur, mais la légende de *Christian Rosenkreuz* ne fut entièrement constituée que vers la fin du XVIe siècle. (Cf. Sédir, *Histoire des Rose-Croix*, pp. 34-35.)

[4] Cité par Sédir dans le même ouvrage (pp. 21-22).

[5] « Le Templier souabe Wolfram d'Eschenbach, auteur de *Parceval*, imitateur du Bénédictin satirique Guyot de Provins. »

Il serait peut-être imprudent d'adopter cette opinion d'une façon trop exclusive, mais il n'en est pas moins bon d'en tenir compte, car cela peut en effet aider à saisir l'obscure filiation des sociétés secrètes au cours du moyen-âge, époque où elles furent vraiment secrètes, bien plus qu'elles ne l'ont jamais été depuis lors, même la *Rose-Croix* de 1610, et surtout la Franc-Maçonnerie moderne.

III

L'INITIATION MAÇONNIQUE DU F∴ BONAPARTE*[1]

Les principaux documents maçonniques représentant Bonaparte en F∴ M∴ sont assez rares. Ils proviennent, en partie, du F∴ Kiener, et consistent dans un tableau allégorique sous forme de carte-lettre publié par les soins du G∴ O∴ de France et citant :

3 – BERCEAU HISTORIQUE DES MYSTERES DE LA FRANC-MAÇONNERIE ou des Souverains ou Chefs d'États affiliés à la Maçonnerie (Nous avons jadis étudié soigneusement ce tableau dans la *France Antimaçonnique*). Bonaparte est transporté par un aigle et enlevé au ciel des FF∴ Il est en costume de général, botté, éperonné, tenant l'aigle par le cou. Cet aigle soutient dans ses serres une équerre, une règle et une clé qui nous paraît réellement *suspecte*.

Le F∴ Kiener, précité, nous a laissé deux petits tableaux qui ornent le musée de la *France Antimaçonnique*.

L'un d'eux intitulé les CINQ ONCLES, reproduit dans une sorte de Croix de la Légion d'Honneur.

Cette croix est portée, symboliquement, dans les serres d'un aigle avec cette légende : REPUBLIQUE FRANÇAISE 1792. Au centre, le F∴ Kiener a ménagé, dans ses deux *croix*, une étoile flamboyante à cinq branches, agrémentée de la lettre capitale et rituélique G, entourée par les quatre initiales traditionnelles J∴ B∴ M∴ B∴

---

* Publié dans la *France Antimaçonnique*, le 31 janv. 1913. Article signé Clarin de la Rive mais rédigé (au moins en partie) par *le Sphinx* d'après l'introduction de l'article *Le Régime Écossais Rectifié*. [N.d.É.]

[1] « *Souviens-toi de ne jamais changer le chapeau de la Liberté pour une Couronne.* » C'est par ces prophétiques phrases que le Récipiendaire Illuminé accueillait, d'après le texte même du cliché de l'époque, le F∴ Bonaparte, lors de la Cérémonie de son Initiation. N'écoutant que son ambition coupable et désordonnée, Bonaparte changeait, en effet, *le chapeau de la Liberté pour une Couronne Impériale* et finissait, après une épopée mondiale et sanguinaire, à Sainte-Hélène, prisonnier de ces mêmes Anglais qu'il avait trompés lors du siège de Toulon, n'étant encore qu'officier de la Garde Nationale Corse.

1. *Napoléon Bonaparte (Ier Consul et Empereur)*, Protecteur de l'Ordre des F∴ M∴, né le 15 août 1769.

2. *Joseph-Napoléon Bonaparte (Ex-Roi d'Espagne)*, Grand Maître de l'Ordre des F∴ M∴, né le 7 janvier 1768.

3. *Louis-Napoléon Bonaparte (Ex-Roi d'Hollande)*, né le 1er septembre 1784.

4. *Jérôme-Napoléon Bonaparte (Ex-Roi de Westphalie)*, né le 15 décembre 1784.

5. *Lucien-Napoléon Bonaparte (Président du Conseil des Cinq-Cents)*, né en 1775.

Joseph Kiener, R∴ C∴, Éditeur, Place Maubert, 41.

Le second tableau reproduit aussi dans une Croix de la Légion d'Honneur et sous le titre les CINQ NEVEUX ; il est également soutenu par un aigle, avec la devise : REPUBLIQUE FRANÇAISE 1848.

1. *François-Charles Joseph* (fils de Napoléon). Né le 20 mars 1811.

2. *Napoléon Bonaparte* (fils de Jérôme). Né le 9 septembre 1822.

3. *Charles-Louis-Napoléon Bonaparte* (fils de Louis). Né le 20 avril 1808.

4. *Lucien Murat* (fils de Joachin Murat). Né en 1803.

5. *Pierre Bonaparte* (fils de Lucien). Né le 11 octobre 1815.

———

Les vitrines des Collections des reliques napoléoniennes rassemblées par le Prince Victor Napoléon et la Princesse Clémentine, à Bruxelles, renferment des cordons et un tablier de maîtres et un autre tablier portant les initiales S∴ B∴. Nous trouvons vraiment étrange que ces princes aient réuni dans ces vitrines des oripeaux franc-maçonniques qu'on ne se vante pas de conserver dans sa famille.

———

Bonaparte croyant consolider son trône impérial, se rendit au camp de Boulogne, pour distribuer à l'armée la Croix de la Légion d'Honneur. Au centre du camp fut placé *le siège antique du Roi Dagobert*, qui servit de trône à l'Empereur. Les décorations qui devaient être distribuées aux Légionnaires avaient été placées *dans le casque de Duguesclin* (au milieu des accessoires recueillis au Musée du Grand-

Orient, on voit un *casque de Rose-Croix*, casque servant, pendant les tenues de R∴ C∴, de casque de bienfaisance, de proposition, etc.).

Nous avons jadis reproduit (25e année, n° 6, p. 65), un article de *L'Acacia* intitulé : *La Visite de Bonaparte à l'O∴ de Nancy*, qui ne laissait aucun doute sur la qualité maçonnique de Napoléon Ier.

Une nouvelle preuve nous est fournie par les documents que M. Benjamin Fabre vient de publier dans son très intéressant ouvrage sur *Franciscus, Eques a Capite Galeato*. Voici ce qu'il dit à ce sujet (p. 250) :

« Il est sûr que BONAPARTE était Maçon. *Pyron*, un vrai chef de la Maçonnerie, l'affirme ou plutôt le rappelle, en passant. Il ne prétend annoncer rien de bien nouveau, rien surtout qui puisse surprendre l'*Eques a Capite Galeato*, son correspondant. L'empereur avait été autrefois admis dans un Régime Écossais. En quel lieu et quand ? Bonaparte aurait été initié à Malte, après la prise de cette île. L'historien *Clavel* a recueilli cette tradition. Et donc les Frères du Régime Écossais étaient les Frères de sa Majesté l'EMPEREUR. »

Voici le passage de la lettre du F∴ *Pyron* à laquelle il est fait allusion ici, et qui se trouve reproduite un peu plus loin (pp. 256-257) :

« Le Grand-Orient chercha à sortir de sa léthargie, nomma un Grand-Maître, des grands-officiers d'honneur ; nous en fîmes autant. Il prit des nôtres ; nous prîmes des siens. Et nos batteries étaient en présence, lorsque *Sa Majesté l'Empereur et Roy, membre de notre Rit, désira la réunion de ces deux Rits en un seul corps maçonnique.* »

Ce projet d'unification des divers Rites, sous les auspices du Grand-Orient, devait être repris plus tard par le F∴ Napoléon III, lorsqu'il voulut imposer le maréchal Magnan comme Grand-Maître à la Maçonnerie française tout entière, ce qui provoqua la protestation bien connue du F∴ Viennet, Grand Commandeur du Suprême Conseil Écossais.

Mais revenons à l'initiation de Napoléon Ier. Le F∴ Clavel, dans son *Histoire Pittoresque de la Franc-Maçonnerie* (p. 242), dit que « l'Empereur avait été reçu Maçon à Malte, lors du séjour qu'il fit dans cette île en se rendant en Égypte[1]. » Il raconte ensuite (pp. 244-245) l'histoire de la visite que Napoléon fit *incognito* à la Loge du faubourg Saint-Marcel. Cette histoire a été déjà rappelée par la *France Antimaçonnique* à propos de l'article précédemment cité.

La date de l'initiation de Napoléon, ou plutôt du Général Bonaparte, est précisée par le F∴ J. T. Lawrence, *Past Assistant Grand Chaplain* de la Grande Loge d'Angleterre, qui, dans un ouvrage intitulé *By-Ways of Freemasonry* (p. 171) cite, parmi les souverains ayant appartenu à la Maçonnerie, « *Napoléon Bonaparte, initié à Malte en juin 1798.* »

Cependant, d'après l'article de *L'Acacia*, la visite à l'O∴ de Nancy « fut faite le 3 décembre 1797 » ; cette contradiction apparente s'explique si l'on admet que Bonaparte, qui alors « n'était que Maître », reçut à Malte, l'année suivante, les hauts grades d'un *Régime Écossais*. Les FF∴ Clavel et Lawrence paraissent donc avoir fait une confusion, et cette question reste à résoudre : où Bonaparte avait-il reçu les grades symboliques ? Peut-être est-ce dans une Loge militaire, mais nous n'avons rien trouvé qui permette de l'affirmer.

Quoi qu'il en soit, signalons encore un autre document qui se trouve dans le *Miroir de la Vérité, dédié à tous les Maçons*, publié en 1800 par le F∴ Abraham[2]. Ce volume se termine par deux pièces de vers du F∴ Boisson-Quency[1].

---

[1] Sur ce sujet, voici ce que précise Guénon dans une lettre à Lovinescu datée de novembre 1936 : « Napoléon avait été initié à Malte (en 1798 si je ne me trompe) à la Maçonnerie et peut-être aussi à quelque chose d'autre ; quand il vint ici [en Égypte], il adhéra à l'Islam et prit le nom d'Ali, fait qui semble assez peu connu. Les Loges militaires qui existaient dans la plupart de ses régiments semblent bien, en Allemagne surtout, avoir joué dans ses conquêtes un rôle peut-être plus grand que celui des batailles elles-mêmes ; la reddition des villes se traitait bien souvent entre ces Loges militaires et les Loges locales. – Son rôle aurait dû être de réaliser une sorte d'unification, ayant même un lien avec l'Orient (par l'Égypte si la chose avait réussi de ce côté). Il est difficile de dire exactement quand sa « déviation » a commencé, mais ce qu'il y a de certain, c'est qu'elle est devenue définitive lors de son divorce et de son second mariage. » [*N.d.É.*]

[2] Ce F∴ Abraham s'intitule « M∴ A∴ T∴ G∴ (*Maître à tous grades*), Membre du G∴ O∴ de France, 1ᵉʳ Fondateur et Vénérable de la R∴ L∴ des *Élèves de la Nature* » ; mais le F∴ Clavel (*op. cit.*, p. 242) le traite « d'homme taré, et l'âme de la dissidence écossaise » ; d'après M. Benjamin Fabre (*op. cit.*, p. 249) « ce juif se livrait au *trafic* des hauts grades maçonniques ». Voici ce qu'on trouve à ce sujet dans Thory (*Acta Latomorum*, tome Iᵉʳ, p. 249) : « SUPRÊME CONSEIL DU 33ᵉ DEGRÉ. – 2 décembre 1811. – Le Conseil fulmine contre quelques établissements irrégulièrement formés, et déclare nuls et abusifs tous les Brefs, prétendus écossais, délivrés par le nommé Antoine-Firmin

La première (pp. 372-379) porte le titre suivant : « *Veni, vidi, vici* : ODE AU T∴ C∴ ET T∴ R∴ F∴ BONAPARTE, PREMIER CONSUL, *sur le passage du Mont Saint-Bernard et la bataille de Marengo.* »

La seconde (pp. 380-386) est un « *Poème sur les exploits militaires, les vertus sociales et maçonniques* (sic) *du T∴ C∴ et T∴ R∴ F∴* MOREAU, *Général en chef, Membre de la R∴ L∴ de la* Parfaite Union, *à l'O∴ de Rennes.* »

Le rapprochement de ces deux noms est assez singulier, lorsqu'on pense au rôle que devait jouer, à peine quatre ans plus tard, ce même F∴ Moreau dans le complot formé contre le F∴ Bonaparte par le chef royaliste George Cadoudal[2].

Maintenant, quel est le *Régime Écossais* (de hauts grades) auquel Bonaparte fut affilié, vraisemblablement, durant son séjour à Malte ? Le F∴ Hiram (Ch.-M. Limousin), dans son *Résumé de l'Histoire de la Franc-Maçonnerie* (p. 359) dit que « Napoléon semble avoir été le chargé d'affaires de la *Stricte Observance* » ; mais la *France Antimaçonnique* a reproduit (25ᵉ année, n° 40, pp. 434-437), un article de *L'Acacia*, relatif à *La L∴ Le Centre des Amis* (G∴ O∴ D∴ F∴), et dans lequel le F∴ E. de Ribaucourt s'élève contre cette affirmation et semble donner à entendre que le Rite auquel appartenait Bonaparte n'était autre que le *Régime Écossais Rectifié.*

Les *Directoires* de ce Régime étaient depuis longtemps en relations étroites avec le Grand-Orient de France, comme le montrent ces indications données par Thory dans ses *Acta Latomorum* :

Abraham, comme membre de la Loge des *Élèves de Minerve*, à Paris (*Voir* 1803, *p.* 214, *article* ÉCOSSE.) » À cet endroit, nous lisons ce qui suit : « GRANDE LOGE DE SAINT-JEAN. – On fait lecture, dans la Grande Loge, d'une lettre de Louis *Clavel*, Grand-Maître Provincial de l'*Ordre de Saint-Jean d'Édimbourg* auprès de la *Grande Loge de Rouen*, demandant à être autorisé à constituer une Loge écossaise à Marseille. À cette requête était jointe la copie d'un écrit attribué à la *Grande Loge d'Écosse*, par lequel cette dernière paraissait donner, à une loge de Paris, nommée *les Élèves de Minerve*, le droit de délivrer des constitutions. La Grande Loge déclare qu'elle n'a jamais concédé de pareils pouvoirs (Lawrie, *The History of Freemasonry*, p. 292.) » Il y a probablement identité entre cette Loge des *Élèves de Minerve* et celle des *Élèves de la Nature.*

[1] Le F∴ Boisson-Quency, « Adjudant-Commandant, Membre de plusieurs Académies et Sociétés littéraires », était « Vice Orateur de la R∴ L∴ des *Élèves de la Nature* ».

[2] Exilé à la suite de ce complot, le Général Moreau se rendit d'abord en Amérique ; revenu en Europe, il fut tué à Dresde, en 1813, en combattant contre sa patrie dans les rangs des Russes. On voit ce qu'il faut penser des « vertus sociales » que célébrait le F∴ Boisson-Quency.

« *13 avril 1776*. – Traité d'union entre les commissaires respectifs du Grand-Orient et des Directoires Écossais établis (en 1774) selon le régime de la Maçonnerie Réformée de Dresde (datant de 1755), à Lyon, Bordeaux et Strasbourg. »

« *31 mai*. – Ce traité est adopté et sanctionné dans une assemblée extraordinaire. » (Tome Ier, p. 119.)

« *6 mars 1781*. – Le Directoire Écossais de Septimanie, séant à Montpellier, ayant formé, le 22 janvier précédent, une demande d'aggrégation (*sic*) au G∴ O∴ conforme au traité fait avec les Directoires Écossais en 1776, on arrête que ce même concordat sera commun aux Directoires impétrants. » (*Ibid.*, p. 147.)

Napoléon, en favorisant le Grand-Orient, n'aurait donc fait que suivre la politique adoptée par le *Régime Écossais Rectifié* ; mais il se peut qu'il ait été aussi affilié, par la suite, au *Rite Écossais Ancien et Accepté*, apporté d'Amérique en France par le F∴ de Grasse-Tilly en 1804, car c'est sans doute de celui-ci que le F∴ Pyron, 33e, secrétaire de la Grande Loge Générale Écossaise, parle dans sa lettre. L'attitude de Napoléon était assurément contraire aux intérêts de ce dernier Rite, aussi bien qu'à ceux du *Rite Écossais Philosophique* (dont la Mère-Loge avait été fondée en 1776) ; mais ne serait-ce pas précisément parce que ces organisations faisaient concurrence au *Régime Écossais Rectifié* ? En envisageant la question sous cet aspect, on parviendrait peut-être à éclaircir un peu ce curieux point d'histoire.

IV

LE REGIME ECOSSAIS RECTIFIE[1]

I

Dans notre article sur *l'Initiation maçonnique du F∴ Bonaparte*, nous avons parlé du traité d'union conclu, en 1776, entre le *Grand-Orient de France* et les *Directoires* du *Régime Écossais Rectifié* (alors *Rite de la Maçonnerie Réformée d'Allemagne*), et nous avons cité à ce propos un passage des *Acta Latomorum* du F∴ Thory (Tome Ier, p. 119). Il nous a paru intéressant, comme suite à cet article, de réunir ici les divers extraits du même ouvrage se rapportant à l'histoire générale de ce Rite au cours des années qui suivirent cet événement.

*
* *

1777. – SUISSE. – À cette époque, des sectaires de toutes les espèces s'étaient emparés des Grandes-Loges d'Allemagne[2], et toutes, ou du moins la plupart, avaient dévié du but de la primitive institution : on n'y trouvait que scissions, haines, divisions ; le même esprit gagnait les Ateliers de leur constitution ; mais la Suisse sait se garantir de ces désordres. Les Frères de l'Helvétie romande, qui travaillaient sous la constitution anglaise, se rapprochent de ceux de l'Helvétie allemande, qui s'étaient soumis à la constitution germanique. Assemblés à Zurich, ils sentent le besoin de réunir les différentes Loges suisses qui, jusqu'alors, avaient existé isolées et indépendantes, et instituent un centre national pour les diriger.

Des conférences s'établirent cette année, et les confédérés stipulèrent, en 1778, qu'en suivant sa division naturelle en deux

---

[1] Publié dans *La France Antimaçonnique*, le 14 août 1913 (non signé), les 19 et 26 fév. 1914 (signé *le Sphinx*). [*N.d.É.*]

[2] Allusion aux *Illuminés* et organisations plus ou moins analogues et animées du même esprit.

langues, la Suisse serait maçonniquement gouvernée par deux *Directoires Écossais*, savoir : le *Directoire Helvétique Allemand*, sous la Grande-Maîtrise de M. le Docteur *Lavater*[1], à la résidence de Zurich, et le *Directoire Helvétique Romand*, sous la Grande-Maîtrise de ....[2], à la résidence de Lausanne.

Ces *Directoires* prirent part aux *Convents* assemblés cette année dans l'Allemagne, et à celui qui se réunit à Lyon l'année suivante. (PP. 130-131.)

1778. – FRANCE. – Le *Directoire Écossais de Strasbourg* fonde une rente perpétuelle pour élever, instruire, entretenir et établir quatre orphelins, savoir : deux catholiques et deux luthériens. (P. 136.)
SUISSE. – *17 mars.* – Le *Directoire Écossais Helvétique Romand* publie ses Constitutions ; son Rite était purement philosophique et non pas hermétique. Les Loges de son aggrégation *(sic)* étaient gouvernées par des Maîtres instruits, dont le choix appartenait au *Directoire*. Ces Maîtres restaient en fonctions pendant trois années *(Const. du D. E. H. R.*, 4 vol. *in-4°*, Ms., T. I.) (P. 137.)

1779. – SUISSE. – *1er avril.* – Traité d'union entre les commissaires du *Grand-Orient de Genève* et ceux du *Directoire Helvétique Romand*. Ce traité fut ratifié le 29 mars 1780. (P. 142.).
1782. – SUISSE. – Les deux *Directoires Helvétiques* envoient des députés au *Convent de Wilhelmsbad*[3]. Le Docteur *Lavater*, Grand-Maître, est nommé pour présider la députation.

Novembre. – Le Conseil de Berne interdit l'exercice de la Franche-Maçonnerie *(sic)* dans les États de sa domination. Le *Directoire Helvétique*

---

[1] Le Dr Lavater était, d'après le F∴ Thory, le fils du théologien du même nom, Jean-Gaspard Lavater, qui refusa de participer au *Convent de Paris* en 1785. Ce même Dr Dietholm Lavater, de Zurich, était membre de la *Stricte Observance*, sous le nom caractéristique d'*Eques ab Æsculapio* (*Ibid.*, Tome II, pp. 137 et 344). – D'après les fiches manuscrites remises par le F∴ Savalette de Langes à l'*Eques a Capite Galeato* à la veille du *Convent de Wilhelmsbad* (1782), le Dr Lavater serait, non pas le fils, mais le frère du théologien (voir pp. 96-97 de l'ouvrage déjà cité de M. Benjamin Fabre). Nous ne savons laquelle des deux assertions est erronée.
[2] Nous n'avons pu trouver le nom de ce personnage ; nous ignorons donc la raison pour laquelle le F∴ Thory a jugé bon de le remplacer par des points.
[3] C'est à ce *Convent*, où la *Maçonnerie Réformée* devint le *Régime Rectifié*, que fut institué, dit-on, son cinquième et dernier degré ou « grade de l'intérieur », celui de *Chevalier Bienfaisant de la Cité Sainte*. (*Ibid.*, p. 299.)

Romand, pour se conformer à ces défenses, prononce la dissolution de toutes les Loges du canton ; lui-même donne l'exemple de la soumission en discontinuant ses assemblées ; mais il pourvoit au maintien de ses relations extérieures en érigeant un comité de trois membres investis des pouvoirs nécessaires, et qui ne devaient signer la correspondance qu'en caractères symboliques ; il prend encore d'autres mesures pour la direction des Loges de sa constitution hors du territoire de Berne, en nommant auprès d'elles des *Grands-Inspecteurs* revêtus de pouvoirs suffisants. (P. 154.)

1785. – SUISSE. – *Janvier.* – Conférence des Maçons suisses, dans la ville de Zurich, pour délibérer sur les réponses à faire aux *proponenda* du *Convent de Paris*. Ils arrêtent qu'ils ne prendront aucune part aux opérations de cette assemblée[1].

Après la fermeture du *Convent de Paris*, la commission intermédiaire, persuadée que l'assemblée avait été peu nombreuse parce que le lieu de la convocation (Paris) n'avait point été agréable à la plupart des personnes invitées, députe M. *Tassin de l'Étang*, à Lausanne, pour engager les Maçons de cette ville à donner asile au *Convent des Philalèthes* lors de sa reprise, la Suisse ayant paru, au plus grand nombre, le lieu le plus convenable[2].

16 juillet. – Le comité directorial délibère qu'il ne peut consentir à cette demande ; il persiste dans sa première résolution, en laissant cependant à ses membres la faculté de prendre part isolément aux nouvelles opérations du *Convent*, soit qu'il se rassemble en Prusse ou dans toute autre partie de l'Allemagne. (P. 168.)

1788. – ITALIE. – Le roi de Sardaigne donne l'ordre au *Directoire Maçonnique de la Lombardie* de se dissoudre ; celui-ci transfère, par acte authentique, tous ses pouvoirs à la *Grande Loge Écossaise de La Sincérité*, à Chambéry. (P. 181.)

---

[1] On sait que le *Grand-Orient de France* n'avait pas été invité à envoyer des représentants à ce *Convent*, réuni sur l'initiative des membres de la *XII⁰ classe du Régime des Philalèthes* (Loge des *Amis Réunis*), et présidé par le F∴ Savalette de Langes. (1784 : *ibid*, p. 160.)

[2] C'est peut-être là ce qui a donné naissance à une certaine légende, d'après laquelle le *Régime des Philalèthes* se serait conservé en Suisse jusqu'à nos jours ; mais la réponse du comité directorial enlève toute vraisemblance à une telle assertion.

1789. – SUISSE. – Cette année, le *Directoire Helvétique Romand* fait un traité d'alliance et d'amitié avec la *Grande Loge d'Angleterre.*

9 juin. – Le même *Directoire* perd son Grand-Chancelier, enlevé par une mort subite ; il était dépositaire des archives de l'Ordre, renfermées dans trois caisses. Le magistrat, chargé de l'apposition des scellés, en sauve deux ; mais la troisième, qui contenait les papiers les plus importants, étant tombée dans les mains d'un fonctionnaire timide, le *Directoire* ne peut en obtenir la remise : cette circonstance occasionne une perte irréparable à la Société. On a présumé que cette portion des archives avait été brûlée[1]. (P. 183.)

1790. – SAVOIE. – *11 janvier.* – La *Grande Loge Écossaise de Chambéry* ayant été forcée de suspendre ses travaux par ordre du gouvernement, les Loges de sa juridiction se divisent et passent, les unes sous le régime du *Grand-Orient de France*, et les autres sous celui du *Grand-Orient de Genève* ; mais la majorité se range sous les bannières du *Grand-Directoire Helvétique Romand.* (P. 185.)

1793. – SUISSE. – Le *Directoire Helvétique Romand* suspend ses travaux. Les Loges de la Lombardie agrégées à ce corps ferment leurs ateliers. Le *Directoire Helvétique Allemand* en fait autant. Celui-ci, dont les travaux se tenaient à Zurich, les a postérieurement repris et transportés à Bâle, sous le magister *(sic)* de M. *Burkart*, ancien landamann et successeur du Docteur *Lavater.* Le *Directoire Helvétique Allemand* professe le *Régime Rectifié*, selon la doctrine du *Convent de Wilhelmsbad.* (PP. 193-194.)

1794. – SAVOIE. – *20 mai.* – Victor-Amédée-Marie de Savoie, roi de Sardaigne, rend un édit par lequel il supprime la Franche-Maçonnerie *(sic)* dans les États soumis à sa domination. (P. 195.)

1808. – FRANCE. – *Juin.* – Le *Directoire de Bourgogne (Régime Rectifié)*, dont le siège avait été précédemment transféré de Strasbourg à Besançon, nomme le prince *Cambacérès* à la dignité de Grand-Maître National de l'*Ordre des Chevaliers Bienfaisants de la Cité Sainte.* (P. 239.)

---

[1] Il est singulier que l'on trouve des histoires de ce genre dans un bon nombre de Rites maçonniques ; celle-ci nous rappelle celle de la perte et de la découverte des archives du *Rite Primitif*, imaginée par l'*Eques a Capite Galeato* (pp. 30 et 54-56 de l'ouvrage de M. Benjamin Fabre).

1809. – FRANCE. – *Mars.* – Le *Directoire d'Auvergne* (*Régime Rectifié*), séant à Lyon[1], nomme le prince *Cambacérès* Grand-Maître National du *Rite des Chevaliers Bienfaisants de la Cité Sainte*, en France.

Mai. – Le *Directoire de Septimanie*, séant à Montpellier, en fait autant ; le prince accepte la dignité, et prête serment en cette qualité.
Un conseil est établi près du Grand-Maître National ; il est composé de M. *Fesquet*, chancelier de l'Ordre, de M. le chevalier d'*Aigrefeuille*[2], député de l'arrondissement de Paris, représentant le *Directoire du 5ᵉ ressort* (*Bourgogne*), de M. *Lajard*, représentant les *Directoires des 2ᵉ et 3ᵉ ressorts* (*Auvergne et Septimanie*), enfin de M. *Monvel*, secrétaire national de l'Ordre. (PP. 242-243.)

1810. – SUISSE. – *15 octobre.* – Fondation, à Lausanne, du *Grand-Orient Helvétique Romand*[3]. M. le chevalier Maurice *Glaise* est nommé Grand-Maître National. (P. 247.)

1811. – FRANCE. – *24 juin.* – Le traité signé avec le *Régime Rectifié*, par les commissaires respectifs du *Grand-Orient de France* et des *Directoires Écossais*, est sanctionné à la majorité de dix-huit voix contre sept. (PP. 247-248.)

*
* *

Dans le Tome II (pp. 206-220), le F∴ Thory donne le texte des traités conclus, en 1776 et 1781, entre le *Grand-Orient de France* et les *Directoires Écossais*.

*
* *

Il n'est fait aucune mention, dans les *Acta Latomorum*, de corps du *Régime Écossais Rectifié* ayant existé à Malte, où aurait été initié le Général Bonaparte ; mais cela ne peut être considéré comme une preuve

---

[1] On sait que cette ville était la résidence du F∴ Willermoz.

[2] Nous renverrons encore au livre de M. Benjamin Fabre pour ce qui concerne ce F∴ Charles d'Aigrefeuille, cousin de l'*Eques a Capite Galeato*.

[3] Le Régime professé par cette organisation n'est pas indiqué ; mais il semble bien que ce soit là une suite de l'ancien *Directoire Helvétique Romand*.

suffisante qu'il n'y en ait jamais eu. D'ailleurs, sur les Rites de hauts grades qui ont pu être pratiqués dans cette île vers la fin du XVIIIᵉ siècle, nous ne trouvons dans cet ouvrage qu'une seule indication, qui est la suivante :

1771. – MALTE. – Le nommé *Kolmer*, marchand jutlandais, l'un des émissaires des *Clercs de la Stricte-Observance*, établit à Malte, dans l'intérieur d'une Loge de Francs-Maçons, un Rite fondé sur la magie, la cabale, la divination et les évocations. Le gouvernement de l'île le fait chasser. Ce *Kolmer* se lia depuis, dit-on, avec *Weishaupt*, et l'aida à composer les Rites de l'*Illuminatisme (sic)*. (Tome Iᵉʳ, pp. 99-100.)

On sait que les *Clercs de la Stricte-Observance* étaient une scission de l'Ordre du même nom, formée dans l'intention de rivaliser avec celui-ci. Les *Clerici* prétendaient posséder seuls les secrets de l'association ; ils enseignaient, comme *Kolmer*, l'alchimie, la magie, la cabale, etc. (*Ibid.*, pp. 300 et 329.)

Comme il est peu probable que le Rite établi à Malte en 1771 y ait été encore en activité en 1798, la question de l'initiation de Bonaparte dans les hauts grades reste encore à élucider définitivement ; comme pour son initiation aux grades symboliques, il est vraiment difficile d'arriver sur ce point à quelque précision.

On remarquera d'ailleurs que le F∴ Thory ne fait aucune mention du *Régime Ecossais Rectifié* de 1794 à 1808, et c'est précisément dans cet intervalle que le F∴ Bonaparte dut y être admis.

II

Si l'histoire de la période qui va de 1794 à 1808 est fort obscure, il faut dire, d'ailleurs, que les origines mêmes du *Régime Rectifié* ne le sont guère moins ; ce qui le prouve, c'est que les *Directoires d'Auvergne* (Lyon), *d'Occitanie* (Bordeaux) et *de Bourgogne* (Strasbourg), aussi bien que celui *de Septimanie* (Montpellier), sont souvent désignés comme ayant été établis sous le *régime templier de la Stricte Observance*. Cependant, en ce qui concerne les trois premiers, le *traité d'union* de 1776 spécifie nettement qu'ils avaient été établis « suivant le *Rite de la Maçonnerie Réformée d'Allemagne* » ; quant au quatrième, ce même traité ne lui fut appliqué qu'en 1781, et il semble que ce soit au *Convent de Lyon* (1778) qu'il ait adhéré à la *rectification* qui, après celui de *Wilhelmsbad* (1782), devait remplacer partout la *Stricte Observance*. On a peut-être identifié à tort les *Provinces* en lesquelles celle-ci était divisée[1] avec les *Directoires Écossais* ayant même juridiction ; mais cela ne veut pas dire qu'il n'y ait pas eu, comme nous l'avons indiqué ailleurs, des relations plus ou moins directes entre ces divers *régimes*, tout au moins jusqu'au jour où les partisans de la *réforme* répudièrent officiellement toute attache avec les mystérieux *Supérieurs Inconnus*, quels qu'aient pu être les véritables motifs de cette détermination peut-être aussi grave que la suppression plus récente du *G∴ A∴ de l'U∴* par le *Grand-Orient de France*.

D'autre part, ce qui n'est guère fait pour éclaircir la question des origines, c'est qu'il y eut en réalité plusieurs *rectifications* différentes, du moins avant le *Convent de Wilhelmsbad*. Dans la *Notice historique sur le Martinésisme et le Martinisme*, par « *un Chevalier de la Rose Croissante* » (le F∴ Abel Thomas), qui sert de préface aux *Enseignements secrets de Martinès de Pasqually*, et que nous avons eu déjà plusieurs occasions de citer[2], nous lisons ceci (p. 74) : « Parmi les *systèmes écossais rectifiés*, les plus connus sont : l'*Écossais rectifié de Dresde*, pratiqué en Allemagne *avant l'établissement de la Stricte Observance*[3] ; l'*Écossais rectifié dit de Swedenborg*[1] ; l'*Écossais rectifié*

---

[1] Ces *Provinces* étaient : 1. l'Aragon ; 2. l'Auvergne ; 3. l'Occitanie ou Languedoc ; 4. Lyon ; 5. la Bourgogne ; 6. la Grande-Bretagne ; 7. la Basse-Saxe, l'Elbe et l'Oder, la Pologne prussienne, la Livonie et la Courlande ; 8. l'Allemagne supérieure, le Pô, le Tibre, l'Italie et la Sicile ; 9. la Grèce et l'Archipel. – D'après la *réforme de Wilhelmsbad*, la répartition des *Provinces* devint la suivante : 1. la Basse-Allemagne, avec la Pologne et la Prusse (on lui donna ce rang parce qu'elle fut la première en activité) ; 2. l'Auvergne, avec Lyon ; 3. l'Occitanie ; 4. l'Italie et la Grèce ; 5. la Bourgogne et la Suisse ; 6. l'Allemagne supérieure ; 7. l'Autriche et la Lombardie ; 8. la Russie ; 9. la Suède. (*Acta Latomorum*, Tome II, pp. 134-135. – Cf. *Notice historique sur le Martinésisme et le Martinisme*, p. 43.)

[2] Voir *La France Antimaçonnique*, 25ᵉ année, n°40, pp. 434-435, à propos d'un article du F∴ E. de Ribaucourt sur *La L∴ le Centre des Amis* (reproduit pp. 435-437). – Voir également nos récents articles relatifs à la question des *Supérieurs Inconnus* (27ᵉ année, nᵒˢ 47, 49 et 51).

[3] La *réforme de Dresde* date en effet de 1755, et ce n'est qu'en 1763 que le baron de Hundt fut reconnu *Grand-Maître provincial de la Maçonnerie rectifiée en Allemagne* (*Acta Latomorum*, Tome Iᵉʳ, p. 82). Les statuts de l'*Ordre Illustre de la Stricte Observance* furent publiés en 1767, époque où l'on prétend, mais sans en donner d'ailleurs la moindre preuve, que le baron de Hundt se fit catholique pour être admis dans la *Late Observance* (*ibid*, Tome Iᵉʳ, p. 91, et Tome II, p. 127). C'est bien en 1754 (et non en 1743) que le baron de Hundt avait reçu les *hauts grades templiers* dans le *Chapitre de Clermont*, installé le 24 novembre de cette année par le chevalier de Bonneville ; mais, si « c'est là qu'il puisa les principes et la doctrine de la (future) *Stricte Observance* », ce n'est que par la suite, et certainement après 1756, qu'« il s'en fit l'apôtre en Allemagne » et tenta de réaliser, dans une organisation superposée à la Maçonnerie, le système qu'il avait imaginé (*ibid*, Tome Iᵉʳ, pp. 68 et 71-72). – Cf. *La France Antimaçonnique*, 27ᵉ année, n° 25, p. 292. Cette question est

de De Glayre[2] ; l'*Écossais rectifié de Tschoudy*[3] ; et l'*Écossais rectifié de Saint-Martin*[4]... Dans ce dernier système, il est question d'une *légende*

---

particulièrement intéressante ; nous y reviendrons donc pour la traiter à part et avec plus de détails, dans une étude consacrée à la *Stricte Observance*, ainsi que nous l'avons déjà annoncé (27e année, n° 47, p. 560).

[1] Le F∴ Thory mentionne le Rite des *Illuminé Théosophes*, fondé pour la propagation du système de Swedenborg, par Bénédict Chastanier, qui l'établit à Londres en 1767, et qui composa plusieurs grades, entre autres celui de *Sublime Écossais de la Jérusalem Céleste* (*Acta Latomorum*, tome Ier, pp. 89, 308 et 318). Le Rite des *Illuminés d'Avignon* fut fondé par le bénédictin Dom Pernéty (et non Pernetti), qui composa le grade *hermétique* de *Chevalier du Soleil* ou *Prince Adepte* (devenu le 28e Écossais) ; on introduisit dans ce Rite l'enseignement de la doctrine du *Martinisme* (?) et du *Swedenborgisme* (*ibid.*, pp. 297 et 339), de même que dans le *Régime des Philalèthes*, institué à Paris, en 1773, par le F∴ Savalette de Langes, et « pratiqué dans l'*intérieur* de la *Loge des Amis Réunis* » (*ibid.*, pp. 110 et 332). – Nous nous demandons jusqu'à quel point ces divers *régimes* peuvent être qualifiés d'*écossais*, mais ce qu'il y a de certain, c'est qu'ils étaient tous différents du *Rite Swedenborgien* « restauré » par feu le F∴ John Yarker (cf. *La France Antimaçonnique*, 27e année, n° 25, p. 298, et aussi pp. 292-293). Ce qui est non moins certain, c'est que Swedenborg lui-même ne fonda jamais *ni Église, ni Rite maçonnique*.

[2] Comme ce régime est aussi appelé *Écossais rectifié suisse*, et comme le nom de De Glayre n'est pas mentionné par le F∴ Thory, nous nous demandons si ce nom ne serait pas celui du *Grand-Maître du Directoire Helvétique Romand* (1778 : Tome Ier, p. 131) ; mais nous ne voyons pas pour quelles raisons il l'a caché plus que bien d'autres noms qu'il écrit en toutes lettres (voir *La France Antimaçonnique*, 27e année, n° 33, p. 386).

[3] Le baron de Tschoudy était membre du *Conseil des Chevaliers d'Orient*, « établissement fondé (en 1762) par le nommé Pirlet, tailleur d'habits, en rivalité du *Conseil des Empereurs d'Orient et d'Occident* » (*Acta Latomorum*, Tome Ier, p. 80). Auteur de l'*Étoile Flamboyante*, il voulut fonder un Ordre de ce nom, en 1766, à Paris, où il mourut en 1769 (pp. 94-95, 312 et 360). Il fut l'un des apôtres de la doctrine de Ramsay, et composa le grade de *Grand Écossais de Saint-André d'Écosse* (devenu le 29e Écossais) (pp. 305-306 et 307). « En mourant, il légua plusieurs manuscrits aux archives du *Conseil des Chevaliers d'Orient*, dont il était membre, et entre autres l'ouvrage intitulé l'*Écossais de Saint-André*, à condition de ne les pas faire imprimer ; mais le *Conseil* n'en tint compte ; il publia (en 1780) et vendit ce dernier ouvrage », « contenant le développement total de l'*Art Royal de la Franche-Maçonnerie* » (pp. 95 et 367). Nous retrouverons le grade d'*Écossais de Saint-André*, qui « appartient à plusieurs *régimes* » ; c'est aussi le nom du 2e degré du *Rite des Clercs de la Stricte Observance* (pp. 300, 305 et 329). – Dans son ouvrage sur *Le Symbolisme Hermétique* (pp. 115-156), le F∴ Oswald Wirth a reproduit sous le titre *Un Catéchisme hermético-maçonnique*, le « Catéchisme ou Instruction pour le grade d'*Adepte* ou *Apprentif Philosophe sublime et inconnu* » qui se trouve dans l'*Étoile Flamboyante* du baron de Tschoudy (Tome II, pp. 234 et suivantes). – Remarquons, à propos de tous ces grades et systèmes plus ou moins *hermétiques*, que le Rite pratiqué par le *Directoire Écossais Helvétique Romand* en 1778 « était *purement philosophique et non pas hermétique* » (*Acta Latomorum*, Tome Ier, p. 137 ; cité dans *La France Antimaçonnique*, 27e année, n° 33, p. 386).

[4] Le « *Chevalier de la Rose Croissante* » ajoute : « La plupart des auteurs qui ont parlé de ce dernier l'ont attribué faussement, à cause d'une homonymie, à Louis-Claude de Saint-

chrétienne, celle du *Chevalier Bienfaisant* (le chevalier romain qui, de son épée, coupa en deux son manteau et en donna une moitié à un pauvre, et qui fut canonisé sous le nom de *saint Martin*) *de la Cité Sainte* (Rome)[1], légende qui est une sorte d'adaptation des vertus charitables de l'*Hospitalier de la Palestine*[2] et qui, dans la circonstance, présentait le grand avantage d'échapper aux soupçons des gouvernements[3]. »

Ceci est dit à propos du *Convent* que tinrent à Lyon, en 1778, les *Directoires d'Occitanie, de Bourgogne et de Septimanie*[4], sous la présidence du F∴ J.-B. Willermoz, « en vue d'examiner les divers moyens permettant une utilisation immédiate du traité passé (en 1776) avec le *Grand-Orient de France* » (p. 73)[5]. « On y préconisa différents systèmes, entre autres l'*Écossais rectifié suisse* de De Glayre, et celui dont faisaient usage, depuis 1770, la Loge et le Chapitre de *Saint-Théodore* de Metz,

---

Martin, et M. Papus n'a pas manqué de rééditer une erreur qui lui semblait servir sa thèse. Nous verrons d'ailleurs que Saint-Martin a pris la peine de réfuter une légende qui s'était répandue dans les divers milieux maçonniques et qui est reproduite sans examen dans les ouvrages de la plupart des historiens français et étrangers. »

[1] Ou Jérusalem ? Les *Chevaliers Bienfaisants de la Cité Sainte* sont aussi appelés *Chevaliers du Saint-Sépulcre de Jérusalem en Palestine* (voir ci-dessous).

[2] Le 9e grade de la *réforme de Saint-Martin* portait d'abord le nom de *Chevalier de la Palestine* ou *de l'Aurore* (*Acta Latomorum*, Tome Ier, pp. 330-331). – Dans l'*Étoile Flamboyante* du baron de Tschoudy, il est question d'un certain *Ordre de la Palestine*, « qui aurait existé du temps de Ramsay, et dans les *dogmes* duquel ce novateur aurait puisé une partie de son système » (*ibid*, p. 331).

[3] Contre le *système templier*. – D'après le « *Chevalier de la Rose Croissante* » (p. 75), « Bode a prétendu que la police lyonnaise demanda la suppression de la *fable templière* (sur Pierre d'Aumont et ses compagnons) comme attentatoire à la sûreté de l'État, et qu'elle avait menacé de fermer les Loges du *Directoire*, si ceux-ci ne renonçaient pas au *système templier*, que le gouvernement regardait comme une sorte de conspiration permanente contre les successeurs de Clément V et de Philippe le Bel ». C'est ce même *système* que le F∴ Starck allait dénoncer, en 1780, « comme contraire aux gouvernements et comme séditieux » (*La France Antimaçonnique*, 27e année, n° 49, p. 287).

[4] Ces *Directoires* sont ici qualifiés de *templiers*, et le F∴ Willermoz de *Grand-Maître provincial d'Auvergne* ; il est possible que ce F∴, membre du Rite des *Élus Cohens*, ait été également affilié à la *Stricte Observance*, mais nous n'avons pu trouver nulle part le « nom caractéristique » qu'il aurait dû porter en cette qualité (voir le tableau, d'ailleurs très incomplet, donné par le F∴ Thory dans l'ouvrage déjà cité, Tome II, pp. 135-138). – Remarquons que, d'après l'auteur de la *Notice historique* lui-même, « le rôle de de Hundt était fini » dès 1775, à la suite du *Convent de Brunswick* (pp. 58-61 ; cf. *Acta Latomorum*, Tome Ier, p. 117). Il mourut d'ailleurs peu après, le 8 novembre 1776, âgé de 54 ans (*ibid*, pp. 122-123).

[5] « Ce *Convent* échoua par suite des manœuvres des *Philalèthes* auprès de la *Grande Loge de Lyon* et du *Directoire* même *de Bourgogne* » (*ibid*). – Cf. *Acta Latomorum*, Tome Ier, pp. 135-136.

sous le nom d'*Écossais réformé de Saint-Martin*» (p. 74), système dont il vient d'être question. Le premier était présenté «par les Loges de la Suisse française» (ou romande) et le second «par les députés de la *Province de Bourgogne*». «Après examen de ces systèmes, l'assemblée élabora le grade de *Chevalier Bienfaisant de la Cité Sainte* (dit aussi *Chevalier de la Bienfaisance*), qui participe quelque peu des deux[1], en se bornant à établir la connexion avec l'*Ordre des anciens Templiers* par un enseignement historique[2] dans le dernier des degrés qui constituaient l'*Ordre intérieur*, celui d'*Eques Professus* ou de *Grand Profès*[3]» (p. 76).

«La *Stricte Observance* approchait de sa fin», que les manœuvres des *Philalèthes* contribuèrent à hâter, car «ce furent leurs affiliés de la *Province de Bourgogne* qui furent les premiers à demander la prompte réunion d'un *Convent* chargé de résoudre définitivement la *question templière*» (p. 110). Ce *Convent* fut ouvert à Wilhelmsbad, le 16 juillet 1782, sous la présidence du duc Ferdinand de Brunswick (*Eques a Victoriâ*), et, après avoir «renoncé à tous *Supérieurs Inconnus*», ainsi que nous l'avons déjà dit, il eut à étudier cette question qui était son principal objet: «L'Ordre de la Stricte Observance descend-il des Templiers?».

«Cette question agita l'assemblée pendant près de vingt séances. Le F∴ Ditfurth de Wetzlar déclara tout à fait insuffisantes les preuves produites dans le but d'établir que l'Ordre descendait des Templiers… Le F∴ Bode (*Eques a Lilio Convallium*), homme d'une intelligence très

---

[1] L'auteur ajoute en note : «Ce grade se rapproche d'ailleurs davantage de l'*Hospitalier Templier* que du *Chevalier Bienfaisant* de l'*Écossais de Saint-Martin*; mais, après le *Convent de Wilhelmsbad*, il inclinera vers l'*Écossais de Saint-André*.» – Il semble avoir fait confusion, car l'*Écossais de Saint-André* et le *Chevalier Bienfaisant de la Cité Sainte* sont deux grades distincts dans le *Régime Écossais Rectifié*. Quoi qu'il en soit, le grade de *Chevalier de la Bienfaisance* fut, sinon institué (comme le dit le F∴ Thory), du moins transformé au *Convent de Wilhelmsbad*, où nous allons le retrouver (cf. *La France Antimaçonnique*, 27e année, n° 33, p. 387, note 1).

[2] Voir le *Rituel* publié par Jean Kostka (le F∴ Jules Doinel) dans *Lucifer Démasqué* (pp. 276-295).

[3] D'après notre auteur, «ces décisions expliquent les soupçons des historiens maçonniques qui conclurent des opérations du *Convent de Lyon* que le reniement du *système templier* avait été plus apparent que réel. Leurs soupçons sont d'autant mieux fondés que les *Provinces* françaises, et en particulier celle d'*Auvergne*, reçurent, comme par le passé, leurs instructions et leurs ordres de la *Grande-Maîtrise de Brunswick*» (pp. 76-77). – Cependant, le F∴ de Ribaucourt, dans son article déjà cité, dit que «la *Stricte Observance* n'exista plus *en France* à partir de 1778», c'est-à-dire du *Convent de Lyon* (voir *La France Antimaçonnique*, 25e année, n° 40, p. 436). On peut ajouter qu'elle cessa de même d'exister en Allemagne, selon toute apparence, à partir du *Convent de Wilhelmsbad* (1782).

active, auquel la *Stricte Observance* devait la meilleure partie de ce qui y avait de bon en elle, proposait, de son côté, que l'on remaniât tous les grades autres que les trois premiers dans un sens plus libéral, et que l'on mit fin à des fables qui n'avaient aucun fondement... Presque tous les Frères furent d'avis qu'il fallait effectivement réformer les hauts grades et l'organisation générale de l'Ordre, mais ils différèrent sur le sens de cette réforme. De Beyerlé (*Eques a Fasciâ*) demandait que l'on annulât tous les grades supérieurs aux trois premiers degrés, y compris l'*Ordre intérieur Templier*, et que les Loges fussent rendues libres de s'administrer comme bon leur semblerait et de disposer de leurs deniers ; Ditfurth, que l'on ajoutât simplement aux trois premiers grades un quatrième grade où serait enseigné tout ce qui a trait à la Franc-Maçonnerie ; il demandait aussi que les Juifs fussent admis à l'avenir[1]. Ses propositions furent soutenues par Knigge. Willermoz était d'avis que l'on maintînt l'*Ordre intérieur*, mais que l'on légitimât les rectifications du *Convent de Lyon* en acceptant d'une façon générale le *Chevalier de la Bienfaisance* ; Moth et Dietholm Lavater (*Eques ab Æsculapio*), que l'on ménageât les diverses confessions chrétiennes, etc., etc... Comme il fallait arriver à une solution et que la discussion menaçait de s'éterniser, le F∴ Bode proposa d'abandonner le fond de la question[2] et de se contenter de décider des modifications conformes à l'esprit du siècle et avantageuses à toutes les religions. Cette proposition fut le signal d'une sorte de transaction,... par laquelle on s'efforça de contenter tout le monde, sans arriver d'ailleurs à satisfaire personne. On arrêta, en faveur de Bode, de Knigge et de Beyerlé, que les Loges garderaient leur administration intérieure ; mais on décida, en faveur de Ditfurth, que les trois grades symboliques travailleraient sous la surveillance du quatrième grade, celui de *Maître Écossais*[3], que, pour

---

[1] Cette dernière demande est à rapprocher de ce que nous disions, au sujet des Juifs, dans notre précédent article sur *La Stricte Observance et les Supérieurs Inconnus* (*La France Antimaçonnique*, 27e année, n° 47, p, 564, et n° 49, p. 585) [article repris dans *Études sur la Franc-Maçonnerie et le Compagnonnage, tome 2*].

[2] Donc, en réalité, la question de l'origine de la *Stricte Observance* ne fut pas résolue, pas plus que celle de l'existence et des attributions des *Supérieurs Inconnus* ; on s'en tint prudemment à des mesures d'une portée pratique immédiate, et qui, quoi qu'on en ait dit, ne préjugeaient aucune solution définitive, mais supprimaient pour leurs adhérents toute possibilité de relations *directes* avec les *Supérieurs Inconnus*.

[3] Il semble bien qu'il s'agisse ici de l'*Écossais de Saint-André*, dont le nom, repris dans la suite, aurait alors disparu tout à fait pour être remplacé par celui de *Chevalier de la Bienfaisance* ; s'il en est ainsi, ce grade était différent, malgré la similitude des noms (et contrairement à ce que l'auteur a dit plus haut), du grade *intérieur* de *Chevalier Bienfaisant de*

contenter Willermoz et Dietholm Lavater, l'on transforma en celui de
Chevalier de la Bienfaisance, pratiqué en France et en Suisse depuis 1778,
en décrétant cependant que, si des motifs particuliers le requéraient, il
serait loisible à toutes les *Provinces* et *Préfectures* de ne point faire usage de
ce grade. Enfin, la direction centrale (de Brunswick) et les partisans
templiers reçurent satisfaction, en ce que le grade de *Chevalier de la
Bienfaisance* comporta désormais un enseignement historique[1] dans
lequel était établie la connexion des trois premiers grades avec l'*Ordre
templier*, représenté par l'*Ordre intérieur* et ses deux grades : le *Novice* et le
Chevalier Templier, (ce dernier) subdivisé en quatre degrés : *Eques,
Armiger, Socius* et *Profès* » (pp. 114-117).

C'est ce qui est indiqué dans la *Capitulation* suivante, que signa le duc
Ferdinand de Brunswick, prenant le titre d'*Éminence* en sa qualité de
Grand-Maître : « Aux trois grades symboliques de la Maçonnerie, on
n'ajoutera qu'un seul grade, celui-de *Chevalier de la Bienfaisance.* Ce grade
doit être considéré comme le point de communication entre l'*Ordre
extérieur* et l'*Ordre intérieur.* L'*Ordre intérieur* doit se composer des deux
grades de *Novice* et de *Chevalier*[2]. Les officiers des Loges peuvent
former le comité de la Loge, et y préparer les objets à traiter. On
n'examinera pas s'ils sont revêtus de *grades écossais*. Dans chaque district,
la *Loge écossaise* doit exercer une surveillance immédiate sur les *Loges
symboliques.* Les décorations de l'*Ordre intérieur* doivent être conservées[3] »
(pp. 117-118).

« Ainsi, comme l'a fait remarquer Eckert, le résultat du *Convent de
Wilhelmsbad* fut une transaction intérimaire entre les divers systèmes » ;
mais « plusieurs *Provinces* refusèrent d'adopter les conclusions du
Convent » et la *rectification* qu'il avait élaborée. « Les Loges de Pologne et
de Prusse pratiquèrent, les premières, le *Rite Écossais rectifié de De Glayre,*
les secondes, les systèmes de Zinnendorf (*Eques a Lapide Nigro*) ou de
Wœllner (*Johannes, Eques a Cubo*). Les Loges de Hambourg et du

---

la *Cité Sainte*, le même précisément qui est désigné un peu plus loin comme le *Chevalier
Templier.*

[1] Cet enseignement n'existait précédemment qu'au dernier degré de l'*Ordre intérieur,*
comme nous l'avons vu plus haut.

[2] Remarquons que la désignation de *Templier* ne figure pas dans ce texte.

[3] L'auteur renvoie à Sindner, Widekind, Beyerlé, Paganucci, etc. – Dans une note (p.
119), il signale le fait suivant, que nous avons déjà mentionné d'après Thory : « Cette
même année (1783), le *Directoire Helvétique Romand* fut dissous par les autorités de la
République de Berne. »

Hanovre adoptèrent le système de Schrœder[1], et celles de la Haute-Allemagne se rangèrent dans le *système éclectique* établi par Ditfurth[2] ou contractèrent des alliances avec les *Illuminés* de Weishaupt » (p. 120).

En somme, le nouveau *Régime Rectifié* « ne fut réellement adopté à l'étranger que par la *Province de Lombardie* (1783-1784), par les deux *Directoires Helvétiques* (1783)[3], par celui de Hesse-Cassel et par une Loge du Danemark (1785) ; car nous avons lieu de croire que la Loge centrale de Brunswick (*Charles à la Colonne Couronnée*), celle de Dresde, celle de Prague et celle de Bayreuth continuèrent à suivre l'ancien système[4].

« En France, les *Provinces d'Auvergne et de Bourgogne* seules pratiquèrent le nouveau système. Des deux autres *Provinces*, l'une, celle d'*Occitanie*, n'existait plus ; quant à l'autre, celle de *Septimanie*, réduite aux huit membres de la Loge de Montpellier, qui, en 1781, avait passé un traité avec le *Grand-Orient de France*, il y a apparence, dans les documents qui nous restent, qu'elle ne pratiqua plus ni l'ancien ni le nouveau système » (pp. 121-122).

Quant aux causes de l'affaiblissement et de la disparition des *Directoires*, l'une d'elles n'était autre que « la lutte soutenue par les *Philalèthes* pour l'autonomie de la Maçonnerie nationale (en France) contre l'hégémonie de la Loge directoriale de Brunswick, lutte qui, en raison du peu d'importance des *Directoires* français, devait fatalement amener leur fusion avec le *Grand-Orient* ». À l'étranger, « la véritable cause de la chute des *Directoires* réside dans le discrédit que l'*Ordre des Illuminés* devait jeter sur ces territoires *(sic)* à la suite des scandales de 1784 et des enquêtes de 1785 » (p. 124) ; mais nous n'avons pas à entrer ici dans les détails de cette histoire, d'ailleurs assez connue, et qui nous entraînerait trop loin de notre sujet. Il nous suffira de dire que, par suite de ces événements, « les gouvernements commencèrent à

[1] Voir *La France Antimaçonnique*, 27e année, n° 49, p. 586, note 4.
[2] L'auteur ajoute ici dans une note : « Nous n'avons pas été peu surpris de lire dans M. Papus : « C'est Willermoz qui seul, après la Révolution, continua l'œuvre de son initiateur (lisez Martinès) en amalgamant le Rite des *Élus Cohens* avec l'*Illuminisme* du baron de Hundt pour former le *Rite Éclectique*. » Phrase qui contient autant d'erreurs que de mots. »
[3] « Encore devons-nous dire que l'adaptation n'eut aucun effet pour l'un de ces *Directoires*, puisque l'*Helvétique Romand* venait d'être dissous. » – Cependant, il avait établi un comité chargé du maintien de ses relations extérieures ; en outre, les Loges de Lombardie agrégées à ce corps ne furent définitivement fermées qu'en 1793.
[4] Cependant, aucune raison n'est indiquée pour justifier cette assertion. – D'un autre coté, il serait intéressant de savoir quel *Régime* fut adopté par le *Grand-Orient de Pologne et du Grand-Duché de Lithuanie*, fondé le 27 février 1784 (*Acta Latomorum*, Tome Ier, p. 161).

s'inquiéter », et que « les *Directoires*, dont on avait remarqué les nombreuses affiliations dans l'*Ordre des Illuminés*, furent les premiers persécutés (après les Loges de Bavière et de Bade). Le *Directoire Helvétique* était déjà fermé, lorsqu'en 1786[1] une ordonnance du roi de Sardaigne provoqua la dissolution du *Directoire de Lombardie* et la fermeture pour toujours de toutes les Loges de son ressort dans la *septième Province* » (p. 131).

Pour en revenir à la France, nous voyons qu'en 1793 « le *Directoire d'Auvergne* était le seul qui eût encore une Loge en activité, celle de *la Bienfaisance*, à Lyon », qui était toujours dirigée par Willermoz[2], mais qui d'ailleurs « était en proie à toutes les horreurs d'un siège sans merci » (p. 163). Il est vrai que la situation des autres Corps maçonniques était alors la même, et qu'ils étaient « obligés de suspendre leurs assemblées » ; le *Grand-Orient de France* lui-même « voyait ses archives dispersées », et « une seule des Loges de cette puissante association continuait ses réunions, la Loge du *Centre des Amis* » (p. 162). C'est précisément cette dernière Loge qui devait, « en sa qualité de Loge réorganisatrice du *Grand-Orient de France*, s'entremettre en 1808 pour obtenir aux *Directoires* français la protection du prince Cambacérès » (p. 175, en note). En effet, « ces trois *Directoires* (Besançon, Lyon[3], et Montpellier) se réveillèrent successivement de 1805 à 1808[4], et se réclamèrent presque aussitôt du *Grand-Orient* ; mais celui-ci était peu désireux de renouveler les traités antérieurs, et il accorda une reconnaissance entière des Loges directoriales moyennant que ces dernières choisissent un Grand-Maître national… En juin 1808, le prince Cambacérès, Grand-Maître adjoint du *Grand-Orient*, accepta, avec le titre d'*Eques Joanes* (sic) *Jacobus Regis a Legibus*, cette charge de Grand-Maître national pour la *Province de Bourgogne*. En mars 1809, Willermoz obtint la même faveur pour la *Province d'Auvergne* (dont il

---

[1] Comme nous l'avons vu d'autre part, Thory assigne à ce fait la date de 1788 (*Acta Latomorum*, Tome Ier, p. 181). – Rappelons que le *Directoire de Lombardie* transféra ses pouvoirs à la *Grande Loge Écossaise de Chambéry*, qui dut elle-même suspendre ses travaux en 1790 par ordre du gouvernement (*ibid*, p. 185).

[2] En 1790, « Saint-Martin, tout entier à ses études de mystique, avait résolu de se détacher définitivement du *Régime Rectifié*, dans lequel il ne figurait plus que par amitié pour Willermoz », et avait envoyé à celui-ci sa démission de l'*Ordre Intérieur* (pp. 156-159).

[3] « La Loge de *la Bienveillance* (ou de *la Bienfaisance* ?) fut réveillée le 24 septembre 1806. »

[4] D'après cela, le F∴ de Ribaucourt commettrait une erreur en disant, d'après Galiffe (*Chaîne Symbolique*), que les *Directoires* « prirent part, en 1804, au concordat qui réunit en un même faisceau tout les Rites pratiqués en France ».

était Grand-Maître)[1], et, en mai 1809, ce fut le tour de la *Province de Septimanie*. Mais cela n'empêcha pas les *Directoires* de disparaître définitivement peu après, à la suite de la mort de Willermoz » (pp. 142-143). Nous les voyons encore, le 14 juin 1811, renouveler le traité d'union de 1776 avec le *Grand-Orient*, mais il semble bien que ce soit là le dernier acte de leur existence.

« En 1810, à la veille de s'éteindre faute de membres, le *Directoire de Bourgogne* transmit ses pouvoirs à une Loge de Genève, *l'Union des Cœurs*[2], et, grâce à cet artifice, le *Directoire Helvétique*, qui venait de se réveiller à Bâle, mais que le *Grand-Orient de France* refusait de reconnaître, put rester en relations avec ce *Grand-Orient* par l'intermédiaire de *l'Union des Cœurs*.

« En 1811, le *Directoire Helvétique* nomma pour Grand-Maître provincial Pierre Burkhard[3]. En 1812, le *Grand-Orient Helvétique Romand*[4] fit une tentative pour réunir toutes les Loges de la Suisse sous son autorité suprême ; mais cette tentative échoua parce que, d'un côté, le *Directoire Helvétique* fit de l'acceptation du *Rite Rectifié* la condition *sine qua non* de sa jonction, et que d'un autre côté, la Loge de *l'Espérance* de Berne, qui trouvait ce système aussi peu en rapport avec le pur enseignement primitif de la Maçonnerie que sa constitution elle-même l'était avec la liberté qu'on désirait, crut ne pas pouvoir entrer dans ces vues[5]. En 1816, il y eut une nouvelle tentative de fusion qui échoua

---

[1] L'auteur ajoute ici en note : « Chose étrange, M. Papus, qui mentionne ce fait relaté dans une lettre de Willermoz au prince Charles de Hesse (Grand-Maître général du *Régime Rectifié* depuis 1792), l'attribue à l'*Ordre des Élus Cohens* en ajoutant que cela lui permet de suivre cet Ordre jusqu'en 1810. » – Willermoz décerna à la Loge du *Centre des Amis*, en échange de ses services, le titre de Préfecture. D'après le F∴ de Ribaucourt, cette Loge, qui aurait travaillé jusqu'en 1838, était « passée au *Rite Rectifié*» ; mais l'auteur de la *Notice historique* dit seulement qu'elle « continua jusqu'en 1829 à pratiquer ce Rite concurremment avec le *Rite Français* et le *Rite Écossais Ancien et Accepté*» (p. 175, en note).

[2] Cependant, ce *Directoire* prit part, comme les deux autres, au traité de 1811 ; il faut donc croire qu'il n'était pas encore tout à fait éteint.

[3] C'est celui-ci que Thory désigne comme « M. Burkart, ancien landamann et successeur du docteur Lavater » (*Acta Latomorum*, Tome Iᵉʳ, p. 193) ; mais c'est assurément à tort qu'il le qualifie de « Grand-Maître des Loges de la Suisse en 1793 » (*ibid*, Tome II, p. 297).

[4] Fondé à Lausanne le 15 octobre 1810 (*Acta Latomorum*, Tome Iᵉʳ, p. 247), et dont la création avait été autorisée par le *Grand-Orient de France*. – Son Grand-Maître national était le « chevalier Maurice Glaise, littérateur, auteur de plusieurs écrits didactiques » (*ibid*, Tome II, p. 326).

[5] La Loge de *l'Espérance* devint ensuite *Grande Loge Provinciale* sous l'obédience de la *Grande Loge d'Angleterre* ; puis elle profita de la dissolution du *Grand-Orient Helvétique Romand* pour former, en 1822, la *Grande Loge Nationale Suisse*.

comme la première, parce que le *Directoire Helvétique* refusa de déclarer sa complète indépendance à l'égard du Grand-Maître allemand, le prince de Hesse, successeur du duc de Brunswick.

Le *Directoire Helvétique* continua de végéter jusqu'en 1830[1]. Il n'y avait plus alors de *Directoires* ni en France, ni en Allemagne, ni en Russie[2] ; et, à partir de 1836, on ne nomma plus de Grand-Maître général de l'Ordre, ni de Grands-Maîtres provinciaux, ni même de Grand-Prieur Helvétique[3]. Aussi le mouvement unioniste suisse gagna-t-il du terrain. Cependant, ce ne fut que le 22 janvier 1844 que le *Directoire Helvétique* se décida à fusionner[4].

« Dès lors, le Danemark fut le dernier rempart du *Rite Rectifié*, et de ses *Chevaliers Bienfaisants* réfugiés dans la Loge de l'*Étoile Polaire* de Copenhague ; il le fut jusqu'au 6 janvier 1855, date à laquelle le roi du Danemark abolit définitivement ce système pour le remplacer par celui de Zinnendorf » (pp. 173-175).

Ceci paraît terminer l'histoire du *Régime Rectifié*, tout au moins dans la pensée de notre auteur ; mais il n'en est pas ainsi dans la réalité, puisque ce système s'est conservé, sinon en Danemark, du moins en Suisse, et que le *Suprême Conseil* actuel de ce dernier pays s'affirme, comme le dit le F∴ de Ribaucourt, « le continuateur du *Directoire Helvétique Romand* ». Ce dernier n'aurait donc pas disparu en 1844, lorsque fut constituée la *Grande Loge Suisse Alpina* ; mais, après avoir adopté, à une époque non déterminée, « les quatre ordres de la Maçonnerie rouge du *Rite Français* », il serait finalement « passé au *Rite Écossais Ancien et Accepté* en 1873 »[5].

---

[1] Proclamé de nouveau en 1823 à Bâle et à Zurich, il était alors composé des membres des Loges *Amitié et Constance* et *Modestia cum Libertate.*

[2] « À la vérité, le *Directoire de Brunswick* disparut en juillet 1792, à la mort du duc. Le dernier *Directoire de la Province de Russie* disparut le 12 août 1822, à la suite de l'ukase de l'empereur Alexandre. »

[3] Il semble bien, pourtant, qu'il faille faire des réserves sur ce dernier point, le *Grand-Prieuré Helvétique* (ou mieux *d'Helvétie*) s'étant maintenu en activité jusqu'à nos jours (voir plus loin).

[4] C'est en 1844, en effet, que fut fondée la *Grande Loge Suisse Alpina*, qui eut pour premier Grand-Maître le F∴ J.-J. Hottinguer, précédemment Chancelier du *Directoire Écossais.* – Cependant, il est permis de se demander si, même à ce moment, il y eut bien *fusion* ou simplement *union.*

[5] Cette date est celle de la constitution du *Suprême Conseil de Suisse* ; le traité qui régit ses rapports avec la *Grande Loge Suisse Alpina* fut conclu en 1876.

« Quant au *Grand-Prieuré Indépendant d'Helvétie*, dit encore le F∴ de Ribaucourt[1], il est la *Puissance Templière* la plus ancienne existante et dont l'existence n'ait subi aucune interruption. Réuni à la *Stricte Observance* pendant un temps et l'ayant précédée[2], cette Puissance de Hauts Grades faisait jadis partie de la *cinquième Province* (Bourgogne). Ses Loges bleues furent nombreuses ; elle aussi (comme le *Directoire*, devenu le *Suprême Conseil*) dut abandonner à l'*Alpina* ses trois premiers grades. Elle aussi puise ses éléments dans les Loges rectifiées de l'*Alpina*[3], qui est ainsi conservatrice de son *Ordre Intérieur*. Le grade d'*Écossais de Saint-André* fait le pont entre les Loges bleues et son *Ordre Templier* (soit *Ordre Intérieur*, ou des *Chevaliers Bienfaisants de la Cité Sainte*). »

C'est donc, en définitive, le *Grand-Prieuré d'Helvétie* qui a seul conservé le *Régime Rectifié* dans ses grades *intérieurs*, et dont quelques membres ont récemment « réveillé » ce même *Régime* au sein du *Grand-Orient de France*. En effet, « en 1910, quelques Français possesseurs des hauts grades du *Régime Écossais Rectifié de Genève* (et parmi lesquels était le F∴ de Ribaucourt, auquel nous empruntons encore cette citation) fondèrent à Paris une Loge bleue et une Loge d'*Écossais de Saint-André*, sous l'obédience du *Grand-Orient de France, Grand Directoire Écossais Rectifié* (sans doute en vertu du traité de 1811). Cette Loge, qui fut installée au printemps de 1911, a pris comme titre distinctif celui de *Centre des Amis*, en souvenir de l'ancienne Loge du même nom, qui avait conservé la « vraie lumière » pendant la Révolution, et par déférence pour la dernière Loge rectifiée de France. »

En cette circonstance, le *Grand Prieuré Indépendant d'Helvétie* et le *Grand-Orient de France* conclurent, le 18 avril 1911, un traité[4] auquel le F∴ Bertholon, membre du *Grand Collège des Rites*, fit allusion en ces

---

[1] Dans l'article que nous avons déjà cité.

[2] Il serait intéressant de savoir à quel *Régime* il se rattachait primitivement ; mais nous ne croyons pas qu'on puisse trouver des preuves certaines de son activité *ininterrompue* en remontant au-delà de 1769. En tout cas, il est parfaitement admissible qu'il ait pu exister, même à cette époque, des *Puissances Templières* n'appartenant pas au *Régime de la Stricte Observance*.

[3] Le *Régime Rectifié* s'est donc maintenu, pour les grades symboliques, au sein même de l'*Alpina*, qui, comme le *Grand-Orient de France*, admet parfaitement la diversité des Rites pratiqués dans ses Loges.

[4] Par ce traité, les deux Puissances établirent ainsi l'équivalence de leurs grades respectifs : le 18e du G∴ O∴ (*Rose-Croix*) équivaut au 4e du G∴ P∴ (*Écossais de Saint-André*) ; le 30e du G∴ O∴ (*Chevalier Kadosch*) au 5e du G∴ P∴ (*Écuyer Novice*) ; le 33e du G∴ O∴ au 6e du G∴ P∴ (*Chevalier Bienfaisant de la Cité Sainte*).

termes dans un discours qu'il prononça, l'an dernier, à l'*International Masonic Club* de Londres : « Le Grand-Orient ne vient-il pas de prouver qu'il n'est pas athée en principe, en autorisant des Maçons à reprendre, en France, l'ancien *Rite Rectifié*, qui est un *Rite chrétien* (lire *protestant*)[1], et en contractant une alliance avec la seule Puissance existante de ce *Régime* en Suisse ? » On voit ici tout le parti que le *Grand-Orient de France* a cherché à tirer de cet événement dans ses tentatives pour se rapprocher de la Maçonnerie *protestante* des pays anglo-saxons ; et cela était d'autant plus logique, d'ailleurs, que le *Grand-Prieuré d'Helvétie*, avec lequel le *Grand-Orient* avait ainsi « contracté une alliance », est lui-même en relations avec les *Puissances Templières* de langue anglaise[2] depuis le 12 mai de la même année 1911.

En effet, dans une réunion tenue à Londres à cette date[3], « le *Grand-Prieuré d'Angleterre et de Galles* ratifia, sur le rapport du Conseil du Grand-Maître, la reconnaissance du *Grand-Prieuré d'Helvétie*, Corps templier siégeant à Genève et existant d'une façon ininterrompue depuis 1769, comme Corps souverain ayant le pouvoir de conférer les Ordres d'*Écuyer Novice* et de *Chevalier Bienfaisant de la Cité Sainte*, et régissant l'*Ordre du Temple* pour la Suisse. Le Conseil avait désigné un comité qui, après une enquête approfondie, reconnut que les prétentions de ce Corps étaient fondées, et qu'une des Loges de Genève travaillant sous son obédience avait, en 1791, initié à la Maçonnerie S. A. R. le prince Édouard, plus tard duc de Kent, qui fut ensuite admis à tous les grades et devint *Grand Patron des trois grades supérieurs*[4]. » Les *Grands-Prieurés d'Irlande* et d'*Écosse* adoptèrent peu après des motions semblables à celle du *Grand-Prieuré d'Angleterre et de Galles*[5].

---

[1] Signalons, à ce propos, que le F∴ de Ribaucourt est proche parent du F∴ Ferdinand Buisson.

[2] Ces Puissances, unies entre elles par un concordat, sont : le *Grand-Prieuré d'Angleterre et de Galles*, le *Grand-Prieuré d'Irlande*, le *Grand-Prieuré d'Écosse*, le *Grand-Prieuré du Canada*, et le *Grand Campement des États-Unis*.

[3] À cette réunion assistait le F∴ W. B. Melish, Grand-Maître du *Grand Campement des États-Unis*.

[4] *The Freemason*, nos des 29 avril et 3 juin 1911. — Le duc de Kent devint, en 1813, Grand-Maître de la *Grande Loge d'Angleterre*.

[5] *The Freemason*, n° du 6 janvier 1913. — Nous y voyons aussi que le F∴ Frédéric Amez-Droz, Grand-Croix du *Grand-Prieuré d'Helvétie*, assistait à la réunion du *Grand-Prieuré d'Angleterre* tenue en décembre 1911, et que l'*Ordre de Malte* lui fut conféré au cours de cette réunion. À ce moment, on pouvait espérer voir un jour ce même *Ordre chrétien* conféré à quelque membre éminent du *Grand-Orient de France, Grand Directoire Écossais*

Il serait intéressant d'avoir de plus amples détails sur l'histoire du *Grand-Prieuré d'Helvétie*, et particulièrement sur son activité dans la période où tous les autres Corps pratiquant le *Régime Rectifié* avaient disparu ou étaient tombés « en sommeil »[1]. Ce qui nous paraît assez singulier, c'est le silence que gardent à ce sujet les écrivains maçonniques ; c'est là, à notre avis, une raison de plus pour y attacher quelque importance[2].

III

D'après ce que nous venons de dire, il était permis d'entrevoir, comme conséquence du « réveil » du *Régime Rectifié* en France, la possibilité d'un rapprochement entre le Grand-Orient de France et la Maçonnerie anglaise ; mais… le Maçon propose et le Grand Architecte dispose, et, en effet, c'est justement au sujet du « Grand Architecte » que vient d'éclater un schisme qui anéantit toutes ces combinaisons. Cet événement a été rapporté dans un article de M. Albert Monniot, paru dans la *Libre Parole* du 10 janvier 1914, sous le titre : *Une nouvelle Obédience : Scissions dans la Franc-Maçonnerie*, et que nous croyons bon de reproduire ici intégralement.

« Nous avons déjà eu à nous occuper des virulentes campagnes menées contre le Grand-Orient de France par un groupement maçonnique dénommé « *Les Amis de la Vérité* »[3]. On y dénonce les scandales du G∴ O∴, son action exclusivement politique et assiette-au-beurrière, son misérable recrutement, la tenue déplorable de ses Loges, et on va jusqu'à nier la validité des grades qu'il confère, voire son existence même au regard de la Franc-Maçonnerie universelle.

Rectifié et « allié » du *Grand-Prieuré d'Helvétie* ; mais, depuis lors, cette « alliance » a été rompue, comme on va le voir plus loin.

[1] C'est-à-dire, comme nous l'avons vu, entre 1794 et 1808 environ.

[2] Ajoutons ici qu'il s'est fondé récemment à Genval (Belgique) une Loge de Saint-Jean du *Régime Écossais Rectifié*, sous le titre distinctif de *Pax et Concordia*. Cette Loge a pour vénérable le F∴ G. Smets-Mondez ; la consécration de son Temple a eu lieu le 30 octobre 1913. Les travaux s'y feront « selon les règles suivies dans les Loges qui se réclament de la Maçonnerie régulière du Royaume-Uni ».

[3] Il est assez curieux de remarquer, bien qu'il puisse n'y avoir là qu'une simple coïncidence, que cette dénomination d'*Amis de la Vérité* n'est autre chose que la traduction du nom grec *Philalèthes*. Cependant, il est bon, pour ne rien exagérer, de dire qu'il ne s'agit ici, en réalité, ni d'un Régime, ni même d'une Loge (il y en a eu plusieurs de ce nom), mais bien d'un simple « groupement » maçonnico-profane.

« Il semble bien que ces « *Amis de la Vérité* » se recrutent surtout dans la Grande Loge de France (Rite Écossais), et qu'ainsi s'accuse l'antagonisme entre les deux grandes Obédiences françaises.

« Mais voici que les dissensions s'aggravent, qu'un nouveau groupement se dresse en face de l'omnipotence trop manifeste du Conseil de l'Ordre du Grand-Orient, et le « Grand Architecte de l'Univers » – qui l'eût cru ? – est la cause initiale de ce nouveau conflit.

« On sait que la Franc-Maçonnerie fut déiste, au moins en apparence, jusque vers la fin du dernier siècle. On se bornait à appeler Dieu le Grand Architecte de l'Univers, et on prétendait travailler à sa gloire[1].

« Des Francs-Maçons se sont avisés d'être traditionalistes à leur façon, et, au dernier Convent, ils soulevaient un conflit que la *Libre Parole* a ainsi rapporté :

La seconde question est ainsi posée par le F∴ de Ribaucourt (Ferdinand-Fréderic-Édouard), docteur ès-sciences, préparateur à la Sorbonne, 33e et Vénérable de la Loge de Saint-André « *Le Centre des Amis* » (Rite Écossais Rectifié).

Le F∴ de Ribaucourt voudrait savoir pourquoi (le curieux !) le Conseil de l'Ordre a supprimé la formule A∴ L∴ G∴ D∴ G∴ A∴ D∴ L∴ U∴ (à la gloire du Grand Architecte de l'Univers) qu'il avait, par un engagement solennel, tolérée au Chapitre de Saint-André, dénommé « *Le Centre des Amis* ».

Il fait l'éloge du principe du « Grand Architecte » qui signifie Dieu et qui, seul, peut moraliser les ateliers supérieurs (Chapitres et Conseils).

Le F∴ Bouley, industriel à Paris, membre du Conseil de l'Ordre, répond au F∴ de Ribaucourt que toute tolérance a une fin et que la formule du « Grand Architecte » est choquante pour les membres du Conseil de l'Ordre. (Toujours l'omnipotence ! il n'y a que l'avis du Conseil de l'Ordre qui compte.)

Le F∴ Gauthier, au milieu d'un tumulte infernal (c'est bien le cas de le dire), prend à son tour la parole en faveur de la formule du « Grand Architecte » et de la thèse spiritualiste.

---

[1] Ceci n'est peut-être pas tout à fait exact, car nous estimons que la notion de Dieu et la conception maçonnique du « Grand Architecte de l'Univers » sont deux choses qui peuvent être fort différentes en principe, même si elles ne le sont pas toujours en fait dans l'esprit de tous les Maçons.

Il demande à ses FF∴ de lui prouver l'inexistence de Dieu (à toi, Sébastien Faure !) et rappelle que sans Dieu la Franc-Maçonnerie n'aurait pas pu traverser les siècles.

« Vous vous prétendez des athées, leur dit-il, et vous avez peur de Dieu ! Vos formules sont vides de sens ; vous n'êtes que des hommes sans principes qui se ruent à la curée du pouvoir. »

Un tumulte effroyable accueille cette finale. Les FF∴ sont furieux. Je comprends cela. On n'aime pas entendre dire ces choses-là, surtout par un des siens. On sait bien que c'est vrai, mais il ne faut pas que le public le sache.

C'est bien ce que pense le F∴ docteur Sicard de Plauzolles, orateur du Convent, qui s'oppose à la mise aux voix de l'ordre du jour des FF∴ de Ribaucourt et Gauthier.

« Les protestataires ne se sont pas tenus pour battus, témoin le document que voici :

À la gloire du Grand Architecte de l'Univers

GRANDE LOGE NATIONALE INDÉPENDANTE ET RÉGULIÈRE
POUR LA FRANCE ET LES COLONIES FRANÇAISES
SAGESSE, BEAUTÉ, FORCE[1].

Seule Obédience en France reconnue comme juste et régulière par la « Grande Loge d'Angleterre »

Au nom de l'Ordre

Manifeste   O. de Paris, le 27 décembre 1913.

Bien Aimés Frères[2],

Nous avons la faveur de porter à votre connaissance que, en vertu de nos pleins pouvoirs du 29 septembre 1910 qui ont repris force et vigueur, nous avons été amenés, pour sauvegarder l'intégrité de nos Rituels Rectifiés et sauver en France la *vraie Maçonnerie de Tradition*, seule

---

[1] Les deux derniers termes de ce tertiaire sont ici intervertis par rapport à l'ordre observé habituellement.

[2] Cette appellation, au lieu de « Très Chers Frères », est particulière au *Régime Rectifié*. — On remarquera aussi, dans les abréviations, la suppression des trois points, qui ne sont pas usités non plus dans la Maçonnerie anglaise.

mondiale, à nous constituer en Grande Loge Nationale Indépendante et Régulière pour la France et les Colonies Françaises.

Notre Grande Loge Nationale Indépendante et Régulière vient, de plus, d'être reconnue officiellement, le 20 novembre 1913, par la Grande Loge d'Angleterre, notre mère à tous, et l'annonce en a été faite officiellement le 3 décembre 1913 par le T. R. Gr. Maître dans son Message au centenaire de la G. L. d'Angleterre[1], et par le T. R. Pro-Grand-Maître Lord Ampthill, qui en a amicalement et fraternellement développé les conséquences pour le plus grand bien des rapports maçonniques entre nos deux pays[2].

Notre Grande Loge Nationale Indépendante et Régulière adoptera le principe de la décentralisation administrative, en se réservant les Hauts Pouvoirs quant à l'exercice du Rite, quant aux relations de l'extérieur et de l'intérieur.

Elle pratiquera le Vieux Rite Rectifié et se maintiendra strictement dans l'axe de la Franc-Maçonnerie universelle.

Nous avons donc toute autorité :

1° Pour fonder, après enquêtes, des Grandes Loges Provinciales dans les grandes villes de France et dans les principales colonies ;

2° Pour délivrer des constitutions de Loges Régulières Rectifiées et pour régulariser tout titre maçonnique, après préavis des Grands Maîtres Provinciaux.

Veuillez agréer, Bien Aimés Frères, l'expression de nos sentiments les plus fraternels.

Au nom de la Grande Loge Nationale Indépendante et Régulière
pour la France et les Colonies françaises,
E. DE RIBAUCOURT,
Grand-Maître,
86, Boulevard de Port-Royal, Paris.

Au nom de la Grande Loge Provinciale de Neustrie
(R. Loge « *Le Centre des Amis* » de Paris)
CHARLES BARROIS,
Pro-Grand-Maître.

---

[1] Ou plutôt de l'*union* des deux Grandes Loges des *Anciens* et des *Modernes*, en 1813, pour former la *Grande Loge Unie d'Angleterre*, sous la Grande-Maîtrise du duc de Sussex.

[2] Voir plus loin la traduction des documents dont il est ici question.

Au nom de la Grande Loge Provinciale d'Aquitaine
(R. Loge Anglaise n° 204 de Bordeaux)[1],
C. DUPRAT,
Grand Officier Délégué.

« C'est, on le voit, un nouveau groupement maçonnique[2] qui se constitue, conformément aux principes généraux de la Franc-Maçonnerie universelle, quoiqu'il se qualifie national, et en opposition avec ce Grand-Orient que les autres Maçonneries ont à peu près mis au ban.

« Nous n'avons qu'à constater ces profondes divergences.

« Mais n'est-il pas remarquable que, même dans ce milieu gangrené, et par l'initiative de scientifiques, renaisse l'idée de Dieu[3] ? »

C'est là, tout au moins, la raison apparente de ce schisme ; mais il pourrait bien y avoir un autre mot d'ordre politique ou, si l'on veut, diplomatique. Le F∴ Bouley, qui avait cependant présidé à l'installation de la Loge *Le Centre des Amis*, et qui fut appelé depuis lors par suite du décès du F∴ Blatin, à la dignité de Grand Commandeur du *Grand Collège des Rites*, le F∴ Bouley, disons-nous, est manifestement plus porté à entretenir de cordiales relations avec la Maçonnerie allemande qu'avec la Maçonnerie anglaise. Cela pourrait peut-être expliquer bien des choses : si le Grand-Orient, malgré ses précédents engagements, fit preuve de tant de mauvaise volonté à l'égard du *Régime Rectifié*, c'était peut-être tout simplement afin d'avoir un prétexte avouable pour rompre avec ce dernier.

Quoi qu'il en soit, la reconnaissance de la nouvelle Obédience française par la Grande Loge Unie d'Angleterre, après avoir rencontré, paraît-il, bien des difficultés, est maintenant un fait accompli, et cela, comme on l'a vu plus haut, depuis la réunion de la Grande Loge qui

---

[1] Cette Loge, qui appartenait précédemment au Grand-Orient, est une des plus anciennes de France ; en effet, sa fondation, d'après l'annuaire officiel, remonterait au 27 avril 1732.

[2] À notre avis, un « Régime » est même quelque chose de plus qu'un « groupement » ; il faut dire aussi qu'il ne s'agit, à proprement parler, que d'une « reconstitution », quoique sous une « Obédience » nouvelle.

[3] Pour la raison que nous avons indiquée dans une note précédente, nous ne pouvons nous associer entièrement à cette conclusion ; quoi qu'il en soit, il serait intéressant, à ce point de vue, de suivre l'orientation « philosophique » de la nouvelle Obédience.

eut lieu au *Freemasons' Hall* de Londres le 3 décembre 1913. Le Grand-Maître, le F∴ duc de Connaught, avait envoyé à cette occasion le Message suivant :

« C'est avec une profonde satisfaction que je me trouve dans la possibilité de signaler l'heureuse occasion du Centenaire de l'Union par une annonce qui, j'en suis convaincu, causera une véritable joie dans l'Ordre tout entier. Un corps de Francs-Maçons de France se trouvant en présence d'une défense positive, de la part du Grand-Orient, de travailler au nom du Grand Architecte de l'Univers, a, pour rester fidèle à ses engagements maçonniques, résolu de maintenir les vrais principes et doctrines de l'Ordre, et a réuni plusieurs Loges sous le titre de « Grande Loge Nationale Indépendante et Régulière de France et des Colonies Françaises ». Ce nouveau corps m'a adressé une requête afin d'être reconnu par la Grande Loge d'Angleterre, et, ayant reçu pleine assurance qu'il s'est engagé à adhérer à ces principes de la Franc-Maçonnerie que nous regardons comme fondamentaux et essentiels, j'ai consenti avec joie à l'établissement de relations fraternelles et à l'échange de représentants. Nous pouvons ainsi célébrer le centième anniversaire de cette Union qui fut la fondation de notre solidité et de notre influence mondiale, par l'accomplissement d'un vœu qui a été ardemment formé, pendant bien des années, par les Francs-Maçons anglais, et nous nous retrouvons dans l'heureuse circonstance de pouvoir jouir de relations maçonniques avec des hommes appartenant à la grande nation française. J'ai confiance que le lien ainsi établi fortifiera et favorisera la bonne entente qui existe déjà en dehors de la sphère de la Franc-Maçonnerie. »

Le Pro-Grand-Maître, Lord Ampthill, après avoir donné lecture de ce Message, le commenta en ces termes :

« L'heureuse annonce que vous venez d'entendre vous a été faite sous la forme d'un Message du Trône, en conformité avec les précédents, et afin d'en marquer la grande importance. Vous ne trouverez pas inopportun, j'en suis sûr, que j'y ajoute quelques mots d'explication. L'accord conclu avec ce corps nouvellement constitué de Francs-Maçons français est le résultat de négociations prolongées et difficiles, dont deux FF∴ bien connus ont été les intermédiaires dévoués et habiles. Il n'est que juste de mentionner leurs noms, puisqu'ils n'occupent pas de positions officielles, et qu'ils ont accompli leur tâche, non comme un devoir, mais par dévouement désintéressé envers l'Ordre. Ce sont le F∴ Edward Rœhrich, P. D. G. D. C.[1], qui joue un rôle si éminent dans le travail des Loges anglo-étrangères de Londres, et le F∴ Frederick J. W. Crowe, P. G. Org.[2]. C'est à leur abnégation, non moins qu'à l'initiative et à la générosité d'autres FF∴, que nous devons de posséder cette précieuse collection de documents qui est maintenant exposée dans la bibliothèque. La Loge qui, en France, a pris la tête du mouvement de résistance à la défense du Grand-Orient, est la Loge *Le Centre des Amis*, de Paris, dont l'inspirateur a été le F∴ Dr de Ribaucourt. Le F∴ de Ribaucourt a été élu Grand-Maître de la « Grande Loge Indépendante et Régulière de France » nouvellement constituée, et qui, nous avons de bonnes raisons d'y compter, recevra l'adhésion de nombreuses Loges répandues dans toute la France. »

Enfin, voici l'énoncé des obligations qui seront imposées à toutes les Loges françaises placées sous la nouvelle Constitution :

« 1° Pendant les travaux de la Loge, le Volume de la Loi Sacrée sera toujours ouvert[3].

« 2° Les cérémonies seront réglées d'une manière strictement conforme au rituel du *Régime Rectifié* qui est suivi par ces Loges, rituel qui fut établi en 1778 et sanctionné en 1782, et qui servit à l'initiation du duc de Kent en 1792[4].

« 3° La Loge sera toujours ouverte et fermée au nom du Grand Architecte de l'Univers[5]. Toutes les planches émanant de l'Ordre et des Loges porteront les symboles du Grand Architecte de l'Univers.

« 4° Aucune discussion religieuse ou politique ne sera permise dans la Loge.

---

[1] *Past Deputy Grand Director of Ceremonies.*

[2] *Past Grand Organist.*

[3] Sur la question du *V. S. L*, voir l'article relatif à la *Co-Maçonnerie* (*La France Antimaçonnique*, 27ᵉ année, n° 46, pp. 551-552). – Ici, il est bien entendu qu'il s'agit exclusivement de la Bible (protestante).

[4] Ou 1791, suivant d'autres renseignements rapportés plus haut, au sujet du *Grand-Prieuré d'Helvétie.*

[5] Nous devons signaler la différence qui existe entre la formule anglaise, adoptée ici : « au nom du Grand Architecte de l'Univers », et l'ancienne formule française : « à la gloire du Grand Architecte de l'Univers » ; elle a peut-être, dans son *ésotérisme*, plus d'importance qu'on ne serait tenté de le croire au premier abord.

« 5° La Loge, comme telle, ne prendra jamais part officiellement à aucune affaire politique, mais chaque F∴, individuellement, gardera sa complète liberté d'opinion et d'action.

« 6° Seuls seront reçus en Loge les FF∴ qui sont reconnus comme vrais FF∴ par la Grande Loge d'Angleterre. »

Tels sont, dans leur texte complet, les documents les plus récents qui se rapportent à la restauration du *Régime Écossais Rectifié* et à son entrée dans une phase nouvelle ; son histoire, désormais, devra se continuer par celle de la « Grande Loge Nationale Indépendante et Régulière de France »[1].

---

[1] Comme premier effet de l'établissement de relations fraternelles entre cette Obédience et la Grande Loge d'Angleterre, le F∴ de Ribaucourt, accompagné de plusieurs Grands Officiers et d'autres FF∴, a été reçu par les Loges anglo-françaises de Londres (*La France* et *L'Entente Cordiale*), à l'occasion de l'installation des officiers de la Loge *La France*, au Café Royal, le 19 janvier 1914.

REPONSES A DES QUESTIONS PARUES DANS THE SPECULATIVE MASON[1]

AVERTISSEMENT DE L'ÉDITEUR

René Guénon a participé occasionnellement, à partir de 1934, à la revue américaine *The Speculative Mason*, par le biais de la rubrique *Notes and Queries* (*Notes et Questions*). Il offrit des réponses à diverses questions de la part des lecteurs, en rapport avec le symbolisme universel ou avec celui de l'Islam en particulier. Ces réponses étaient signées A.W.Y., initiales de son nom arabe Abdel Wahed Yahya. Ces textes furent traduits de l'anglais par Anton Kerssemakers et publiés dans les *Études Traditionnelles* en 1971.

Nous rappellerons toutefois en guise d'avertissement, s'appliquant d'ailleurs à tous les articles signés d'un autre nom par René Guénon et républiés dans les recueils posthumes incluant celui-ci, que René Guénon faisait clairement la séparation entre l'emploi des différentes signatures qu'il utilisa au cours de sa vie, et celle de son vrai nom en tant qu'auteur, et on peut d'ailleurs remarquer que, dans l'ensemble de l'œuvre de Guénon, il n'est nulle part fait référence aux articles publiés sous ses autres signatures. Les travaux qui ont été réutilisés pour son œuvre, retravaillés ou dans leur forme originelle, ont toujours été républiés sous son propre nom, et avec son consentement.

On citera à ce sujet Guénon lui-même :

> « [...] Vis-à-vis du public, je tiens absolument à ce qu'il ne soit fait aucune mention de rien d'autre que de ce qui a paru avec la signature de René Guénon. Par conséquent, il n'y a pas à faire état de *La Gnose*, ni de *La France antimaçonnique*, ni d'*El Maarifah*... Chaque fois que je me suis servi ainsi d'autres signatures, il y a eu des raisons spéciales et cela ne

---

[1] Réponses à des questions parues de 1935 à 1937 dans *The Speculative Mason*, sous la signature Abdel Wahed Yahya ou les initiales A.W.Y.

doit pas être attribué à René Guénon, ces signatures n'étant pas simplement des *pseudonymes* à la manière *littéraire*, mais représentant, si l'on peut dire, des *entités* réellement distinctes. »[1]

Il poursuivait :

« Je compte donc entièrement sur votre discrétion [...] Je regrette de ne pouvoir m'expliquer plus amplement là-dessus par lettre ; espérons que nous arriverons tout de même à nous rencontrer quelque jour ! »[2]

---

[1] Lettre du 17 juin 1934 de René Guénon à Luc Benoist, qui fut en charge de ses publications aux éditions Gallimard. C'est René Guénon qui souligne dans le texte.
[2] Cité par Xavier Accart dans *René Guénon ou le renversement des clartés*, page 39, n° 86, et qui précise que René Guénon adoptera d'autres *signatures* après-guerre (A.W.Y., Agnostus et Ignitus).

Avril 1935[1]

H.R.A. – *Est-ce le double triangle ou l'étoile à cinq branches* (five-pointed star) *qu'il est correct d'appeler « Bouclier de David » ? J'ai entendu appliquer ce nom aux deux symboles sans distinction, mais lequel est alors le « Sceau de Salomon » ?*

A.W.Y. – « Le double triangle est appelé par les Kabbalistes indifféremment « Sceau de Salomon » et « Bouclier de David », et de même « Bouclier de Mikaël » (Mikael-Malaki, « Mon Ange », c'est-à-dire « L'Ange en qui se trouve Mon Nom ») ; également en arabe il est désigné comme « Khâtem Seyidnâ Suleymân » et « Dir'a Seyidnâ Dawûd ». Aucune de ces désignations ne peut être appliquée de façon correcte à l'étoile à cinq branches, le pentalpha ou pentagramme des pythagoriciens, lequel est l'étoile flamboyante maçonnique. Cette dernière, dans sa signification générale, est un symbole « microcosmique », alors que le double triangle est un symbole « macrocosmique ». Il existe un autre symbole arabe, nommé « Ugdat Seyidnâ Suleymân » ou « Nœud de Salomon », dont la signification est très proche de celle du Sceau de Salomon, en rapport avec l'adage hermétique : « Ce qui est en haut est comme ce qui est en bas. » »

Étudiant. – *Les Colonnes d'Hénoch sont-elles en relation avec les Colonnes du Porche ? Dans ma Loge personne ne semble savoir quelque chose au sujet des Colonnes d'Hénoch.*

A.W.Y. – « Il est dit que les Colonnes d'Hénoch ou de Seyidnâ Idris, comme il est appelé dans la tradition islamique, ont été construites par lui en deux matériaux différents, l'un pouvant résister à l'eau et l'autre au feu ; sur chacune était gravé l'essentiel de toutes les sciences. Il est dit qu'elles furent placées respectivement en Syrie et en Éthiopie, et que celle qui avait résisté aux eaux du Déluge existe encore en Syrie. En fait, la Syrie est ici rapportée au Nord, en connexion avec l'eau, et l'Éthiopie au Sud, en connexion avec le feu ; cela justifie donc pleinement la relation établie entre ces Colonnes d'Hénoch et celles du Porche. D'autre part, partout où on trouve deux colonnes, elles auront en commun une signification générale « binaire » que ces colonnes soient de Salomon, d'Hénoch, d'Hercule, etc. On peut également remarquer que la Syrie et l'Éthiopie, dans la tradition précitée, ne s'identifient pas nécessairement avec les pays actuellement connus sous ces noms, car elles ont elles-mêmes un sens symbolique et caché ;

---

[1] *The Speculative Mason*, Volume XXVII, pp. 77-78.

en tout cas, les Colonnes d'Hénoch représentent deux centres spirituels et initiatiques auxquels était confié le dépôt de la connaissance primordiale, en vue de la préserver au cours des époques successives. »

Juillet 1935[1]

V.C. – *Pourquoi d'abord le pied g--che (l--t foot) ?*
A.W.Y. – « Cette prééminence du pied g--che n'est pas uniformément reconnue par tous les rites maçonniques : là où elle existe, on se réfère généralement au fait que le coté g--che est le côté du cœur, explication admise également, et peut-être à plus juste titre, pour la position du bras g--che sur le bras dr--t dans le grade écossais de R.C. Bien que le symbolisme du cœur soit en effet très important, et cela dans toutes les traditions (mais à vrai dire tout à fait différent de ce qu'en pensent les gens modernes), il y a peut-être quelque chose de spécifique en ce qui concerne au moins le pied g--che : il est évident que ceci est en rapport étroit avec les circumambulations exécutées de g--che à dr--te, et ainsi la question est ramenée à un problème d'un ordre beaucoup plus général. Il y a bien des différences à cet égard, selon les diverses traditions : en Inde et au Tibet, les circumambulations se font aussi de g--che à dr--te (c'est-à-dire en ayant le centre à sa dr--te, et de cela vient la désignation *pradakshina*) ; dans la tradition islamique, c'est l'inverse ; et l'on peut dire que ceci est en relation directe avec le sens de l'écriture dans les langues sacrées (le sanskrit et l'arabe) dans lesquelles les deux traditions trouvent respectivement leur expression. Le mouvement de la dr--te vers la g--che est encore connu dans la Maçonnerie opérative : il est « polaire », alors que l'inverse est « solaire », et les formes « polaires » sont toujours plus anciennes que les formes « solaires ». Quant à la prééminence de la dr--te ou de la g--che, il y a eu parfois, et dans la même tradition, des changements pour des périodes déterminées, en relation avec certaines lois des cycles cosmiques ; de tels changements se trouvent surtout dans la Chine ancienne, mais en les examinant de plus près, on verra que le côté d'honneur, qu'on le considère « polairement » comme la dr--te ou « solairement » comme la g--che, y a toujours été l'Orient. Des changements du même genre se sont effectués également dans le passage de 1a Maçonnerie

---

[1] *The Speculative Mason*, Volume XXVII, pp. 118-119.

Opérative à la Maçonnerie Spéculative. De tout cela il ressort que cette question est extrêmement compliquée, liée comme elle est à l'origine même des Traditions. »

J.B.V. – *On m'a dit qu'il y avait en Égypte, il y a peu de temps, des Guildes de Maçons Opératifs. Est-ce qu'elles existent encore ? Peut-être que A.W.Y. pourrait m'en informer ?*

A.W.Y. – « Il n'y a aucun doute qu'il y avait, voici quelques siècles, non seulement en Égypte, mais encore en d'autres parties du monde musulman, des Guildes de Maçons Opératifs ou d'autres ouvriers ; ces Maçons orientaux utilisaient même des marques similaires à celles de leurs collègues occidentaux du Moyen Âge, et qui étaient appelées en arabe *Khatt el-Bannâïn* (c'est-à-dire « écriture des bâtisseurs ») ; mais tout cela appartient à un passé déjà assez lointain. D'autre part, dans les *turuq* islamiques ou confréries ésotériques (qui sont également « opératives » en fait, mais évidement dans un autre sens plus profond que le sens purement « professionnel »), certains éléments ont été conservés qui ressemblent étrangement au Compagnonnage occidental, par exemple : le port du ruban ; le port du bâton qui a exactement la même forme ; et en ce qui concerne le symbolisme de ces bâtons, il y aurait beaucoup à dire en rapport avec les sciences secrètes qui sont spécialement attribuées à Seyidnâ Suleymân (car chacun des grands Prophètes possède ses sciences à lui, caractérisées par le ciel sur lequel il préside). Il y a aussi d'autres points d'intérêt plus spécialement maçonnique : par exemple, dans quelques-unes des *turuq*, le *dhikr* ne peut être accompli rituellement s'il n'y a pas la présence d'au moins sept frères ; dans l'investiture d'un *naqîb* il y a quelque chose qui ferait penser au *cable-tow*, etc. D'ailleurs, il y a une interprétation symbolique des lettres arabes qui forment le nom d'Allah et qui est purement maçonnique, provenant probablement des Guildes en question : l'*alif* est la règle ; les deux *lâm* le compas et l'équerre ; le *ha* le triangle (ou le cercle selon une autre explication, la différence entre les deux correspondant à celle entre *Square* et *Arch Masonry*) ; le nom entier était donc un symbole de l'Esprit de la Construction Universelle. Ces quelques faits ne sont que de simples références à un sujet qui nous est connu par expérience directe et par tradition orale. »

Octobre 1935[1]

Étudiant. – *Je suis particulièrement intéressé par une phrase de la réponse de A.W.Y. à la demande sur le Sceau de Salomon. Il dit : Le « Uqdat Seyidnâ Suleymân » ou Nœud de Salomon, dont la signification se rapproche de celle du Sceau de Salomon, etc. Quelle est la forme de cet Uqdat Seyidnâ Suleymân ?*
A.W.Y. – « Voici la figuration du « Nœud de Salomon ».

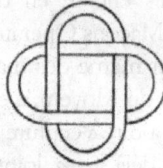

Il en existe, bien entendu, plusieurs variantes plus ou moins compliquées, mais celle-ci présente symboliquement l'essentiel.

La phrase : « tout à fait différent de ce que pensent les gens modernes » veut dire que le vrai symbolisme du cœur, dans toutes les traditions, se rapporte à l'intellect pur (en tant que distinct de la raison) et *jamais* au sentiment ou à l'émotion. Il faudra toujours en tenir compte lorsqu'il est question, non seulement du cœur de l'homme, mais également du « Cœur du Monde. » »

Janvier 1936[2]

Étudiant – *Les trois montagnes sacrées des maçons opératifs sont le Sinaï, le Tabor et le Moriah. Prenant cette dernière comme centre, le Tabor est situé vers le Nord et le Sinaï au Sud. Pourquoi a-t-on choisi spécialement ces trois montagnes ? Le Tabor, dans l'ancien testament, n'est pas particulièrement sacré. J'aimerais aussi être renseigné sur la signification de ces trois montagnes.*
A.W.Y. – « Le Sinaï, le Moriah et le Tabor sont trois hauts-lieux de « vision », bien que, en ce qui concerne le Sinaï « audition » serait une désignation plus correcte que « vision » (et la forme de beaucoup des pierres qu'on y trouve ressemble de façon étrange à l'oreille humaine) ; mais quand il s'agit de révélation, « vision » et « audition » sont presque

---

[1] *The Speculative Mason*, Volume XXVII, p. 156.
[2] *The Speculative Mason*, Volume XXVIII.

équivalentes. Ainsi, dans la tradition hindoue, il est dit que les *Rishis* (littéralement « voyants », comme en hébreu *rouh*, le terme ancien pour *nabi* ou prophète) ont « entendu » les Védas. De notre propre point de vue islamique, ces trois montagnes sont liées respectivement aux trois grandes époques prophétiques de Seyidnâ Mûsa (Moïse), de Seyidnâ Dawûd et Seyidnâ Suleymân (David et Salomon) et de Seyidnâ Aïssa (Jésus), et, par la suite, aux trois grands livres de la révélation divine : *Et-Tawrâh* (le Pentateuque), *Ez-Zabûr* (les Psaumes) et *El-Injîl* (l'Évangile). Concernant le Sinaï, il est intéressant de noter que cette région était, très anciennement, le siège de mystères en relation avec l'art des métallurgistes, c'est-à-dire les mystères « Cabiriques ». Ces métallurgistes étaient des « Kénites », dont le nom se lit parfois « Caïnites », et cela, en tout cas, est en rapport très étroit avec la signification de « Tubalcaïn », bien connu en maçonnerie. »

Janvier 1937[1]

Q. – *J'aimerais savoir quelque chose au sujet de la « Maison de la sagesse » du Caire. Maqrizi décrit des initiations, des grades, etc., et quelques auteurs occidentaux pensent qu'il y a dans cela beaucoup de Maçonnerie, peut-être même l'origine de la Franc-Maçonnerie occidentale. Von Hammer cite Maqrizi, mais puisque je ne peux pas lire l'arabe, je n'ai aucun moyen de savoir si on peut se fier à Von Hammer en cette matière. À l'occasion de deux séjours en Égypte, j'ai essayé, sans y avoir réussi, de découvrir s'il existe actuellement en Égypte un enseignement ésotérique, maçonnique ou autre. Je serais très reconnaissant à A.W.Y., s'il pouvait me fournir une réponse à cette question très sérieuse et très sincère.*

A.W.Y. – « La « Maison de la sagesse » (*Dâr El-Hekmah*) était à l'époque des Fatimites, un centre ismaélien ; mais, bien qu'elle ait été appelée de façon erronée « grande loge » par quelques auteurs occidentaux, elle n'a rien à voir avec la Maçonnerie, ni avec son origine (il serait plus exact de dire *une de ses origines*, car la Maçonnerie, en réalité, a plus d'une origine). Il est vrai que les Ismaéliens avaient, et ont encore, des initiations et des grades, comme en ont tant d'autres, par exemple les *Duruz* (Druses) de Syrie, qui emploient même certains signes très similaires à ceux de la Maçonnerie ; mais de telles ressemblances sont trouvées un peu partout, et, s'il y a une origine commune, il faudrait la chercher très loin. D'autre part, les Ismaéliens,

---

les Druses, les Nosaïris, etc., ne sont que des « sectes » (*firâq*), dans lesquelles il y a toujours une certaine confusion entre l'exotérique et l'ésotérique ; dans leurs initiations, il y a un certain côté « obscur » dû à leur déviation de la tradition authentique ; ce sont les altérations, non la « source » de l'initiation. De telles sectes n'ont aucun rapport avec les vraies *turuq*, qui sont au nombre de 72 (ceci pourrait être un nombre symbolique, mais, d'après une liste établie par feu Seyid Tawfiq El-Bakri, il paraît que c'est également le nombre exact). Cet enseignement ésotérique, à côté de la doctrine supérieure, inclut nombre de sciences inconnues à l'Occident, au moins à l'époque actuelle (car le cas semble avoir été différent pendant le Moyen Âge) et quelques-unes d'entre elles ne peuvent être comprises que par l'intermédiaire de la langue arabe, à laquelle elles sont intimement liées (comme certaines parties de la Kabbale le sont à la langue hébraïque). Du côté copte (donc chrétien) on dit que quelques moines conservent encore une sorte de connaissance ésotérique, mais il est extrêmement difficile pour les Musulmans d'obtenir des précisions à ce sujet. »

CINQUIÈME PARTIE

LA CRISE DU MONDE MODERNE

I

LES NÉO-SPIRITUALISTES[1]

Dès le début de la publication de notre Revue[2], nous avons répudié très nettement, car il nous importait tout particulièrement de ne laisser subsister à ce sujet aucune équivoque dans l'esprit de nos lecteurs, nous avons, disons-nous, répudié toute solidarité avec les différentes écoles dites spiritualistes, qu'il s'agisse des occultistes, des théosophistes, des spirites, ou de tout autre groupement plus ou moins similaire. En effet, toutes ces opinions, que l'on peut réunir sous la dénomination commune de « néo-spiritualistes »[3], n'ont pas plus de rapports avec la Métaphysique, qui seule nous intéresse, que n'en peuvent avoir les diverses écoles scientifiques ou philosophiques de l'Occident moderne[4] ; et elles présentent en outre, en vertu de leurs prétentions injustifiées et peu raisonnables, le grave inconvénient de

---

[1] *La Gnose*, de août à nov. 1911 et fév. 1912, signé *Tau Palingénius.*

[2] Voir *La Gnose et les Écoles spiritualistes*, in *La Gnose*, 1re année, n° 2 [article repris dans *Mélanges*].

[3] Il faut avoir soin de bien distinguer ce néo-spiritualisme du spiritualisme dit classique ou éclectique, doctrine fort peu intéressante sans doute, et de nulle valeur au point de vue métaphysique, mais qui du moins ne se donnait que pour un système philosophique comme les autres ; tout superficiel, il dut précisément son succès à ce manque même de profondeur, qui le rendait surtout fort commode pour l'enseignement universitaire.

[4] Voir *À nos Lecteurs*, in *La Gnose*, 1re année, n° 5.

pouvoir créer, chez les gens insuffisamment informés, des confusions extrêmement regrettables, n'aboutissant à rien moins qu'à faire rejaillir sur d'autres, dont nous sommes, quelque chose du discrédit qui devrait les atteindre seules, et fort légitimement, auprès de tous les hommes sérieux.

C'est pourquoi nous estimons n'avoir aucun ménagement à garder vis-à-vis des théories en question, d'autant plus que, si nous le faisions, nous sommes certain que leurs représentants plus ou moins autorisés, loin d'agir de même à notre égard, ne nous en seraient nullement reconnaissants, et ne nous en témoigneraient pas moins d'hostilité ; ce serait donc, de notre part, une pure faiblesse qui ne nous serait d'aucun profit, bien au contraire, et que pourraient toujours nous reprocher ceux qui connaissent là-dessus nos véritables sentiments. Nous n'hésitons donc pas à déclarer que nous considérons toutes ces théories néo-spiritualistes, dans leur ensemble, comme non moins fausses dans leur principe même et nuisibles pour la mentalité publique que l'est à nos yeux, ainsi que nous l'avons déjà dit précédemment[1], la tendance moderniste, sous quelque forme et en quelque domaine qu'elle se manifeste[2].

En effet, s'il est un point au moins sur lequel le Catholicisme, dans son orientation actuelle, a toutes nos sympathies, c'est bien en ce qui concerne sa lutte contre le modernisme. Il paraît se préoccuper beaucoup moins du néo-spiritualisme, qui, il est vrai, a peut-être pris une moins grande et moins rapide extension, et qui d'ailleurs se tient plutôt en dehors de lui et sur un autre terrain, de telle sorte que le Catholicisme ne peut guère faire autre chose que d'en signaler les dangers à ceux de ses fidèles qui risqueraient de se laisser séduire par des doctrines de ce genre. Mais, si quelqu'un, se plaçant en dehors de toute préoccupation confessionnelle, et par conséquent dans un champ d'action beaucoup plus étendu, trouvait un moyen pratique d'arrêter la diffusion de tant de divagations et d'insanités plus ou moins habilement présentées, suivant qu'elles le sont par des hommes de mauvaise foi ou par de simples imbéciles, et qui, dans l'un et l'autre cas, ont déjà contribué à détraquer irrémédiablement un si grand nombre d'individus, nous estimons que celui-là accomplirait, en ce faisant, une

---

[1] Voir *Ce que nous ne sommes pas*, in *La Gnose*, 2ᵉ année, n° 1 [et dans ce *Recueil*, p. 11].

[2] Voir aussi *L'Orthodoxie Maçonnique*, in *La Gnose*, 1ʳᵉ année, n° 6 [article repris dans *Études sur la Franc-Maçonnerie et le Compagnonnage, tome 2*].

véritable œuvre de salubrité mentale, et rendrait un éminent service à une fraction considérable de l'humanité occidentale actuelle[1].

Tel ne peut être notre rôle, à nous qui, par principe, nous interdisons formellement toute polémique, et nous tenons à l'écart de toute action extérieure et de toute lutte de partis. Cependant, sans sortir du domaine strictement intellectuel, nous pouvons, lorsque l'occasion s'en présente à nous, montrer l'absurdité de certaines doctrines ou de certaines croyances, et parfois souligner certaines déclarations des spiritualistes eux-mêmes, pour montrer le parti qu'on en peut tirer contre leurs propres affirmations doctrinales, car la logique n'est pas toujours leur fait, et l'incohérence est chez eux un défaut assez répandu, visible pour tous ceux qui ne se laissent pas prendre aux mots plus ou moins pompeux, aux phrases plus ou moins déclamatoires, qui bien souvent ne recouvrent que le vide de la pensée. C'est dans le but que nous venons d'indiquer que nous ouvrons aujourd'hui la présente rubrique, nous réservant de la reprendre toutes les fois que nous le jugerons à propos, et souhaitant que nos remarques, faites au hasard des lectures et des recherches qui attireront incidemment notre attention sur les théories incriminées, puissent, s'il en est temps encore, ouvrir les yeux des personnes de bonne foi qui se sont égarées parmi les néo-spiritualistes, et dont quelques-unes au moins seraient peut-être dignes d'un meilleur sort.

*

* *

Déjà, à maintes reprises, nous avons déclaré que nous rejetons absolument les hypothèses fondamentales du spiritisme, à savoir la réincarnation[2], la possibilité de communiquer avec les morts par des moyens matériels[3], et la prétendue démonstration expérimentale de

---

[1] En cette époque où pullulent les associations de tout genre et les ligues contre tous les fléaux réels ou supposés, on pourrait peut-être suggérer, par exemple, l'idée d'une « Ligue antioccultiste », qui ferait simplement appel à toutes les personnes de bon sens, sans aucune distinction de partis ou d'opinions.

[2] Voir notamment *Le Démiurge*, in *La Gnose*, 1re année, n° 3, p. 47, et *Le Symbolisme de la Croix*, in *La Gnose*, 2e année, n° 3, p. 94, note 1 [article repris dans ce *Recueil*, p. 204, note 1].

[3] Voir *La Gnose et les Écoles spiritualistes*, in *La Gnose*, 1re année, n° 2, p. 20 [article repris dans *Mélanges*].

l'immortalité humaine[1]. D'ailleurs, ces théories ne sont pas propres aux seuls spirites, et, en particulier, la croyance à la réincarnation est partagée par la majorité d'entre eux[2] avec les théosophistes et un grand nombre d'occultistes de différentes catégories. Nous ne pouvons rien admettre de ces doctrines, car elles sont formellement contraires aux principes les plus élémentaires de la Métaphysique ; de plus, et pour cette raison même, elles sont nettement antitraditionnelles ; du reste, elles n'ont été inventées que dans le cours du XIXᵉ siècle, bien que leurs partisans s'efforcent par tous les moyens possibles, en torturant et dénaturant des textes, de faire croire qu'elles remontent à la plus haute antiquité. Ils emploient pour cela les arguments les plus extraordinaires et les plus inattendus ; c'est ainsi que nous avons vu tout récemment, dans une revue que nous aurons la charité de ne pas nommer, le dogme catholique de la « résurrection de la chair » interprété dans un sens réincarnationniste ; et encore c'est un prêtre, sans doute fortement suspect d'hétérodoxie, qui ose soutenir de pareilles affirmations ! Il est vrai que la réincarnation n'a jamais été condamnée explicitement par l'Église Catholique, et certains occultistes le font remarquer à tout propos avec une évidente satisfaction ; mais ils ne paraissent pas se douter que, s'il en est ainsi, c'est tout simplement parce qu'il n'était pas même possible de soupçonner qu'il viendrait un jour où l'on imaginerait une telle folie. Quant à la « résurrection de la chair », ce n'est, en réalité, qu'une façon fautive de désigner la « résurrection des morts », qui, ésotériquement[3], peut correspondre à ce que l'être qui réalise en soi l'Homme Universel retrouve, dans sa totalité, les états qui étaient considérés comme passés par rapport à son état actuel, mais qui sont éternellement présents dans la « permanente actualité de l'être extra-temporel »[4].

Dans un autre article de la même revue, nous avons relevé un aveu involontaire, voire même tout à fait inconscient, qui est assez amusant pour mériter d'être signalé en passant. Un spiritualiste déclare que « la vérité est dans le rapport exact du contingent à l'absolu » ; or ce

---

[1] Voir À propos du Grand Architecte de l'Univers, in La Gnose, 2ᵉ année, n° 7, p. 196, note 1 [article repris dans Études sur la Franc-Maçonnerie et le Compagnonnage, tome 2].

[2] On sait que, cependant, la plupart des spirites américains font exception et ne sont pas réincarnationnistes.

[3] Bien entendu, cette interprétation ésotérique n'a rien de commun avec la doctrine catholique actuelle, purement exotérique ; à ce sujet, voir Le Symbolisme de la Croix, in La Gnose, 2ᵉ année, n° 5, p. 149, note 4 [voir aussi dans ce Recueil, p. 219, note 4].

[4] Voir Pages dédiées à Mercure, in La Gnose, 2ᵉ année, n° 1, p. 35, et n° 2, p. 66.

rapport, étant celui du fini à l'infini, ne peut être que rigoureusement égal à zéro ; tirez vous-mêmes la conclusion, et voyez si après cela il subsiste encore quelque chose de cette prétendue « vérité spiritualiste », qu'on nous présente comme une future « évidence expérimentale » ! Pauvre « enfant humain » (*sic*)[1], « psycho-intellectuel », qu'on veut « alimenter » avec une telle vérité (?), et à qui l'on veut faire croire qu'il est « fait pour la connaître, l'aimer et la servir », fidèle imitation de ce que le catéchisme catholique enseigne à l'égard de son Dieu anthropomorphe ! Comme cet « enseignement spiritualiste » paraît, dans l'intention de ses promoteurs, se proposer surtout un but sentimental et moral, nous nous demandons si c'est bien la peine de vouloir, aux vieilles religions qui, malgré tous leurs défauts, avaient du moins une valeur incontestable à ce point de vue relatif[2], substituer des conceptions bizarres qui ne les remplaceront avantageusement sous aucun rapport, et qui, surtout, seront parfaitement incapables de remplir le rôle social auquel elles prétendent.

*
* *

Revenons à la question de la réincarnation : ce n'est pas ici le lieu d'en démontrer l'impossibilité métaphysique, c'est-à-dire l'absurdité ; nous avons déjà donné tous les éléments de cette démonstration[3], et nous la compléterons en d'autres études. Pour le moment, nous devons nous borner à voir ce qu'en disent ses partisans eux-mêmes, afin de découvrir la base que cette croyance peut avoir dans leur entendement. Les spirites veulent surtout démontrer la réincarnation « expérimentalement » (?), par des faits, et certains occultistes les suivent dans ces recherches, qui, naturellement, n'ont encore abouti à rien de probant, non plus qu'en ce qui concerne la « démonstration scientifique de l'immortalité ». D'un autre côté, la plupart des théosophistes ne voient, paraît-il, dans la théorie réincarnationniste qu'une sorte de dogme, d'article de foi, qu'on doit admettre pour des

---

[1] L'auteur a soin de nous avertir que « ce n'est pas un pléonasme » ; alors, nous nous demandons ce que cela peut bien être.

[2] Voir *La Religion et les religions*, in *La Gnose*, 1re année, n° 10, p. 221 [ainsi que ce *Recueil*, p. 195].

[3] Voir *Le Symbolisme de la Croix*, in *La Gnose*, 2e année, nos 2 à 6 [ainsi que dans ce *Recueil*, p. 198].

motifs d'ordre sentimental, mais dont il serait impossible de donner aucune preuve rationnelle ou sensible.

Nous prions nos lecteurs de nous excuser si, dans la suite, nous ne pouvons donner toutes les références d'une façon précise, car il est des gens que peut-être la vérité offenserait. Mais, pour faire comprendre le raisonnement par lequel quelques occultistes essayent de prouver la réincarnation, il est nécessaire que nous prévenions tout d'abord que ceux auxquels nous faisons allusion sont partisans du système géocentrique : ils regardent la Terre comme le centre de l'Univers, soit matériellement, au point de vue de l'astronomie physique même, comme Auguste Strindberg et divers autres[1], soit au moins, s'ils ne vont pas jusque-là, par un certain privilège en ce qui concerne la nature de ses habitants. Pour eux, en effet, la Terre est le seul monde où il y ait des êtres humains, parce que les conditions de la vie dans les autres planètes ou dans les autres systèmes sont trop différentes de celles de la Terre pour qu'un homme puisse s'y adapter ; il résulte de là que, par « homme », ils entendent exclusivement un individu corporel, doué des cinq sens physiques, des facultés correspondantes (sans oublier le langage parlé… et même écrit), et de tous les organes nécessaires aux diverses fonctions de la vie humaine terrestre. Ils ne conçoivent pas que l'homme existe sous d'autres formes de vie que celle-là[2], ni, à plus forte raison, qu'il puisse exister en mode immatériel, informel, extra-temporel, extra-spatial, et, surtout, en dehors et au-delà de la vie[3]. Par suite, les hommes ne peuvent se réincarner que sur la Terre, puisqu'il n'y a aucun autre lieu dans l'Univers où il leur soit possible de vivre ; remarquons d'ailleurs que ceci est contraire à plusieurs autres

---

[1] Il en est qui vont jusqu'à nier l'existence réelle des astres et à les regarder comme de simples reflets, des images virtuelles ou des exhalaisons émanées de la Terre, suivant l'opinion attribuée, sans doute faussement, à quelques philosophes anciens, tels qu'Anaximandre et Anaximène (voir traduction des *Philosophumena*, pp. 12 et 13) ; nous reparlerons un peu plus tard des conceptions astronomiques spéciales à certains occultistes.

[2] D'ailleurs, nous pouvons noter en passant que tous les écrivains, astronomes ou autres, qui ont émis des hypothèses sur les habitants des autres planètes, les ont toujours, et peut-être inconsciemment, conçus à l'image, plus ou moins modifiée, des êtres humains terrestres (voir notamment C. Flammarion, *La Pluralité des Mondes habités*, et *Les Mondes imaginaires et les Mondes réels*).

[3] L'existence des êtres individuels dans le monde physique est en effet soumise à un ensemble de cinq conditions : espace, temps, matière, forme et vie, que l'on peut faire correspondre aux cinq sens corporels, ainsi d'ailleurs qu'aux cinq éléments ; cette question, très importante, sera traitée par nous avec tous les développements qu'elle comporte, au cours d'autres études.

conceptions, suivant lesquelles l'homme « s'incarnerait » dans diverses planètes, comme l'admit Louis Figuier[1], ou en divers mondes, soit simultanément, comme l'imagina Blanqui[2], soit successivement, comme tendrait à l'impliquer la théorie du « retour éternel » de Nietzsche[3] ; certains ont même été jusqu'à prétendre que l'individu humain pouvait avoir plusieurs « corps matériels » (sic)[4] vivant en même temps dans différentes planètes du monde physique[5].

Nous devons encore ajouter que les occultistes dont nous avons parlé joignent à la doctrine géocentrique son accompagnement habituel, la croyance à l'interprétation littérale et vulgaire des Écritures ; ils ne perdent aucune occasion de se moquer publiquement des triples et septuples sens des ésotéristes et des kabbalistes[6]. Donc, suivant leur théorie, conforme à la traduction exotérique de la Bible, à l'origine, l'homme, « sortant des mains du Créateur » (nous pensons qu'on ne pourra pas nier que ce soit là de l'anthropomorphisme), fut placé sur la Terre pour « cultiver son jardin », c'est-à-dire, selon eux, pour « évoluer la matière physique », supposée plus subtile alors qu'aujourd'hui. Par « l'homme », il faut entendre ici la collectivité humaine tout entière, la totalité du genre humain, de telle sorte que « tous les hommes », sans aucune exception, et en nombre inconnu, mais assurément fort grand, furent d'abord incarnés en même temps sur la Terre[7]. Dans ces conditions, il ne pouvait évidemment se produire aucune naissance, puisqu'il n'y avait aucun homme non incarné, et il en fut ainsi tant que l'homme ne mourut pas, c'est-à-dire jusqu'à la « chute », entendue dans

---

[1] *Le Lendemain de la Mort ou la Vie future selon la Science* : voir *À propos du Grand Architecte de l'Univers*, in *La Gnose*, 2ᵉ année, n° 7, p. 193, note 3 [article repris dans *Études sur la Franc-Maçonnerie et le Compagnonnage, tome 2*].

[2] *L'Éternité par les Astres*.

[3] Voir *Le Symbolisme de la Croix*, in *La Gnose*, 2ᵉ année, n° 3, p. 94, note 1 [ainsi que dans ce *Recueil*, p. 204, note 1].

[4] Voici encore une occasion de se demander si « ce n'est pas un pléonasme ».

[5] Nous avons même entendu émettre l'affirmation suivante : « S'il vous arrive de rêver que vous avez été tué, c'est, dans bien des cas, que, à cet instant même, vous l'avez été effectivement dans une autre planète » !

[6] Cela ne les empêche pas de vouloir quelquefois faire de la Kabbale à leur façon : c'est ainsi que nous en avons vu qui comptaient jusqu'à 72 Séphiroth ; et ce sont ceux-là qui osent accuser les autres de « faire de la fantaisie » !

[7] Ce n'est pas l'avis de quelques autres écoles d'occultisme, qui parlent des « différences d'âge des esprits humains » par rapport à l'existence terrestre, et même des moyens de les déterminer ; il y en a aussi qui cherchent à fixer le nombre des incarnations successives.

son sens exotérique, comme un fait historique[1], mais que l'on considère cependant comme « pouvant représenter toute une suite d'événements qui ont dû se dérouler au cours d'une période de plusieurs siècles ». On consent donc tout de même à élargir un peu la chronologie biblique ordinaire, qui se trouve à l'aise pour situer toute l'histoire, non seulement de la Terre, mais du Monde, depuis la création jusqu'à nos jours, dans une durée totale d'un peu moins de six mille ans (quelques-uns vont pourtant jusqu'à près de dix mille)[2]. À partir de la « chute », la matière physique devint plus grossière, ses propriétés furent modifiées, elle fut soumise à la corruption, et les hommes, emprisonnés dans cette matière, commencèrent à mourir, à « se désincarner » ; ensuite, ils commencèrent également à naître, car ces hommes « désincarnés », restés « dans l'espace » (?), dans l'« atmosphère invisible » de la Terre, tendaient à « se réincarner », à reprendre la vie physique terrestre dans de nouveaux corps humains. Ainsi, ce sont toujours les mêmes êtres humains (au sens de l'individualité corporelle restreinte, il ne faut pas l'oublier) qui doivent renaître périodiquement du commencement à la fin de l'humanité terrestre[3].

Comme on le voit, ce raisonnement est fort simple et parfaitement logique, mais à la condition d'en admettre d'abord le point de départ, à

---

[1] Sur l'interprétation ésotérique et métaphysique de la « chute originelle » de l'homme, voir *Le Démiurge*, in *La Gnose*, 1re année, n° 2, p. 25 [article repris dans *Mélanges*].

[2] Nous ne contredirions cependant pas l'opinion qui assignerait au Monde une durée de dix mille ans, si l'on voulait prendre ce nombre « dix mille », non plus dans son sens littéral, mais comme désignant l'indéfinité numérale (voir *Remarques sur la Notation mathématique*, in *La Gnose*, 1re année, n° 6, p. 115 [article repris dans *Mélanges*].

[3] En admettant que l'humanité terrestre ait une fin, car il est aussi des écoles selon lesquelles le but qu'elle doit atteindre est de rentrer en possession de l'« immortalité physique » ou « corporelle », et chaque individu humain se réincarnera sur la Terre jusqu'à ce qu'il soit finalement parvenu à ce résultat. – D'autre part, d'après les théosophistes, la série des incarnations d'un même individu en ce monde est limitée à la durée d'une seule « race » humaine terrestre, après que tous les hommes constituant cette « race » passent dans la « sphère » suivante de la « ronde » à laquelle ils appartiennent ; les mêmes théosophistes affirment que, en règle générale (mais avec des exceptions), deux incarnations consécutives sont séparées par un intervalle fixe de temps, dont la durée serait de quinze cents ans, alors que, selon les spirites, on pourrait parfois « se réincarner » presque immédiatement après sa mort, si ce n'est même de son vivant (!), dans certains cas que l'on déclare, heureusement, être tout à fait exceptionnels. – Une autre question qui donne lieu à de nombreuses et interminables controverses est celle de savoir si un même individu doit toujours et nécessairement « se réincarner » dans le même sexe, ou si l'hypothèse contraire est possible ; nous aurons peut-être quelque occasion de revenir sur ce point.

savoir l'impossibilité pour l'être humain d'exister dans des modalités autres que la forme corporelle terrestre, ce qui, nous le répétons n'est en aucune façon conciliable avec les notions même élémentaires de la Métaphysique ; et il paraît que c'est là l'argument le plus solide que l'on puisse fournir à l'appui de l'hypothèse de la réincarnation !

Nous ne pouvons pas, en effet, prendre un seul instant au sérieux les arguments d'ordre moral et sentimental, basés sur la constatation d'une prétendue injustice dans l'inégalité des conditions humaines. Cette constatation provient uniquement de ce qu'on envisage toujours des faits particuliers, en les isolant de l'ensemble dont ils font partie, alors que, si on les replace dans cet ensemble, il ne saurait y avoir évidemment aucune injustice, ou, pour employer un terme à la fois plus exact et plus étendu, aucun déséquilibre[1], puisque ces faits sont, comme tout le reste, des éléments de l'harmonie totale. Nous nous sommes d'ailleurs suffisamment expliqué sur cette question, et nous avons montré que le mal n'a aucune réalité, que ce qu'on appelle ainsi n'est qu'une relativité considérée analytiquement et que, au-delà de ce point de vue spécial de la mentalité humaine, l'imperfection est nécessairement illusoire, car elle ne peut exister que comme élément du Parfait, lequel ne saurait évidemment contenir rien d'imparfait[2].

Il est facile de comprendre que la diversité des conditions humaines ne provient pas d'autre chose que des différences de nature qui existent entre les individus eux-mêmes, qu'elle est inhérente à la nature individuelle des êtres humains terrestres, et qu'elle n'est pas plus injuste ni moins nécessaire (étant du même ordre, quoique à un autre degré) que la variété des espèces animales et végétales, contre laquelle personne n'a encore jamais songé à protester au nom de la justice, ce qui serait d'ailleurs parfaitement ridicule[3]. Les conditions spéciales de chaque individu concourent à la perfection de l'être total dont cet individu est une modalité ou un état particulier, et, dans la totalité de

---

[1] Voir *L'Archéomètre*, in *La Gnose*, 2ᵉ année, n° 1, p. 15, note 3. – Dans le domaine social, ce qu'on appelle la justice ne peut consister, suivant une formule extrême-orientale, qu'à compenser des injustices par d'autres injustices (conception qui ne souffre pas l'introduction d'idées mystico-morales telles que celles de mérite et de démérite, de récompense et de punition, etc., non plus que de la notion occidentale du progrès moral et social) ; la somme de toutes ces injustices, qui s'harmonisent en s'équilibrant, est, dans son ensemble, la plus grande justice au point de vue humain individuel.

[2] Voir *Le Démiurge*, in *La Gnose*, 1ʳᵉ année, nᵒˢ 1 à 4 [article repris dans *Mélanges*].

[3] Sur cette question de la diversité des conditions humaines, considérée comme le fondement de l'institution des castes, voir *L'Archéomètre*, in *La Gnose*, 2ᵉ année, n° 1, pp. 8 et suivantes.

l'être, tout est relié et équilibré par l'enchaînement harmonique des causes et des effets[1] ; mais, lorsqu'on parle de causalité, quiconque possède la moindre notion métaphysique ne peut entendre par là rien qui ressemble de près ou de loin à la conception mystico-religieuse des récompenses et des punitions[2], qui, après avoir été appliquée à une « vie future » extra-terrestre, l'a été par les néo-spiritualistes à de prétendues « vies successives » sur la Terre, ou tout au moins dans le monde physique[3].

Les spirites surtout ont particulièrement abusé de cette conception tout anthropomorphiste, et en ont tiré des conséquences qui vont souvent jusqu'à la plus extrême absurdité. Tel est l'exemple bien connu de la victime qui poursuit jusque dans une autre existence sa vengeance contre son meurtrier : l'assassiné deviendra alors assassin à son tour, et le meurtrier, devenu victime, devra se venger encore dans une nouvelle existence... et ainsi de suite indéfiniment. Un autre exemple du même genre est celui du cocher qui écrase un piéton ; par punition, le cocher, devenu piéton dans sa vie suivante, sera écrasé par le piéton devenu cocher ; mais, logiquement, celui-ci devra ensuite subir la même punition, de sorte que ces deux malheureux individus seront obligés de s'écraser ainsi alternativement l'un l'autre jusqu'à la fin des siècles, car il n'y a évidemment aucune raison pour que cela s'arrête.

Nous devons du reste, pour être impartial, ajouter que, sur ce point, certains occultistes ne le cèdent en rien aux spirites, car nous avons entendu l'un d'eux raconter l'histoire suivante, comme exemple des conséquences effrayantes que peuvent entraîner des actes considérés

---

[1] Ceci suppose la coexistence de tous les éléments envisagés en dehors du temps, aussi bien qu'en dehors de n'importe quelle autre condition contingente de l'une quelconque des modalités spécialisées de l'existence ; remarquons une fois de plus que cette coexistence ne laisse évidemment aucune place à l'idée de progrès.

[2] À cette conception des sanctions religieuses se rattache la théorie tout occidentale du sacrifice et de l'expiation, dont nous aurons ailleurs à démontrer l'inanité.

[3] Ce que les théosophistes appellent très improprement *Karma* n'est pas autre chose que la loi de causalité, d'ailleurs fort mal comprise, et encore plus mal appliquée ; nous disons qu'ils la comprennent mal, c'est-à-dire incomplètement, car ils la restreignent au domaine individuel, au lieu de l'étendre à l'ensemble indéfini des états d'être. En réalité, le mot sanscrit *Karma*, dérivant de la racine verbale *kri*, faire (identique au latin *creare*), signifie simplement « action », et rien de plus ; les Occidentaux qui ont voulu l'employer l'ont donc détourné de son acception véritable, qu'ils ignoraient, et ils ont fait de même pour un grand nombre d'autres termes orientaux.

généralement comme assez indifférents[1] : un écolier s'amuse à briser une plume, puis la jette ; les molécules du métal garderont, à travers toutes les transformations qu'elles auront à subir, le souvenir de la méchanceté dont cet enfant a fait preuve à leur égard ; finalement, après quelques siècles, ces molécules passeront dans les organes d'une machine quelconque, et, un jour, un accident se produira, et un ouvrier mourra broyé par cette machine ; or il se trouvera justement que cet ouvrier sera l'écolier dont il a été question, qui se sera réincarné pour subir le châtiment de son acte antérieur[2]. Il serait assurément difficile d'imaginer quelque chose de plus extravagant que de semblables contes fantastiques, qui suffisent pour donner une juste idée de la mentalité de ceux qui les inventent, et surtout de ceux qui y croient.

*

* *

Une conception qui se rattache assez étroitement à celle de la réincarnation, et qui compte aussi de nombreux partisans parmi les néo-spiritualistes, est celle d'après laquelle chaque être devrait, au cours de son évolution, passer successivement par toutes les formes de vie, terrestres et autres[3]. À ceci, il n'y a qu'un mot à répondre : une telle théorie est une impossibilité, pour la simple raison qu'il existe une indéfinité de formes vivantes par lesquelles un être quelconque ne pourra jamais passer, ces formes étant toutes celles qui sont occupées par les autres êtres. Il est donc absurde de prétendre qu'un être, pour parvenir au terme de son évolution, doit parcourir toutes les possibilités envisagées individuellement, puisque cet énoncé renferme une impossibilité ; et nous pouvons voir ici un cas particulier de cette

---

[1] Il va sans dire que les conséquences purement individuelles (et imaginaires) dont il est ici question n'ont aucun rapport avec la théorie métaphysique, dont nous parlerons ailleurs, d'après laquelle le geste le plus élémentaire peut avoir dans l'Universel des conséquences illimitées, en se répercutant et s'amplifiant à travers la série indéfinie des états d'être, suivant la double échelle horizontale et verticale (voir *Le Symbolisme de la Croix*, in *La Gnose*, 2e année, nos 2 à 6 [article repris dans ce *Recueil*]).

[2] Il y a des occultistes qui vont jusqu'à prétendre que les infirmités congénitales sont le résultat d'accidents arrivés dans des « existences antérieures ».

[3] Nous parlons seulement de « formes de vie », parce qu'il est bien entendu que ceux qui soutiennent une telle opinion ne sauraient rien concevoir en dehors de la vie (et de la vie dans la forme), de sorte que, pour eux, cette expression renferme toutes les possibilités, tandis que, pour nous, elle ne représente au contraire qu'une possibilité de manifestation très spéciale.

conception entièrement fausse, si répandue en Occident, selon laquelle on ne pourrait arriver à la synthèse que par l'analyse, alors que, au contraire, il est impossible d'y parvenir de cette façon[1]. Quand bien même un être aurait parcouru ainsi une indéfinité de possibilités, toute cette évolution ne pourrait jamais être que rigoureusement égale à zéro par rapport à la Perfection, car l'indéfini, procédant du fini et étant produit par lui (comme le montre clairement la génération des nombres), donc y étant contenu en puissance, n'est en somme que le développement des potentialités du fini, et, par conséquent, ne peut évidemment avoir aucun rapport avec l'Infini, ce qui revient à dire que, considéré de l'Infini (ou de la Perfection, qui est identique à l'Infini), il ne peut être que zéro[2]. La conception analytique de l'évolution revient donc à ajouter indéfiniment zéro à lui-même, par une indéfinité d'additions distinctes et successives, dont le résultat final sera toujours zéro ; on ne peut sortir de cette suite stérile d'opérations analytiques que par l'intégration, et celle-ci s'effectue d'un seul coup, par une synthèse immédiate et transcendante, qui n'est logiquement précédée d'aucune analyse[3].

D'autre part, puisque, comme nous l'avons expliqué à diverses reprises, le monde physique tout entier, dans le déploiement intégral de toutes les possibilités qu'il contient, n'est que le domaine de manifestation d'un seul état d'être individuel, ce même état d'être contient en lui, à fortiori, les potentialités correspondantes à toutes les modalités de la vie terrestre, qui n'est qu'une portion très restreinte du monde physique. Donc, si le développement complet de l'individualité actuelle, qui s'étend indéfiniment au-delà de la modalité corporelle, embrasse toutes les potentialités dont les manifestations constituent l'ensemble du monde physique, elle embrasse en particulier toutes

---

[1] Voir *Le Démiurge*, in *La Gnose*, 1re année, n° 3, p. 46 [article repris dans *Mélanges*].

[2] Ce qui est vrai, d'une façon générale, de l'indéfini considéré par rapport (ou plutôt par absence de rapport) à l'Infini, demeure vrai pour chaque aspect particulier de l'indéfini, ou, si l'on veut, pour l'indéfinité particulière qui correspond au développement de chaque possibilité envisagée isolément ; ceci est donc vrai, notamment, pour l'immortalité (extension indéfinie de la possibilité vie), qui, en conséquence, ne peut être que zéro par rapport à l'Éternité ; nous aurons ailleurs l'occasion de nous expliquer plus amplement sur ce point (voir aussi *À propos du Grand Architecte de l'Univers*, in *La Gnose*, 2e année, n° 7, p. 196, note 1 [article repris dans *Études sur la Franc-Maçonnerie et le Compagnonnage, tome 2*]).

[3] Pour plus de détails sur la représentation mathématique de la totalisation de l'être par une double intégration réalisant le volume universel, voir notre étude sur *Le Symbolisme de la Croix*, in *La Gnose*, 2e année, n°s 2 à 6 [article repris dans ce *Recueil*].

celles qui correspondent aux diverses modalités de la vie terrestre. Ceci rend donc inutile la supposition d'une multiplicité d'existences à travers lesquelles l'être s'élèverait progressivement de la modalité de vie la plus inférieure, celle du minéral, jusqu'à la modalité humaine, considérée comme la plus élevée, en passant successivement par le végétal et l'animal, avec toute la multiplicité de degrés que comporte chacun de ces règnes. L'individu, dans son extension intégrale, contient simultanément les possibilités qui correspondent à tous ces degrés ; cette simultanéité ne se traduit en succession temporelle que dans le développement de son unique modalité corporelle, au cours duquel, comme le montre l'embryologie, il passe en effet par tous les stades correspondants, depuis la forme unicellulaire des êtres organisés les plus élémentaires, et même, en remontant plus haut encore, depuis le cristal (qui présente d'ailleurs plus d'une analogie avec ces êtres rudimentaires)[1], jusqu'à la forme humaine terrestre. Mais, pour nous, ces considérations ne sont nullement une preuve de la théorie « transformiste », car nous ne pouvons regarder que comme une pure hypothèse la prétendue loi d'après laquelle « l'ontogénie serait parallèle à la phylogénie » ; en effet, si le développement de l'individu, ou ontogénique, est constatable par l'observation directe, personne n'oserait prétendre qu'il puisse en être de même du développement de l'espèce, ou phylogénique[2]. D'ailleurs, même dans le sens restreint que nous venons d'indiquer, le point de vue de la succession perd presque tout son intérêt par la simple remarque que le germe, avant tout développement, contient déjà en puissance l'être complet ; et ce point de vue doit toujours demeurer subordonné à celui de la simultanéité, auquel nous conduit nécessairement la théorie métaphysique des états multiples de l'être.

Donc, en laissant de côté la considération essentiellement relative du développement embryogénique de la modalité corporelle (considération qui ne peut être pour nous que l'indication d'une analogie par rapport à l'individualité intégrale), il ne peut être question, en raison de l'existence simultanée, dans l'individu, de l'indéfinité des

---

[1] Notamment en ce qui concerne le mode d'accroissement ; de même pour la reproduction par bipartition ou gemmiparité. – Sur cette question de la vie des cristaux, voir en particulier les remarquables travaux du professeur J. C. Bose, de Calcutta, qui ont inspiré (pour ne pas dire plus) ceux de divers savants européens.

[2] Nous avons déjà exposé la raison pour laquelle la question purement scientifique du « transformisme » ne présente aucun intérêt pour la Métaphysique (voir *Conceptions scientifiques et Idéal maçonnique*, in *La Gnose*, 2ᵉ année, n° 10, p. 273 [article repris dans *Études sur la Franc-Maçonnerie et le Compagnonnage, tome 2*]).

modalités vitales, ou, ce qui revient au même, des possibilités correspondantes, il ne peut, disons-nous, être question que d'une succession purement logique (et non temporelle), c'est-à-dire d'une hiérarchisation de ces modalités ou de ces possibilités dans l'extension de l'état d'être individuel, dans lequel elles ne se réalisent pas corporellement. À ce propos, et pour montrer que ces conceptions ne nous sont pas particulières, nous avons pensé qu'il serait intéressant de reproduire ici quelques extraits du chapitre consacré à cette question dans les cahiers d'enseignement d'une des rares Fraternités initiatiques sérieuses qui existent encore actuellement en Occident[1].

« Dans la descente de la vie dans les conditions extérieures, la monade a eu à traverser chacun des états du monde spirituel, puis les royaumes de l'empire astral[2], pour apparaître enfin sur le plan externe, celui qui est le plus bas possible, c'est-à-dire le minéral. À partir de là, nous la voyons pénétrer successivement les vagues de vie minérale, végétale et animale de la planète. En vertu des lois supérieures et plus intérieures de son cycle spécial, ses attributs divins cherchent toujours à se développer dans leurs potentialités emprisonnées. Aussitôt qu'une forme en est pourvue, et que ses capacités sont épuisées[3], une autre forme nouvelle et de degré plus élevé est mise en réquisition ; ainsi, chacune à son tour devient de plus en plus complexe de structure, de plus en plus diversifiée en ses fonctions. C'est ainsi que nous voyons la monade vivante commencer au minéral, dans le monde *extérieur*, puis la grande *spirale* de son existence évolutionnaire s'avancer lentement, imperceptiblement, mais cependant progresser toujours[4]. Il n'y a pas de forme trop simple ni d'organisme trop complexe pour la faculté d'adaptation d'une puissance merveilleuse, inconcevable, que possède l'âme humaine. Et, à travers le cycle entier de la Nécessité, le caractère de son génie, le degré de son émanation spirituelle, et les états auxquels

---

[1] Nous ne nous attarderons pas à relever les calomnies absurdes et les racontars plus ou moins ineptes que des gens mal informés ou mal intentionnés ont répandus à plaisir sur cette Fraternité, qui est désignée par les initiales *H. B. of L.* ; mais nous croyons cependant nécessaire d'avertir qu'elle est étrangère à tout mouvement occultiste, bien que certains aient jugé bon de s'approprier quelques-uns de ses enseignements, en les dénaturant d'ailleurs complètement pour les adapter à leurs propres conceptions.

[2] C'est-à-dire les divers états de la manifestation subtile, répartis suivant leur correspondance avec les éléments.

[3] C'est-à-dire qu'elle a développé complètement toute la série des modifications dont elle est susceptible.

[4] Ceci au point de vue *extérieur*, bien entendu.

elle appartient à l'origine, sont conservés strictement, avec une exactitude mathématique[1]. »

« Pendant le cours de son involution, la monade n'est réellement incarnée dans aucune forme, quelle qu'elle soit. Le cours de sa descente à travers les divers règnes s'accomplit par une polarisation graduelle de ses pouvoirs divins, due à son contact avec les conditions d'externisation graduelle de l'arc descendant et subjectif du cycle spiral. »

« C'est une vérité absolue qu'exprime l'adepte auteur de *Ghost-Land*, lorsqu'il dit que, *en tant qu'être impersonnel*, l'homme vit dans une indéfinité de mondes avant d'arriver à celui-ci. Dans tous ces mondes, l'âme développe ses états rudimentaires, jusqu'à ce que son progrès cyclique la rende capable d'atteindre[2] l'état spécial dont la fonction glorieuse est de conférer à cette âme *la conscience*. C'est à ce moment seulement qu'elle devient véritablement un homme ; à tout autre instant de son voyage cosmique, elle n'est qu'un être embryonnaire, une forme passagère, une créature impersonnelle, en laquelle brille une partie, mais une partie seulement de l'âme humaine *non individualisée*. »

« Lorsque le grand étage de *conscience*, sommet de la série des manifestations matérielles, est atteint, *jamais* l'âme ne rentrera dans la matrice de la matière, ne subira l'*incarnation matérielle* ; désormais, *ses renaissances sont dans le royaume de l'esprit.* Ceux qui soutiennent la doctrine étrangement illogique de la multiplicité des naissances *humaines* n'ont assurément jamais développé en eux-mêmes l'état lucide de Conscience spirituelle ; sinon, la théorie de la réincarnation, affirmée et soutenue aujourd'hui par un grand nombre d'hommes et de femmes versés dans la « sagesse mondaine », n'aurait pas le moindre crédit. Une éducation *extérieure* est relativement sans valeur comme moyen d'obtenir la Connaissance *véritable*. »

On ne trouve dans la nature aucune analogie en faveur de la réincarnation, tandis que, en revanche, on en trouve de nombreuses dans le sens contraire. « Le gland devient chêne, la noix de coco devient palmier ; mais le chêne a beau donner des myriades d'autres glands, il ne devient plus jamais gland lui-même ; ni le palmier ne redevient plus noix. De même pour l'homme : dès que l'âme s'est manifestée sur le plan humain, et a ainsi atteint la conscience de la vie

---

[1] Ce qui implique bien la *coexistence* de toutes les modalités vitales.
[2] Par l'extension graduelle de ce développement jusqu'à ce qu'il ait atteint une zone déterminée, correspondant à l'état spécial que l'on considère ici.

extérieure, elle ne repasse plus jamais par aucun de ses états rudimentaires. »

« Une publication récente affirme que « ceux qui ont mené une vie noble et digne d'un roi (fût-ce même dans le corps d'un mendiant), dans leur dernière existence terrestre, revivront comme nobles, rois, ou autres personnages de haut rang » ! Mais nous savons ce que les rois et les nobles ont été dans le passé et sont dans le présent, souvent les pires spécimens de l'humanité qu'il soit possible de concevoir, au point de vue spirituel. De telles assertions ne sont bonnes qu'à prouver que leurs auteurs ne parlent que sous l'inspiration de la sentimentalité, et que la Connaissance leur manque. »

« Tous les prétendus « réveils de souvenirs » latents, par lesquels certaines personnes assurent se rappeler leurs existences passées, peuvent s'expliquer, et même ne peuvent s'expliquer que par les simples lois de l'*affinité* et de la *forme*. Chaque race d'êtres humains, considérée *en soi-même*, est immortelle ; il en est de même de chaque cycle : jamais le premier cycle ne devient le second, mais les êtres du premier cycle sont (spirituellement) les parents, ou les *générateurs*, de ceux du second cycle[1]. Ainsi, chaque cycle comprend une grande famille constituée par la réunion de divers groupements d'âmes humaines, chaque condition étant déterminée par les lois de son *activité*, celles de sa *forme* et celles de son *affinité* : une trinité de lois. »

« C'est ainsi que l'homme peut être comparé au gland et au chêne : l'âme embryonnaire, non individualisée, devient un homme tout comme le gland devient un chêne, et, de même que le chêne donne naissance à une quantité innombrable de glands, de même l'homme fournit à son tour à une indéfinité d'âmes les moyens de prendre naissance dans le monde spirituel. Il y a correspondance complète entre les deux, et c'est pour cette raison que les anciens Druides rendaient de si grands honneurs à cet arbre, qui était honoré au-delà de tous les autres par les puissants Hiérophantes. » On voit par là

---

[1] C'est pourquoi la tradition hindoue donne le nom de *Pitris* (pères ou ancêtres) aux êtres du cycle qui précède le nôtre, et qui est représenté, par rapport à celui-ci, comme correspondant à la Sphère de la Lune ; les *Pitris* forment l'humanité terrestre à leur image, et cette humanité actuelle joue, à son tour, le même rôle à l'égard de celle du cycle suivant. Cette relation causale d'un cycle à l'autre suppose nécessairement la coexistence de tous les cycles, qui ne sont successifs qu'au point de vue de leur enchaînement logique, s'il en était autrement, une telle relation ne pourrait exister (voir *La Constitution de l'être humain et son évolution posthume selon le Védânta*, in *La Gnose*, 2e année, n° 10, pp. 262 et 263 [ainsi que dans ce *Recueil*, pp. 54-55]).

combien les Druides étaient loin d'admettre la « transmigration » au sens ordinaire et matériel du mot, et combien peu ils songeaient à la théorie, qui, nous le répétons, est toute moderne, de la réincarnation.

*

* *

Nous avons vu récemment, dans une revue spirite étrangère, un article dont l'auteur critiquait, avec juste raison, l'idée saugrenue de ceux qui, annonçant pour un temps prochain la « seconde venue » du Christ, la présentent comme devant être une réincarnation[1]. Mais où la chose devient plutôt amusante, c'est lorsque ce même auteur déclare que, s'il ne peut admettre cette thèse, c'est tout simplement parce que, selon lui, le retour du Christ est dès maintenant un fait accompli... par le spiritisme ! « Il est déjà venu, dit-il, puisque, dans certains centres, on enregistre ses communications. » Vraiment, il faut avoir une foi bien robuste pour pouvoir croire ainsi que le Christ et ses Apôtres se manifestent dans des séances spirites et parlent par l'organe des médiums ! S'il est des gens à qui une croyance est nécessaire (et il semble que ce soit le cas de l'immense majorité des Occidentaux), nous n'hésitons pas à affirmer combien nous préférons encore celle du catholique le moins éclairé, ou même la foi du matérialiste sincère, car c'en est une aussi[2].

Comme nous l'avons déjà dit, nous considérons le néo-spiritualisme, sous quelque forme que ce soit, comme absolument incapable de remplacer les anciennes religions dans leur rôle social et moral, et pourtant c'est certainement là le but qu'il se propose, d'une façon plus ou moins avouée. Nous avons fait allusion précédemment, en particulier, aux prétentions de ses promoteurs en ce qui concerne l'enseignement ; nous venons encore de lire un discours prononcé sur ce sujet par l'un d'eux. Quoi qu'il en dise, nous trouvons très peu « équilibré » le « spiritualisme libéral » de ces « aviateurs de l'esprit » (?!), qui, voyant dans l'atmosphère « deux colossaux nimbus chargés

---

[1] Cette opinion bizarre, qui a trouvé en particulier, depuis quelques années, beaucoup de crédit chez les théosophistes, n'est guère plus absurde, après tout, que celle des gens qui soutiennent que saint Jean-Baptiste fut une réincarnation du prophète Élie ; d'ailleurs, nous dirons quelques mots, par la suite, au sujet des divers textes des Évangiles que certains se sont efforcés d'interpréter en faveur de la théorie réincarnationniste.

[2] Voir À propos du Grand Architecte de l'Univers, in La Gnose, 2ᵉ année, n° 7, pp. 197 et 198 [article repris dans Études sur la Franc-Maçonnerie et le Compagnonnage, tome 2].

jusqu'à la gueule (*sic*) d'électricités contraires », se demandent « comment éviter des séries d'éclairs, des gammes de tonnerre (*sic*), des chutes de foudre », et qui, malgré ces présages menaçants, veulent « affronter la liberté de l'enseignement » comme d'autres ont « affronté les libertés de l'espace ». Ils admettent pourtant que « l'enseignement de l'école doit rester neutre », mais à la condition que cette « neutralité » aboutisse à des conclusions « spiritualistes » ; il nous semble que ce ne serait là qu'une neutralité apparente, non réelle, et quiconque a le moindre sens de la logique ne peut guère penser autrement à cet égard ; mais pour eux, au contraire, c'est là de la « neutralité profonde » ! L'esprit de système et les idées préconçues conduisent parfois à d'étranges contradictions, et ceci en est un exemple que nous tenions à signaler[1]. Quant à nous, qui sommes loin de prétendre à une action sociale quelconque, il est évident que cette question de l'enseignement, ainsi posée, ne peut nous intéresser à aucun titre. La seule méthode qui aurait une valeur réelle serait celle de l'« instruction intégrale »[2] ; et malheureusement, étant donnée la mentalité actuelle, on est loin, sans doute pour bien longtemps encore, de pouvoir en tenter la moindre application en Occident, et particulièrement en France, où l'esprit protestant, cher à certains « spiritualistes libéraux », règne en maître absolu dans tous les degrés et toutes les branches de l'enseignement.

*
* *

L'auteur du discours en question (nous ne voulons pas le nommer ici pour ne pas blesser sa… modestie) a cru bon récemment, dans une circonstance qu'il importe peu de spécifier, de nous reprocher d'avoir dit que nous n'avons « absolument rien de commun avec lui » (non plus d'ailleurs qu'avec les autres néo-spiritualistes de toute secte et de toute école), et il objectait que ceci devait nous conduire « à rejeter la fraternité, la vertu, à nier Dieu, l'immortalité de l'âme et le Christ », beaucoup de choses passablement disparates ! Quoique nous nous interdisions formellement toute polémique dans cette Revue, nous

---

[1] Nous pourrions rappeler à ce propos, dans un autre ordre d'idées, l'attitude de certains savants, qui refusent d'admettre des faits dûment constatés, simplement parce que leurs théories ne permettent pas d'en donner une explication satisfaisante.

[2] Voir l'ouvrage publié sous ce titre, *L'Instruction intégrale*, par notre éminent collaborateur F.-Ch. Barlet.

pensons qu'il n'est pas inutile de reproduire ici notre réponse à ces objections, pour une plus complète édification de nos lecteurs, et pour marquer mieux et plus précisément (au risque de nous répéter quelque peu) certaines différences profondes sur lesquelles nous n'insisterons jamais trop.

« … Tout d'abord, quoi qu'en puisse dire M. X…, son Dieu n'est certes pas le nôtre, car il croit évidemment, comme d'ailleurs tous les Occidentaux modernes, à un Dieu «personnel» (pour ne pas dire individuel) et quelque peu anthropomorphe, lequel, en effet, n'a « rien de commun » avec l'Infini métaphysique[1]. Nous en dirons autant de sa conception du Christ, c'est-à-dire d'un Messie unique, qui serait une «incarnation» de la Divinité; nous reconnaissons, au contraire, une pluralité (et même une indéfinité) de «manifestations» divines, mais qui ne sont en aucune façon des «incarnations», car il importe avant tout de maintenir la pureté du Monothéisme, qui ne saurait s'accorder d'une semblable théorie.

« Quant à la conception individualiste de l'«immortalité de l'âme», c'est bien plus simple encore, et M. X… s'est singulièrement trompé s'il a cru que nous hésiterions à déclarer que nous la rejetons complètement, aussi bien sous la forme d'une «vie future» extra-terrestre que sous celle, assurément beaucoup plus ridicule, de la trop fameuse théorie de la «réincarnation». Les questions de «pré-existence» et de «post-existence» ne se posent évidemment pas pour quiconque envisage toutes choses en dehors du temps; d'ailleurs, l'«immortalité» ne peut être qu'une extension indéfinie de la vie, et elle ne sera jamais que rigoureusement égale à *zéro* en face de l'Éternité, qui seule nous intéresse, et qui est au-delà de la vie, aussi bien que du temps et de toutes les autres conditions limitatives de l'existence individuelle. Nous savons fort bien que les Occidentaux tiennent par-dessus tout à leur «moi»; mais quelle valeur peut avoir une tendance purement sentimentale comme celle-là? tant pis pour ceux qui préfèrent d'illusoires consolations, à la Vérité !

« Enfin, la «fraternité» et la «vertu» ne sont manifestement pas autre chose que de simples notions morales; et la morale, qui est toute relative, et qui ne concerne que le domaine très spécial et restreint de

---

[1] D'ailleurs, le mot *Dieu* lui-même est tellement lié à la conception anthropomorphique, il est devenu tellement incapable de correspondre à autre chose, que nous préférons en éviter l'emploi le plus possible, ne serait-ce que pour mieux marquer l'abîme qui sépare la Métaphysique des religions.

l'action sociale[1], n'a absolument rien à faire avec la Gnose, qui est *exclusivement métaphysique*. Et nous ne pensons pas que ce soit trop « nous risquer », comme dit M. X..., que d'affirmer que celui-ci ignore *tout* de la Métaphysique ; ceci soit dit, d'ailleurs, sans lui en faire le moindre reproche, car il est incontestablement permis d'ignorer ce qu'on n'a jamais eu l'occasion d'étudier : à l'impossible nul n'est tenu ! »

*

* *

Nous avons dit précédemment, mais sans y insister, qu'il existe des gens, spirites ou autres, qui s'efforcent de prouver « expérimentalement » la thèse réincarnationniste ; une pareille prétention doit paraître tellement invraisemblable à toute personne douée simplement du plus vulgaire bon sens, qu'on serait tenté, à priori, de supposer qu'il ne peut s'agir là que de quelque mauvaise plaisanterie ; mais il paraît pourtant qu'il n'en est rien. Voici, en effet, qu'un expérimentateur réputé sérieux, qui s'est acquis une certaine considération scientifique par ses travaux sur le « psychisme »[2], mais qui, malheureusement pour lui, semble s'être peu à peu converti presque entièrement aux théories spirites (il arrive assez fréquemment que les savants ne sont pas exempts d'une certaine... naïveté)[3], a publié tout récemment un

---

[1] Sur cette question de la morale, voir *Conceptions scientifiques et Idéal maçonnique*, in *La Gnose*, 2ᵉ année, n° 10, pp. 274 et 275 [article repris dans *Études sur la Franc-Maçonnerie et le Compagnonnage, tome 2*].

[2] Faute d'un terme moins imparfait, nous conservons celui de « psychisme », si vague et imprécis qu'il soit, pour désigner un ensemble d'études dont l'objet lui-même, d'ailleurs, n'est guère mieux défini ; quelqu'un (le Dᵣ Richet, croyons-nous) a eu l'idée malheureuse de substituer à ce mot celui de « métapsychique », qui a l'immense inconvénient de faire penser à quelque chose de plus ou moins analogue ou parallèle à la Métaphysique (et, dans ce cas, nous ne voyons pas trop ce que cela pourrait être, sinon la Métaphysique elle-même sous un autre nom), alors que, tout au contraire, il s'agit d'une science expérimentale, avec des méthodes calquées aussi exactement que possible sur celles des sciences physiques.

[3] Le cas auquel nous faisons allusion n'est pas isolé, et il en existe de tout à fait semblables, dont plusieurs sont même fort connus ; nous avons cité ailleurs ceux de Crookes, de Lombroso, du Dᵣ Richet et de M. Camille Flammarion (*À propos du Grand Architecte de l'Univers*, in *La Gnose*, 2ᵉ année, n° 7, p. 196 [article repris dans *Études sur la Franc-Maçonnerie et le Compagnonnage, tome 2*]), et nous aurions pu y ajouter celui de William James et plusieurs autres encore ; tout cela prouve simplement qu'un savant analyste, quelle que soit sa valeur comme tel, et quel que soit aussi son domaine spécial, n'est pas

ouvrage contenant l'exposé de ses recherches sur les prétendues « vies successives » au moyen des phénomènes de « régression de la mémoire » qu'il a cru constater chez certains sujets hypnotiques ou magnétiques[1].

Nous disons : qu'il a cru constater, car, si nous ne pouvons en aucune façon songer à mettre en doute sa bonne foi, nous pensons du moins que les faits qu'il interprète ainsi, en vertu d'une hypothèse préconçue, s'expliquent, en réalité, d'une façon tout autre et beaucoup plus simple. En somme, ces faits se résument en ceci : le sujet, étant dans un certain état, peut être replacé mentalement dans les conditions où il se trouvait à une époque passée, et être « situé » ainsi à un âge quelconque, dont il parle alors comme du présent, d'où l'on conclut que, dans ce cas, il n'y a pas « souvenir », mais « régression de la mémoire ». Ceci est d'ailleurs une contradiction dans les termes, car il ne peut évidemment être question de mémoire là où il n'y a pas de souvenir ; mais, cette observation à part, il faut se demander avant tout si la possibilité du souvenir pur et simple est véritablement exclue par la seule raison que le sujet parle du passé comme s'il lui était redevenu présent.

À cela, on peut répondre immédiatement que les souvenirs, en tant que tels, sont toujours mentalement présents[2] ; ce qui, pour notre conscience actuelle, les caractérise effectivement comme souvenirs d'événements passés, c'est leur comparaison avec nos perceptions présentes (nous entendons présentes en tant que perceptions), comparaison qui permet seule de distinguer les uns des autres en établissant un rapport (temporel, c'est-à-dire de succession) entre les événements extérieurs[3] dont ils sont pour nous les traductions

---

forcément pour cela, en dehors de ce même domaine, notablement supérieur à la grande masse du public ignorant et crédule qui fournit la majeure partie de la clientèle spirito-occultiste.

[1] Nous ne chercherons pas ici jusqu'à quel point il est possible de différencier nettement l'hypnotisme et le magnétisme ; il se pourrait bien que cette distinction fût plus verbale que réelle, et, en tout cas, elle n'a aucune importance quant à la question qui nous occupe présentement.

[2] Que ces souvenirs se trouvent d'ailleurs actuellement dans le champ de la conscience claire et distincte ou dans celui de la « subconscience » (en admettant ce terme dans son sens tout à fait général), peu importe, puisque, normalement, ils ont toujours la possibilité de passer de l'un dans l'autre, ce qui montre qu'il ne s'agit là que d'une différence de degré, et rien de plus.

[3] Extérieurs par rapport au point de vue de notre conscience individuelle, bien entendu ; d'ailleurs, cette distinction du souvenir et de la perception ne relève que de la psychologie

mentales respectives. Si cette comparaison vient à être rendue impossible pour une raison quelconque (soit par la suppression momentanée de toute impression extérieure, soit d'une autre façon), le souvenir, n'étant plus localisé dans le temps par rapport à d'autres éléments psychologiques présentement différents, perd son caractère représentatif du passé, pour ne plus conserver que sa qualité actuelle du présent. Or c'est précisément là ce qui se produit dans les cas dont nous parlons : l'état dans lequel est placé le sujet correspond à une modification de sa conscience actuelle, impliquant une extension, dans un certain sens, de ses facultés individuelles, au détriment momentané du développement dans un autre sens que ces facultés possèdent dans l'état normal. Si donc, dans un tel état, on empêche le sujet d'être affecté par les perceptions présentes, et si, en outre, on écarte en même temps de sa conscience tous les événements postérieurs à un certain moment déterminé (conditions qui sont parfaitement réalisables à l'aide de la suggestion), lorsque les souvenirs se rapportant à ce même moment se présentent distinctement à cette conscience ainsi modifiée quant à son étendue (qui est alors pour le sujet la conscience actuelle), ils ne peuvent aucunement être situés dans le passé ou envisagés sous cet aspect, puisqu'il n'y a plus actuellement dans le champ de la conscience aucun élément avec lequel ils puissent être mis dans un rapport d'antériorité temporelle.

En tout ceci, il ne s'agit de rien de plus que d'un état mental impliquant une modification de la conception du temps (ou mieux de sa compréhension) par rapport à l'état normal ; et, d'ailleurs, ces deux états ne sont l'un et l'autre que deux modalités différentes d'une même individualité[1]. En effet, il ne peut être ici question d'états supérieurs et extra-individuels dans lesquels l'être serait affranchi de la condition temporelle, ni même d'une extension de l'individualité impliquant ce même affranchissement partiel, puisqu'on place au contraire le sujet dans un instant déterminé, ce qui suppose essentiellement que son état actuel est conditionné par le temps. En outre, d'une part, des états tels que ceux auxquels nous venons de faire allusion ne peuvent évidemment être atteints par des moyens qui sont entièrement du

---

la plus élémentaire, et, d'autre part, elle est indépendante de la question du mode de perception des objets regardés comme extérieurs, ou plutôt de leurs qualités sensibles.

[1] Il en est de même des états (spontanés ou provoqués) qui correspondent à toutes les altérations de la conscience individuelle, dont les plus importantes sont ordinairement rangées sous la dénomination impropre et fautive de « dédoublements de la personnalité ».

domaine de l'individualité actuelle et restreinte, comme l'est nécessairement tout procédé expérimental ; et, d'autre part, même s'ils étaient atteints d'une façon quelconque, ils ne sauraient aucunement être rendus sensibles à cette individualité, dont les conditions particulières d'existence n'ont aucun point de contact avec celles des états supérieurs de l'être, et qui, en tant qu'individualité spéciale, est forcément incapable d'assentir, et à plus forte raison d'exprimer, tout ce qui est au-delà des limites de ses propres possibilités[1].

Quant à retourner effectivement dans le passé, c'est là une chose qui, comme nous le disons ailleurs, est manifestement aussi impossible à l'individu humain que de se transporter dans l'avenir[2] ; et nous n'aurions jamais pensé que la « machine à explorer le temps » de Wells pût être considérée autrement que comme une conception de pure fantaisie, ni qu'on en vînt à parler sérieusement de la « réversibilité du temps ». L'espace est réversible, c'est-à-dire que l'une quelconque de ses parties, ayant été parcourue dans un certain sens, peut l'être ensuite en sens inverse, et cela parce qu'il est une coordination d'éléments envisagés en mode simultané et permanent ; mais le temps, étant au contraire une coordination d'éléments envisagés en mode successif et transitoire, ne peut être réversible, car une telle supposition serait la négation même du point de vue de la succession, ou, en d'autres termes, elle reviendrait précisément à supprimer la condition temporelle[3]. Pourtant, il s'est trouvé des gens qui ont conçu cette idée pour le moins singulière de la « réversibilité du temps », et qui ont prétendu l'appuyer sur un « théorème de mécanique » (?) dont nous

---

[1] Du reste, dans tous les cas dont nous parlons, il ne s'agit que d'événements physiques, et même le plus souvent terrestres (quoique tel autre expérimentateur assez connu ait publié jadis un récit détaillé des prétendues « incarnations antérieures » de son sujet sur la planète Mars, sans s'être étonné que tout ce qui se passe sur celle-ci soit si facilement traduisible en langage terrestre !) ; il n'y a là rien qui exige le moins du monde l'intervention d'états supérieurs de l'être, que d'ailleurs, bien entendu, les « psychistes » ne soupçonnent même pas.

[2] Voir pour ceci, ainsi que pour ce qui suit, notre étude Les Conditions de l'existence corporelle, in La Gnose, 3e année, n° 2, pp. 39 et 40 (et particulièrement la note 4 de la p. 39) [article repris dans Mélanges].

[3] Cette suppression de la condition temporelle est d'ailleurs possible, mais non dans les cas que nous envisageons ici, puisque ces cas supposent toujours le temps ; et, en parlant ailleurs de la conception de l'« éternel présent », nous avons eu bien soin de faire remarquer qu'elle ne peut rien avoir de commun avec un retour dans le passé ou un transport dans l'avenir, puisqu'elle supprime précisément le passé et l'avenir, en nous affranchissant du point de vue de la succession, c'est-à-dire de ce qui constitue pour notre être actuel toute la réalité de la condition temporelle.

croyons intéressant de reproduire intégralement l'énoncé, afin de montrer plus clairement l'origine de leur fantastique hypothèse.

« Connaissant la série complexe de tous les états successifs d'un système de corps, et ces états se suivant et s'engendrant dans un ordre déterminé, au passé qui fait fonction de cause, à l'avenir qui a rang d'effet (*sic*), considérons un de ces états successifs, et, sans rien changer aux masses composantes, ni aux forces qui agissent entre ces masses[1], ni aux lois de ces forces, non plus qu'aux situations actuelles des masses dans l'espace, remplaçons chaque vitesse par une vitesse égale et contraire[2]. Nous appellerons cela « révertir » toutes les vitesses ; ce changement lui-même prendra le nom de réversion, et nous appellerons sa possibilité, réversibilité du mouvement du système. »

Arrêtons-nous un instant ici, car c'est justement cette possibilité que nous ne saurions admettre, au point de vue même du mouvement, qui s'effectue nécessairement dans le temps : le système considéré reprendra en sens inverse, dans une nouvelle série d'états successifs, les situations qu'il avait précédemment occupées dans l'espace, mais le temps ne redeviendra jamais le même pour cela, et il suffit évidemment que cette seule condition soit changée pour que les nouveaux états du système ne puissent en aucune façon s'identifier aux précédents. D'ailleurs, dans le raisonnement que nous citons, il est supposé explicitement (encore qu'en un français contestable) que la relation du passé à l'avenir est une relation de cause à effet, tandis que le rapport causal, au contraire, implique essentiellement la simultanéité, d'où il résulte que des états considérés comme se suivant ne peuvent pas, sous ce point de vue, s'engendrer les uns les autres[3] ; mais poursuivons :

---

[1] « Sur ces masses » aurait été plus compréhensible.

[2] Une vitesse contraire à une autre, ou bien de direction différente, ne peut lui être égale au sens rigoureux du mot, elle peut seulement lui être équivalente en quantité ; et, d'un autre côté, est-il possible de regarder cette « réversion » comme ne changeant en rien les lois du mouvement considéré, étant donné que, si ces lois avaient continué à être normalement suivies, elle ne se serait pas produite ?

[3] Voir *La Constitution de l'être humain et son évolution posthume selon le Védânta*, in *La Gnose*, 2ᵉ année, n° 10, pp. 262 et 263 [ainsi que dans ce *Recueil*, pp. 54-55]. – Par suite, si le souvenir d'une impression quelconque peut être cause d'autres phénomènes mentaux, quels qu'ils soient, c'est en tant que souvenir présent, mais l'impression passée ne peut actuellement être cause de rien.

« Or, quand on aura opéré[1] la réversion des vitesses d'un système de corps, il s'agira de trouver, pour ce système ainsi réverti, la série complète de ses états futurs et passés : cette recherche sera-t-elle plus ou moins difficile que le problème correspondant pour les états successifs du même système non réverti ? Ni plus ni moins[2], et la solution de l'un de ces problèmes donnera celle de l'autre par un changement très simple, consistant, en termes techniques, à changer le signe algébrique du temps, à écrire $-t$ au lieu de $+t$, et réciproquement. »

En effet, c'est très simple en théorie, mais, faute de se rendre compte que la notation des « nombres négatifs » n'est qu'un procédé tout artificiel de simplification des calculs et ne correspond à aucune espèce de réalité[3], l'auteur de ce raisonnement tombe dans une grave erreur, qui est d'ailleurs commune à presque tous les mathématiciens, et, pour interpréter le changement de signe qu'il vient d'indiquer, il ajoute aussitôt : « C'est-à-dire que les deux séries complètes d'états successifs du même système de corps différeront seulement en ce que l'avenir deviendra passé, et que le passé deviendra futur[4]. Ce sera la même série d'états successifs parcourue en sens inverse. La réversion des vitesses révertit simplement le temps : la série primitive des états successifs et la série révertie ont, à tous les instants correspondants, les mêmes figures du système avec les mêmes vitesses égales et contraires (*sic*). »

Malheureusement, en réalité, la réversion des vitesses révertit simplement les situations spatiales, et non pas le temps ; au lieu d'être « la même série d'états successifs parcourue en sens inverse », ce sera une seconde série inversement homologue de la première, quant à

---

[1] L'auteur du raisonnement a eu la prudence d'ajouter ici entre parenthèses : « non dans la réalité, mais dans la pensée pure » ; par là, il sort entièrement du domaine de la mécanique et ce dont il parle n'a plus aucun rapport avec « un système de corps » ; mais il est à retenir qu'il regarde lui-même la prétendue « réversion » comme irréalisable, contrairement à l'hypothèse de ceux qui ont voulu appliquer son raisonnement à la « régression de la mémoire ».

[2] Évidemment, puisque, dans l'un et l'autre cas, il s'agit d'étudier un mouvement dont tous les éléments sont donnés ; mais, pour que cette étude corresponde à quelque chose de réel ou même de possible, il ne faudrait pas être dupe d'un simple jeu de notation !

[3] Sur cette notation et ses inconvénients, particulièrement au point de vue de la mécanique, voir *Remarques sur la Notation mathématique*, in *La Gnose*, 1ʳᵉ année, n° 7 [article repris dans *Mélanges*].

[4] Voilà certes une singulière fantasmagorie, et il faut reconnaître qu'une opération aussi vulgaire qu'un simple changement de signe algébrique est douée d'une puissance bien étrange et vraiment merveilleuse… aux yeux des mathématiciens !

l'espace seulement ; le passé ne deviendra pas futur pour cela, et l'avenir ne deviendra passé qu'en vertu de la loi naturelle et normale de la succession, ainsi que cela se produit à chaque instant. Il est vraiment trop facile de montrer les sophismes inconscients et multiples qui se cachent dans de pareils arguments ; et voilà pourtant tout ce qu'on trouve à nous présenter pour justifier, « devant la science et la philosophie », une théorie comme celle des prétendues « régressions de la mémoire » !

Ceci étant dit, nous devons encore, pour compléter l'explication psychologique que nous avons indiquée au début, faire remarquer que le prétendu « retour dans le passé », c'est-à-dire en réalité, tout simplement, le rappel à la conscience claire et distincte de souvenirs conservés à l'état latent dans la mémoire subconsciente du sujet, est facilité d'autre part, au point de vue physiologique, par le fait que toute impression laisse nécessairement une trace sur l'organisme qui l'a éprouvée. Nous n'avons pas à rechercher ici de quelle façon cette impression peut être enregistrée par certains centres nerveux ; c'est là une étude qui relève de la science expérimentale pure et simple, et, d'ailleurs, celle-ci est parvenue à « localiser » à peu près exactement les centres correspondant aux différentes modalités de la mémoire[1]. L'action exercée sur ces centres, aidée du reste par un facteur psychologique qui est la suggestion, permet de placer le sujet dans les conditions voulues pour réaliser les expériences dont nous avons parlé, du moins quant à leur première partie, celle qui se rapporte aux événements auxquels il a réellement pris part ou assisté à une époque plus ou moins éloignée[2].

---

[1] Cette « localisation » est rendue possible surtout par l'observation des différents cas de « paramnésie » (altérations partielles de la mémoire) ; et nous pouvons ajouter que l'espèce de fractionnement de la mémoire que l'on constate dans ces cas permet d'expliquer une bonne partie des soi-disant « dédoublements de la personnalité », auxquels nous avons fait allusion précédemment.

[2] On pourrait également parler, si singulier que cela semble au premier abord, d'une correspondance, tant physiologique que psychologique, des événements non encore réalisés, mais dont l'individu porte les virtualités en lui ; ces virtualités se traduisent par des prédispositions et des tendances d'ordres divers, qui sont comme le germe présent des événements futurs concernant l'individu. Toute diathèse est, en somme, une prédisposition organique de ce genre : un individu porte en lui, dès son origine (« ab ovo », pourrait-on dire), telle ou telle maladie à l'état latent, mais cette maladie ne pourra se manifester que dans des circonstances favorables à son développement, par exemple sous l'action d'un traumatisme quelconque ou de toute autre cause d'affaiblissement de l'organisme ; si ces circonstances ne se rencontrent pas, la maladie ne se développera jamais, mais son germe n'en existe pas moins réellement et présentement dans

Mais, bien entendu, la correspondance physiologique que nous venons de signaler n'est possible que pour les impressions qui ont réellement affecté l'organisme du sujet ; et de même, au point de vue psychologique, la conscience individuelle d'un être quelconque ne peut évidemment contenir que des éléments ayant quelque rapport avec l'individualité actuelle de cet être. Ceci devrait suffire à montrer qu'il est inutile de chercher à poursuivre les recherches expérimentales au-delà de certaines limites, c'est-à-dire, dans le cas actuel, antérieurement à la naissance du sujet, ou du moins au début de sa vie embryonnaire ; c'est pourtant là ce qu'on a prétendu faire, en s'appuyant, comme nous l'avons dit, sur l'hypothèse préconçue de la réincarnation, et on a cru pouvoir « faire revivre » ainsi à ce sujet « ses vies antérieures », tout en étudiant également, dans l'intervalle, « ce qui se passe pour l'esprit non incarné » !

Ici, nous sommes en pleine fantaisie : comment peut-on parler des « antériorités de l'être vivant », lorsqu'il s'agit d'un temps où cet être vivant n'existait pas encore à l'état individualisé, et vouloir le reporter au-delà de son origine, c'est-à-dire dans des conditions où il ne s'est jamais trouvé, donc qui ne correspondent pour lui à aucune réalité ? Cela revient à créer de toutes pièces une réalité artificielle, si l'on peut s'exprimer ainsi, c'est-à-dire une réalité mentale actuelle qui n'est la représentation d'aucune sorte de réalité sensible ; la suggestion donnée par l'expérimentateur en fournit le point de départ, et l'imagination du sujet fait le reste. Il en est de même, moins la suggestion initiale, dans l'état de rêve ordinaire, où « l'âme individuelle crée un monde qui procède tout entier d'elle-même, et dont les objets consistent exclusivement dans des conceptions mentales »[1], sans qu'il soit d'ailleurs possible de distinguer ces conceptions d'avec les perceptions d'origine extérieure, à moins qu'il ne s'établisse une comparaison entre ces deux sortes d'éléments psychologiques, ce qui ne peut se faire que par le passage plus ou moins nettement conscient de l'état de rêve à l'état de veille[2]. Ainsi, un rêve provoqué, état en tout semblable à ceux où l'on fait naître chez un sujet, par des suggestions appropriées, des

---

l'organisme, de même qu'une tendance psychologique qui ne se manifeste par aucun acte extérieur n'en est pas moins réelle pour cela.

[1] Voir *La Constitution de l'être humain et son évolution posthume selon le Védânta*, in *La Gnose*, 2e année, n° 10, pp. 265 et 266 [ainsi que dans ce *Recueil*, pp. 57 et 58].

[2] Mais cette comparaison n'est jamais possible dans le cas du rêve provoqué par suggestion, puisque le sujet, à son réveil, n'en conserve aucun souvenir dans sa conscience normale.

perceptions partiellement ou totalement imaginaires, mais avec cette seule différence que, ici, l'expérimentateur est lui-même dupe de sa propre suggestion et prend les créations mentales du sujet pour des « réveils de souvenirs »[1], voilà à quoi se réduit la prétendue « exploration des vies successives », l'unique « preuve expérimentale » que les réincarnationnistes aient pu fournir en faveur de leur théorie[2].

Que l'on essaye d'appliquer la suggestion à la « psychothérapie », de s'en servir pour guérir des ivrognes ou des maniaques, ou pour développer la mentalité de certains idiots, c'est là une tentative qui ne laisse pas d'être fort louable, et quels que soient des résultats obtenus, nous n'y trouverons assurément rien à redire ; mais que l'on s'en tienne là, et qu'on cesse de l'employer à des fantasmagories comme celles dont nous venons de parler. Il se rencontrera pourtant encore, après cela, des gens qui viendront nous vanter « la clarté et l'évidence du spiritisme », et l'opposer à « l'obscurité de la métaphysique », qu'ils confondent d'ailleurs avec la plus vulgaire philosophie[3] ; singulière évidence, à moins que ce ne soit celle de l'absurdité ! Mais tout cela ne nous étonne aucunement, car nous savons fort bien que les spirites et autres « psychistes » de différentes catégories sont tous comme certain personnage dont nous avons eu à nous occuper récemment ; ils ignorent profondément ce que c'est que la Métaphysique, et nous n'entreprendrons certes pas de le leur expliquer : « sarebbe lavar la testa all' asino », comme on dit irrévérencieusement en italien.

---

[1] Le sujet pourrait d'ailleurs les considérer également comme des souvenirs, car un rêve peut comprendre des souvenirs tout aussi bien que des impressions actuelles, sans que ces deux sortes d'éléments soient autre chose que de pures créations mentales. Nous ne parlons pas, bien entendu, des souvenirs de la veille qui viennent souvent se mêler au rêve, parce que la séparation des deux états de conscience est rarement complète, du moins quant au sommeil ordinaire ; elle paraît l'être beaucoup plus lorsqu'il s'agit du sommeil provoqué, et c'est ce qui explique l'oubli total qui suit le réveil du sujet.

[2] Pour ce qui est des cas spontanés de prétendus « réveils de souvenirs », voir *La Gnose*, 2e année, n° 11, p. 297.

[3] Certains vont même jusqu'à réclamer des « expériences métaphysiques », sans se rendre compte que l'union de ces deux mots constitue un non-sens pur et simple.

II

REFLEXIONS A PROPOS DU
« POUVOIR OCCULTE »[1]

On a pu lire ici, la semaine dernière, le remarquable article de M. Copin-Albancelli intitulé « *Les Yeux qui s'ouvrent* » ; on y a vu que notre confrère ne craint pas, à propos du socialisme, d'envisager nettement une action des *Supérieurs Inconnus* « dont la Franc-Maçonnerie n'est que l'instrument », ou même qu'un instrument entre bien d'autres, et « aux suggestions desquels obéissent les Francs-Maçons », inconsciemment pour la plupart. C'est là pour nous une nouvelle occasion de revenir sur certains points de cette question, si complexe et si controversée, du *Pouvoir Occulte*, sur laquelle le dernier mot n'a pas été dit et ne le sera peut-être pas de longtemps encore, ce qui n'est pas une raison pour désespérer de voir la lumière se faire peu à peu.

Tout d'abord, il est nécessaire de dire qu'il existe des « pouvoirs occultes » de différents ordres, exerçant leur action dans des domaines bien distincts, par des moyens appropriés à leurs buts respectifs, et dont chacun peut avoir ses *Supérieurs Inconnus*. Ainsi, un « pouvoir occulte » d'ordre politique ou financier ne saurait être confondu avec un « pouvoir occulte » d'ordre purement initiatique, et il est facile de comprendre que les chefs de ce dernier ne s'intéresseront point aux questions politiques et sociales en tant que telles ; ils pourront même n'avoir qu'une fort médiocre considération pour ceux qui se consacrent à ce genre de travaux. Pour citer un exemple, dans le monde musulman, la secte des *Senoussis*, actuellement tout au moins, ne poursuit guère qu'un but à peu près exclusivement politique ; elle est, en raison même de cela, généralement méprisée par les autres organisations secrètes, pour lesquelles le *panislamisme* ne saurait être qu'une affirmation purement doctrinale, et qui ne peuvent admettre qu'on accommode le *Djefr* aux visées ambitieuses de l'Allemagne ou de quelque autre puissance européenne. Si l'on veut un autre exemple, en

---

[1] Publié dans la *France Antimaçonnique*, les 11 et 18 juin 1914, signé *le Sphinx*. [N.d.É.]

Chine, il est bien évident que les associations révolutionnaires qui soutinrent le F∴ Sun Yat Sen, de concert avec la Maçonnerie et le Protestantisme anglo-saxons[1], ne pouvaient avoir de relations d'aucune sorte avec les vraies sociétés initiatiques, dont le caractère, dans tout l'Orient, est essentiellement traditionaliste, et cela, chose étrange, d'autant plus qu'il est plus exempt de tout ritualisme extérieur.

Ici, nous pensons qu'il est bon d'ouvrir une parenthèse pour ce qui concerne ces sociétés initiatiques extrême-orientales : jamais elles ne se mettront en relations, non seulement avec des groupements politiques, mais avec aucune organisation d'origine occidentale. Cela coupe court, en particulier, à certaines prétentions occultistes, qu'on a eu grand tort de prendre au sérieux dans les milieux antimaçonniques ; voici, en effet, ce qu'une plume autorisée a écrit à ce propos : « Pas plus qu'autrefois – moins encore qu'autrefois – il n'y a de fraternité possible entre des collectivités jaunes et des collectivités blanches. Il ne peut y avoir que des affiliations individuelles de blancs à des collectivités jaunes... Mais il n'y a pas de terrain d'entente pratique entre les sociétés collectives des deux races ; et si, par impossible, par suite d'une organisation dont les moyens nous échappent, ce terrain d'entente pratique venait à exister, les collectivités jaunes refuseraient d'y descendre. C'est pourquoi il est impossible d'ajouter foi à une information déjà ancienne – et dont je n'aurais certes pas parlé, si sa répétition dans le volume *L'Invasion Jaune*, par M. le commandant Driant, n'avait appelé l'attention sur elle – information d'après laquelle une société secrète jaune et un groupe occultiste européen auraient uni fraternellement leurs buts et leurs symboles. « Nous sommes heureux d'apprendre, dit l'*Initiation* de mars 1897 (et le commandant Driant le répète dans *L'Invasion Jaune*, p. 486), au Suprême Conseil, la création à San-Francisco de la première Loge martiniste chinoise, sur laquelle nous fondons de grandes espérances, pour l'entente de notre Ordre avec la *Société de Hung*. » Et le commandant Driant ajoute : « La *Société de Hung* est la société-mère des *Boxers* chinois. Ces relations de sectes paraîtront invraisemblables à nombre de lecteurs, qui ne voient pas les progrès des sociétés occultes visant à l'internationalisme. Elles sont rigoureusement vraies. » Ces affirmations sont *rigoureusement* une fable. Je ne sais pas si des Chinois, ni quel genre de Chinois se sont introduits dans la Loge martiniste de San-Francisco, ni même s'il y a jamais eu

---

[1] Voir, dans la *France Antimaçonnique*, *Sun Yat Sen contre Yuan Shi Kaï* (27ᵉ année, n° 37, pp. 440-441), et *Le Protestantisme et la Révolution* (28ᵉ année, n° 1, pp. 11-12).

une Loge martiniste à San-Francisco. Ce que je sais et affirme, c'est que jamais la *Société de Hung* – puisque *Société de Hung* il y a, et qu'on semble viser une société entre toutes, et le nom spécial et temporaire d'une secte de cette société – ne s'est affiliée au Martinisme ; c'est que jamais la *Société de Hung*, ni quelque autre société secrète chinoise que ce soit, n'a entretenu la moindre relation, même épistolaire, avec le Martinisme, ni avec quelque autre société occulte occidentale que ce soit. Pour se livrer ainsi, les Chinois connaissent trop bien le tempérament des blancs, et combien peu secrètes sont leurs sociétés occultes.[1] »

On en pourrait dire à peu près autant pour les organisations initiatiques hindoues et musulmanes, qui, d'une façon générale, sont presque aussi fermées que celles de l'Extrême-Orient, et tout aussi inconnues des Occidentaux. Maintenant, il est bien entendu que tout cela ne préjuge rien contre l'existence, pour l'Occident, d'un « Pouvoir central » compatible avec les conditions d'une pluralité d'organismes distincts et hiérarchisés (nous ne pouvons plus dire ici « superposés » comme dans les sphères inférieures). Si l'on admet cette existence, il faudra certainement assigner, dans la constitution de ce « Pouvoir central », un rôle important à l'élément judaïque ; et, lorsqu'on sait quelle aversion éprouvent à l'égard du Juif les Orientaux en général et les Musulmans en particulier, il est permis de se demander si la présence d'un tel élément ne contribue pas à rendre impossible les rapports directs entre les sociétés secrètes orientales et occidentales. Il y a donc là, au point de vue du « pouvoir occulte », des barrières que l'influence juive ne saurait franchir ; en outre, même en Occident, il n'y a certainement pas que cette seule influence à considérer à l'exclusion de toute autre, encore qu'elle paraisse être des plus puissantes. Quant aux communications indirectes possibles, malgré tout, entre le « Pouvoir occulte central » de l'Occident et certains pouvoirs plus ou moins analogues qui existent en Orient, tout ce que l'on peut en dire, c'est qu'elles ne pourraient résulter que « d'une organisation dont les moyens nous échappent ».

Pour en revenir à notre distinction entre différents ordres de « pouvoirs occultes », nous devons ajouter qu'elle ne supprime pas la possibilité d'une certaine *interpénétration* de ces différents ordres, car il ne faut jamais établir de catégories trop absolues ; nous disons *interpénétration*, parce que ce terme nous semble plus précis que celui

---

[1] Matgioi, *La Voie Rationnelle*, chapitre X, pp. 336-338.

d'*enchevêtrement*, et qu'il laisse mieux entrevoir la hiérarchisation nécessaire des organismes multiples. Pour savoir jusqu'où s'étend cette hiérarchisation, il faut se demander s'il existe encore, dans l'Occident contemporain, une puissance vraiment initiatique qui ait laissé autre chose que des vestiges à peu près incompris ; et, sans rien vouloir exagérer, on est bien obligé de convenir qu'il n'y a guère, apparemment, que le *Kabbalisme* qui puisse compter dans ce domaine, et aussi que les Juifs le réservent jalousement pour eux seuls, car le « néo-kabbalisme » occultisant n'est qu'une fantaisie sans grande importance. Tous les autres courants, car il y en a eu[1], semblent s'être perdus vers la fin du moyen âge, si l'on excepte quelques cas isolés ; par suite, si leur influence a pu, jusqu'à un certain point, se transmettre en-deçà de cette époque, ce n'est que d'une façon indirecte et qui, dans une large mesure, échappe forcément à notre investigation. D'autre part, si on envisage les tentatives qui ont été faites récemment dans le sens d'une « contre-kabbale » (et qui se basaient principalement sur le *Druidisme*), on ne peut pas dire qu'elles aient abouti à une réalisation quelconque, et leur échec est encore une preuve de la force incontestable que possède l'élément judaïque au sein du « pouvoir occulte » occidental.

Ceci posé, il est bien certain que le *Kabbalisme*, comme tout ce qui est d'ordre proprement initiatique et doctrinal, est, en lui-même, parfaitement indifférent à toute action politique ; sur le terrain social, ses principes ne peuvent exercer qu'une influence purement réflexe. Le socialisme, qui, certes, n'a rien d'initiatique, ne peut procéder que d'un « pouvoir occulte » simplement politique, ou politico-financier ; il est vraisemblable que ce pouvoir est juif, au moins partiellement, mais il serait abusif de le qualifier de « kabbaliste ». Il en est qui ne savent pas suffisamment se garder de toute exagération à cet égard, et c'est pourquoi nous avons cru bon de préciser dans quelles conditions il est possible de considérer Jaurès, par exemple, comme « le serviteur des *Supérieurs Inconnus* », ou plutôt de certains *Supérieurs Inconnus*.

Maintenant, que Jaurès « soit à peine Franc-Maçon », ce n'est pas là une objection sérieuse contre cette façon d'envisager son rôle, comme le fait très justement remarquer M. Colpin-Albancelli. Nous ignorons même, nous devons l'avouer, si Jaurès a jamais reçu l'initiation maçonnique ; en tout cas, il n'est certainement pas un Maçon actif,

---

[1] Voir *L'Ésotérisme de Dante*, dans la *France Antimaçonnique*, 28e année, n° 10, pp. 109-113 [article repris dans ce *Recueil*, voir p. 255].

mais cela ne fait rien à la chose, et il peut même fort bien ne faire partie d'aucune « société secrète » au sens propre du mot ; il n'en est qu'un meilleur agent pour les *Supérieurs Inconnus* qui se servent de lui, parce que cette circonstance contribue à écarter les soupçons. Ce que nous disons de Jaurès, parce que notre confrère l'a pris pour exemple, nous pourrions tout aussi bien le dire d'autres hommes politiques, qui sont à peu près dans le même cas ; mais l'exemple est assez typique pour que nous nous en contentions.

Un autre point qui est à retenir, c'est que les *Supérieurs Inconnus*, de quelque ordre qu'ils soient, et quel que soit le domaine dans lequel ils veulent agir, ne cherchent jamais à créer des « mouvements », suivant une expression qui est fort à la mode aujourd'hui ; ils créent seulement des « états d'esprit », ce qui est beaucoup plus efficace, mais peut-être un peu moins à la portée de tout le monde. Il est incontestable, encore que certains se déclarent incapables de le comprendre, que la mentalité des individus et des collectivités peut être modifiée par un ensemble systématisé de suggestions appropriées ; au fond, l'éducation elle-même n'est guère autre chose que cela, et il n'y a là-dedans aucun « occultisme ». Du reste, on ne saurait douter que cette faculté de suggestion puisse être exercée, à tous les degrés et dans tous les domaines, par des hommes « en chair et en os », lorsqu'on voit, par exemple, une foule entière illusionnée par un simple *fakir*, qui n'est cependant qu'un initié de l'ordre le plus inférieur, et dont les pouvoirs sont assez comparables à ceux que pouvait posséder un Gugomos ou un Schrœpfer[1]. Ce pouvoir de suggestion n'est dû, somme toute, qu'au développement de certaines facultés spéciales ; quand il s'applique seulement au domaine social et s'exerce sur l'« opinion », il est surtout affaire de psychologie : un « état d'esprit » déterminé requiert des conditions favorables pour s'établir, et il faut savoir, ou profiter de ces conditions si elles existent déjà, ou en provoquer soi-même la réalisation. Le socialisme répond à certaines conditions actuelles, et c'est là ce qui fait toutes ses chances de succès ; que les conditions viennent à changer pour une raison ou pour une autre, et le socialisme, qui ne pourra jamais être qu'un simple *moyen* d'action pour des *Supérieurs Inconnus*, aura vite fait de se transformer en autre chose dont nous ne pouvons même pas prévoir le caractère. C'est peut-être là qu'est le danger le plus grave, surtout si les *Supérieurs Inconnus* savent,

---

[1] Voir *La Stricte Observance et les Supérieurs Inconnus*, dans la *France Antimaçonnique*, 27e année, n° 47, pp. 560-564, et n° 49, pp. 585-588 [étude reprise dans *Études sur la Franc-Maçonnerie et le Compagnonnage, tome 2*].

comme il y a tout lieu de l'admettre, modifier cette mentalité collective qu'on appelle l'« opinion » ; c'est un travail de ce genre qui s'effectua au cours du XVIIIe siècle et qui aboutit à la Révolution, et, quand celle-ci éclata, les *Supérieurs Inconnus* n'avaient plus besoin d'intervenir, l'action de leurs agents subalternes était pleinement suffisante. Il faut, avant qu'il ne soit trop tard, empêcher que de pareils événements se renouvellent, et c'est pourquoi, dirons-nous avec M. Copin-Albancelli, « il est fort important d'éclairer le peuple sur la question maçonnique et ce qui se cache derrière ».

*
* *

La *Bastille* du 23 mai 1914 a reproduit une note des *Cahiers Romains* intitulée « *Les cours populaires d'antisectarisme* », note dans laquelle est formulé, comme le dit notre confrère, « le plan d'études d'ensemble sans lesquelles il n'y aurait pas de victoire définitive contre la Franc-Maçonnerie et ce qui se cache derrière elle ». Ce plan, d'ailleurs très vaste, n'est présenté que comme un simple « canevas » pour un « cours pratique antisectaire » ; c'est dire qu'il n'est pas définitif en toutes ses parties, mais, tel qu'il est, il n'en présente pas moins un intérêt capital.

Tout d'abord, les *Cahiers Romains* divisent la « science antisectaire » en trois parties, qu'ils définissent de la façon suivante :

« *Première partie*. – Notions techniques sur la Secte et sur les sectes. Leur organisation. Leur action. Leur but.

« *Deuxième partie*. – L'observation méthodique appliquée à l'information et à l'action antisectaires.

« *Troisième partie*. – Culture et action antisectaires. Essais historiques sur la Secte et sur les sectes. Examen pratique des faits sectaires et antisectaires du jour. »

Cette division a le mérite d'être très claire, et sa valeur pratique est évidente ; c'est là l'essentiel, étant donné le but qu'on se propose. Sans doute, il peut arriver que certaines questions ne rentrent pas entièrement et exclusivement dans l'une ou l'autre de ces trois parties, et qu'ainsi on soit obligé de revenir à plusieurs reprises sur ces mêmes questions pour les envisager à différents point de vue ; mais, quelle que soit la division adoptée, c'est là un inconvénient qu'il est impossible d'éviter, et il ne faudrait pas s'en exagérer la gravité.

La première partie se subdivise en deux :

« 1° La question fondamentale : les sectes forment la Secte. (Pouvoir sectaire central ; Israël et la Secte.)

« 2° Sectes principales : *a*) Franc-Maçonnerie ; *b*) Carbonarisme ; *c*) Martinisme ; *d*) Illuminisme ; *e*) Théosophie ; *f*) Occultisme varié ; *g*) Sectes locales ou de race. »

Nous devons nous féliciter hautement de voir poser ici, en premier lieu, la vraie « question fondamentale », celle du « Pouvoir Occulte », en dépit de ceux qui prétendent la résoudre par une négation pure et simple. Pour préciser d'avantage ce qui n'est qu'indiqué dans ce programme, il y aurait lieu de s'occuper ici de la pluralité des « pouvoirs occultes », de leurs attributions respectives, de leur hiérarchisation et des conditions de leur coexistence, toutes choses dont nous avons quelque peu parlé précédemment. Quant aux rapports indéniables qui existent entre « Israël et la Secte », il faudrait voir s'ils n'entraînent pas, corrélativement d'ailleurs à d'autres circonstances ethniques, une limitation de l'influence de certains « pouvoirs occultes », comme nous l'avons dit également, et si ce fait ne doit pas conduire à donner à cette expression générale : « la Secte », une signification plus restreinte qu'on pouvait le supposer « a priori », mais aussi plus précise par là même. Ajoutons que cette restriction ne modifiera en rien, pratiquement, les conclusions auxquelles on sera conduit pour ce qui concerne l'Occident moderne ; seulement, ces conclusions ne seraient plus entièrement applicables, même pour l'Occident, si l'on remontait au-delà de la Renaissance, et elles le seraient encore moins s'il s'agissait de l'Orient, même contemporain.

Ceci dit, pour ce qui est de l'étude des « sectes principales », nous nous permettrons de formuler quelques observations qui ont leur importance ; il est évident, en effet, que cette étude pourrait se subdiviser indéfiniment si l'on ne prenait soin de grouper toutes les sectes autour d'un certain nombre d'entre elles, dont le choix, tout en renfermant forcément une part d'arbitraire, doit être avant tout celui des types les plus « représentatifs ». On peut fort bien, à ce point de vue, commencer par l'étude de la Franc-Maçonnerie, surtout parce que, de toutes ces sectes, elle est la plus généralement connue et la plus facilement observable ; sur ce point, il n'y a aucune contestation possible. Il nous semble seulement que l'historique de la Maçonnerie moderne, pour être parfaitement compris, devrait logiquement être précédé d'un exposé, aussi succinct et aussi clair que possible, de ses origines, en remontant, d'une part, aux divers courants hermétiques et rosicruciens, et, d'autre part, à l'ancienne Maçonnerie opérative[1], et en expliquant ensuite la fusion de ces divers éléments. En outre, il est nécessaire de faire ressortir que la Maçonnerie moderne, issue de la Grande Loge d'Angleterre (1717), est essentiellement la « Maçonnerie symbolique », à laquelle, par la suite, sont venus se superposer les multiples systèmes de hauts grades ; parmi ceux-ci, chacun des plus importants pourrait être l'objet d'une étude spéciale, et c'est alors qu'il y aurait lieu de rechercher à quel ordre d'influences occultes se rattache sa formation. Cette recherche serait facilitée par une classification en systèmes hermétiques, kabbalistiques, philosophiques, etc. ; l'ordre rigoureusement chronologique ne peut être suivi que dans une première vue d'ensemble. Il serait bon de montrer tout parti- culièrement le rôle joué par le Kabbalisme dans la constitution d'un grand nombre de ces systèmes, sans négliger pour cela de tenir compte des autres influences, dont certaines ont même pu, dans leur principe et leur inspiration tout au moins, ne pas appartenir au monde occidental. C'est dire que les cadres d'une telle étude doivent être aussi larges que possible, si l'on ne veut pas s'exposer à laisser en dehors certaines catégories de faits, et précisément celles qui, d'ordinaire, paraissent les plus difficilement explicables.

Maintenant, parmi les organisations superposées à la Maçonnerie ordinaire, il n'y a pas que les systèmes de hauts grades ; il y a aussi des sectes qui ne font aucunement partie intégrante de la Maçonnerie, bien que se recrutant exclusivement parmi ses membres. Tels sont, par exemple, certains « Ordres de Chevalerie », qui existent encore de nos jours, notamment dans les pays anglo-saxons ; mais, là aussi, il y aurait lieu de distinguer entre les organisations dont il s'agit, suivant qu'elles présentent un caractère initiatique, ou politique, ou simplement « fraternel ». Les sectes à tendances politiques ou sociales méritent une étude particulière ; à ce point de vue, on peut prendre comme type, au XVIIIe siècle, l'Illuminisme, et, au XIXe, le Carbonarisme.

Jusqu'ici, nous n'avons donc eu à envisager que la Maçonnerie et ce qui s'y rattache directement ; mais cette étude ne comprend que les sections a, b et d du programme des *Cahiers Romains*. Quant à la section c, c'est-à-dire au Martinisme, il faudrait s'entendre sur le sens de ce mot, et nous nous sommes déjà expliqué à ce sujet ; nous rappellerons

---

[1] Sur cette Maçonnerie opérative et ses rituels, il n'y a que très peu de documents qui aient été publiés ; nous avons donné, dans la *France Antimaçonnique* (27e année, n° 42, pp. 493-495), la traduction complète de l'ouverture de la Loge au premier degré.

donc seulement que les « Élus Coëns » ont leur place marquée parmi les systèmes maçonniques de hauts grades, et, quant à Saint-Martin, nous le retrouverons tout à l'heure. Il ne reste donc plus que le Martinisme contemporain, qui doit logiquement figurer au chapitre de l'Occultisme (section *f*), entre le « néo-kabbalisme » et le « néo-gnosticisme ». Par contre, nous réserverions volontiers une section à part au Spiritisme avec ses nombreuses variétés, et aussi avec toutes les sectes plus ou moins religieuses auxquelles il a donné naissance, comme l'Antoinisme, le Fraternisme, le Sincérisme, etc.

Pour la Théosophie (section *e*), on devrait distinguer soigneusement les deux acceptations de ce terme, dont la première s'applique, d'une façon générale, à un ésotérisme plutôt mystique, comptant parmi ses principaux représentants des hommes de conceptions d'ailleurs très diverses, tels que Jacob Bœhme, Swedenborg, Saint-Martin, Eckartshausen, etc. L'autre acception, toute spéciale et beaucoup plus récente, est celle qui désigne ce que nous appellerions plus volontiers le « Théosophisme », c'est-à-dire les doctrines propres à la « Société Théosophique » ; à l'étude de cette dernière se joint naturellement celles des schismes qui en sont issus, comme l'« Anthroposophie » de Rudolf Steiner.

Il ne reste plus que la section *g*, qui contient des éléments assez divers, et pour laquelle nous proposerons une subdivision, en mettant à part, en premier lieu, les sectes qui doivent leur existence à l'influence du Protestantisme : dans ce groupe se trouveront l'Orangisme et l'Apaïsme, cités par les *Cahiers Romains*, ainsi qu'un bon nombre des sociétés secrètes américaines que nous étudions, depuis longtemps déjà, dans la *France Antimaçonnique*, et enfin certains « mouvements » religieux comme le Salutisme, l'Adventisme, la « Christian Science », etc. Dans un second groupe figureraient les associations qui présentent un caractère plus proprement national ou « de race », comme les Fenians, les Hiberniens, etc. ; on pourrait y joindre le Druidisme, bien que son caractère artificiel lui assigne une place un peu à part. Un troisième chapitre serait réservé aux sectes à tendances essentiellement révolutionnaires : il faudrait y montrer les influences respectives du socialisme et de l'anarchisme dans l'Internationalisme, dans le Nihilisme, et dans quelques organisations secrètes ouvrières d'Europe et d'Amérique. Cela fait, il resterait encore une certaine quantité de sectes diverses, ne rentrant dans aucune de ces catégories, et échappant peut-être même à toute classification.

Dans tout ceci, nous avons complètement laissé de côté la dernière partie de la section *g*, c'est-à-dire les « sectes secrètes orientales », parce que celles-là ne peuvent pas se ramener au même cadre que les autres, et parce qu'il serait vraiment difficile de les étudier d'une façon satisfaisante dans un « cours populaire », qui doit forcément rester quelque peu élémentaire, au moins quand il s'agit de questions particulièrement ardues, à peu près incompréhensibles sans une préparation spéciale. Le plus qu'on puisse faire, dans ces conditions, c'est de consacrer à ces organisations orientales quelques indications très sommaires, et cela dans une section tout à fait à part, en y établissant d'ailleurs trois grandes divisions très distinctes, suivant que l'on considère le monde musulman, ou le monde hindou, ou le monde extrême-oriental[1]. Il est certain que toutes ces organisations, sans pouvoir rentrer dans la définition précise de « la Secte » au sens où nous l'avons indiquée, présentent cependant avec certains éléments de celle-ci une sorte de parallélisme et des analogies assez remarquables, procédant surtout des grands principes généraux communs à toute initiation ; mais leur étude, à ce point de vue, trouvera mieux sa place dans la deuxième partie de la « science antisectaire ».

Cette deuxième partie est subdivisée en deux comme la première ; ici, nous citerons intégralement les *Cahiers Romains* :

« 1° L'« observation » est faite d'intuition, d'attention, d'expérience. Elle suppose un esprit intelligent et attentif, une bonne mémoire, une culture compétente sur la matière à observer. On naît bon observateur, mais une formation rationnelle rend excellent l'observateur né, et assez apte celui qui n'est pas né observateur.

« 2° Applications générales et particulières de ces constatations à notre matière. Attention spéciale aux "mystères" de la Secte et des sectes, en commençant par leur symbolisme (phonique, mimique, graphique : jargon, gestes, figures). »

Ce qu'il importe de faire ressortir, c'est d'abord que l'« observation », telle qu'elle est ici comprise et définie, est loin de se borner à la recherche des « documents », dans laquelle prétendent se confiner certains antimaçons à courte vue ; c'est ensuite que les « mystères » méritent une « attention spéciale », et, par « mystères », on doit entendre évidemment tout ce qui a une portée proprement initiatique, et dont l'expression normale est le symbolisme sous toutes ses formes.

---

[1] Il ne s'agit ici, bien entendu, que des organisations véritablement orientales, et non de celles qui, en Orient, sont d'importation européenne ou américaine.

Cette étude peut, suivant les circonstances, être limitée à des notions plus ou moins étendues, ou au contraire être poussée très loin ; et c'est ici le lieu de faire intervenir ce que nous pourrions appeler le « symbolisme comparé », c'est-à-dire l'examen des analogies que nous signalions un peu plus haut. Dans cet ordre d'idées, il est deux états d'esprit dont il importe de se méfier tout particulièrement : c'est, d'une part, le dédain que professent, par ignorance, la plupart des Maçons actuels à l'égard de leurs propres symboles, vestiges d'une initiation qui est pour eux lettre morte, et, d'autre part, l'assurance pleine de mauvaise foi avec laquelle les occultistes, non moins ignorants, donnent de toutes choses les explications les plus fantaisistes, et parfois les plus absurdes ; d'où la nécessité d'une extrême prudence lorsqu'on veut consulter les travaux courants sur le symbolisme et les questions connexes. Là plus encore qu'en toute autre matière, il faut se faire des convictions qui soient le fruit d'un travail personnel, ce qui est sans doute beaucoup plus difficile, mais aussi beaucoup plus sûr, que d'accepter des opinions toutes faites ; la compréhension et l'assimilation de ces choses ne s'acquièrent pas en un jour, et elles demandent avant tout « de l'intuition, de l'attention, et de l'expérience ».

Quant à la troisième partie de la « science antisectaire », elle est, elle aussi, susceptible de recevoir autant de développements qu'on le voudra ; mais nous nous bornerons à en reproduire les subdivisions générales. Si nous mettons à part, pour les raisons que nous avons dites, les études qui concernent l'antiquité et le moyen âge (et que l'on pourrait résumer brièvement en une sorte d'introduction à cette troisième partie), ces subdivisions, au nombre de trois, seront les suivantes :

« 1° Essais historiques sur la Secte et sur les sectes, depuis la Renaissance jusqu'à notre temps, avant et après la Révolution, jusqu'en 1870.

« 2° Essais pratiques sur les faits sectaires et antisectaires contemporains (depuis 1870).

« 3° Bibliographie antisectaire. »

Si un tel programme était rempli dans toutes ses parties, nous sommes persuadé qu'on arriverait à en dégager un ensemble de notions fort exactes sur le « Pouvoir Occulte » et les conditions de son fonctionnement, et cela sans qu'il soit nécessaire de s'enfermer dans une systématisation trop étroite. En attendant une semblable réalisation, nous souhaitons que les quelques réflexions qui précèdent contribuent, pour leur modeste part, à apporter dans ces questions si complexes un peu d'ordre et de clarté.

III

LES ADVERSAIRES DU SYMBOLISME[1]

Dans la dernière partie de la conférence d'Émile Janvion reproduite dernièrement par *La France Antimaçonnique* (27ᵉ année, n° 29, p. 345), nous relevons le passage suivant d'un *Appel aux F∴ M∴ syndiqués confédérés* :

« ... Travailler à la simplification des formes de notre Ordre, jusqu'à ce qu'il ne subsiste plus du rituel et du vocable *(sic)* que le strict indispensable. »

Ainsi, pour les adhérents au *Groupe fraternel* dont les buts sont exposés dans ce document, le rituel, et par conséquent le symbolisme, doit être réduit au strict minimum, c'est-à-dire, sans doute, aux moyens extérieurs de reconnaissance, en attendant qu'il soit possible de s'en débarrasser tout à fait. Que pense de cela le F∴ Oswald Wirth ?

Et l'un des signataires de cet appel est le F∴ Augustin Chaboseau, ancien dignitaire de l'*Ordre Martiniste*, et auteur d'un *Essai sur la Philosophie Bouddhique*, publié en 1891, qui peut être considéré comme la réponse des occultistes français aux publications théosophistes concernant le Bouddhisme.

Mais, depuis cette époque, le F∴ Augustin Chaboseau est entré au G∴ O∴, puis à la C. G. T. ; il a fait de la politique ; il a même posé sa candidature socialiste au Conseil Municipal de Paris. Tout cela explique bien des changements : nous en connaissons d'autres exemples.

---

[1] Publié dans la *France Antimaçonnique*, le 14 août 1913 (non signé). [*N.d.É.*]

IV

M. BERGSON ET LA « *LIBRE PAROLE* »[1]

Le 30 décembre dernier a été célébré, au Collège de France, le centenaire de Claude Bernard. À cette occasion, des discours furent prononcés par MM. Maurice Croiset, administrateur du Collège de France, Henri Bergson, Dastre, Henneguy, d'Arsonval, et le F∴ Viviani.

La *Libre Parole* a donné de cette cérémonie, dans son numéro du lendemain, un compte rendu où nous avons été surpris de lire ce qui suit :

« Le *clou* de la séance a été le discours de M. Henri Bergson. La philosophie a pris ainsi le rang qu'elle méritait dans la commémoraison du génie d'un grand savant ; et c'est là, peut-on dire, un signe des temps, car nous commençons heureusement à revenir de la misérable conception positiviste qui pensa déposséder la philosophie au profit exclusif des spécialités scientifiques. »

Hélas ! la philosophie de M. Bergson est bien, en effet, un « signe des temps », mais ce n'est pas dans le sens optimiste où l'entend le rédacteur de la *Libre Parole*. Nos lecteurs savent déjà ce qu'ils doivent en penser (voir *Le Bergsonisme*, dans la *France Antimaçonnique*, 27ᵉ année, n° 38, p. 450, et n°42, p. 499).

« Ce que la philosophie doit avant toute à Claude Bernard, a dit d'abord M. Bergson, c'est la théorie de la méthode expérimentale… »

Il nous semble, justement, que la « méthode expérimentale » ne peut en aucune façon, par sa nature même, nous sortir de cette « misérable conception positiviste », dont certains « commencent à revenir » aujourd'hui… pour verser dans la « philosophie de l'intuition ».

---

[1] Publié dans la *France Antimaçonnique*, le 1ᵉʳ janvier 1914, non signé. [*N.d.É.*]

Après avoir cité un passage du discours en question, relatif à ce premier point, l'auteur du compte rendu continue :

« Parlant ensuite de la « métaphysique de la vie » que l'on a voulu parfois dégager de l'œuvre de Claude Bernard, M. Bergson a montré que, si l'on peut, en s'appuyant sur la distinction très nette que l'illustre physiologiste faisait, du point de vue scientifique, entre la vie et la non-vie, suggérer une conception philosophique du vitalisme, il n'en est pas moins certain que « Claude Bernard ne nous a pas donné, n'a pas voulu nous donner une métaphysique de la vie ». Ce n'est pas la vie elle-même que ce savant, si rigoureux et si attentif à ne point dépasser les limites de son savoir, a tenté de définir, mais c'est, bien plus modestement, bien plus utilement, la science de la vie ou biologie. Enfin, le philosophe a, fort opportunément, rappelé l'aversion si hautement manifestée par Claude Bernard contre l'esprit de système, si cher aux savants médiocres. Et l'ombre de Berthollet a dû quelque peu frémir… ! »

Il est fort bien de réduire l'« esprit de système » à sa juste valeur ; mais n'oublions pas, d'un autre côté, que le « vitalisme » est une des « conceptions scientifiques et philosophiques » sur lesquelles l'occultisme s'appuie le plus volontiers pour édifier ses propres théories. En outre, l'« idée organique et créatrice » de Claude Bernard n'est peut-être pas sans présenter quelques rapports avec la conception maçonnique du « Grand Architecte de l'Univers », qui se prétend, elle aussi, « rigoureusement scientifique », même au sens « positiviste ».
Mais ce que nous voulons signaler surtout, ce sont ces appréciations qui terminent la partie du compte rendu se rapportant au discours de M. Bergson :

« Si l'on rapproche ce beau discours de celui que fit, il y a deux ans, M. Bergson sur « l'Âme et le Corps », où il dénonçait les pétitions de principes inhérentes au matérialisme, il faut le remercier d'avoir apporté aujourd'hui une fois de plus sa haute autorité et la contribution de son haut savoir à cette conclusion désormais acquise à la pensée contemporaine, que le matérialisme n'est pas scientifique. Et, sur ce point, le chrétien que fut Claude Bernard n'eût pas désavoué son panégyrisie. »

Nous ne pouvons pas nous empêcher de faire remarquer encore que la «conscience nettement chrétienne» de Claude Bernard n'éprouvait aucune révolte devant les pires atrocités de la vivisection. Faudrait-il donc penser que, comme tant d'autres, le célèbre physiologiste abandonnait quelque peu sa «conscience», même simplement «morale», à la porte de son laboratoire, avec les «préjugés» indignes d'un savant (c'est là ce qu'on appelle, en Maçonnerie, le «dépouillement des métaux»)?

Mais, ceci étant dit, ce que nous trouvons beaucoup plus grave et absolument stupéfiant, ce sont les «remerciements» adressés par le collaborateur de la *Libre Parole* à M. Bergson, dont il vante le «haut savoir» et la «haute autorité». Il serait assurément beaucoup plus naturel de voir des occultistes ou des théosophistes remercier M. Bergson, qui a avec eux bien plus de points de contact qu'on ne pourrait le croire, de l'appui qu'il prête, volontairement ou non, à certaines de leurs doctrines. S'il est bon de combattre le matérialisme, il ne faut pas oublier pour cela que certain spiritualisme ou soi-disant tel est plus dangereux encore, en raison même de ses apparences séduisantes. Qu'un journal qui se dit catholique se livre ainsi à un éloge aussi pompeux qu'exagéré d'un philosophe qui vient d'être condamné par Rome, cela passe un peu la mesure, et nous ne saurions le laisser faire sans protester.

Il est fort bien de «stigmatiser» comme il convient, et comme l'a fait le rédacteur du même compte rendu, «l'odieuse harangue» du F∴ Viviani ; mais cela ne suffit pas, et les hommes politiques ne sont pas les seuls sur lesquels nous devons porter une attention parfois dépourvue de bienveillance.

Pour terminer, nous rappellerons à notre confrère antisémite que M. Bergson, bien que «ne professant aucune religion positive», n'en est pas moins d'origine juive. Cela rend l'attitude de la *Libre Parole* à son égard encore plus incompréhensible.

COMPTES RENDUS

Proceedings of the Aristotelian Society. New series, vol. XVIII, 1917-1918. – Londres, Williams and Norgate, 1918 ; vol. *in-8°*, 655 pages[1].

Karin Stephen. – *Thought and intuition.* – (Pensée et intuition.)

Si l'on examine nos moyens de connaissance, il faut établir une distinction entre l'expérience directe et la pensée qui nous fournit une connaissance supplémentaire à propos de cette expérience. Cette pensée, faculté de concevoir et de raisonner, n'est, d'après M. Bergson, qu'un « pis-aller », imposé par les limitations de notre faculté de percevoir. En parlant ainsi, M. Bergson montre qu'il se préoccupe uniquement de l'« existence » et des moyens d'en accroître la connaissance : c'est là, pour lui, le problème que doit se proposer la philosophie, à l'exclusion de tout ce qui est pensée pure et science pure. Le travail de la pensée, qui s'efforce toujours de passer de l'expérience particulière à la loi générale, se ferait aux dépens de l'expérience elle-même, qu'il aurait pour effet de fragmenter et de déformer. L'expérience, au lieu de s'étendre, se limiterait en s'intellectualisant : nous n'y garderions que ce qui intéresse notre action sur les choses, et nous négligerions tout le reste ; et la même action limitative s'appliquerait à la mémoire aussi bien qu'à la perception présente. Ce que M. Bergson reproche à notre expérience « classifiée », ce n'est pas sa différence de contenu avec l'expérience primitive, car l'adjonction de la mémoire n'a pu que l'enrichir ; c'est sa différence de forme, sa division en choses distinctes, possédant en commun certaines qualités. La nouvelle méthode de la philosophie doit donc consister à revenir à la perception elle-même, et cela par l'intuition, qui n'est pas une faculté spéciale, mais bien l'acte mental qui combine le passé et le présent pour former l'expérience. C'est sur cette intuition que repose originairement, d'ailleurs, non seulement notre expérience, mais aussi toute notre connaissance à propos de celle-ci. Cette

---

[1] Les comptes rendus suivants ont parus dans la *Revue philosophique*, juil. 1919 ; repris dans la revue *Science Sacrée*, n° spécial René Guénon, 2003. [*N.d.É.*]

connaissance, avec le processus d'abstraction qu'elle implique, réagit ensuite sur notre expérience au point de ne plus nous laisser apercevoir la réalité qu'à travers des symboles, de sorte que nous imposons à l'expérience elle-même la forme qui n'appartient qu'aux symboles employés par la pensée. Ce que demande M. Bergson, c'est donc que l'expérience qui doit servir de point de départ à la philosophie soit aussi pleine et aussi immédiate que l'expérience peut l'être.

Il y a là un effort intéressant pour éclaircir et préciser le sens de l'intuition bergsonienne et la façon dont il faut envisager ses rapports avec la pensée ou l'intelligence. Seulement, avec une philosophie de la nature de celle dont il s'agit, n'y a-t-il pas toujours lieu de craindre que, plus on essaie de la préciser, plus on risque de la déformer en l'intellectualisant ?

F. C. Bartlett. – *The development of criticism.* – (Le développement de la critique.)

Il y a lieu de distinguer, dans le développement psychologique de la critique, plusieurs degrés successifs, qui sont la simple appréciation, la critique conventionnelle et la critique rationnelle. L'influence du sentiment est prédominante au début, mais l'analyse et la réflexion permettent ensuite d'établir des lois générales et des principes directeurs qui conduisent à la critique rationnelle, affranchie de la détermination immédiate par le sentiment. Il faut encore envisager un autre type de critique, qu'on peut appeler intuitif, et dans lequel le jugement apparaît comme le résultat d'un certain caractère de l'objet qui échappe à l'analyse, ainsi que de la relation qui existe entre l'objet et la personne qui émet à son égard le jugement appréciatif.

G. E. Moore. – *The conception of reality.* – (La conception de la réalité.)

C'est la discussion d'une contradiction, au moins apparente, relevée dans l'ouvrage de M. Bradley intitulé *Appearance and Reality*, où il est dit, d'une part, que le temps est une apparence, qu'il « n'a pas de réalité » ou « n'appartient pas à la réalité », et, d'autre part, que les apparences, comme telles, « sont des faits », qu'elles « sont » ou « existent ». Faut-il, pour résoudre cette contradiction, admettre une distinction entre « existence » et « réalité », et, dans ce cas, en quel sens devra-t-on entendre la « réalité » ? Si M. Bradley l'entend dans le sens habituel, il ne peut échapper à la contradiction ; mais, s'il ne s'en est pas aperçu, cela tient sans doute à ce que, pour lui, le fait de penser à une chose suffit pour que cette chose existe, sans cependant qu'on puisse la déclarer réelle par là même. M. Moore n'est pas de cet avis, bien qu'il avoue ne pas se rendre compte clairement de ce que peut être la pensée d'une chose inexistante : d'un autre côté, il essaie de montrer que la réalité, au sens ordinaire, ne constitue pas une conception à proprement parler. Une discussion comme celle-là prouverait une fois de plus, s'il en était encore besoin, que les philosophes auraient le plus grand avantage à préciser avant tout la signification qu'ils entendent attribuer aux termes qu'ils emploient.

J. A. Smith. – *Is there a mathematics of intensity ?* – (Y a-t-il une mathématique de l'intensité ?)

La question traitée dans cette étude relève de ce que Kant appelle « logique transcendantale » ; elle concerne donc les fondements des sciences. Kant a employé l'expression *mathesis intensorum* pour désigner un certain genre de connaissance synthétique *a priori* de la nature, ce qui suppose qu'il y a une connaissance mathématique, possible ou actuelle, des objets qui sont *intensa*. Il faut donc voir si la méthode mathématique est vraiment applicable à l'étude de l'intensité. Si l'on recherche un caractère intrinsèque permettant de distinguer les mathématiques de toute autre science, on trouve que leur méthode consiste essentiellement dans le dénombrement, auquel on peut à la rigueur ajouter la mesure. Or les quantités intensives ne sont ni des multitudes dénombrables ni des grandeurs mesurables, bien qu'elles présentent certaines analogies avec les unes et les autres. La conclusion semble donc devoir être que, pour de telles quantités, une connaissance mathématique ou exacte est impossible ; il y a des choses dont la nature n'admet qu'une connaissance « inexacte », sans d'ailleurs qu'une telle « inexactitude » doive être regardée comme un défaut.

Nous nous permettrons ici une objection : si l'intensité est vraiment une quantité, il est étrange que son étude échappe à la méthode mathématique ; et, en ce qui concerne les *intensa* d'ordre physique (densité, température, éclairement, *etc.*), leur nature quantitative ne saurait guère être mise en doute. Seulement, on peut parler aussi d'intensité en un sens tout différent, et c'est ce qu'on fait parfois en psychologie, pour les sensations par exemple ; ce sont de tels cas que M. Smith nous paraît avoir eu surtout en vue, et son tort est de croire qu'on peut là encore parler de quantité. Pour nous aussi, il y a des choses auxquelles les mathématiques ne sont pas applicables, mais ce sont celles qui ne rentrent pas dans la catégorie de la quantité.

C. F. D'Arcy. – *The theory of a limited Deity.* – (La théorie d'une Déité limitée.)

C'est un examen critique de certaines théories récentes, en particulier de celle de William James. Ceux qui ont émis de semblables conceptions l'ont fait, pour la plupart, parce qu'ils ont pensé que l'existence du mal était incompatible avec la doctrine d'un Dieu tout-puissant. Le Dʳ D'Arcy commence par exposer l'évolution historique des conceptions religieuses, qui auraient passé successivement par les phases animiste, polythéiste et monothéiste. Cette évolution se continue encore aujourd'hui ; mais doit-elle aller dans le sens d'une doctrine comme celle d'un Dieu limité ? L'auteur pense qu'une telle doctrine est beaucoup moins logique que le polythéisme, dont elle semble se rapprocher à certains égards : d'ailleurs, les arguments que James veut tirer de l'« expérience religieuse » et de l'étude de certains phénomènes psychiques ne prouvent réellement rien en sa faveur. Le développement historique a toujours été en élevant l'idée de Dieu, et non en la dégradant ; la conclusion sera donc pour une conception d'un Dieu qui soit à la fois personnel et « super-personnel ».

Il est certain que les préoccupations morales sont celles qui prédominent chez James et chez bien d'autres penseurs contemporains. Quand le Dʳ D'Arcy dit que nous attachons maintenant plus d'importance à la bonté de Dieu qu'à sa sagesse ou à sa puissance, il a peut-être le tort de trop généraliser ; mais il n'en est pas moins vrai que la tendance de certaines formes religieuses à dégénérer en « moralisme » est un fait qu'il serait intéressant d'étudier comme tel. Seulement, la confusion du point de vue moral avec le point de vue métaphysique n'est pas l'unique source des conceptions d'une Déité limitée : chez Renouvier, par exemple, dont il n'est pas question dans cette étude, c'est tout autre chose : les « finitistes » de ce type, ayant argumenté très justement contre le prétendu infini mathématique, croient avoir ruiné par là même l'idée de l'infini métaphysique, dont ils montrent ainsi qu'ils ignorent la véritable nature. Quoi qu'il en soit, il semble que, dans tous les cas, il y ait toujours une confusion à la base ; et, d'autre part, nous sommes d'accord avec le Dr D'Arcy lorsqu'il pense que le polythéisme devrait être l'aboutissement logique de semblables conceptions. Ajoutons que l'idée d'une Déité limitée est toujours celle d'un être particulier, et que l'existence de tels êtres n'est qu'une question de fait, sans aucun rapport avec les problèmes qui peuvent se poser au sujet des principes métaphysiques. Enfin, quant à la conclusion du Dr D'Arcy, le sens où il veut que les termes théologiques soient entendus n'est pas autre chose que ce que la philosophie scolastique appelle le « sens analogique », et la conception qu'il indique à la fin n'est qu'une esquisse partielle de ce qui a été développé complètement par certaines des plus anciennes doctrines de l'Orient : curieuse rencontre pour un partisan de l'évolution « progressive » des idées religieuses !

J. B. Baillie. – *Anthropomorphism and Truth.* – (Anthropomorphisme et Vérité.)

Il y a deux façons opposées et inconciliables de concevoir la vérité : pour les uns, elle est indépendante de l'esprit et s'impose à lui ; pour les autres, elle lui est au contraire subordonnée et n'est qu'un instrument pour la réalisation de ses intérêts pratiques. Les uns et les autres semblent oublier, d'une part, que l'esprit individuel n'est jamais complètement développé, et, d'autre part, que la réalité de l'individualité indivisible réside à la fois derrière les processus de l'action pratique et ceux de l'activité intellectuelle. Toutes les fonctions de l'esprit individuel, intellectuelles ou autres, doivent être regardées comme des moyens d'accomplissement de son propre type d'existence, chaque fonction n'étant d'ailleurs qu'une certaine activité spécialisée de l'esprit tout entier. La vie humaine, en particulier, est un arrangement conscient du monde suivant un point de vue spécifiquement humain, et c'est là ce que l'auteur entend par « anthropomorphisme ». Cette conception n'est développée ici qu'en ce qui concerne la connaissance scientifique ; mais ce n'est peut-être pas sur ce terrain, quoi qu'en pense M. Baillie, qu'un « relativisme » de ce genre rencontre les plus graves difficultés.

J. W. Scott. – *Realism and politics.* – (Réalisme et politique.)

Le réalisme, au sens où il est entendu ici, s'oppose à l'idéalisme, non pas en regardant les choses comme « non-mentales », mais en les regardant comme « non-construites », c'est-à-dire en consacrant tous ses efforts à maintenir le « donné » intact. Ceci étant, l'auteur se propose de montrer qu'il y a du réalisme dans la doctrine de M. Bergson, que celle-ci se rapproche par ce côté de celle de M. Russell, et que ce réalisme est pour toutes deux le point de contact avec les conceptions qui sont à la base de certains mouvements sociaux, tels que le nouveau socialisme ou le syndicalisme révolutionnaire.

F. C. Schiller. – *Omnipotence.* – (La toute-puissance.)

C'est une discussion de l'étude du D^r D'Arcy, dont nous avons rendu compte plus haut. L'auteur s'attache d'abord à analyser le problème de « Dieu », c'est-à-dire à distinguer les différentes questions qu'il implique, puis à montrer que les arguments du D^r D'Arcy contre la conception d'un Dieu limité ne sont pas concluants, et enfin il essaie d'établir que l'idée d'un Dieu tout-puissant a moins de « valeur » spirituelle et religieuse que celle d'un Dieu fini. Dans cette dernière partie, le point de vue « pragmatiste » de M. Schiller apparaît nettement ; il veut aussi y montrer que la notion de la toute-puissance divine a pour origine psychologique le besoin de sécurité qui, dans un autre domaine, donne également naissance à la notion de la « validité » logique.

Il nous semble qu'il y a en tout ceci bien des confusions : ainsi, la conception de « Dieu » est présentée comme une réponse, parmi d'autres également possibles, à une certaine série de questions : mais cela ne suppose-t-il pas qu'il s'agit d'une conception unique et déterminée ? Une des questions auxquelles elle doit répondre est celle dont les diverses solutions sont représentées par le monisme, le dualisme et le pluralisme ; et, pour M. Schiller, cette question concerne la réalité envisagée sous un aspect « quantitatif », comme si la notion de l'unité arithmétique et celle de ce qui est appelé analogiquement l'unité métaphysique n'étaient qu'une seule et même notion. D'autre part, les préoccupations d'ordre moral tiennent ici une place considérable : il faut, par exemple, que la distinction du bien et du mal existe pour Dieu comme pour l'homme. Des discussions comme celle-là naissent surtout de questions mal posées, et du mélange de plusieurs points de vue radicalement différents ; la position classique du problème de l'« existence de Dieu », les termes mêmes de ce problème, impliquent des confusions multiples, au milieu desquelles on se débattra vainement tant qu'on ne commencera pas par déterminer comme ils doivent l'être les rapports de la métaphysique avec la théologie, et ceux de l'une et de l'autre avec la science.

Arthur Robinson. – *Behaviour as a psychological concept.* – (L'attitude comme concept psychologique.)

Nous n'essayons de rendre « behaviour » par « attitude » que faute de trouver un meilleur terme en français : c'est la façon dont un être vivant se comporte et réagit à l'égard du milieu ; c'est, en somme, une forme plus compliquée de l'action réflexe. On a essayé de transporter cette conception du domaine de la biologie à celui de la psychologie, d'où ce qu'on appelle « behaviourism », qui présente d'ailleurs plusieurs formes et plusieurs degrés : pour certains, la notion dont il s'agit n'est en psychologie qu'un point de départ ; pour d'autres, elle en constitue tout l'objet et doit se substituer complètement à la notion même de la conscience. M. Robinson fait la critique de ces théories, et montre qu'elles confondent purement et simplement la psychologie avec la physiologie, en éliminant ce qui en constitue les éléments véritablement caractéristiques : la psychologie ne peut être que l'étude de l'organisme conscient en tant que conscient.

H. J. W. Hetherington. – *The conception of a unitary social order.* – (La conception d'un ordre social unitaire.)

Le trait le plus caractéristique de la récente philosophie sociale est la critique de l'autorité de l'État, et le désir de substituer, au contrôle unitaire de la vie sociale par l'État, un contrôle des intérêts par les institutions qui leur correspondent respectivement. L'État est conçu comme hostile à la liberté des individus et à celle de tous les autres groupements sociaux, et cela de deux façons : les uns lui reprochent son caractère rigide et mécanique ; les autres, son intrusion dans des domaines qui ne relèveraient pas de sa compétence naturelle. Pour ces derniers, l'État n'est qu'une institution particulière parmi d'autres institutions « fonctionnelles », dont chacune doit être également souveraine dans son propre domaine. L'auteur cherche à montrer que toutes ces critiques, en opposition avec les théories traditionnelles, tendent à éliminer la conception de l'« obligation », essentielle à toute explication rationnelle de l'organisation sociale.

Albert A. Cock. – *The ontological argument for the existence of God.* – (L'argument ontologique pour l'existence de Dieu.)

L'argument ontologique, tel qu'il a été formulé par saint Anselme, est représenté à tort comme impliquant l'addition de l'existence comme un prédicat, alors qu'il est une démonstration de l'invalidité de sa soustraction. La plupart des critiques qui en ont été faites portent en réalité sur la définition de Dieu ; et il ne faut pas perdre de vue que l'argument concerne exclusivement *id quo nihil majus cogitari potest*. M. Cock montre en particulier que la critique faite par Kant est illégitime, parce que la position même de Kant, limitant la connaissance humaine « au donné, subsumé par nous sous les formes de l'espace et du temps », lui interdit le seul terrain sur lequel peut être valablement discuté l'argument ontologique : il ne peut y avoir rien de commun entre la théorie kantienne de la connaissance et la définition de Dieu qui est en question.

Si nous sommes assez de l'avis de M. Cock sur ce point, nous le sommes moins lorsqu'il dit que ce qui fait paraître l'argument peu satisfaisant, c'est son caractère purement intellectuel. Nous pensons au contraire qu'il doit être tel pour pouvoir prétendre à une portée métaphysique véritable, mais que son plus grand défaut (sans parler de l'équivoque du mot « existence ») consiste en ce qu'il est une transposition fautive d'une vérité métaphysique en termes théologiques : partisans et adversaires de l'argument nous font presque toujours l'effet de discuter sur la possibilité d'appliquer à « un être » ce qui n'est vrai que de « l'Être ».

J. S. Haldane, D'Arcy W. Thompson, P. Chalmers Mitchell et L. T Hobhouse. – *Are physical, biological and psychological categories irreductible ?* – (Les catégories physiques, biologiques et psychologiques sont-elles irréductibles ?)

Le sujet de cette discussion est la question de savoir si les « catégories »
ou conceptions générales employées d'ordinaire pour interpréter les
phénomènes physiques, biologiques et psychologiques sont
essentiellement différentes et inconciliables entre elles. M. Haldane
soutient leur irréductibilité, et, par conséquent, l'insuffisance d'une
explication mécaniste pour les phénomènes vitaux : il s'attache à
montrer que l'idée d'un mécanisme maintenant constamment et
reproduisant sa propre structure est contradictoire. D'ailleurs, même
pour les phénomènes physiques, l'hypothèse mécaniste n'est pas
vraiment explicative ; en nous en servant, nous employons des
conceptions simplifiées, schématisées en quelque sorte, commodes par
là même, et légitimes dans certaines limites. Quand nous tentons
d'appliquer ces conceptions aux phénomènes biologiques et
psychologiques, l'erreur apparaît ; il faut donc recourir à d'autres
conceptions, susceptibles de s'appliquer à une autre grande classe de
phénomènes. De même, les conceptions biologiques, qui sont encore
relativement simplifiées, ne peuvent, sans erreur grossière, être
appliquées aux phénomènes psychologiques. En un mot, il s'agit
d'interprétations plus ou moins partielles et incomplètes, dont
l'insuffisance se révèle successivement à l'égard de tel ou tel genre de
phénomènes.

Laissant de côté la question des phénomènes psychologiques, M.
Thompson défend le mécanisme, sinon comme explication totale de
la vie, du moins comme explication du détail des phénomènes
biologiques. Il reprend, pour les discuter, les arguments et les exemples
de M. Haldane, à qui il reproche en outre de n'avoir pas indiqué
nettement en quoi consistent les conceptions proprement biologiques.
Après avoir développé les raisons de sa confiance dans le mécanisme,
même là où il peut paraître actuellement insuffisant, il précise que le
sens où il l'entend n'implique nullement le matérialisme, et n'exclut
même pas un certain point de vue téléologique ; mécanisme et
finalisme sont deux voies différentes, mais qui peuvent arriver à se
rejoindre au sommet.

M. Mitchell croit à l'insuffisance du mécanisme, mais il n'en tire pas
les mêmes conclusions que M. Haldane. Pour lui, les catégories de la
physique et de la biologie, en devenant de moins en moins
mécaniques, se rapprochent de celles de la psychologie : la tendance de
la science est vers une synthèse des catégories, et l'observation, plus
peut-être que la pensée, permet d'admettre la possibilité de cette

synthèse où la matière, la vie et l'esprit seraient regardées comme
différents aspects d'une même réalité.

M. Hobhouse s'attache d'abord à définir trois types d'activité,
mécanique, organique et téléologique, puis à montrer que le second
peut se réduire à un cas particulier du premier ou du troisième, tandis
que ceux-ci restent des catégories foncièrement irréductibles. Or, si
une partie de l'activité des organismes vivants est mécanique, une autre
partie semble bien présenter un caractère téléologique : et ceci
s'explique si l'on envisage l'être vivant comme « un tout psycho-
physique », corps et âme n'étant pas des entités séparées, mais
seulement des aspects distincts et peut-être incomplets d'un être réel
unique.

Dorothy Wrinch. – *On the summation of pleasures.* – (Sur la sommation
des plaisirs.)

La valeur d'un ensemble de plusieurs plaisirs ne peut pas être regardée
comme égale à la somme des valeurs de ces divers plaisirs pris à part :
il faut ajouter à cette somme l'influence, positive ou négative, de
chacun de ces plaisirs sur les autres. Ceci, d'après l'auteur, ne suppose
pas que le plaisir est quantitatif, mais seulement que les plaisirs peuvent
être rangés dans un ordre impliquant entre eux une série d'inégalités. Il
est vrai qu'on échappe ainsi aux difficultés que soulèverait une
définition de l'égalité de deux plaisirs, mais on peut se demander si une
addition qui porte sur une autre chose que sur des quantités est
susceptible d'une signification bien définie. D'ailleurs, une théorie de
ce genre ne rappelle-t-elle pas un peu trop la fameuse « arithmétique
des plaisirs » de Bentham, avec tout ce qu'elle avait d'arbitraire et
d'inconsistant ?

Arthur Lynch. – *Association.* – (L'association.)

Si l'on considère l'association des éléments de tout ordre qui
constituent un être et les réactions de ces éléments les uns sur les
autres, on peut énoncer le principe suivant : étant donné un système,
tel qu'un être humain par exemple, composé de certains éléments
physiques et mentaux, et étant donné aussi le pouvoir d'interpréter les

réactions des forces physiques et mentales à l'intérieur du système, on pourra déterminer les mouvements de ce système dans un milieu donné. Cette possibilité est évidemment théorique, mais elle est néanmoins susceptible d'ouvrir une voie intéressante pour certaines recherches psychologiques : ainsi, la considération du « facteur personnel » dans une activité d'un ordre quelconque permet d'envisager la solution de problèmes tels que la détermination du caractère et du tempérament d'un auteur d'après un examen méthodique de ses œuvres.

Aristotelian Society. Supplementary vol. II. *Problems of Science and Philosophy*. – Londres, Williams and Norgate, 1919 ; vol. *in-8°* 220 pages. – Ce volume contient les communications lues à la session tenue en commun, du 11 au 14 juillet 1919, par l'*Aristotelian Society*, la *British Psychological Society* et la *Mind Association*[1].

Hastings Rashdall, J.-H. Muirhead, F.-C.-S. Schiller et C.-F. d'Arcy. – *Can individual minds be included in the mind of God* – (Les esprits individuels peuvent-ils être inclus dans l'esprit de Dieu ?)

I. – Contre MM. Bradley et Bosanquet, M. Rashdall soutient la thèse négative, parce que, dit-il, une conscience ne peut en aucune façon faire partie d'une autre conscience. On voit par là qu'il pose la question sur un terrain qui est plutôt psychologique ; il le déclare expressément, et d'ailleurs la métaphysique n'est-elle pas interdite à quiconque avoue, comme lui, ne pouvoir se placer en dehors du temps ? Il fait une distinction entre l'Absolu, qui peut inclure tous les esprits, mais dont il semble se désintéresser parce que ce n'est pas une « conscience », et Dieu, qui, comme « esprit » (*mind*) ou « conscience », ne peut pas inclure d'autres esprits. On pourrait même être tenté de penser que ce Dieu doit être limité, puisque « Dieu et l'homme sont deux esprits qui font partie d'un même univers ». Quant à la différence qu'il convient de faire entre « identité d'existence » et « identité de contenu », il y aurait beaucoup à en dire, mais nous ne pouvons aborder ici cette question.

---

[1] Les comptes rendus suivants ont paru dans la *Revue philosophique*, mars-avril 1920 ; repris dans la revue *Science Sacrée*, n° spécial René Guénon, 2003. [N.d.É.]

II. – M. Muirhead ne pense pas que la conception de l'Absolu comme comprenant tout entraîne l'impossibilité que cet Absolu soit « esprit » en un certain sens, et il envisage une « inclusion » qui, sans supprimer l'existence séparée, se fonderait essentiellement sur une unité d'« intention » (*purpose*), donnant une direction commune aux actions particulières qui appartiennent aux individus.

III. – Pour M. Schiller, il y a peut-être une contradiction entre l'existence distincte des esprits individuels et leur inclusion en Dieu, et une contradiction de ce genre pourrait provenir de ce que les conceptions religieuses ont une source psychologique qui est plus sentimentale qu'intellectuelle ; mais, pourtant, on constate expérimentalement des exemples d'une sorte d'inclusion d'un esprit dans un autre, soit dans les cas anormaux de « dissociation de la personnalité », soit même dans les relations normales entre la conscience à l'état de veille et la conscience dans l'état de rêve. Seulement, ces analogies ne suggèrent aucune explication, et, pour ce qui est de l'unité d'intention qu'envisage M. Muirhead, M. Schiller objecte qu'une intention suppose une limitation qui ne saurait être applicable aux opérations d'un esprit universel.

IV. – Suivant M. d'Arcy, il faut, parmi les différents sens du mot « inclusion », partir de celui dans lequel on peut dire que notre expérience inclut tous nos objets. De même que chaque esprit est le principe d'unité de sa propre expérience, de même il doit y avoir, analogiquement, un principe suprême d'unité qui dépasse les oppositions entre les existences individuelles et produit l'unification finale ; et, dans les deux cas, l'unification assure à chacun des éléments qu'elle comprend la conservation de sa propre nature particulière. Pour qu'il en soit ainsi, il est d'ailleurs insuffisant de concevoir Dieu comme « personnel » ; il faut qu'il soit « personnel et quelque chose de plus ». Cela est beaucoup plus vraiment métaphysique que tout ce qui avait été dit jusque-là dans cette discussion, et aussi, quoi que semble en penser l'auteur lui-même, que les diverses considérations auxquelles il se livre ensuite, et qui font intervenir la question d'une vue « spirituelle » ou « matérielle » de la réalité.

G. Dawes Hicks, G.-E. Moore, Beatrice Edgell et C.-D. Broad. – *Is there « Knowledge by acquaintance » ?*

La question posée ici est difficilement traduisible, car il n'y a guère, en français, que le mot « connaissance » pour rendre à la fois « Knowledge » et « acquaintance » ; mais M. Russell distingue deux sortes de « Knowledge » : l'une, qu'il appelle « présentation » ou « acquaintance », est une relation à deux termes d'un sujet à un seul objet ; l'autre, qu'il appelle « judgment », est une relation multiple d'un sujet à plusieurs objets. La question est donc de savoir si cette distinction est fondée ; la connaissance par « acquaintance », si elle existe vraiment, serait d'ailleurs exempte d'erreur, car c'est seulement dans le jugement que nous pouvons nous tromper, toute erreur portant sur les relations de plusieurs objets entre eux.

I. – Pour M. Dawes Hicks, on confond, sous le terme d'« acquaintance », deux sortes différentes de relations : la relation d'un sujet à un objet, et la relation de ce sujet à sa conscience d'un objet ; or c'est la seconde seulement qui est « directe », caractère que M. Russell attribue à l'« acquaintance ». En répondant négativement à la question, M. Hicks entend donc, au fond, dénier à la connaissance sensible le caractère « intuitif » ; et, pour cela, il insiste sur la difficulté de tracer une limite définie entre l'« acquaintance » et le jugement, notamment dans le cas des relations et des qualités sensibles envisagées abstraitement : si tout acte de connaissance implique distinction et comparaison, il est inséparable de quelque jugement. Quant à l'opposition qu'on veut établir entre la connaissance des « choses » et celle des « vérités », si un objet des sens ne peut être dit proprement vrai ou faux, la façon dont un objet apparaît peut l'être, et dans le sens même où le sont les propositions.

II. – M. Moore maintient que ce que M. Russell veut dire par « acquaintance » est un fait dont l'existence est incontestable, quoi qu'il en soit de ses théories à ce sujet. L'« acquaintance » est identique, soit avec la relation de sujet et d'objet, soit avec une variété particulière de cette relation ; mais il faut d'ailleurs admettre qu'elle ne peut pas avoir pour les qualités abstraites la même signification que pour les données des sens proprement dites. Ce qui est véritablement en question, ce n'est pas tant l'existence de la connaissance par « acquaintance » que la théorie de M. Russell suivant laquelle il peut y avoir « acquaintance » sans jugement, en ce sens que l'« acquaintance » serait logiquement indépendante de la connaissance des vérités ; et il est possible en effet que cette théorie soit fausse, les arguments qui l'appuient ne semblant pas très concluants.

III. – Mais, pour Miss Edgell, cette théorie équivaut à l'affirmation même de l'« acquaintance » en tant que relation cognitive ; en niant la théorie, elle entend donc nier la connaissance par « acquaintance », qu'elle déclare psychologiquement impossible, parce que rien ne pourrait en sortir, et qu'elle regarde simplement comme « un mythe inventé par l'épistémologie ».

IV. – M. Broad trouve préférable de diviser la question : en premier lieu, y a-t-il « acquaintance » ? Il répond affirmativement sur ce point, en définissant l'« acquaintance » comme la relation que nous avons avec les données des sens antérieurement à tout acte de jugement, et qui subsiste d'ailleurs lorsque le jugement s'est produit. En second lieu, cette « acquaintance » est-elle une connaissance ? Elle ne l'est pas dans le même sens que le jugement vrai, qui constitue la véritable connaissance ; elle peut être dite « cognitive », mais il faut faire une distinction entre « acquaintance » et connaissance *par* « acquaintance ». Cette dernière peut être regardée comme directe en ce sens qu'elle n'est pas atteinte par inférence, et elle s'oppose à la connaissance par « description » ; mais il ne résulte pas de là que les jugements fondés sur l'« acquaintance » soient nécessairement infaillibles, bien que le risque d'erreur semble y être à son plus bas degré.

Ettore Galli. – *Nel regno del conoscere e del ragionare.* – (Dans le domaine de la connaissance et du raisonnement.) – 1 vol. *in-8°*, 300 pp., Fratelli Bocca, Turin, 1919. *Alle radici della morale.* – (Aux racines de la morale.) – 1 vol. *in-8°*, 415 pp., Società Editrice « Unitas », Milan, 1919[1].

Dans le premier de ces deux ouvrages, l'auteur tente de rapprocher le point de vue logique du point de vue psychologique, nous devrions même dire de le réduire à celui-ci, en montrant que le processus du raisonnement ne fait que reproduire et continuer le processus formatif ou génétique de la connaissance. Il insiste, trop exclusivement peut-être, sur l'action « synthétisante » de la pensée : un « schéma général » se formerait par la superposition de sensations successives produisant le renforcement de leurs éléments communs, et non par l'élimination

---

[1] *Revue philosophique*, juil. 1920 ; repris dans la revue *Science Sacrée*, n° spécial René Guénon, 2003. [*N.d.É.*]

de leurs différences : quand un tel schéma est constitué, le jugement consiste à y faire rentrer un fait nouveau. L'induction serait le mode fondamental du raisonnement, parce qu'elle procède dans le sens qui est celui de l'acquisition de la connaissance, en rapportant les cas particuliers à un schéma général ; la déduction, au contraire, devrait se fonder sur une induction préalable, qu'elle ne ferait que reproduire en sens inverse. La logique, telle qu'on la conçoit d'ordinaire, aurait donc le tort d'envisager sous un point de vue statique des faits qu'on ne peut expliquer qu'en les considérant dynamiquement, dans leur développement psychologique, parce que, la pensée étant une, les lois logiques ne sont au fond que des lois psychologiques.

Cette réduction est-elle vraiment justifiée ? Sans doute, les opérations logiques sont, en un sens, des faits psychologiques, et peuvent être étudiées sous cet aspect ; mais ce n'est point ce que se propose la logique, qui, à vrai dire, ne les envisage même aucunement en tant que « faits ». La distinction et même la séparation des deux points de vue logique et psychologique aura donc toujours sa raison d'être, car deux sciences peuvent être réellement distinctes tout en étudiant les mêmes choses, par cela seul qu'elles les étudient sous des points de vue différents. Ainsi, vouloir absorber la logique dans la psychologie reviendrait pour nous à la supprimer ; mais il est possible, après tout, que le point de vue même de la logique apparaisse comme inexistant ou illégitime aux yeux de certains, et surtout de ceux qui, comme c'est ici le cas, veulent faire dériver toute connaissance de la seule sensation et se refusent à y admettre aucun principe d'un autre ordre, aussi bien qu'à distinguer l'idée de l'image. Mais n'est-il pas un peu étrange, alors qu'on veut mettre en discussion les fondements mêmes de la certitude logique, qu'on tienne d'autre part pour indiscutables certaines théories « évolutionnistes », qui ne sont pourtant que de simples hypothèses ?

La même tendance à tout ramener à la psychologie s'affirme également dans le second ouvrage, cette fois à l'égard de la morale : mais elle est ici, selon nous, beaucoup plus justifiée que dans le cas précédent, car la morale, n'ayant qu'une portée toute pratique, ne serait rien si elle ne prenait sa base dans la psychologie. La thèse de l'auteur peut se résumer brièvement en ceci : la morale est une expression de la tendance qui pousse l'homme, comme tout être vivant, à rechercher spontanément les conditions d'existence les plus favorables ; le sentiment fait trouver bon ce qui est utile ou avantageux à la vie, ce qui produit le « bien-être » sous toutes ses formes, et de là est dérivée, par abstraction, la notion du bien moral. Les tendances que la morale a pour but de satisfaire sont donc, au fond, des forces biologiques qui ont revêtu chez l'homme un caractère psychique : si l'on fait intervenir, en outre, les conditions de la vie sociale, envisagée essentiellement comme une collaboration, on pourra s'expliquer l'origine des notions comme celles de droit et de devoir. Si la morale suppose que la vie a une valeur par elle-même, c'est parce qu'il est de la nature de la vie de tendre toujours à se conserver et à s'améliorer ; et c'est cet attachement à la vie, fait purement sentimental tout d'abord, qui conduit ensuite à postuler le bien comme une exigence de la raison.

Nous sommes tout à fait d'accord avec l'auteur lorsqu'il ne veut voir dans les notions morales qu'une transformation d'éléments sentimentaux, et encore ces éléments ne sont-ils peut-être jamais aussi complètement rationalisés qu'il le pense : ainsi, la conception du « devoir pour le devoir » peut-elle être regardée comme ayant un caractère absolument logique ? Seulement, les facteurs qui concourent à l'élaboration de ces notions sont extrêmement complexes, et nous ne croyons pas qu'il soit possible d'en rendre compte entièrement par ce que nous pourrions appeler un « utilitarisme biologique » : on arrive ainsi, sans doute, à quelque chose qu'on peut appeler « bien » si l'on veut, mais qui n'est pas précisément le bien moral. Ce qui n'est pas vraiment expliqué par cette théorie, ce sont les caractères particuliers qui constituent proprement le point de vue moral ; pour nous, non seulement ce point de vue ne se comprend aucunement en dehors de la vie sociale, mais il suppose en outre des conditions psychologiques beaucoup plus spéciales qu'on ne le pense d'ordinaire. D'ailleurs, il ne faudrait pas exagérer l'importance du sentiment et de ce qui en dérive jusqu'à en faire tout l'essentiel de la nature humaine ; il est vrai que l'intelligence doit se réduire à bien peu de chose pour qui veut la faire sortir tout entière de la sensation.

T.-L. Penido. – *La méthode intuitive de M. Bergson. Essai critique.* – 1 vol. in-8°, 226 pp., F. Alcan, Paris, 1918[1].

Cet ouvrage comprend, en premier lieu, un exposé de l'intuitionnisme bergsonien ; et l'auteur doit être félicité d'avoir su mener à bien cette

---

[1] *Revue philosophique*, sept. 1920 ; repris dans la revue *Science Sacrée*, n° spécial René Guénon, 2003. [N.d.É.]

partie de sa tâche, car il est fort difficile de donner une idée claire et précise de ce qu'il caractérise très justement comme « une doctrine fuyante à l'extrême, estompant sans cesse ses thèses et atténuant ses affirmations, se donnant comme constituée simplement par une série de probabilités croissantes, c'est-à-dire comme capable d'améliorations et de progrès indéfinis ». Il y a même ceci de remarquable que M. Bergson, tout en affichant un certain mépris théorique de l'analyse, est aussi loin que possible de s'en dégager en fait, et que sa philosophie, qui insiste tant sur la simplicité irréductible de l'acte intuitif, se développe en aperçus d'une prodigieuse complexité. Mais nous n'insisterons pas ici sur l'exposition de la doctrine, et nous signalerons de préférence les principaux points de la critique qu'en fait ensuite M. Penido, et qui constitue la seconde partie de son livre : critique assez sévère parfois, tout en s'efforçant de rester sympathique, surtout au sens de cette « sympathie divinatrice » qui permet, d'après M. Bergson lui-même, de pénétrer « dans la mesure du possible », en s'y « insérant », la pensée du philosophe.

D'abord, qu'est-ce au juste que l'intuition bergsonienne ? On ne peut sans doute « exiger une définition de ce qui, par hypothèse, est indéfinissable », mais on peut s'étonner d'en rencontrer des descriptions tout à fait diverses, et il est fort contestable que M. Bergson soit parvenu, comme l'affirme un de ses disciples, à « donner à la notion d'intuition un contenu rigoureusement déterminé ». Après s'être appliqué à distinguer différentes intuitions, M. Penido constate que chacune d'elles prise à part « semble coïncider parfaitement avec l'intuition bergsonienne », qui « est, par nature, vague, diffuse, éparpillée » ; et, si l'on veut aller plus au fond, on s'aperçoit que la méthode « nouvelle » se ramène surtout à l'intuition « infra-rationnelle », qu'elle est tout simplement « un phénomène d'imagination créatrice ou dynamique », très voisin de l'invention artistique. S'il en est ainsi, M. Bergson ne se distingue guère des autres philosophes qu'en ce qu'il « s'abandonne entièrement à son imagination », au lieu de la contrôler par la raison.

Ensuite, la « philosophie nouvelle » paraît extrêmement préoccupée d'échapper au relativisme : il faut donc examiner si elle rend possible le « passage à l'objectif ». Or, non seulement la valeur attribuée à la « perception pure » est fort arbitraire, mais encore l'aboutissement logique de la doctrine est « une sorte de monisme psychologique », où « l'intuition n'est plus connaissance, elle est création ». On risque donc d'arriver ainsi au « solipsisme », et alors « le moi en s'atteignant lui-même atteindrait aussi le réel total, mais ce serait au prix du phénoménisme le plus radical » ; telle n'est peut-être pas l'intention de M. Bergson, mais il « trouvera quelque jour un Schelling pour pousser son système jusqu'aux limites extrêmes qu'il comporte ».

Une autre objection porte sur la façon dont sont envisagés les rapports de l'intuition et de l'intelligence : la méthode proposée semblait devoir naturellement exclure l'intelligence de la philosophie, après l'avoir « vidée de tout contenu spéculatif, par un pragmatisme radical s'il en fût jamais » ; mais l'attitude de M. Bergson a été « plus imprévisible, donc plus intuitive », et « il n'a exaspéré l'opposition entre deux modes de connaissance que pour mieux les unir ensuite ». En effet, non seulement « la philosophie prolonge et complète la science », mais, « sans le concours de l'intelligence, l'intuition est impossible, car M. Bergson insiste beaucoup sur l'absolue insuffisance d'une métaphysique dépourvue de bases scientifiques », encore qu'on ne puisse savoir au juste comment se réalise pour lui « le passage du discursif à l'intuitif » ; il va même « jusqu'à faire dépendre la valeur de l'intuition de son accord avec la science », qu'il regarde pourtant comme essentiellement symbolique et relative. Liée à l'état actuel de la science, la philosophie pourra, suivant les époques, conduire à des « résultats inverse » ; et s'il en est ainsi, est-ce bien la peine de s'infliger des « torsions » douloureuses et contre nature ? Et l'auteur cite des exemples que M. Bergson fait constamment de la dialectique, de l'analyse et du raisonnement par analogie, sans parler de ces « comparaisons qui tiennent lieu de raisons », et de ces images qui amènent à se demander « si le maître est sûr de se comprendre lui-même ». Il résulte de tout cela que le bergsonisme est, au fond, un système comme les autres, parlant comme eux d'« un fait très gros » (expression de M. Bergson), qui est la perception de la durée, et que l'intuition, « livrée à elle-même, ne semble pas pouvoir servir de méthode philosophique, tout au moins dans l'état actuel de l'humanité ».

Le côté négatif de l'œuvre de M. Bergson, c'est-à-dire sa critique des autres doctrines, est beaucoup plus net que le côté positif, et aussi plus solide malgré tout ce qu'on peut y trouver à reprendre. La critique bergsonienne a le mérite de dénoncer des erreurs réelles, mais elle est allée trop loin en se transformant en « anti-intellectualisme » ; « elle vaut, non pas contre tout intellectualisme, mais contre un certain intellectualisme » (nous dirions plutôt rationalisme), et ses arguments impliquent de multiples confusions. C'est ainsi que M. Bergson confond toujours le concept avec l'image ; mais nous ajouterons que son empirisme psychologique ne lui permet pas de faire autrement, et que c'est précisément parce qu'il est empiriste qu'il parle « en nominaliste absolu ». M. Penido insiste fort justement sur la différence de nature qui existe entre l'idée et l'image, et il estime que M. Bergson ne nous a donné qu'une « caricature » de l'intelligence, pour laquelle il prend ce qui n'est en réalité que l'« imagination statique » ou reproductrice. L'opposition entre intuition et intelligence se ramènerait donc à l'opposition entre imagination dynamique et imagination statique : cela est peut-être vrai en fait, sinon en principe ; on pourrait y répondre que M. Bergson, quand il parle de l'intelligence, veut la faire synonyme de raison, mais nous dirons encore qu'il ne comprend de la raison que ce que l'empirisme peut en atteindre. Quoi qu'il en soit, l'intuition de M. Bergson nous paraît surtout « anti-rationaliste », et M. Le Roy peut rester fidèle à sa pensée tout en corrigeant son langage, lorsqu'il déclare que l'intuition n'est ni « anti-intellectuelle » ni même « extra-intellectuelle », parce qu'il se rend compte que l'intelligence ne doit point être réduite à la seule raison.

Cette réflexion nous conduit à une autre remarque, qui est pour nous d'une importance capitale : M. Penido parle bien à plusieurs reprises d'« intuition intellectuelle », et il semble même pressentir la distinction de l'intellect pur et de la raison ; mais il n'a pas dégagé les caractères de la véritable intuition intellectuelle ou métaphysique, essentiellement « supra-rationnelle », donc opposée à l'intuition « infra-rationnelle » du bergsonisme. L'intellectualisme vrai est au moins aussi éloigné du rationalisme que peut l'être l'intuitionnisme bergsonien, mais exactement en sens inverse ; s'il y a un intuitionnisme métaphysique qui est cet intellectualisme, il y a aussi un intuitionnisme antimétaphysique, qui est celui de M. Bergson. En effet, tandis que la métaphysique est la connaissance de l'universel, la « philosophie nouvelle » entend s'attacher à l'individuel, et elle est ainsi, non pas « au-delà », mais bien « en-deçà de la physique », ou de la science rationnelle, connaissance du général ; maintenant, si les bergsoniens confondent l'universel avec le général, c'est au moins un point sur lequel ils se trouveront d'accord avec leurs adversaires rationalistes. D'autre part, il est vrai que « le tort de M. Bergson est, en somme, d'identifier psychologie et métaphysique », mais cette identification avec l'anthropomorphisme qu'elle entraîne fatalement, est la négation même de la métaphysique véritable, comme l'est aussi la conception qui place toute réalité dans le « devenir ». Une philosophie qui prend pour objet la vie et une science qui prend pour objet la matière sont tout aussi étrangères et indifférentes l'une que l'autre à la métaphysique ; et s'il n'y a, comme nous le pensons, que de la « pseudo-métaphysique » dans tous les systèmes de la philosophie moderne, le bergsonisme ne fait point exception.

Peut-être M. Penido met-il quelque ironie dans sa conclusion, où il déclare que « c'est encore être bergsonien, dans le sens le meilleur du mot, que d'abandonner le bergsonisme de fait pour chercher au delà une pensée plus synthétique et qui le dépasse » ; en tout cas, selon nous, ce serait perdre son temps que de chercher dans le même sens, à moins qu'on ne veuille se borner à faire de la psychologie pure et simple. Il est vrai que toute intuition est essentiellement synthétique, comme la raison discursive est essentiellement analytique ; mais la métaphysique est une synthèse d'ordre transcendant, sans aucun rapport avec l'immanentisme de l'« élan vital ».

Ajoutons encore que M. Penido a particulièrement bien vu les tendances, à la fois mystiques et expérimentalistes, qui apparentent le bergsonisme, dans la pensée contemporaine, aux courants théosophiques et spirites. N'est-il pas même à craindre que ces affinités aillent en s'accentuant, lorsqu'on voit M. Bergson, dans un de ses plus récents écrits, trouver que « ce serait beaucoup que de pouvoir établir sur le terrain de l'expérience la possibilité et même la probabilité de la survivance de l'âme » ? La question, ainsi posée, serait au contraire d'importance tout à fait négligeable aux yeux d'un métaphysicien.

Dr Eugène Osty. – *Le sens de la vie humaine*. – 1 vol. *in-16°*, XII-272 pages, « La Renaissance du Livre », Paris, 1919[1].

L'auteur annonce dans son introduction qu'« on ne trouvera pas ici un système philosophique », et que « ce livre se donne pour but de prendre une sorte de vue scientifique de notre vie d'êtres pensants, en ne perdant jamais le contact des faits ». Ce sont là d'excellentes intentions, mais malheureusement l'esprit « scientiste » n'est pas le véritable esprit scientifique, et les hypothèses évolutionnistes ne sont point des faits. Ceux qui se proclament volontiers, et de la meilleure foi du monde, « affranchis des préjugés », sont quelquefois ceux qui en

---

[1] *Revue philosophique*, mai-juin 1921 ; repris dans la revue *Science Sacrée*, n° special René Guénon, 2003. [*N.d.É.*]

ont le plus en réalité : croyance au « progrès intellectuel », au « progrès moral », à la « civilisation intégrale », en un mot à toutes les idoles de l'esprit moderne, sans oublier la « nature », la « raison » et la « vie ». Nous ne pouvons songer à discuter ici toutes ces conceptions, mais nous trouvons bien étrange que, dès que ces idées entrent en jeu, on se contente si facilement de simples affirmations : ce sont là articles de foi... Si, au lieu de se lancer dans d'aventureuses spéculations sur les conditions d'existence de l'« homme primitif », on se bornait plus modestement à une étude un peu approfondie de l'antiquité historique ou même du Moyen Âge, on serait sans doute amené à modifier bien des conclusions, et, par exemple, on hésiterait peut-être à écrire que « ce fut seulement au XVIe siècle de notre ère que l'humanité passa de sa longue enfance intellectuelle à l'âge de raison ». Il est vrai que l'intellectualité, telle que l'auteur la comprend, paraît consister à peu près uniquement dans la connaissance et l'utilisation des phénomènes naturels, ce qui est un point de vue très spécial. La partie la plus curieuse est peut-être celle qui concerne l'avenir possible de l'humanité : on nous annonce qu'une faculté psychique nouvelle, qualifiée de « métanormale » (ce néologisme et quelques autres du même genre sont bien près d'être des barbarismes), est « en voie d'installation dans l'espèce humaine ». Cette faculté comprend un ensemble très complexe de phénomènes, réunis sous le nom un peu vague de « lucidité » ; nous sommes fort loin, pour notre part, de contester la réalité de ces phénomènes, qu'il faut toujours séparer des explications fantaisistes ou même déraisonnables qui en ont été données ; mais nous ne pensons pas qu'on puisse y voir le germe d'une sorte de sens supplémentaire dont seront doués les hommes futurs. D'ailleurs, nous ne voyons pas ce qu'il y a là de vraiment nouveau : les faits dont il s'agit étaient bien connus dès l'antiquité ; pourquoi dire qu'ils ont pu être « illusoires » alors, tandis qu'ils ne le seraient plus aujourd'hui ? C'est que, sans cela, la théorie de l'évolution serait en défaut... Si un livre comme celui-là présente de l'intérêt, c'est surtout à titre de document psychologique, très caractéristique de la mentalité de certains de nos contemporains.

Dr Joseph Devillas. – *Essais systématiques.* – 1 vol. *in-16°*, 350 pp., P. Lethielleux, Paris, 1920[1].

Sous ce titre, qui n'est peut-être pas très heureux, sont réunis des aperçus souvent intéressants, mais dont le défaut général est un manque de clarté assez regrettable. Ce défaut ne tient pas uniquement à ce que, comme le reconnaît l'auteur, il y a là des notes trop brèves, insuffisamment développées et coordonnées ; il est dû aussi, en partie, à l'emploi d'une terminologie un peu singulière, qui rend parfois la lecture pénible. La même observation pourrait d'ailleurs être faite à propos de bon nombre d'ouvrages philosophiques, et nous ne pouvons que souscrire à une déclaration comme celle-ci, qui dénote du moins la conscience de cette imperfection : « Le langage philosophique aurait besoin d'un dictateur en fixant le sens avec précision ; bien des discussions à côté seraient évitées, car, si une langue bien faite n'est pas la science, elle contribue à l'acquérir et témoigne de notions cohérentes déjà acquises. » Si l'accord est difficilement réalisable en pareille matière, chacun pourrait du moins, pour son propre compte, s'efforcer d'éviter toute complication inutile et de définir exactement les termes dont il se sert ; et nous ajouterons qu'il faudrait aussi définir et distinguer les points de vue auxquels on se place, afin de déterminer par là le sens et la portée de questions qui appartiennent souvent à des ordres fort divers. C'est ce qui a lieu pour l'ouvrage dont il s'agit : parmi les multiples questions qui y sont traitées plus ou moins complètement, certaines relèvent simplement de la philosophie scientifique, tandis qu'il en est d'autres qui, par leur nature, pourraient se rattacher à la métaphysique ; mais encore faudrait-il ne pas chercher, entre des ordres de connaissance qui doivent être profondément séparés, un rapprochement illusoire qui ne peut produire que des confusions. Enfin, pour la clarté d'un exposé quelconque, il y a peut-être avantage à ne pas vouloir mettre trop d'idées dans un même volume.

Cependant, on aurait grand tort de s'en tenir ici à une impression d'ensemble, car il est des chapitres et des paragraphes qui nous paraissent tout à fait dignes d'intérêt. D'abord, il y a des critiques fort justes de certaines théories, en particulier du transformisme, et ces critiques ne sont pas purement négatives : ainsi, à propos de cette

---

[1] Les comptes rendus suivant ont paru dans la *Revue philosophique*, nov. 1921 ; repris dans la revue *Science Sacrée*, n° spécial René Guénon, 2003. [*N.d.É.*]

question du transformisme, l'auteur formule, sur les notions de l'espèce et de l'individu, des remarques qui auraient assurément besoin d'être complétées, mais qui, telles qu'elles sont, semblent très propres à provoquer la réflexion. D'autre part, sur la liberté et le déterminisme, sur les rapports du temporel et de l'intemporel, sur la corrélation de la quantité et de la qualité, et sur beaucoup d'autres points encore, il y a des vues qui dépassent certainement le niveau des spéculations philosophiques courantes ; il est à souhaiter que l'auteur ait quelque jour le loisir de les reprendre pour les développer d'une façon plus nette et plus précise.

Ce qui pourrait prêter à bien des objections, c'est le rôle primordial qui est attribué partout aux rapports corrélatifs de ressemblance et de différence ; peut-être est-ce là qu'il faut voir ce que la pensée de l'auteur a de proprement «systématique»... Il y a aussi des inconvénients à se servir trop fréquemment de termes comme ceux d'«abstrait», et de «concret», qui sont fort équivoques, du moins dès qu'on s'écarte de leur acception technique rigoureuse. Dans certains passages, il semble que cette opposition de l'abstrait et du concret soit prise comme synonyme de celle du possible et du réel ; cela prouve que l'une et l'autre auraient également besoin d'être précisées. D'ailleurs, pour nous, la distinction du possible et du réel n'est valable que dans des domaines particuliers, et elle n'a plus de signification quand on se place au point de vue métaphysique, c'est-à-dire universel ; il ne faut jamais oublier que, comme le dit très justement le Dʳ Devillas, «notre monde» n'est pas «l'Univers».

Nous devons encore signaler un autre ordre d'idées qui n'est pas le moins intéressant : c'est un essai d'interprétation ou, si l'on veut, d'adaptation de certaines conceptions théologiques, comme celles de création et de chute, qui sont appliquées d'une façon fort ingénieuse à une théorie des lois naturelles. Suivant cette théorie, les lois multiples et hiérarchisées supposeraient dans le milieu un élément dysharmonique, et leur sens serait celui de restrictions ou d'obstacles garantissant contre la dysharmonie totale ; l'«ordre légal», relatif, doit donc être distingué essentiellement de l'«Ordre pur» et absolu. À la hiérarchie des lois, qui définit le monde de l'expérience, correspond, comme expression dans la connaissance humaine, la hiérarchie des sciences techniques ; et cette dernière, ainsi envisagée, donne lieu à des considérations tout à fait originales et même imprévues. D'un autre côté, et comme complément de la même théorie, l'action du surnaturel est conçue comme l'introduction dans le monde d'un élément d'harmonisation ;

la grâce est surajoutée à la nature, mais elle ne lui est point contraire. Il y a là l'indication d'un rapprochement possible entre le point de vue de la religion et celui de la philosophie et de la science ; mais un tel rapprochement, pour être valable, doit laisser subsister la distinction entre des modes de pensée qui, pour présenter peut-être certains rapports, ne s'en appliquent pas moins à des domaines différents. Nous ferions donc volontiers quelques réserves, car il y a des idées qu'on ne peut « rationaliser » sans risquer de les amoindrir et de les déformer ; et cela, qui est vrai pour les idées théologiques, l'est plus encore pour les idées proprement métaphysiques ; mais, bien entendu, « supra-rationnel » ne veut point dire « irrationnel ». La distinction des points de vue, à laquelle nous faisions allusion précédemment, serait de la plus haute importance pour mettre de l'ordre dans certaines tendances de la pensée actuelle, que l'on peut appeler « traditionalistes », et qui sont précisément celles que représentent des ouvrages comme celui du Dr Devillas.

Jean De La Harpe. – *La religion comme « conservation de la valeur » dans ses rapports avec la philosophie générale de Harald Höffding.* – Préface par A. Lalande. 1 vol. *in-8°*, VIII-122 pp., G. Bridel, Lausanne, et Fischbacher, Paris, 1920.

Nous avouons que l'intérêt d'une certaine « psychologie religieuse », qui semble fort à la mode aujourd'hui, nous échappe en grande partie : traiter la religion comme un « fait psychologique » pur et simple, c'est la confondre avec la religiosité, qui est à la religion, entendue dans son sens propre, à peu près ce que l'ombre est au corps. Cette réflexion, d'ailleurs, vise plutôt Höffding que M. de la Harpe qui s'est borné à faire de ses théories une étude extrêmement consciencieuse, comportant, d'une part, un exposé analytique, et, d'autre part, un examen génétique et critique.

Pour Höffding, « la religion se réduit au principe de la conservation de la valeur dans la réalité, elle se ramène tout entière à la ferme volonté de maintenir les valeurs de la vie au-delà de la limite dans laquelle la volonté humaine peut agir à leur égard ». Pour pouvoir préciser le sens de cet « axiome de la conservation de la valeur », il faut d'abord considérer les concepts de « réalité » et de « valeur » qu'il présuppose. M. de la Harpe s'est efforcé d'établir aussi nettement que possible l'enchaînement des divers points de vue qu'il a rencontrés chez le philosophe danois, sans se laisser rebuter par la subtilité excessive de ses analyses, non plus que par les difficultés d'un langage terriblement compliqué.

Mais la partie qui, dans ce travail, nous paraît la plus claire et la plus intéressante, c'est l'« étude génétique de la pensée de Höffding », c'est-à-dire en somme sa biographie intellectuelle, où sont fort bien démêlées les principales influences qui ont agi sur lui, notamment celles de Spinoza et de Kant. Pour ce qui est du dernier chapitre, intitulé « étude critique », M. de la Harpe n'y discute point, comme on aurait pu s'y attendre, le fond même des idées qu'il vient d'exposer ; il s'en tient ainsi qu'il le dit lui-même, à une « critique de cohérence », dans laquelle il conteste surtout à Höffding le droit de se dire « moniste ». La portée de ce reproche a été, du reste, bien atténuée à l'avance par M. Lalande, qui a montré dans sa préface combien sont relatives des dénominations comme celles de monisme, de dualisme et de pluralisme, à tel point que, suivant qu'il s'agira de questions différentes, on pourra parfois s'en servir tour à tour pour caractériser une même doctrine : elles « n'ont un sens précis et plein que si on les applique aux diverses solutions de problèmes particuliers, et non à l'ensemble d'une philosophie ».

P. Masson-Oursel – *La Philosophie comparée*. – 1 vol. *in-8°* de 204 pp., F. Alcan, Paris, 1923[1].

Dans ce second ouvrage, d'un caractère moins « spécial » que le précédent, M. Masson-Oursel présente des considérations sur la « méthode comparative » appliquée à la philosophie, à laquelle elle peut seule, suivant lui, donner une base « positive ». Cette notion de « positivité » paraît assez ambiguë, et le sens où elle est entendue ici est probablement bien différent de celui que lui donnait Auguste Comte ; et pourtant on pourrait peut-être la définir, d'une façon générale, par le parti pris d'attribuer aux « faits » une importance prépondérante : « Le principe fondamental d'une philosophie vraiment positive doit être le ferme propos de saisir dans l'histoire, et uniquement dans l'histoire, les faits philosophiques. » Cependant, on nous assure ensuite que « l'immanence du donné philosophique dans l'histoire n'implique point que la méthode positive en philosophie se réduise à la méthode

---

[1] *Revue de philosophie*, janv.-fév. 1924. [N.d.É.]

historique » ; la différence doit résider surtout dans l'intention, qui est ici « de mieux comprendre à mesure que nous connaissons davantage » ; mais comprendre quoi ? Le fonctionnement de l'esprit humain, sans doute, et rien de plus ni d'autre, car il ne semble pas qu'on en arrive jamais à se poser la question de la vérité ou de la fausseté des idées en elles-mêmes.

Le principe de la « philosophie comparée » doit être l'analogie ; les considérations qui se rapportent à celle-ci sont d'ailleurs peu nouvelles, mais l'auteur ne paraît pas connaître l'usage qu'en a fait la scolastique, ce dont on ne peut s'étonner quand on le voit attribuer au cartésianisme la distinction de l'essence et de l'existence ! Nous ne pouvons que l'approuver de ne pas « s'exagérer la valeur des classements de systèmes » et d'écrire des choses comme celles-ci : « La philosophie comparée ne trouve qu'une caricature de ce qu'elle doit devenir dans ces classifications de systèmes sous autant de vocables en *isme*, purs barbarismes non seulement quant à la lettre, mais quant à l'esprit. » Mais lui-même s'est-il toujours bien gardé de tout rapprochement superficiel ou insuffisamment justifié ? Bien que des termes comme ceux de « sophistique » et de « scolastique » ne soient pas en *isme*, l'extension qu'il leur donne n'en est peut-être pas moins excessive.

La seconde partie de l'ouvrage est consacrée à quelques exemples de l'application qu'on peut faire de la « méthode comparative ». De la « chronologie comparée » (dont on a soin de nous avertir qu'elle n'est souvent qu'approximative), nous ne dirons qu'une chose : c'est qu'il ne nous est guère possible d'admettre le « synchronisme » des trois civilisations prises comme « points de repère », celles de l'Europe, de l'Inde et de la Chine ; il est vrai que la « critique » occidentale se croit probablement très large en ne réduisant pas davantage encore l'antiquité qu'il lui plaît d'accorder aux civilisations orientales. Le chapitre consacré à la « logique comparée » renferme des considérations beaucoup plus intéressantes, mais que, faute de place, nous ne pouvons songer à résumer ici. Quant à la « métaphysique comparée », pour pouvoir en parler justement, il faudrait d'abord savoir ce qu'est vraiment la métaphysique, et ne pas la prendre pour une « improvisation idéale », ni lui attribuer une origine « pragmatiste », ni la confondre avec le mysticisme. Enfin, pour la « psychologie comparée », nous sommes tout à fait d'accord avec l'auteur pour penser que les psychologues ont eu jusqu'ici le tort très grave de ne faire porter leurs recherches que sur un milieu fort restreint, et de généraliser abusivement des résultats qui ne valent que pour ce milieu ; seulement, nous sommes persuadé qu'il est des choses qui, par leur nature même, échapperont toujours à l'investigation psychologique, et que, notamment, ni l'ordre mystique ni l'ordre métaphysique ne tomberont jamais sous son emprise.

Nous ajouterons que la « philosophie comparée » nous apparaît moins comme une comparaison *des philosophies* que comme une comparaison *philosophique* des idées et des doctrines de toute nature, philosophiques ou autres, car nous nous refusons, quant à nous, à prendre pour la « pensée universelle » ce qui n'est qu'une simple modalité de la pensée. Assurément, on a toujours le droit de se placer au point de vue philosophique pour envisager n'importe quoi, qui peut n'avoir en soi-même rien de philosophique ; mais il faudrait savoir jusqu'où cette attitude permet d'en pousser la compréhension, et, quand il s'agit des doctrines de l'Inde et de la Chine, nous avons beaucoup de raisons de penser qu'elle ne saurait aller bien loin. Il est vrai que cela pourrait en tout cas être suffisant pour améliorer l'enseignement de la philosophie, dont la conclusion du livre contient une critique fort juste à bien des égards ; mais pourquoi, après avoir proposé d'y introduire « des données d'histoire des religions », éprouve-t-on le besoin d'ajouter aussitôt que celle-ci ne risque pas de « compromettre l'indépendance de la pensée laïque » ? Quelles susceptibilités ou quelles inquiétudes le seul mot de religion éveille-t-il donc dans les milieux universitaires ? Et se pourrait-il qu'on y oublie que l'« histoire des religions » n'a été inventée précisément que pour servir à des fins éminemment « laïques », nous voulons dire antireligieuses ?

Eugène Tavernier. – *Cinquante ans de politique : L'Œuvre d'irréligion.* – Un vol. petit *in-8°* de 368 pp., Éditions Spes, Paris, 1925[1].

Au moment même où allait paraître cet ouvrage, on fêtait les cinquante ans de journalisme de son auteur ; c'est dire qu'il s'agit du récit d'un témoin qui a pu suivre, à mesure qu'ils se déroulaient, tous les événements dont il s'est appliqué ici à montrer les causes et à faire apparaître l'enchaînement. Ce qu'il nous présente est une saisissante histoire des luttes religieuses qui, en France, durent depuis un demi-

---

[1] *Revue de philosophie*, mai-juin 1925. [*N.d.É.*]

siècle presque sans interruption ; luttes religieuses est bien le terme qu'il convient, car la politique proprement dite n'a jamais joué là-dedans le rôle essentiel. Ce qui domine tous les débats au cours de cette période, c'est ce qui s'appelle l'« anticléricalisme », qui n'est en réalité qu'un masque de l'irréligion pure et simple, comme l'avoua nettement jadis M. Viviani dans un discours dont cette citation sert d'épigraphe au livre : « Tous, nous nous sommes attachés à une œuvre d'irréligion. »

Or cette œuvre avait été préparée de longue date ; l'état d'esprit dont elle procède n'a rien de spontané ; et c'est pourquoi M. Tavernier commence par consacrer une étude à chacun de ceux qu'il appelle très justement les « docteurs », philosophes et historiens qui furent, directement ou indirectement, les éducateurs des hommes politiques arrivés au pouvoir à partir de 1871 : Auguste Comte[1], Proudhon, Renan, Taine, Michelet, Quinet, Berthelot, puis les fondateurs du journal *Le Temps* (ces pages ont été publiées d'abord dans cette Revue même) et de la *Revue des Deux-Mondes*[2]. Peut-être certains s'étonneront-ils de voir figurer dans cette liste les noms de quelques hommes qu'on leur présente parfois sous un autre jour, en raison de leur opposition plus ou moins accentuée aux idées révolutionnaires sur le terrain politique ; mais, au point de vue religieux, leur influence ne fut pas moins néfaste que celle des autres, et les textes cités l'établissent d'une manière incontestable ; quiconque se refuse à subordonner la religion à la politique en jugera certainement ainsi.

Substituer l'homme à Dieu, voilà en deux mots quelle est au fond, quand on la dégage de toutes les nuances plus ou moins subtiles dont elle se recouvre, la pensée commune et dominante de tous ces « docteurs » ; et c'est là aussi ce que se sont efforcés de réaliser pratiquement, dans la société française, tous les politiciens qui se sont inspirés de leur esprit. Aussi le programme des luttes antireligieuses qui devaient y aboutir par étapes successives était-il arrêté tout entier dès

---

[1] Nous nous permettrons de relever deux légères inexactitudes en ce qui concerne la fameuse « loi des trois états » : ce que Comte appelle l'« état théologique » se subdivise pour lui en trois phases secondaires, fétichisme, polythéisme et monothéisme, de sorte qu'on ne peut dire qu'« état théologique » et « état fétichiste » soient à ses yeux des équivalents ; d'autre part, l'« état métaphysique », suivant le sens bizarre qu'il donne à ce mot, n'est pas représenté par le catholicisme, mais au contraire par tout ce qui a un caractère négatif et destructeur, et notamment par la Réforme et la Révolution.

[2] La liste aurait pu être allongée encore ; il est dommage qu'on n'y voie pas paraître les théoriciens de l'« évolutionnisme » sous toutes ses formes, ni les promoteurs de la soi-disant « science des religions », à l'exception de Renan qui peut être rattaché à la fois à l'un et à l'autre de ces deux groupes.

l'origine ; M. Tavernier le prouve par des extraits des discours de Gambetta et par d'autres documents également irréfutables ; et toutes les habiletés de l'« opportunisme », son « double langage », sa tactique de dissimulation et d'équivoque, ne sauraient empêcher cette vérité d'apparaître au grand jour. M. Viviani n'a-t-il pas reconnu publiquement que la neutralité scolaire « fut toujours un mensonge », qui d'ailleurs était « peut-être un mensonge nécessaire » ? Ne faut-il pas en effet tromper l'opinion pour l'amener graduellement à accepter les « réformes » qu'on a décidées à l'avance ? Et la question scolaire n'est pas seulement ici un exemple typique ; elle occupe la première place dans l'« œuvre d'irréligion », et cela se comprend, puisqu'il s'agit avant tout de déformer systématiquement la mentalité générale, de détruire certaines conceptions et d'en imposer d'autres, ce qui ne peut se faire que par une éducation dirigée dans un sens nettement défini. Aussi les chapitres consacrés aux étapes de la laïcisation, à la « neutralité » et à l'« école sans Dieu », sont-ils parmi les plus importants, et ils abondent en faits précis et significatifs ; cela ne saurait se résumer, et d'ailleurs, pour tous ceux qui veulent être pleinement édifiés à cet égard, ce livre si instructif est à lire tout entier.

Après la préparation et l'application du programme, voici les résultats : « Les Ruines », tel est le titre que M. Tavernier donne à la dernière partie, où il décrit l'état d'« un peuple ravagé de ses propres mains », par une sorte d'aberration collective dont on rencontrerait peu d'exemples dans l'histoire. Ces ruines sont de toutes sortes, depuis « la grande pitié des églises de France », suivant l'expression de Barrès, jusqu'aux « ruines morales » dont on trouve ici des exemples frappants dans les domaines les plus divers : corruption de la littérature, de l'administration, destruction de la famille et du patriotisme. Et, pour couronner le tout, nous avons le tableau de ce qu'est devenu l'enseignement supérieur de l'Université depuis qu'y règne en maîtresse l'« école sociologique » dont Durkheim fut le chef : « la société procédant d'elle-même et d'elle seule et s'adorant elle-même, la sociologie pratique devenant la sociolâtrie organisée », voilà ce qu'on nous propose comme ultime aboutissement de ces cinquante ans d'épreuves et de déceptions !

Tout cela, les « libéraux » n'ont pas su l'empêcher, parce que, si honnêtes qu'aient pu être leurs intentions, leurs principes étaient faux et ne différaient pas au fond de ceux de leurs adversaires eux-mêmes, parce qu'ils ont toujours oublié « que la liberté ne subsiste ni ne se défend par ses seules forces, qu'elle a besoin de la vérité, dont elle ne saurait s'affranchir sans se ruiner tout entière ». Citons encore ces lignes de la conclusion : « En 1833, Lacordaire écrivait à Montalembert : « Sais-tu si de ce libéralisme qui te plaît tant il ne doit pas sortir le plus épouvantable despotisme ? » Vingt ans plus tard, Proudhon rédigeait cette formule qui, merveille de fourberie et de cynisme, mérite d'être conservée à l'histoire : « le catholicisme doit être en ce moment poursuivi jusqu'à extinction ; ce qui ne m'empêche par d'écrire sur mon drapeau : Tolérance. » C'est l'invraisemblable dérision qui vient de remplir un demi-siècle. »

Après tout cela, il subsiste encore pour nous un point d'interrogation : ce plan d'ensemble, parfaitement cohérent, dont nous voyons la réalisation se développer peu à peu dans toutes ses phases successives, qui l'a tout d'abord établi et voulu ? Les politiciens, d'intelligence assez médiocre pour la plupart, ne sont manifestement que de simples exécutants ; mais leurs inspirateurs, des représentants de la philosophie en vogue sous le second Empire aux sociologues actuels, sont-ils les véritables auteurs et détenteurs de ce plan, l'ont-ils conçu de leur propre initiative, ou au contraire ne sont-ils eux-mêmes que des instruments, dominés et dirigés, peut-être à leur insu, par une volonté cachée qui s'impose à eux, et ensuite aux autres par leur intermédiaire ? Nous ne faisons que poser cette question, sans doute bien difficile à résoudre d'une façon précise et définitive (car il est évident qu'on ne peut en pareil cas s'appuyer sur aucun texte écrit et que des indices d'un ordre plus subtil peuvent seuls orienter les recherches), mais qui, pour cette raison même, mériterait d'être examinée de très près et avec la plus grande attention.

Jules Lagneau. – *De l'existence de Dieu.* – 156 p., Alcan, Paris, 1925[1].

De Jules Lagneau, qui n'écrivit jamais rien, mais auquel on a fait la réputation d'un philosophe extraordinaire, on vient enfin de publier, d'après des cahiers d'élèves, un petit livre qu'on nous présente comme son « testament philosophique » ; et, en le lisant, nous nous étonnons quelque peu de cette réputation. Ce que nous voyons là, c'est un professeur de philosophie imbu de kantisme comme ils l'étaient presque tous il y a une trentaine d'années ; il accepte la position de Kant, dans son ensemble, comme quelque chose sur quoi il n'y a pas à

---

[1] Les comptes rendus suivants ont paru dans la revue *Vient de paraître*, fév. 1926. [*N.d.É.*]

revenir, et il cherche simplement à perfectionner la soi-disant « preuve morale » de l'existence de Dieu. Pour cela, il s'appuie sur une certaine conception de la liberté ; cette liberté, d'ailleurs, « il est impossible à la pensée de se la prouver à elle-même autrement que par l'acte moral » ; et, par celui-ci, « Dieu se réalise en nous », car cet acte consiste « à faire que la loi soit vraie en voulant qu'elle le soit ». Il ne s'agit d'ailleurs pas d'existence à proprement parler, ni même d'être pur, mais d'un « devoir d'être », d'une « valeur », d'un « idéal », etc. Tout cela a-t-il vraiment un sens et prouve-t-il quelque chose ? C'est assurément curieux, à un point de vue psychologique, comme manifestation d'un certain état d'esprit ; c'est intéressant aussi, pour nous, en ce que cela montre une fois de plus l'impuissance à laquelle la philosophie moderne, négatrice de la métaphysique vraie, se condamne par la façon même dont elle pose les questions ; mais qu'il est affligeant de songer qu'on en arrive si facilement, à notre époque, à prendre pour l'expression d'une pensée supérieure et profonde ce qui n'est qu'un simple verbiage sentimental !

Giovanni Gentile. – *L'Esprit, acte pur* ; traduit de l'italien par Mlle A. Lion. – 255 p., Alcan, Paris, 1925.

Cet ouvrage représente une autre tendance de la philosophie contemporaine, tendance issue assez directement de Hegel, bien que l'auteur prétende corriger et réformer la conception de celui-ci. Le réel, pour Hegel, c'est la pensée ; pour M. Gentile, c'est « le penser » (l'acte) ; la nuance peut paraître assez subtile, et pourtant on lui attribue une importance capitale. « Le penser est activité, et la pensée est le produit de cette activité ; l'activité devient, l'effet est. » Il s'agit donc essentiellement d'une philosophie du devenir : « L'esprit n'est ni un être ni une substance, mais un processus constructif, un développement, un continuel devenir. » Il est donc à peine utile de dire que l'« acte pur » dont il est question ici n'a rien de commun avec celui d'Aristote. Cet idéalisme « actualiste » nous apparaît d'ailleurs surtout comme un étrange abus de la dialectique ; citons-en tout au moins un exemple typique : « La pensée est inconcevable en tant que pensée, et n'est pensée précisément que parce qu'impensable… Et toutefois l'impensable, du fait même qu'il est impensable, est pensé, car son impensibilité est un penser. Ce n'est pas en soi, hors de la sphère de notre penser, qu'il est impensable. C'est nous qui le pensons comme impensable : c'est notre penser qui le pose comme l'impensable, ou plutôt c'est le penser qui se pose en lui, mais en lui comme impensable. » – On comprendra sans peine que ce livre soit d'une lecture assez difficile, et encore faut-il ajouter que la traduction est trop souvent incorrecte ; il s'y rencontre même bien des mots qui, pour être calqués trop exactement sur des formes italiennes, sont en français, non seulement des néologismes inutiles, mais de purs barbarismes : « naturalistique », « objectivisé », « psychicité », « prévédibilité », « intellectualistiquement », et d'autres encore.

Paul Choisnard. – *Saint Thomas d'Aquin et l'influence des astres.* – 256 p., Alcan, Paris, 1926[1].

Il est incontestable que saint Thomas d'Aquin est « à la mode », et peut-être sa doctrine n'a-t-elle jamais été l'objet de tant de travaux de toutes sortes ; pourtant, il est des côtés de cette doctrine qu'on semble laisser volontairement dans l'ombre. Certains Thomistes actuels, qui protestent contre l'appellation de « néo-Thomistes » et qui se croient très « antimodernes », ont cependant, en réalité, l'esprit trop moderne encore pour comprendre la cosmologie de saint Thomas, et même pour voir simplement la différence qui existe entre les points de vue de la physique de l'antiquité et du moyen âge et de celle d'aujourd'hui, différence qui est telle qu'il n'y a lieu d'envisager entre elles ni opposition ni conciliation. À plus forte raison ces mêmes Thomistes ne veulent-ils pas entendre parler de choses telles que l'astrologie, et ils doivent être plutôt gênés lorsqu'ils sont obligés de constater que saint Thomas a affirmé très explicitement la réalité de l'influence des astres. Aussi le présent ouvrage, bien loin de faire double emploi avec aucun autre, vient-il combler une lacune importante. L'auteur a groupé sous un certain nombre de titres les principaux passages de la *Somme Théologique* qui se rapportent à cette question ; et, dans chaque chapitre, il a fait suivre la reproduction des textes de commentaires qui, dans l'ensemble, nous paraissent parfaitement justes. Il y aurait lieu seulement de faire des réserves sur ce qu'il y a, ici aussi, de trop moderne dans quelques interprétations ; nous voulons parler de la tendance qu'a M. Choisnard à rapprocher de sa propre conception de l'astrologie celle de saint Thomas ou celle de Ptolémée. Or la

---

[1] *Vient de paraître*, avril 1926. [*N.dÉ.*]

conception de l'«astrologie scientifique» comme fondée principalement sur les «statistiques» et les «probabilités», de façon à
constituer une «science expérimentale» au sens où on l'entend de nos
jours, est certainement bien éloignée de l'astrologie ancienne, qui
reposait sur de tout autres bases ; et, si cette astrologie nouvelle est une
tentative pour rejoindre celle des anciens, elle prend pour y arriver une
voie très détournée. D'autre part, nous ne pensons pas que le vrai sens
de la notion de causalité soit celui qu'indique M. Choisnard, et où nous
retrouvons la confusion entre «cause» et «condition» qui est,
d'ordinaire, le fait d'un certain empirisme. Malgré cela, un tel travail est
fort utile, car il peut contribuer à corriger l'étroitesse des interprétations
courantes du Thomisme et il y a là un effort d'autant plus méritoire
qu'il va à l'encontre de beaucoup de préjugés.

Georges Dwelshauvers. – *Les Mécanismes subconscients*[1].

Ce petit volume peut donner une idée de ce qu'est actuellement la
psychologie de laboratoire ; sur la valeur des résultats auxquels
conduisent tant de recherches patientes et minutieuses, les avis
peuvent différer, et, pour notre part, nous serions tenté de faire là-
dessus bien des réserves. Quoiqu'il en soit, voici comment l'auteur
définit la question qu'il a envisagée plus spécialement : «Les
expériences sur lesquelles se fonde notre étude ont porté
principalement sur l'image et sur le mouvement dans leurs rapports
avec l'action consciente de son but, c'est-à-dire d'une part avec
l'attention et le raisonnement, d'autre part avec l'innervation
volontaire.» Il est à noter que M. Dwelshauvers se montre nettement
adversaire du freudisme, qu'il ne nomme pas, mais auquel il fait une
allusion assez claire dans ces lignes dont la sévérité ne nous semble pas
excessive : «Quand par distraction ou par fatigue je me trompe de
porte ou que j'écris un mot pour un autre, il serait fantaisiste
d'interpréter cette maladresse comme l'indice de tendances
inconscientes qui me poussaient à agir à mon insu. Ce genre de
psychologie me paraît répondre à la même mentalité que celle des gens
mystérieux qui consultent la tireuse de cartes au sujet de leur avenir.»

---

[1] *Vient de paraître*, oct. 1926. [*N.d.É.*]

Monseigneur C.-W. Leadbeater, évêque régional de l'Église Catholique Libérale pour l'Australie. – *La Science des Sacrements* ; traduit de l'anglais[1]. – 459 p., Éditions Saint-Alban, Paris, 1926.

Le titre ne doit pas faire illusion : ce n'est pas d'un livre catholique qu'il s'agit, mais d'un livre théosophiste et la soi-disant « Église Catholique Libérale » n'est qu'une des organisations destinées à préparer la venue du nouveau Messie qu'on annonce depuis quelques années. Comme tous les ouvrages du même auteur, celui-ci est fait tout entier d'affirmations basées sur l'exercice d'une faculté de « clairvoyance » des plus suspectes ; c'est un exemple assez curieux de certaines extravagances pseudo-mystiques qui ont malheureusement quelque succès à notre époque.

E. Francis Udny, prêtre de l'Église Catholique Libérale. – *Le Christianisme primitif dans l'Évangile des douze Saints* ; traduit de l'anglais. – 158 p., Adyar, Paris, 1926.

Nous avions tout d'abord supposé que, dans ce petit volume, de même provenance que le précédent, il devait être question de quelqu'un des nombreux Évangiles apocryphes ; mais nous n'avons pas été longtemps à nous rendre compte que ce n'était qu'une simple mystification. Ce prétendu « Évangile des Douze Saints », conservé dans un monastère du Thibet, puis transmis « mentalement » à un prêtre anglican, est destiné à introduire dans le Christianisme (en prétendant qu'on les a fait disparaître jadis des Évangiles canoniques) l'idée de la réincarnation et les enseignements végétarien et antialcoolique chers aux Théosophistes. La supercherie est un peu grossière ; et ce qu'il y a de mieux c'est qu'on nous fait entrevoir la prochaine mise au jour d'une « Bible nouvelle et meilleure », sans doute arrangée tout entière de la même façon !

---

[1] Les comptes rendus suivants ont paru dans la revue *Vient de paraître*, mars 1927. [*N.d.É.*]

R. Schwaller de Lubicz. – *L'Appel du Feu*[1].

M. René Schwaller, théosophiste dissident, qui fut un des chefs du groupe éphémère des « Veilleurs », a réuni dans ce livre, sous une forme qui veut être poétique, mais qui est parfois peu correcte ou peu intelligible, des considérations touchant à des sujets assez divers : le langage, la société, la religion, la science, la vie. Il y a là-dedans quelques lueurs parmi beaucoup de fatras grandiloquents ; une des idées dominantes de l'auteur semble être celle de l'imminence de la « fin du monde » ; il n'est d'ailleurs pas seul à l'annoncer ; mais encore serait-il bon d'expliquer, plus nettement qu'il ne le fait, en quel sens il convient de l'entendre exactement.

Jean Baruzi. – *Philosophes et savants français du XXe siècle, extraits et notices.* – *III. Le problème moral.*

La présentation des textes réunis ici semble avoir été assez fortement influencée par l'idée de la prédominance des théories de l'école sociologique de Durkheim, ce qui nous a un peu étonné de la part de M. Baruzi. Sans doute, l'existence de ces théories est un fait dont il y a lieu de tenir compte, au moins historiquement ; mais, à côté d'elles, il y a tout de même d'autres tendances, assez différentes et même opposées ; pourquoi donner l'impression que celles-ci n'ont qu'une moindre importance, qu'elles n'existent pour ainsi dire qu'en fonction de ce que nous appellerions volontiers le « sociologisme » ? La perspective de l'ensemble peut s'en trouver faussée, et c'est pourquoi il nous est difficile de considérer ce volume comme un tableau tout à fait fidèle des conceptions morales actuellement en vigueur dans l'Université française.

Phusis. – *Près du Secret de la Vie, Essai de Morphologie universelle*[2].

Ce petit volume, qui doit être le premier d'une nouvelle « Bibliothèque scientifique de perfectionnement humain », est un exemple typique de

---

[1] Les comptes rendus suivants ont paru dans la revue *Vient de paraître*, juil.-août 1927. [N.dÉ.]

[2] Les comptes rendus suivants ont paru dans la revue *Vient de paraître*, nov. 1927. [N.dÉ.]

ces productions d'autodidactes, comme il en existe beaucoup à notre époque, qui, ayant accumulé des notions de toutes sortes et les ayant combinées au gré de leur imagination, se persuadent qu'ils sont parvenus à des découvertes prodigieuses et que leur « science » est destinée à assurer le bonheur de l'humanité. Que d'efforts dépensés en pure perte et quel gaspillage d'une activité qui aurait trouvé un bien meilleur emploi dans des besognes plus modestes, mais d'une utilité moins contestable ! C'est là, sans doute, un des « bienfaits » tant vantés de l'« instruction obligatoire »...

Émile Boutroux. – *Des Vérités éternelles chez Descartes.* Thèse latine traduite par M. Canguilhem, avec une préface de M. Léon Brunschwieg. – 147 p., Alcan, Paris, 1927.

C'est une excellente idée d'avoir donné une traduction française de cette thèse latine d'Émile Boutroux, bien qu'elle ne soit qu'une simple étude historique sur cette singulière théorie de Descartes d'après laquelle les vérités éternelles sont créées par Dieu de telle façon que le possible et l'impossible ne sont tels que parce que Dieu l'a voulu librement, au sens d'une liberté d'indifférence. Après avoir lu ce petit livre, on voit mieux comment cette théorie se rattache à tout l'ensemble de la philosophie cartésienne ; mais nous ne pensons pas que, en elle-même, elle en apparaisse mieux justifiée. – La préface dans laquelle M. Brunschwieg a donné un aperçu d'ensemble de la philosophie d'Émile Boutroux manque trop souvent de clarté ; et est-il vraiment admissible que la question des rapports de la France et de l'Allemagne soit mise sur le même plan que celles des rapports de la science et de la religion ?

R. P. J. Maréchal, S. J. (Section philosophique du *Museum Lessianum*). – *Le Point de départ de la Métaphysique,* leçons sur le développement historique et théorique du problème de la connaissance. Cahier V : *Le Thomisme devant la Philosophie critique.*

L'auteur s'est proposé une sorte de confrontation du thomisme avec la philosophie moderne, et, ici, plus spécialement avec le kantisme ; n'est-ce pas accorder une importance excessive à des « problèmes » purement artificiels, et y a-t-il vraiment lieu de vouloir constituer, sur des bases thomistes, une « Théorie de la connaissance » ? L'antiquité et le moyen âge, qui préféraient à bon droit aller directement à la connaissance elle-même, ne se sont guère embarrassés de ces questions ; et nous ne voyons pas que la métaphysique ait réellement besoin d'un tel « point de départ ». D'ailleurs, bien que nous soyons fort peu partisan de ce mélange de points de vue hétérogènes et de ces discussions qui conduisent trop souvent à d'assez fâcheuses concessions, nous n'en reconnaissons pas moins tout le mérite d'un travail considérable, et d'autant plus difficile qu'il s'agit de comparer entre elles des théories qui s'expriment en des langages aussi différents que possible.

J. G. Frazer. – *Les Dieux du Ciel.* Traduit de l'anglais par Pierre Sayn[1].

On connaît assez les théories de l'auteur, basées sur l'hypothèse gratuite d'un « naturalisme » primitif ; aussi, lorsqu'il parle des « dieux du Ciel », ne peut-on s'étonner qu'il entende cette expression au sens le plus matériel, faisant de ces dieux de simples personnifications du ciel visible ou des phénomènes célestes et atmosphériques. Pour ceux qui ne sont pas disposés à accepter aveuglément de telles interprétations, les ouvrages de ce genre ne peuvent valoir que comme recueils de faits ; et encore faut-il prendre garde que ces faits peuvent souvent être déformés par les idées préconçues de ceux qui les rapportent. Nous nous demandons d'ailleurs s'il est bien utile de s'étendre si longuement sur des histoires de peuplades nègres, qui occupent ici plus des deux tiers du volume, et dont la plupart ne font que se répéter les unes les autres avec des variantes presque insignifiantes ; c'est vraiment pousser un peu loin la manie du détail qui caractérise une certaine érudition contemporaine.

Paul Choisnard. – *Les Preuves de l'influence astrale sur l'homme.* – 95 p., Alcan, Paris, 1927.

Cette brochure résume différents travaux antérieurs de l'auteur sur l'astrologie, et plus particulièrement sur ce qu'il appelle la « loi d'hérédité astrale », loi dont il a d'ailleurs trouvé une indication très

---

[1] Les comptes rendus suivants ont paru dans la revue *Vient de paraître*, déc. 1927. [N.d.É.]

nette chez Képler. Malheureusement, son astrologie dite
« scientifique », c'est-à-dire conçue sur le modèle des sciences
expérimentales modernes, et s'appuyant principalement sur les
statistiques et le calcul des probabilités, ne nous paraît avoir que des
rapports extrêmement lointains avec l'authentique astrologie
traditionnelle, telle que la connurent l'antiquité et le moyen âge ; il
conviendrait de se garder de toute confusion entre des points de vue
essentiellement différents.

Édouard Dujardin. – *Le Dieu Jésus, essai sur les origines et sur la formation de
la légende évangélique.* – 260 p., Albert Messein, Paris[1].

Voici encore une nouvelle hypothèse (l'auteur lui-même reconnaît que
ce n'est que cela) sur les origines du Christianisme, qui aurait été la
continuation ou le « réveil » d'une antique « religion de mystère »
palestinienne, dont le dieu, appelé Jésus (ou Josué), aurait été immolé
et crucifié rituellement dans un « drame sacré » réalisé pour la dernière
fois en l'an 27 de notre ère. M. Dujardin s'écarte de la conception
« mythique », soutenue récemment par M. Chouchoud, en ce qu'il
reconnaît à Jésus une certaine historicité, mais qui est seulement une
« historicité spirituelle » ; encore faut-il préciser que la « spiritualité »,
pour lui, doit s'entendre en un sens purement « sociologique » ; et il
utilise à la fois les prétendus résultats de la « critique indépendante »
(lisez antichrétienne), la théorie de Robertson Smith, d'après laquelle
« le rite précède et produit le mythe », et celle de Durkheim d'après
laquelle « le dieu est l'hypostase de la Société ». Il faut attendre la suite,
car ce volume se présente comme le premier de toute une série ; mais
nous sommes bien persuadé, que par ce que nous en voyons déjà, que
cette hypothèse n'est qu'une fantaisie de plus qui vient s'ajouter à
beaucoup d'autres, et qu'elle n'a pas plus de solidité que celle qu'elle
prétend remplacer ; ces constructions pseudo-scientifiques, engendrées
par le désordre intellectuel de notre époque, s'écrouleront toutes les
unes après les autres et, finalement, la vraie tradition chrétienne n'a
sûrement rien à en redouter.

---

[1] Les comptes rendus suivants ont paru dans la revue *Vient de paraître*, mars 1928.
[N.d.É.]

Raoul Montandon. – *Les Radiations humaines. Introduction à la démonstration expérimentale de l'existence des corps subtils de l'homme.* – 407 p., Alcan, Paris, 1927.

Ce gros volume n'est qu'un recueil de faits et d'expériences tendant à prouver la réalité des « radiations », de nature plus ou moins indéterminée, qui émaneraient du corps humain, et plus généralement, de tous les organismes vivants. Le sous-titre, pourtant, contient une expression tendancieuse, celle de « corps subtils », qui implique l'acceptation de certaines théories spirites ou occultistes, et dans laquelle l'emploi du mot de « corps » dénote une conception assez grossièrement matérialisée ; celui de « forces » ne conviendrait-il pas beaucoup mieux ? Nous pensons, d'ailleurs, que les phénomènes dont il s'agit sont bien plus près du simple domaine physiologique que certains ne paraissent le supposer ; nous sommes aussi loin que possible d'en contester la réalité, mais nous nous demandons pourquoi tous les ouvrages de ce genre reproduisent constamment des exemples suspects ou mal contrôlés qu'il serait assurément préférable de laisser de côté, ne fût-ce que pour ne pas donner prise à de trop faciles objections. D'autre part, pourquoi, sur trois personnalités à la mémoire desquelles est dédié ce livre en est-il deux qui furent des spirites avérés ? Cela est peu propre à donner l'impression d'une recherche indépendante et, si les « métapsychistes » ne sont pas pris au sérieux, il faut avouer que les maladresses qu'ils commettent y sont bien pour quelque chose.

Louis Lavelle. – *La Dialectique de l'éternel présent : De l'Être.* – 215 p., Alcan, Paris, 1928[1].

C'est un curieux essai d'ontologie, présenté sous une forme originale, trop originale peut-être, car certaines des thèses qui y sont contenues, comme celle de l'« univocité de l'être » par exemple, semblent passablement « hérétiques ». Et que penser de l'identification de l'être total avec un « individu infini », surtout alors qu'il est dit d'autre part que ce même tout « ne peut être qu'une idée » » ? Il y a pourtant des considérations intéressantes, notamment celles qui se rapportent au jugement universel « l'être est » ; mais cela est bien compliqué, et peut-

---

[1] *Vient de paraître*, mai 1928. [N.d.É.]

être assez inutilement. De plus, contrairement à ce que fait espérer le titre, la question des rapports du temps et de l'éternité n'est guère éclaircie ; en particulier, la distinction essentielle des deux sens du « présent », l'un temporel et l'autre intemporel, fait entièrement défaut. D'ailleurs, s'il faut le dire nettement, toute cette « dialectique », si ingénieuse qu'elle puisse être, nous fait plutôt l'effet d'un jeu et nous paraît très « verbale » au fond ; que tout cela est donc loin de la véritable connaissance !

Bertrand Russell. – *Analyse de l'Esprit* ; traduit de l'anglais par M. Lefèvre[1].

Ce livre, nous dit l'auteur, est né d'une tentative de concilier deux tendances différentes, celle de la psychologie qui devient de plus en plus dépendante de la physiologie, et celle de la physique qui, de son côté, rend la matière de moins en moins « matérielle ». On pourrait croire, à première vue, qu'il s'agit là d'un retour aux conceptions anciennes, dans lesquelles l'esprit et la matière n'étaient point radicalement séparés l'un de l'autre comme ils le sont depuis Descartes ; mais, en fait, il n'en est rien, car il s'agit d'un point de vue « empiriste » et « évolutionniste » qui est purement moderne, au plus fâcheux sens de ce mot, et dans lequel ce qui est appelé « esprit » nous apparaît comme quelque chose de peu « spirituel » en réalité, toute faculté supérieure à l'ordre sensible étant niée ou passée sous silence. Parmi les récentes théories psychologiques, « behaviouriste » ou autres, que M. Russell examine avec le plus grand sérieux, il en est d'ailleurs de fort divertissantes pour quiconque peut les envisager avec un complet désintéressement ; ne se rencontrera-t-il pas un Molière pour mettre à la scène ces pédantesques inepties ?

Ch. Appuhn. – *Spinoza* (Œuvres). – 2 tomes, Garnier, Paris, 1928.

Ce volume fait partie de la collection « Civilisation et Christianisme », dirigée par M. Louis Rougier, et qui est la suite de celle des « Maîtres de la Pensée antichrétienne » ; c'est dire que les extraits de Spinoza qui en

---

[1] Les comptes rendus suivants ont paru dans la revue *Vient de paraître*, sept.-oct. 1928. [N.d.É.]

forment la partie principale ont été choisis, non avec impartialité, mais avec le dessein bien arrêté de faire apparaître leur auteur sous un aspect aussi étroitement « rationaliste » que possible ; on va même, en ce sens, jusqu'à faire de lui, à tort ou à raison, le « véritable inventeur » de la « critique » moderne. La longue introduction qui précède ces extraits est intéressante au point de vue historique, mais nous en tirerions, pour notre part, une conclusion tout autre que celle de M. Appuhn et beaucoup moins avantageuse pour Spinoza : c'est que celui-ci, quand il s'est mêlé de parler de la religion, l'a fait en « profane », c'est-à-dire en homme qui n'y entend rien. Nous nous demandons même, à ce propos, par quelle aberration certains ont voulu présenter comme un Kabbaliste le philosophe qui a écrit que, à son avis, « les hautes spéculations n'ont rien à voir avec l'Écriture », ce qui est précisément la négation formelle de la Kabbale hébraïque.

M. Dugard. – *Sur les frontières de la Foi.* – 284 p., Alcan, Paris, 1928[1].

L'auteur, dans un avertissement préliminaire, prie les théologiens de ne pas ouvrir son livre et il a bien raison, car la conception qu'il se fait de la religion n'a assurément rien à voir avec la théologie. Les objections adressées au christianisme par la « pensée moderne », et les réponses qu'il y apporte témoignent pareillement du désarroi mental de notre époque, et c'est à ce titre qu'un ouvrage comme celui-là présente pour nous quelque intérêt. Cette religion « humanisée », réduite à de simples préoccupations morales et sociales, dépouillée de tout contenu doctrinal et de toute intellectualité, est-ce vraiment encore une religion ? Le nom de « religiosité » ne conviendrait-il pas beaucoup mieux à un tel ensemble de vagues aspirations sentimentales, qu'une étrange illusion fait prendre pour de la « spiritualité » ? Peut-être est-ce là tout ce que peut admettre, en fait de religion, un esprit pénétré de tous les préjugés contemporains, depuis la croyance au progrès jusqu'à la confusion de l'intelligence avec la raison discursive. En tout cas, ce christianisme soi-disant « évangélique » dont il n'est même pas bien sûr qu'il reconnaisse la divinité du Christ, ressemble fort à certaines formes de « protestantisme libéral ». Qu'on se sent à l'étroit dans ces

---

[1] Les comptes rendus suivants ont paru dans la revue *Vient de paraître*, nov. 1928. [*N.d.É.*]

conceptions rapetissées, qui se targuent pourtant de « largeur d'esprit » et se croient bien supérieures aux « traditions immuables ! »

Édouard Le Roy. – *L'Exigence idéaliste et le Fait de l'Évolution.* – 270 p., Boivin et Cie, Paris, 1927.

Dans ce livre, nous voyons l'évolutionnisme bergsonien se solidariser aussi nettement que possible avec le « transformisme », et cela au moment où, de l'aveu même de l'auteur, celui-ci a déjà perdu beaucoup de terrain. Nous y retrouvons aussi, exprimées peut-être plus franchement encore que chez M. Bergson, des affirmations comme celles du « changement pur, se suffisant à lui-même », et de la « substantialité intrinsèque du devenir ». La place nous manque évidemment ici pour discuter ces conceptions, mais nous pouvons tout au moins faire à ce sujet les deux remarques suivantes : d'abord, ces philosophes triomphent un peu trop facilement parce qu'ils ne trouvent l'immuable nulle part dans le domaine « physique », c'est-à-dire là où en effet il ne peut pas être ; ensuite, il est vraiment étrange qu'ils s'imaginent faire de la « métaphysique », alors que tout ce qu'ils affirment équivaut précisément à la négation même de la métaphysique. En outre, une constatation s'impose : c'est que ceux qui ont pu croire que le bergsonisme s'opposait en quelque façon au « scientisme » devront renoncer à cette illusion ; ici, il rejoint au contraire le « scientisme » sous sa forme la plus naïve, celle qui prend les hypothèses pour des « faits ». Tout cela vieillira terriblement vite, si même ce n'est pas déjà quelque peu « démodé » ; nous pouvons bien employer ce mot, car, au fond, le succès des théories de ce genre n'est qu'affaire de mode et rien de plus.

Annie Besant. – *La Nouvelle Civilisation*[1].

Dans ce petit livre sont réunies quatre conférences données à Londres, en juin 1927, par la présidente de la Société Théosophique. La « nouvelle civilisation », d'après elle, est celle de la « sous-race » qui se forme actuellement en Californie, en attendant la venue de la future

---

[1] Les comptes rendus suivants ont paru dans la revue *Vient de paraître*, mars 1929. [N.d.É.]

« race-mère » qui doit, un peu plus tard, prendre naissance dans la même région. Ces prévisions fantaisistes ne sont guère, à vrai dire, qu'un prétexte à déclamations humanitaires et « socialisantes », qui ne sortent pas de l'ordinaire banalité des prêches de « fraternité universelle » qu'on entend dans les milieux de ce genre.

J. Krishnamurti. – *La Vie comme idéal.*

Après l'« Apôtre », voici le « Messie » lui-même, et sa conférence est encore plus banale s'il est possible : un assemblage de phrases creuses et vagues, d'où la seule impression qui se dégage un peu nettement est celle d'une sorte d'« anarchisme » intellectuel. Chose curieuse, alors que certains présentent l'auteur de ces pages comme le fondateur de la religion de l'avenir, il déclare que « les religions ne sont à ses yeux que les pensées congelées des hommes » et qu'« elles n'ont, selon lui, aucun rapport avec la vérité ». On peut se demander comment ses disciples arriveront à se reconnaître dans ce chaos d'assertions qui se détruisent les unes les autres ; il est vrai que les contradictions ne semblent guère les gêner.

A. E. Powell. – *Le Corps astral.*

Encore un livre de même provenance que les deux précédents, mais d'un caractère assez différent : c'est, comme le dit l'auteur lui-même, une « compilation » de ce qui a déjà été exposé sur le sujet dans d'autres ouvrages théosophistes, notamment dans ceux du « Docteur » Annie Besant et de « Monseigneur » Leadbeater. On trouvera là toutes les fantastiques assertions des « clairvoyants » ; et, en les voyant ainsi rassemblées et résumées, on se rend compte plus nettement encore de la façon grossièrement matérielle dont ces gens se représentent toutes choses.

Édouard Le Roy. – *Les Origines humaines et l'évolution de l'intelligence*. – 375 p., Boivin et Cⁱᵉ, Paris, 1928[1].

Ce recueil de leçons professées au Collège de France par le successeur de M. Bergson est, comme le précédent dont nous avons rendu compte ici (novembre 1928), consacré entièrement à l'exposition et à la défense d'une théorie transformiste, appliquée cette fois plus spécialement à l'espèce humaine. Les observations que nous avons formulées, notamment en ce qui concerne la confusion d'une hypothèse avec un fait, s'appliquent donc encore ; et, même si nous disposions de la place suffisante pour discuter ces choses en détail, nous ne nous en sentirions guère le courage : tout cela date terriblement ! Il est assez amusant, mais peut-être aussi un peu triste, de constater que le transformisme se trouve avoir pour derniers défenseurs deux catholiques : M. Le Roy et le P. Teilhard de Chardin, dont la collaboration semble si étroite qu'on pourrait vraiment dire qu'ils pensent en commun… Ajoutons seulement que le langage de M. Le Roy est parfois bien extraordinaire : ainsi, un chapitre est intitulé « La noosphère et l'hominisation » ; ailleurs, il est dit que « le pré-homme avait un comportement arborial », ce qui veut dire tout simplement qu'il vivait sur les arbres ; quel besoin y a-t-il d'employer un pareil jargon ?

---

[1] *Vient de paraître*, déc. 1929. [N.d.É.]

TABLE DES MATIÈRES

LE CENTRE SPIRITUEL ET LE MONDE

COMPTES RENDUS

TRADITION ET SYMBOLISME

LA FRANC-MAÇONNERIE

LA CRISE DU MONDE MODERNE

Pour obtenir ce livre, nous contacter à
contact@rose-crossbooks.com
ou
contact@regnabit.com

Imprimé au Canada
Toronto
Première Édition :
7 janvier 2013

www.ingramcontent.com/pod-product-compliance
Lightning Source LLC
Chambersburg PA
CBHW071728270326
41928CB00013B/2602